1996年12月摄于香港维多利亚港湾 / 弥嘉 摄

1982 年 4 月杭州西湖新新饭店初访夏衍 / 沈宁 摄

1981 年 5 月夏衍回故里严家弄，在祖宅（耳房）留影。
左起：作者、来永祥、傅通先、夏衍、江坪、沈旦华（夏衍之子）/ 袁善德 摄

1985 年与沈祖安在北京北小街寓所拜见夏衍 / 倪政伟 摄

1985 年 5 月与沈祖安随浙江电视台摄制组在北京拍摄《战士与作家——夏衍》文献片，与夏衍合影。左起：沈祖安、作者、沈荣达、夏衍、沈蔚琴、莫爱芬、沈雷 / 倪政伟 摄

1985 年 5 月夏衍与胡愈之及夫人沈兹九会面后与摄制组合影

摄制组在京访问吴祖光、新凤霞合影

1983 年夏在严家弄访问夏衍儿时伙伴沈春芳老人

1994 年夏在严家弄夏衍故居八咏堂门前

1996 年冬摄于省立第一师范（今杭州高级中学）

1981 年 8 月与会林、绍武在上海瑞金一路访问夏衍二姐沈云轩（92 岁）

1995 年 10 月在上海北四川路底山阴路内山书店旧址

1998 年在福州市中心严复塑像前

1985 年 9 月夏衍与北京电影学院表演系干部专修科明星班合影，前排右一为作者 / 沈荣达 摄

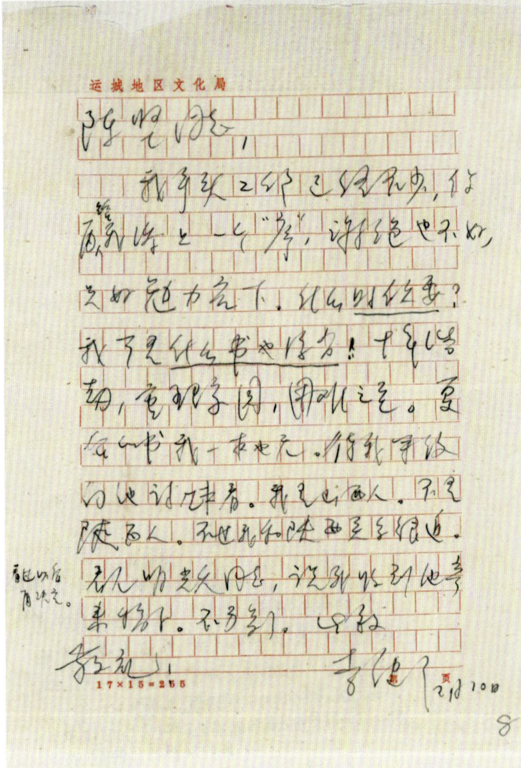

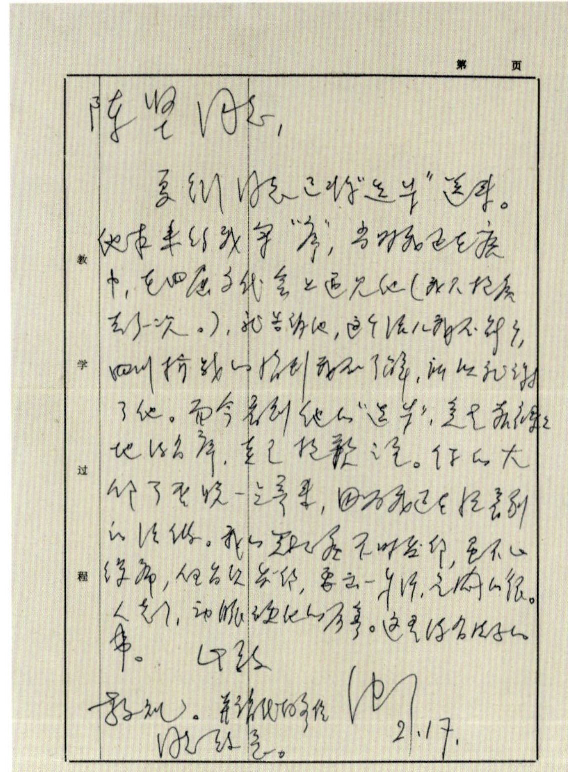

李健吾先生致陈坚函（二封）

乐水轩文存 ①

夏衍的生活和文学道路

◎陈　坚　著

浙江大学出版社
ZHEJIANG UNIVERSITY PRESS

选择与寻索

——《乐水轩文存》自序

一

从 1960 年毕业从事现代文学教研工作，不觉已 50 多个年头了。回想初上讲坛时，以少壮派自命，踌躇满志；可弹指一挥间，已是窗外黄叶树灯下白头人了。

比起许多同辈人，我算是幸运的。留校任教时被分配到现代文学专业，以后便一直没有变动过。涉足的领域大致不离“五四”以来那些直面人生、关注社会，尽智竭力促进民族进步和历史前进的作家和作品。诸如鲁迅、茅盾、老舍、夏衍、曹禺、田汉、柳青等。从今日看来，多少偏狭些，然就个人而言，却也是渊源有自的。

文学批评是主客体的某种契合，不是被动的，而往往是主动的选择。其中融汇了批评主体对社会人生特殊的关注、旨趣和爱好。“我们在文学上的选择与偏爱，都取决于我们的感情和精神需要。”[①] “作为一种历史性的文学批评者往往选择的是一种理性的批判态度，他所评价的作家作品是他真正喜欢的，处于一种自觉自由的美学选择与价值选择”[②]。我是江苏人，1937 年 12 月在日本侵略的炮火中诞生。那个月里南京居民 30 余万惨遭屠戮，我的家乡——素有崇川福地之称的南通也被踩到铁蹄之下，通扬运河在呻吟和流血。虽然祖父是小镇一家颇有点名气的粮行商，常有米船在里下河与通州城之间穿行，可到我父亲时已显败象，战火一起，更是一蹶不振，有似漏水之舟了。读中学时，我很快便被一批进步的文学作品所吸引，大概不是偶然的。这些作品成了我在文学道路上最早的启蒙者，它们在形成我的文艺思想、文学批评观念上有着相当大的作用。

我很赞成巴黎大学教授朗松的一句话：文学作家“是人的心灵的最上层部分的管理人。”[③] 中国新文学运动以来，鉴于文学的重要地位及其给社会和人的心灵震撼力之巨，将现代文学研究的对象主要放在以鲁迅为代表的那些熔铸着强烈的时代精神、具有热烈的现实关怀的所谓主流作家，这是不应受到责难

① 安德列·莫洛亚：《屠格涅夫传》，浙江大学出版社 2014 年版，第 112 页。

② 李咏吟：《诗学解释学》，上海人民出版社 2003 年版，第 335 页。

③ 《方法、批评及文学史——朗松文论选》，中国社会科学出版社 1992 年版，第 117 页。

和怀疑的（尽管在这一点上产生过偏颇和片面性的迷误）。鲁迅研究成为我踏进文学殿堂的起点，对此，我至今不悔。1978年，在黄山举行全国首次鲁迅学术讨论会，我提交了《〈鲁迅杂感选集·序言〉不应否定》的论文。当时瞿秋白正因《多余的话》而受到批判，这篇序言也被当作全面歪曲鲁迅的“毒草”。我对否定论者的主要观点详加辩驳，提出了自己的不同见解。文章在《文学评论》发表后，反响较大。日本学界最早以“论述可靠有力，论据恰当妥帖”表示首肯。以后我又就鲁迅的文艺思想、小说创作、生平经历撰写了不少文章，不敢说有多大学术价值，自认并非率尔操觚，而是在潜心阅读、发掘后确有所得和所见，因而自信不至偏离鲁迅原著和精神太远，以致贻误了读者。

对于始终与进步社会思潮紧密联系的话剧艺术，我更是情有独钟。我一直很喜欢舞台。记得小时候躲在台侧幕边看戏，觉得真是不可思议。一幕之隔，仅仅只是那么薄薄的一层幕布，就把台前台后、台上台下隔成了截然不同的世界。再平凡的人物，只要上了彩妆上了台，一亮相就有君王般的气度。随着年岁的增长，逐渐接触到写实的话剧，更是迷上了它。我的家乡南通是著名的“话剧之乡”，话剧和电影界的泰斗赵丹及顾而已、钱千里、朱今明等都是从这里走出去的。记得还在小学念书时，上海电影明星孙璟璐、关宏达等到南通公演《日出》，我随兄长去看了。记得当扮演黄省三的演员发疯似地又哭又笑地对潘经理诉说："我是快死的人，我为着我可怜的孩子，跪着来求你们，……再给我一碗饭吃，把我这个不值钱的命再换个十块二毛五……"在呼叫的同时，他将身上的破长衫撕开，露出瘦条条搓衣板似的胸肋骨，此情此景，令我惊骇莫名，感动至极。

另一个印象很深的是读高一（1953 年）时，看了江苏省话剧团来南通巡演的苏联话剧《曙光照耀着莫斯科》。戏里的纺织厂女厂长思想保守，安于现状，而纺织女工，她的女儿桑妮亚在党委书记支持下大胆进行改革试验，一心要织出好看的花布，把人们打扮得像天仙一样美丽。剧中她与恋人伊果尔生机勃勃、热情似火的性格，"举起臂膀我们就能撬动整个地球"那种创造美好生活的渴望，深深地打动了我这个江北小镇的中学生的心，同时也让我为话剧舞台的真实而神奇的魅力所痴迷。尤其是扮演桑妮亚和伊果儿的两位年轻演员田野、张辉，作为青春偶像，一直保存、回荡在我的人生记忆之中。有意思的是，1995 年初秋，我在南京大学参加陈白尘先生逝世周年和中国话剧文学研究会年会时，不期而然地邂逅了当年剧中的男女主角田野（原来她是田汉之女），与她的丈夫张辉（时任江苏省文化厅长）。荏苒四十多年过去了，这意外的会见仿佛穿越漫长的时间隧道，让我重新回到当年点亮我眼睛的历史瞬间。

从中学到大学，话剧为我年少的灵魂打开了一扇审美之窗，从此，与话剧结下了不解之缘。一出话剧，两个小时之内，活的演员给你一口气表演出世道人心，那种感觉真是很迷人的。以后一有机会我便总要去看演出，看不到戏，便读剧本。对曹禺、田汉等，自然是欣赏的，写过一点文章，而尤其对夏衍既有革命情蕴又那样冲淡隽永的剧作更有一层说不出的至爱和会心。中华人民共和国成立之后，他的戏常常因为“小资”情调而受到贬斥，令我深感困惑和气恼。从80年代之后，我的研究重心转移到这个领域中来，从《夏衍剧作的艺术风格》（《中国现代文学研究丛刊》1981年第2期）到为《芳草天涯》翻案的《论〈芳草天涯〉》（《中国现代文学研究丛刊》1982年第1期）以后便一发而不可收，一连发了五六十篇论文，出版了四部专著（有传记也有作品论和创作综论）。这些著述在国外曾受到过好评，国内也多次获奖，然就我个人而论，在思想人格修养上得益更多。在写作《夏衍传》（文学传记）时，我深深体悟到，现实人生的轨迹波折不平，面对种种可能的选择，做出准确的判断，尤为艰难，后人将永远体验不到那份选择的艰辛与困惑吧？体验夏衍的实际心灵历程，很长一段时间里，几成了我灵魂深处的重负。当真正进入到他及他们这代人为之奋斗和奉献的巨大心灵挣扎和痛苦中，确实可以真切地感受到他们为国为民诚挚奉献的崇高信仰和人格力量。

二

在治学方法上，自知理论素质不足，更多采用的是实证和归纳。我以为在以某一学说来评定一位作家以前，我们应该尽力认识他们，专心地收集尽可能多的真实可靠的资料，尽可能找出最大量的经过验证的人物、事件之间的关系，还原一个作家真实的形象。不妨再引用朗松的一段话："在历史科学中，推论是容易引人误入歧途的。我们所掌握的资料几乎从来不会是如此简单，如此精确，使我们能得以进行严格的推理，应该避免进行连锁的推论，推论的环节越多，力量越易削弱。可靠性最初得之于与事实的直接接触，与事实的直接接触远离一步，可靠性就减弱一分"①。

对于新的研究思路和方法，不是一概拒斥，但我力求做到在引入和吸收时，从特定历史和作品文本实际出发，认真地解读文本，核对证词，而切忌凭空的主观臆断。如夏衍生平研究，即花了极大精力探寻确凿的史料。80年代初，凭着点滴线索，从省博物馆仓库里找到载有夏衍处女作的积尘盈寸的《浙江新潮》，在《浙江甲种工业学校校友会会刊》上发现夏衍第一篇报告文学《泰兴染坊的调查》。他最初的译文《染色理论》也是从省图旧杂志堆里钩沉出来的。为了查找和抄录夏衍在20年代末及30年代的译文、影评，在上海徐家汇藏书楼即花了近一个月的时间；以后又远赴桂林、贵阳、昆明及成都等地，

① 《方法、批判及文学史——朗松文论选》，中国社会科学出版社1992年版，第22页。

觅到抗战时期夏衍在大后方活动的许多珍贵的史料。此外，趁许多与夏衍交往密切的老人尚健在，还多次到京沪等地进行访问，如陈荒煤、吴祖光、林默涵、于伶、黄宗江、凤子、谢和赓、冯亦代、杜宣、王元化、李子云等。即如夏衍早年(23 岁）通过钱青认识并喜欢上了资质清秀多才多艺的女师学生符竹英，后因敌不过湖畔诗人汪静之的诗歌攻势而失恋，我特意从同济大学钱青教授处得知，后又向汪静之先生加以证实，这段鲜为人知的往事帮助我更深切地了解到夏衍戏剧创作中所表达的恋爱观和伦理观；于伶、吴祖光所回忆的有关夏衍从事地下工作的实践，既可以体察夏衍睿智机敏和沉稳从容的个性，又从中看到他对待知识分子的情感与态度。正是丰富、翔实的材料，不仅帮助我了解了作家思想发展脉络和精神趋向，并在此基础上将他的作品置于具体的历史情境中，比较参照同时代其他作家，从而找到夏衍在现代文学史上的特定坐标。根据个人体会，只要不惮其烦地追索、积累和探究，对作家的精神世界和艺术世界，就必会有新的认识和发现，只是这其间的每个环节都是不可轻易逾越而需下苦功夫的。

三

关于话剧的研究，我曾与研究生说起，我这辈子对话剧的研究，可用八个字来概括，即：一以贯之，从一而终。大学读书时曾经粉墨登场演过话剧《青春之歌》中的男主角，然而自己知道不是当演员的料，但我可以评论、讲解、传播话剧艺术，于是话剧研究成了我的终身所好，也是自己的志业所在。以我的观察和经验，话剧是不会现在就终结和落幕的，话剧也断不会消亡，因为它具有一种鲜活的无法磨灭的现代意识和人文理想，而这正是它的根本精神，是它获得灵性和生命的源泉。1964 年下半年，我曾被华东局宣传部艺术处借调协助现代戏会演工作一年，现在回想起来，这类戏大多站不住。记得当时与来自山东的《丰收之后》作者蓝澄同志有过多次交谈，这是位非常朴实诚挚的剧作家，他告诉我这个戏改得很苦很吃力，高层领导一再要求增加两条道路斗争力度，突出共产主义思想红线。从今天来看，剧中宣扬的把余粮全部卖给国家不得用于发展生产和改善社员个人生活，违背了广大农民的意愿，全然不顾及群众的疾苦和利益，因而戏剧冲突是人为的、虚假的，主题内涵是对人、对人性、对人的生命状态的压制与摧残，是与话剧的现代人文理念格格不入的。现在我们越来越清楚地认识到现代性，以人为中心的现代理念是中国现代文学、现代戏剧的基本特性。这是因为中国现代戏剧的发生到发展是在中国文化的现代转型的特定环境中进行和完成的。实际上也可以说中国现代戏剧就是中国文化的现代化的产物，因为戏剧是文化的集中表现，同时又是文化的重要组成部分。记取这些以往的教训，新时期以来，我在论述话剧思潮、话剧作品时总是努力以现代性作为贯穿的主线，通过文本细读和批评阐释，强调现代人文精神乃是话剧艺术的本质和精髓。我以为，中国话剧从“五四”到新时期，具有一种传统戏剧所难以具备的现代意识和现代精神。一种戏剧思潮的产生，一部优秀剧本的出现，其内在的推动因由即在于此。如果文学史、戏剧史解释缺乏现代意识的烛照，就永远不会有新发现，而且也永远不可能具有现代文化价值。我认同一位英国当代社会学家安东尼·吉登斯的观点，适应现代世界发展趋势而不断革新，是现代化的本质，我们当下并没有超越现代性，而是处于现代性进一步深化的时期。当然，现代戏剧对人的意识，人的主体性的强调，并不是任何时候都是自觉的，但时代使然，作家对社会对人文的关怀和责任感，积淀在艺术家心理的深层，当内心的感知与外界现实相呼应就会常常不自禁地映现在他的具体作品中。如田汉的《获虎之夜》，曹禺的《雷雨》《日出》，夏衍的《上海屋檐下》《芳草天涯》，吴祖光的《风雪夜归人》，直到新时期的《桑树坪纪事》。诚然，现代性观念或原则，不能凌驾于历史性原则之上，在戏剧评论的文学史解释方向中，评论家只有将现代性与历史性原则有机地协调起来，就能既保持评论的自由独立性，又能保持评论的客观有效性，理解与解释在期待视野与历史效果中达成融洽和统一。

毋庸置疑，话剧的现代性也显示在它本身审美特性的日益完善上。作为一门综合艺术，它有迥异于其他文艺样式的独立品格。作为一门在中国大地上诞生时间不算长的年轻艺术，其自身的发展轨迹也证实了这一点。从被作为“众人大讲堂”即被赋予了太多社会学家、教育家甚至政治变革家的使命，到可以大力探求话剧作品的艺术魅力；从粗陋稚嫩的独幕剧到能最大限度地展示剧情容量和调动各种艺术手段的多幕剧；从遵循古典主义戏剧原则到各种艺术流派的尝试，中国现代话剧在补上一个世纪的踉跄跋涉中逐渐完善自身的审美品格，不仅使得这门外来艺术在民族土壤里扎下了根，而且从多种艺术门类中脱颖而出，成为人们关爱的一个艺术品种，这是一条十分艰难崎岖而又义无反顾的戏剧现代化之路。我在《20世纪中国话剧的文化阐释》以及有关夏衍、曹禺、田汉的代表性文本评析中，尽我所能地作了一点寻溯和思考。以往传统的戏剧批评（包括我自己）的一个弊端，是注重作家作品历史式的背景和社会意义的研究，而作品本身的价值反倒被淹没了。“文学包括哲学、宗教和社会学的不同维度，但文学不是哲学、宗教和社会学的资讯交易所。批评的职责仍是评断一部作品的艺术价值，指明其创作特性及风格内涵，包括作家的精神倾向、作品所蕴含的思想启迪及艺术上特殊的愉悦感。”[①] 在我较后的剧评中，想努力做到对戏剧现象的分析，诗性的观察与理性的判断不可偏废，对文本的细读与美学评估作为论析的基础。显然这

① 许志强：《批评的抵制》，秀威资讯出版，2010年版，第62页。

是很不周到和缜密的，理论视野的偏狭和艺术眼光的粗浅，是明敏的读者一眼即可看出的。

古人云：学而知不足，教而知困。对照自己，这句话尤为恰切不过。在五十余年读书教书生涯中，陆陆续续地写了点东西，在治学道路上自然付出了不少心力，但比较同辈许多佼佼者，我的努力和成绩实在差远了。这次几位年轻朋友竭力怂恿我将已有的文字加以收集合成文集出版，我起初是不敢也不想做的，后来想想可以借此检视一下自己半个世纪走过的学术足迹，研究领域达到的和未曾达到的做一番回顾和总结，也许对后来者会多少有所借鉴，因此也就不揣浅陋地做了。

重读这些在漫漫求知旅途中留下过一点印迹的文字，真是感慨良多。对于多年来曾给予我扶携、关爱的师长、友人和学生，心中既保留着许多温馨的记忆，又充溢着难以言宣的感念之情。

夏衍于 1940 年在一篇《乐水——文艺工作者与社会》[①] 随笔中，以水的品质形象化地涵盖了他所理解且身体力行的“知识分子”的人格特征，即“质要硬，形要软”，“质硬”表现为不怕任何阻碍的贯彻力、意志力，一种非达目的不罢休的执著精神；“形软”则表现为一种像水一样懂得迂回的策略性，顺

① 《中学生》1940 年 1 月第 15 期。

应客观条件、适应环境的柔韧性。这一硬一软，蕴涵哲理，流溢智性，是我极为喜欢的人生格言。“虽不能至，心向往之。”自知一生行事作文与它相距遥遥，将我这些浅陋的文稿题为“乐水轩文存”，实乃以此自勉、自警耳。

本书由浙江通策控股集团资助出版，谨致谢忱。

是为序。

陈 坚

2016 年秋于浙江大学西溪校区乐水轩

《夏衍的生活和文学道路》序

李健吾

陈坚同志写了一部《夏衍的生活和文学道路》，要我写序，我答应了。去年，我在杭州和他见面，他似乎已经在动手写了，不料他竟写成了二十几万字的巨著。接到这部原稿，我踟蹰了，幸而最近有北戴河之行，反正自己不能游泳，便利用时间，读完这部作品，并愉快地写成了这篇短序。

我是欠了夏衍同志一笔债的。他本来约我给他的“剧本选”写序，我贸然答应了，后来我再一考虑，自己不了解他重庆一段的历史，材料也无法收集，提不起笔；而当时正在大病之中，也无法提笔，只好当面向他辞谢。陈坚同志今年约我给他关于夏衍的这本书写序，我便答应下来，这正是自己补报夏衍同志的盛情的一个机会，怎能不诌两句呢？

这部《夏衍的生活和文学道路》给读者提供了一部比较详细的研究史料。作为附录的“夏衍史略”，不下功夫是做不到这样比较齐全的。劳动的代价值得读者感谢，包括我本人在内。而且他是按着著作的先后顺序评介的，不是按着类别来评介的。这样我们就容易知道夏衍同志的成长过程与他受到的社会影响。为什么这一时期干这种工作、写这种作品，给人一种清楚明白的顺理成章的感觉。如果按类别来分章，剧本归入一类，电影文学归入一类，其他又归入一类，这样下去，尽管有可取之处，却不如现在眉是眉，目是目。第三个特色，是根据一个原则写下来的，这个原则即夏衍同志的现实主义精神。这正是一个攻读理工科并从事进步活动的人的自然收获。这是和法国十九世纪的现实主义作家群不一样的地方。他们承受科学发展与各自环境的影响，以观察现实生活而在文学上成名。夏衍同志的文学生涯是他直接承受科学严峻的要求与进步事业的任务的历程。夏衍同志来在毛泽东时代，有苏联建立的前例，有马、恩的著作指南，他很快就成为一个无产阶级战士，成为一个进步的文艺作家，而且是一个多面手，这是一般作家所望尘莫及的。他是国民党的死敌，而没有被捕过，他的性命是党和他本人的机智、勇敢和善于应付、利用局势所挽救的。没有一个朋友出卖他。谁也想不到他在十年忧患期间，关了八年之久，出来的时候还心身都受到损害！

现在，陈坚同志给夏衍一生做出了评价，读者可能因人而异，意见有同与不同，我们不能强求一致，也不必强求一致。但是任何人不能否认《包身工》与《上海屋檐下》的重要历史意义，它们和其他作品一样，将分别在各自的类别史上占有光辉的一页。

全书共分十四章，讲到 1978 年为止。但是夏衍同志还健在，我希望这部著作再版的时候，将跟着生命之流而随时有所增加，为被评传者添福，为评传者增光。

谨为序。

1982 年 8 月 9 日

目　录

第一章

早年的生活与奋斗

忧患的童年

1900 年 10 月 30 日，夏衍（原名沈乃熙）出生于浙江省杭县庆春门外严家弄的一个破落的书香门第。

严家弄是一条南北向的小街，全长不到一里。它的南面是庆春门，北面是艮山门，与杭州旧时的这两处城门各相距三里光景。西面靠近华家池，向东四五里便是浩瀚奔流的钱塘江了。沪杭公路就在东面不远处平行而过。这公路原先是钱塘江大堤，由于历年泥沙淤积，人们不断围垦江涂，遂使陆地逐渐向东延伸，这条曾经阻挡汹涌江潮的堤塘，竟变成远离江岸的通衢大道，严家弄离钱塘江也就越来越远了。离开了喧闹的市廛，这条狭长的街弄显得异常僻静。街的两端各有一座寺庙，街面上除了一家出售日用杂货的小店铺和一家酱油坊外，几乎没有什么店家了。严家弄既非村落也非集市，居住在这里的二十来户人家，多数是在丝绸机坊里摇丝织绸的手工工人和养蚕种菜的农民，也有少数以捕鱼为业的渔家。小街四周是田地和村落。葱茏的桑园、麻地、菜畦阡陌交错，澄碧的鱼塘闪烁着明亮的光辉，在远处隐隐的翠黛的峰峦映衬下，真是一片山清水秀、如织如画的优美风光。清代文学家、杭州人厉鹗在《艮山门外远眺》一诗中描绘过这一带的景色：

吴天入时凉似水，袂衣山城四三里，
城角远山青半环，分得浓岚落渔市。

由于幼年僻处乡间，淳厚的农村生活，孕育了夏衍质朴、恬淡、勤恳、坚韧的个性。从小他就不爱热闹，不善社交，偶尔穿了一件新衣，买了一双新鞋，也唯恐被大家注意，尽可能避开人走动，因而母亲给了他一个戏称："洞里猫"。以后"年纪大了，也只想做一个不为别人注意的常人，夹在人丛里面。我不注意人，人不注意我，就觉得心安理得，畅适无比，从这种习性出发，在人多口杂的地方，我就尽可能的少作惹人注目的行为，不发引人注意的议论，积习既久，遂成癖性。"①

给夏衍性格以重大影响的，主要还是那个不景气的时代和

① 夏衍：《谈自己》，《野草》(1941年1月) 第1卷第5期。

他的日趋凋零的家庭。

夏衍出生的时候，正是中国社会发生急遽变化的年头。资产阶级戊戌变法运动刚刚宣告失败，帝国主义列强又发动了八国联军侵华之役，攻占北京，迫使清朝政府签订了丧权辱国的辛丑条约。处于末世的封建帝国，山河破碎，民不聊生，国家民族的命运更加濒于风雨飘摇的境地。

在浙江杭嘉湖一带，沈姓是一个大族。严家弄沈家有一座五开间七进深的庄院。这座被几丈高的风火墙团团围住的深宅大院，犹如一头巨兽，雄踞街弄，对比之下，四邻贫家小户的茅屋，就显得更加矮小荒陋了。不认识的人出城打听沈家，附近的人们多不细说，只答“墙里”二字，可见这所宅第曾是何等显赫。跨进沈家那扇深重的大门，迎面就是宽敞的轿厅，专供停放自家或来客的轿子之用。入内每一进除坐北朝南的正房外，还配有东西厢房。天井里铺的是一色的青石板，平坦坚实；内室则水磨方砖铺地，雕花窗棂，轩亮开阔。除了天井里的花坛，宅后另有一个栽着花木果树的花园。那时，全家人住在城内的骆驼桥，而这里只不过是沈家春秋两季下乡祭祀的歇脚处。然而，到了夏衍的祖父和父亲手里，沈氏家族已经迅速地衰败下来，这里已经成为他们的住家。夏衍便诞生在这敝旧古老的大屋子里。

夏衍的父亲沈学诗，字雅言，是个落第秀才。有一点学问，也懂医道，还写得一手好字。他颇爱读书，书房的橱架上堆满了各种书籍，这些书的很大一部分后来就成了少年夏衍最初的课外读物。沈学诗一生没有固定的正式职业，他当过家庭教师，教过私塾，还行过医。这位落第秀才身体羸弱，整天面呈忧色，心事重重地只是捧着根长长的竹烟管，闷闷地吸旱烟，很少讲话。曾经显赫富有的祖辈给他留下的并不是深厚的福泽，而是无穷的忧虑和凄凉。家族的迅速凋败，虽然没有使这位书香门第的少爷立即沦为一贫如洗的穷汉，但毕竟使他成了一个凄苦自甘的平民知识分子。家庭的破败，科举的失意，使他饱尝了世态炎凉的苦味，承受着精神的困厄。他在私塾教书时，来上学的都是附近穷苦人家的孩子。他不收学费，只在逢年过节时收受家长送来的一点鱼虾、鸡蛋之类的礼物。这或许是由于他生性善良，但更多的可能是家道中落的境遇，使他对穷人产生了更多的同情心吧。

在夏衍刚满三周岁的那年除夕，家里按风俗请神“散福”。当沈学诗正在给神灵们跪下叩头时，突然扑倒在地，再也站不起来了，到半夜里便断了气。原来他得了“痰中”，死时才四十八岁。这件事给全家以很大的刺激，从此家里每逢过年就再也不给菩萨烧纸了。沈学诗的不幸遭遇，是他那个时代、社会里大多数正直善良却又过分软弱的知识分子的共同命运。在那样的历史条件下，沈学诗还不可能成为沈氏家族及其阶级的叛逆者。这个角色将要由他的儿子，当时只有三岁的夏衍来担任。父亲亡故时，夏衍年纪很小，因此很难说在他幼小的心灵上留下了多么深刻的印象。但从“夏衍”这一取自父亲表字“雅言”的谐音的笔名来看，他对于父亲这个在旧社会抑郁一世的善良正直的读书人，是怀有深厚的同情与尊重的。而父亲的人生遭际和悲剧命运，对于后来夏衍人生道路的抉择，也不可能不烙下一定的印痕。

真正给童年夏衍的性格以深刻影响的，是他的母亲。母亲徐绣笙，浙江德清县人。娘家开过酱园和当铺。她识字不多，但勤劳能干，很有主见，又富于同情心，宽厚待人。夏衍回忆起自己的母亲常常带着虔敬的心情。他写道：

> 在那个时代里，她算得是一个性格奇特的人，四十五岁死了我父亲之后，从不念过一句佛，从不烧过一次香。出嫁了的姐姐送她一串念珠，她都丢在抽斗里从来不去理会，不佞佛，当然不信耶稣，反对中医，有什么毛病专服西药，从这种性格推衍开去，她是一个富于民主精神的人，她从不讨厌邻近的穷孩子到我家里来，也从不禁止我和这些野孩子在一起，把自己吃用的东西省下来送给邻近的穷人，是她惟一的愉悦。①

① 夏衍：《旧家的火葬》，《夏衍杂文随笔集》，生活·读书·新知三联书店1980年版，第31页。下同。

父亲猝然死去，丢下兄妹六人。当时大哥乃雍还没有职业，几个姐姐也没有出嫁，生活的重担完全压在母亲一个人的肩上。在那个时代，这对一个新丧夫主而家里内囊早尽的女人来说，是多么作难啊！然而她没有在生活的厄运面前低头，而是倔强地面对现实，作了开源节流的安排：辞掉了原先雇着的一个长工，除了一日三餐、缝补浆洗等日常家务一应自己承担之外，还揽来钉纽扣、绕边头、绣花、摇丝、磨锡箔等手工活计，以微薄的收入充作家用。后来几个女儿逐渐地开始能帮着母亲做活了，她也仍然从不歇息。在那样沉重的家务和手工劳作的重压下，母亲的心境是惨苦的。但她并不怨天尤人，或者打骂孩子出气。夏衍只记得有一次，因为他练习写毛笔字不认真，母亲忍痛打了他的手心。然而这只是为了鞭策孩子刻苦攻读，而且也是仅有的一次。母亲对子女是温厚慈爱的，而对生活却是坚忍倔强的。后来在五十几岁时，一次到河埠头去洗衣服，她不小心滑了一跤，把腿骨跌断了。限于经济条件，也不延医求治，只是买了几张膏药敷上，待略有好转，便又支撑着下床操劳了。腿是再也走不成路了，只得用双手撑着一张凳子一步一步往前挪动。接踵而来的灾难并没有使这位坚韧的母亲屈服，她决不躺倒，而是仍旧带领她的儿女们在生活的崎岖道路上艰难地跋涉，恪尽做母亲的职责。直到 1937 年初夏，抗战爆发前夕，这位饱经忧患的母亲终于离开了人世。她活了八十岁。毋庸置疑，这个具有“近代性格”的女性，对于夏衍性格的形成发生了良好的影响。

夏衍是母亲四十二岁时才生下来的。母亲奶水不足，又雇不起奶妈，便找到附近一个姓杨的裁缝那里，讲好三块钱一月，一天三顿，由他的妻子“兰生娘娘”帮着喂奶。每天，二姐云轩便抱着小弟弟去裁缝家吃奶。这样延续了近一年时间。等夏衍略大一点，总是二姐云轩和四姐明轩陪着他玩耍，在一起折纸，做各种游戏。到六岁时，母亲决定让夏衍到私塾里去“破蒙”。这私塾设在严家弄唯一的那家商店——邬家店后进一间小屋里，只有三张板桌，几条板凳，先生也坐在一张骨牌凳上，前面用一个破旧的柜子当作书案，其简陋可怜可以想见。入塾这一天，母亲陪夏衍到邬家店买了一包点心，用红纸包了一块“鹰洋”，作为孝敬先生的“束修”，然后要他向先生叩了头，这样入塾“典礼”就算完成了。读的书是《三字经》，还有描红和写字。在这样的穷私塾里就读，对于沈家这样的书香世家来说，是太不相称了，因此不到两年，城里的大姑母便说服了夏衍的母亲，让他转学到“新式学堂”——正蒙小学就读。在这里除了《论语》《孟子》外，还学到算术、体操、修身等新科目。那时学费、膳费全由姑母供给，连身上穿的长衫、鞋袜等也都是表兄弟们穿旧的。到十二岁由母亲送到德清舅父徐士骏家中，进了德清县立高小读书，费用全由舅父负担，在那里一直读到高小毕业。

了解夏衍日常生活的人，都知道他很爱猫，养猫几乎成了他的癖好。这种习惯就是在德清读书的这段时间养成的。尽管有舅父的照拂，毕竟是少年离家，寄居在外，处处感到陌生和孤独。在寂寞的时光，常常来与他做伴的是舅舅家中的小花猫。白天，与猫逗耍是他唯一的游戏。夜晚，猫就蜷缩在他脚头的被子上打盹。在严冬的寒夜，这多少也给他增添一丝温暖吧！久而久之，自然便对这灵性的动物产生了一种特殊的好感。

夏衍在开始他的读书生活时是艰难的，然而他在学校里的考试成绩，在全班却总是名列前茅。他刻苦好学，求知欲非常强烈。早在私塾读书时，每当放学回来，他就喜欢钻到父亲的书房里去，将一本又一本的线装书从高高的书架上取下来，《水浒传》《三国演义》《七侠五义》等旧小说都被他读得滚瓜烂熟。读书之外，他还喜欢跟随母亲去看旧剧、听评弹。每年重阳节，“水路班子”或者“绍兴大班”到乡下来了，在庙里要演两日戏。一演就是半天，从午饭后出去一直要到日落西山才回家。那时年轻姑娘是不能抛头露面出去看戏的，因此每当夏衍看完戏回来，姐姐们便听小弟弟讲戏文，如《双珠凤》《文武香球》《再生缘》等。夏衍的记性好，又能把故事讲得活灵活现，他的二姐沈云轩至今还能记起其中孟丽君、文必正等人物的名字和大致情节。这些在民间广泛流传的恋爱故事，掺杂着各种因果报应等糟粕，但又多少反映出人们对爱情自由的渴求，对黑暗专制势力的憎恶，带着反对封建礼教的鲜明色彩，加上传统戏剧艺术在表现形式上的质朴与细腻，因而使小夏衍着了迷。可以说，夏衍后来对戏剧事业的爱好和精湛的艺术修养，最早便是从这里开始孕育的。

就在夏衍在小学读书的这几年，家境更加窘困。屋子周围的田地、池塘，渐渐地被哥哥押卖了，一些好的家具、瓷器、锡器等也都拿到当铺里去典当了。隔不多久，大哥为了要将屋子改作屯茧的仓库，还将后园里两株尺把粗的枣树和橘树砍倒，并且准备将祖坟上的几株百年以上的香樟树卖掉，以致引得母亲生了气，最后还是大哥将二姐从婆家接回为之讨情才算了结。旧屋已一片颓败。夏天的黄昏，会从蛀烂了的空楼里飞出成千上万只白蚁，没人住的空房里，白天也可以看到黄鼠狼和狐狸……

"有谁从小康人家而坠入困顿的么，我以为在这途路中，大概可以看见世人的真面目"①。夏衍何尝没有这样的体会！他的祖父曾被太平军俘虏，因为读过书，后来当过太平军将领陈玉成的记室（秘书）。陈战败后，即派一个十多岁的亲兵陪送他回到杭州。这个亲兵原来连姓氏也很渺茫，夏衍的祖父给他取名沈应才，留在家里帮工。后来他买了田地，成了家，逐渐发迹。当夏衍的父亲在世时，沈应才还常来"请安"；而当沈

① 鲁迅：《呐喊·自序》，《鲁迅全集》第1卷第415页，人民文学出版社1981年版，下同。

家衰落后，沈应才的儿子不仅不再像以往“恭顺”，反而想吞没沈乃雍典租给他的三亩坟头地了。为此，夏衍的母亲很生气。这件事使童年的夏衍最初觉到了人间的势利与社会的冷酷。

然而，在这段时间里，夏衍同大墙外穷苦人家的孩子们的来往增多了。这些农家孩子常常带着篮子到墙里来挑荠菜，嬉戏，幼年的夏衍同他们相处得很融洽，常常一道抲鱼，捉麻雀，网蜻蜓，采野果，背着竹筐到乡间去拾枯柴，到沪杭铁路边去看奔驰的火车……夏衍在回到故乡时，一位年近八旬的老农颤巍巍地来到夏衍面前，叫了他一声“和尚哥”，问他：“还认得哦?”夏衍仔细打量一阵，惊喜地答道：“认得，认得，是春芳老弟，你属虎，比我小三岁。”经过七十余年的悠长岁月，夏衍还能记起儿时伙伴的名字、年纪、生肖，可见当年他们之间的关系是何等亲密！

夏衍后来在《走过来的道路》一文中说：

> 从小吃过苦，亲身经历过农村破产的悲剧，也饱受过有钱人的欺侮和奚落，因此，对旧社会制度的不满和反抗，可以说在少年时代就在心里扎下了根子。[1]

---

① 夏衍：《走过来的道路》，《夏衍杂文随笔集》第 564 页。

旧家的凋零，香樟树的风波，沈应才儿子的骄横……这一切在童年夏衍的脑海里构成了一幅二十世纪初农村破产，旧家衰落的图像。家境的变迁，生活的困顿，使夏衍很早就体验了人情冷暖，世态炎凉，以及下层人民的凄楚和辛酸，这便成为他日后走上反抗黑暗社会，为劳苦民众求解放的革命道路的契机。

夏衍高小毕业后回到家里，这时家中已到了几乎断炊的地步，连母亲的几件“出客”的衣服和一床备用的丝绵被也当掉了。夏衍瞒着母亲，天天进城去找工作。一天，在艮山门车站附近看到一张招收徒工的招贴，当即按地址去应招，不久便在太平桥的泰兴染坊当上了学徒。

这是一家老式作坊，设备十分陈旧，没有任何机械，染色时要加热，就在锅下面砌了一口灶，工人一个在下面用柴烧，一个在上面染。碱粉溶在锅里，煮滚了，把丝浸下去练。没有手套、眼镜等任何防护设备，工人们就在沸滚的烧碱溶液里操作。作坊低矮，是建在泥地上的，又无照明设施，因此，染工在绸布退浆加热时蒸发的气体弥漫全屋，相互间很近的距离也看不清。夏衍在工专毕业时写的一篇报告中写道：“我很奇怪，那些工人，在滚的强碱性液里，不用手套和机械，在那里从容不迫地工作。”① 不久前夏衍还对笔者说起，那时染工的生活同

---

① 沈乃熙：《泰兴染坊的调查》，《浙江甲种工业学校校友会会刊》第 1 期（1920 年 6 月）。

日本电影《啊，野麦岭》里的缫丝女工异常相像，他至今还忘不了染工皲裂的结着像蜂窝似的老茧的手！由此可见，当年工人们劳动条件的恶劣和生活的苦痛，给少年夏衍留下了多么难忘的印象。

在这样的染坊里“学生意”，母亲是放心不下的。一天，母亲派人通知夏衍，要他回家去看看。没想到在家里，大哥带来了意外的消息：在丝绸工业复兴中发展起来的浙江甲种工业学校即将招收新生。母亲、大哥要他立即离开染坊，赶紧补习功课。由于他以前在德清高小刻苦攻读，深得校长曹绪康赏识，因此，1915 年夏天，夏衍便被母校以“品学兼优”保送进了这所新兴的工业学校，从而开始了他的中学时代。

迎向新潮

浙江的工业教育在全国是开始得很早的。1911 年初，清末最先派往日本学工的留学生之一许炳堃，就利用已经停办的铜元局房屋、机器筹建了浙江中等工业学堂。辛亥革命后不久，学堂改名为浙江省立甲种工业学校，设机械、机织、染色、化学等专科，修业期限定为五年（预科一年，本科四年）。

“甲工”校址设在蒲场巷场官弄报国寺。校舍三面环水，河畔有两座小山，山外紧连着靠近庆春门的城墙，环境幽静，景色宜人。这里有供学校用的办公楼，学生和教职员的宿舍，附属工场，实验室，操场，图书馆，占地几乎达二百余亩。校长许炳堃（字潜夫），怀有实业救国的抱负，注重实干，处事谨严，因而在省城，“甲工”不论在教学上还是管理上都以严格著称。“甲工”规定的课程往往比一般中学多且深，以数学为例，为赶上或超过日本中等技校当时的水平，数学已教至微积分和大代数，主要课程用的几乎全是外文原版教科书。

夏衍先在预科学习一年，后来进入染色科第七班（该科主任就是后来著名的数学家陈建功）。他到工校读书的这一年，第一次世界大战已经爆发。面对弱肉强食的世界，少年夏衍的脑海里油然产生了富国强兵的爱国热忱。他发奋攻读，希望日后振兴民族工业和科学事业，以拯救被帝国主义列强瓜分豆剖的祖国。

在“甲工”的这几年，可说是夏衍童年以来最幸福的时期。有宽敞的校舍，有良师益友，有图书馆，然而穷困还是紧紧缠着他。首先是住读生的学费、膳费、书籍费，他常常不能如期交齐，每次会计处贴出的催缴通告中他总是榜上有名，因而在同学面前感到羞愧；其次便是生活用品匮乏。杭州多雨，特别是黄梅天，直到二十岁毕业，他始终买不起一双“钉鞋”（当时极少有皮鞋和胶鞋）。每逢下雨，布底鞋总是湿透，又没有替换的，要一直穿到它自己干燥为止，这种又湿又冷的滋味，其苦可知。但是这一切并没有使他服输、泄气，反而激起他奋勉自强的决心和力量。起初，数学教学进度很快，他一度感到吃力，他便加倍用功，在争取到机械科一位同学的帮助后，迅速赶了上去。为了跟上英语，他每天清早必定要硬记五到十个生字。经过这番顽强的努力，夏衍每学期除唱歌外各科成绩都达到优等，获得奖学金的待遇，直到毕业考试，成绩为全校之冠。

尽管在专业课方面取得了最佳成绩，但他最有兴趣的还是每周四教时的国文课。国文教员谢迺绩（字印三）先生是一位博学方正又具有爱国进步思想的知识分子。他讲授课文，注重应用，以“平实明确”为主，“纯尚辞华及以翻腾架空见长而按之实际无甚意义者，或文字虽美而陈义过于陈腐者皆所不取”①。夏衍平日对于这位老师的学问、为人都很敬仰。有一天，谢老师在课堂上讲解了“秋风秋雨愁煞人”的诗句，并讲述了秋瑾可歌可泣的革命事迹。秋瑾出生于浙江绍兴，是清末为民主革命英勇捐躯的第一位革命女性，她毕生从事反清革命活动，最后慷慨就义。秋瑾烈士殉难的时候，夏衍正在蒙馆念书，当时他听到这一消息，童稚的心灵受到过震动。辛亥革命后，他又读过一本手抄本的秋瑾诗文集。现在，听到谢老师对诗句的深入剖析和对烈士生平事迹充满感情的评述，他对这位巾帼英雄更加仰慕。过了好多年，夏衍还忘不了当时

① 见《浙江公立工业专门学校一览》（浙江图书馆藏）。

的这幕情景：

> 1918 年，我在中学念书，我的一位敬爱的国文老师谢迺绩先生（他是绍兴人）给我们讲解了“秋风秋雨愁煞人”的诗，并讲述了秋瑾殉国的故事。当时，他用严肃的口气对我们说：“秋瑾的死，不单是为了女界的自由，也是为了全中国人民的自由”。这一年，已经是“五四”运动的前夕，所以谢先生的这一句话特别使我不能忘却。《秋瑾传》第一次发表时原名《自由魂》，可能是受了这句话的影响。①

秋瑾给夏衍的印象是终生难忘的；当时最直接的影响便是推动他投进 1919 年反帝反封建的革命热潮。

在沉睡了几千年、受尽屈辱的封建古国的土地上，五四爱国运动的烛天火炬升腾起来了。北京学生痛殴卖国贼、火烧赵家楼的消息传到了杭州，浙江的革命浪涛像八月的钱江潮一样汹涌澎湃。大学、中学的学生们走出课堂，奔到街头上展开各种反帝示威活动，声援北京学生的斗争。那几天，每一条街头巷尾，每一座酒楼茶馆、车站码头，都能听到同学们悲愤激昂的演说，他们控诉着列强的欺压与凶残，渴望着民族的复兴和

① 夏衍：《秋瑾不朽》，《夏衍杂文随笔集》第 800 页。

祖国的富强。西子湖畔，杭城上下，笼罩着一片悲壮的气氛。甲种工业学校校方规定“凡学业以外之事，概不预闻”，禁止学生阅读新出版物，师生思想一般偏于守旧。夏衍很早便受新思潮的吸引，从上海《时事新报》《民国日报》的副刊上，读到了介绍各种新思潮乃至俄国革命真相的文章。到1918年暑假，他又从本校毕业生汪馥泉、诸保时那里看到了《新青年》《解放与改造》，这时他那学古文、看旧书的劲头消失了，头脑里充满对于革命思想朦胧而又热烈的向往；加上接触了正在省立第一师范教书的陈望道、李次九等一些具有初步社会主义思想的新派人物，因而夏衍勇敢地冲破学校当局的阻挠，成为工校最早的一批学运骨干之一。他参加了在湖滨公园举行的欢迎北京南下学生联合会代表团的十四所中等以上学校的联合大会，并作为工校学生代表，奔走于学联会、省教育会和工业学校之间，联络和发动同学到街上宣传“毋忘国耻”，散发传单。各校学生还分别组成小队到出售日货的商店劝告他们抵制日货，然后将检查到的日货送到湖滨公众运动场去焚毁。夏衍曾带领一部分工校同学到城站南洋烟草公司门市部去示威，抗议出售日货。

声势浩大的宣传活动，使御侮图强的思想日益深入人心，也使这批热血青年看到了民族的希望和自己肩负的重任。这年暑假之后，五四初期的外争国权、内除国贼的政治运动，逐渐发展成为反帝反封建的新文化运动。宣传科学、民主和社会主义的新书刊大量出现。在杭州，以第一师范为中心的学生中间，经过写稿和社会活动，分散的进步力量逐渐组织了起来，形成一支目标比较明确的新文化队伍。九月间，省立一中的学生查猛济、阮毅成等与工业学校的汪馥泉、蔡经铭、沈乃熙(即夏衍）等一共十来个同学开始集合起来，出版一个倡导新文化、鼓吹新思想的刊物的计划孕育成熟。经过不到十天的筹备，一张铅印八开的报纸《双十》出版。第二号印出前，一师的进步同学施存统、傅彬然、俞秀松、宣中华等加入进来。在浙江省教育会的一间小屋子里，一个包括了三校二十多名进步学生的编辑部组成。讨论结果，觉得原来的刊名不适当，决定从第三期起改名为《浙江新潮》。十天（旬刊）一期太慢了，便改为四开一大张的周刊。浙江的第一个倾向社会主义的革命刊物的创刊号，就这样于1919年11月1日问世。

现在我们翻开这份当年由一些中学生办的报纸，一股热辣辣的战斗气息迎面扑来。那一篇篇短小而锐利的文字，向着尊孔、愚孝、迷信、包办婚姻以及形形色色的旧道德、旧文化，发动了猛烈的攻击。他们响亮地提出要用暴力改变封建军阀的独裁统治，“谋人类——指全体人类——生活的幸福和进化”，“破坏束缚的、竞争的、掠夺的东西，建设自由的、互助的、劳动的社会”。在有的文章中更明确地将社会改造和社会革命联系起来，提出“须得挂起‘赤’色的旗子。去改造那不适合时代的社会”。一群刚从封建思想禁锢中解放出来的青年人敢想敢说敢做的战斗气概，使刊物带着鲜明的革命色彩，很快便风靡全省，成为宣传新思想的一面耀眼的旗帜。这份小报一出现，就如同它的刊名一样，在两浙思想文化界激起了浪花。

夏衍在这个新生的刊物上表现出青年革命者的战斗姿态，他在《双十》上用“宰白”的笔名撰写了批评杭州四家报纸的文章；后来又在《浙江新潮》第一期上刊出了两篇“随感录”：《印刷物也要管理么》和《你没有看见么》。当时，新文化思潮遭到反动统治阶级的忌恨和敌视。北洋军阀政府恃着手中的权力，对所有带有进步色彩的舆论和报刊实行蛮横的镇压和摧残。内务部在一份提案中提出，“查近来新思潮之传播，几有日盛一日之势，而印刷物实为其媒介”，为了“维护治安，预防隐患”，便制定了印刷物管理法，规定所有出版的“文书图画”，及“著作人之姓名、籍贯，印刷人之姓名、住址记载之，于发行或散布时须禀报该管警察官署”，如有违反，就要惩处。反动当局以为靠了这一法规就可任意查禁进步刊物，抑制新思想的传播。夏衍在《随感录》中对此加以激烈抨击。文章写道：

> 我今天在报纸上，看见北京通信，说什么内务部定了一种印刷物管理规则。他的规划对于报纸杂志，统统监视得非常严厉。说出版物在排印之前，必定要把原稿送警察厅查阅，他准你印，你才可以去印，否则照章处罚。咳！中国究竟是什么政体？在清朝专制时代，尚且没有这种办

> 法。中华民国约法上注明的人民言论自由，莫非已经消灭了么？咳！你们要卖国，那是少不得有人要骂的，怕人家骂，那么也不必卖国了。又要卖国，又要不准人骂。你也想得太便宜了呢。

这篇杂感统共不到二百字，却言简意明，谴责了北洋军阀政府奉行专制主义，压制人民言论自由的暴行，指出这是和政治上的卖国阴谋相联系的。他们丧权辱国，叛卖民族利益，又害怕老百姓知道真相，因而便要费尽心机钳制舆论。然而事与愿违，他们越是这样做，便越是要遭到无情的揭发！文章以“你也想得太便宜了呢”一句作结，既是抗议，也是警告。

杭州当时的报界是很黑暗的。像《之江日报》《全浙公报》《浙江民报》这几家报纸①，顽固地坚持维护旧文化的立场，对于新文化竭力加以排斥，有时表面上也骂几句迷信鬼神和贪官

---

① 夏衍当时所写《评杭州的四家报纸》，除针对上述三家报纸外，还批评了《杭州学生联合会周刊》。该刊原为进步刊物，为什么要提及它呢？夏衍近作《懒寻旧梦录》（刊于《人物》1982年第6期）作了说明：“这是因为《双十》出版后不久，由于当局的造谣压迫和一部分学生家长的听信了‘杭州学生联合会’中有过激党的谣言，特别是社会上一些头面人物，主要是有地位的士绅，勾结官府进行破坏，因此成立不久的杭州学生联合会，就从内部发生了分裂。到我们筹备出版《双十》的时候，这份联合会周报的一部分编辑权，已经掌握在右派手中了。”按，《杭州学生联合会周刊》第十九期起作了重大改革，由《浙江新潮》编辑傅彬然任主编。

污吏，实际上在新旧文化之间采取折中的态度。同时报纸上更是常常充塞着“野鸳鸯捉将官里去”一类乌七八糟的黄色新闻，以及陈腐不堪的八股滥调。夏衍在《随感录》第二则中写道：

> 我对于杭州的报纸，曾经有点意见，在第一号上发表，后来傅彬然君也有一封信，讨论这件事体。对待这种不要脸的主笔先生，用极和缓的论调批评他。但是十日……半个月……依旧一点影响都没有，仍旧用龌龊的骑墙的说话，在报纸上发表。咳！做主笔的，总该读过几年书的，莫非这一点多不能觉悟么？我总想不至于如此，不过是本刊新出版，你没有看见罢，如今你总可以看见了，我希望你看了之后，赶快觉悟，否则，“口诛笔伐”，我们“义不容辞”了呢。

本文提到的那篇《双十》上的文章已经不易见到，但人们从这一篇随感对于军阀专制和对于折中调和论的愤激之词中，可以清楚地感到一个初上战阵的青年的激情和义愤。新文化运动的发起人陈独秀，在《新青年》第七卷第二号上，曾发表《〈浙江新潮〉——〈少年〉》一文，赞扬了《浙江新潮》上刊出过的《非孝》和《评杭州的四家报纸》等文章。他热情洋溢地写道：“那两篇文章，天真烂漫，十分可爱，断断不是乡愿派的绅士说得出来的。”他“祷告这班可爱可敬的小兄弟，就是报社封了，也要从别的方面发扬《少年》（北京高等师范附属中学少年学会出版）、《浙江新潮》的精神，永续和穷困及黑暗奋斗（重点是原有的），万万不可中途挫折”。

夏衍和他年轻的战友们并没有辜负这个期望。

新兴文化的幼芽的成长是不容易的。她需要培植者加意的爱护和培育，付出艰辛的劳动，经受得住各种严峻的考验，乃至做出必要的牺牲。《浙江新潮》是由几个学生自发创办的，物质条件不好可以想见。印刷纸张的经费大多由进步学生和一师教员们捐助。参加的人也量力捐一些。夏衍等工校三个同学，每人都拿出一元钱——这对当时的穷学生来说，已经是一个不小的数目了。至于社务方面，所有工作全由社员承担，夏衍在编辑部中年龄最小，分配的任务是将印好的报纸装进信封，写上地址，然后贴上邮票发出。在教育会楼下那间耳房里，他常常为此而工作到夜深才走回学校。在这一平凡琐屑的工作中，夏衍表现得十分尽责、耐心。这使人不禁联想到后来他在抗战烽火中创办《救亡日报》、编辑《新华日报》时那种踏实、精细的工作作风。显然，这同他早年的锻炼是分不开的。

《浙江新潮》的大胆的言论和彻底的革命思想，在反动统治者看来，自然就像洪水猛兽一般可怕，因此不久，他们就将魔爪伸了过来，妄图加以扼杀。在第二期上，发表了施存统的《非孝》，于是引起了轩然大波。段祺瑞政府发出查禁《浙江新潮》的电报，以“主张社会改造、家庭革命、以劳动为神圣、以忠孝为罪恶”等罪名，强令封闭《浙江新潮》。第二期被全数封存，第三期到上海排印始能出版。镇压的风声传来，二十七人黑名单已送到省会警察厅，就要对社员动手逮捕。施存统这时不得不潜离杭州避难。工业学校的几个同学曾秘密商议去日本或苏联，可是路费一时难以筹集。于是夏衍他们下决心准备“硬挺”，决不在专制的镣铐面前退缩。在一个冬天的傍晚，这几个年轻人各人穿上了破旧的大衣，在校门口的会客室里等待官厅前来搜捕，准备为了真理去尝铁窗风味！大概是军阀政府慑于舆论的压力，害怕事情无法收场，最后仅以指令校长加以一番“训诫”而告结束。然而，到毕业的时候，夏衍还是受到了处罚：尽管考试成绩优异，但“品行”却列入“丁”等——不及格。

“真理是在漫长地发展着的认识过程中被掌握的”①。五四运动在夏衍心中点燃起追求真理的火焰，成为他一生事业的起点，然而，要真正树立马克思主义的观点，成为坚强的共产主义者，是还有相当长的一段路程的。当时夏衍只有十九岁，毕竟还很年轻，他当时所接触的大多是从日本翻译过来的某些有关社会主义的评介著作，极少是革命导师的原著。而在阅读这些书籍的同时，深深吸引着他的也还有克鲁泡特金的《告少

① ［苏］古雷加：《黑格尔小传》，商务印书馆 1978 年版，第 48 页。

年》等无政府主义读物。正如他后来在回顾中所说，那时他还不清楚共产主义与无政府主义的界限，富国强兵、个人奋斗的意识还在鼓舞着年轻的探索者，因此工业学校一毕业，他便同意由学校用公费保送到日本进工科大学“深造”了。

在去向确定之后，许炳堃校长找夏衍谈话，他严肃地说：“学校保送，钱是国家出的，为的是培养人才，培养工业人才，……要好好用功，不要再干那些与学业无关的事了。”工业救国的思想，这时还在吸引着年轻的夏衍，因此对出洋留学他欣然同意，可是，不管怎样，他总是受过五四运动的激荡，因此对于不干那些“与学业无关的事”却很不以为然。他当时下了这样的决心：熊掌与鱼，都要，试试看吧。事实上，这是难以办到的。同许校长的愿望相反，祖国的苦难，时代的洪流，冲激着、催促着夏衍越来越积极地去从事学业以外的活动，终于很快走上了漫远的波涛起伏的革命征程。

憧憬与追求

在中国现代文学史上，鲁迅、郭沫若等著名作家，在二十世纪初叶，都曾抱着救国救民的宏愿东渡日本留学。在那个军阀专权的岛国里，他们亲身体验了由于祖国积弱不振而受到帝国主义压迫和凌辱的苦处。“眼看到故国的陆沉，身受到异乡的屈辱，与夫所感所思，所经所历的一切，剔括起来没有一点不是失望，没有一处不是忧伤。”① 郁达夫这番话表达了他们当时共同的心境。

夏衍到达日本时，祖国黑暗依旧，但日本的情形却有了变化。这几年，在日本近代史上正是左翼运动的鼎盛时代。从第一次世界大战结束后，日本发生了资本主义经济恐慌。陷于危机的资本家用降低工资、解雇职工等残酷手段将其损失转嫁到工人阶级头上，于是爆发了大规模的工人罢工及普选运动。在俄国十月革命的鼓舞下，各种左翼团体先后崛起，工会、农会、无产妇女团体、进步文化社团以及各种马克思主义研究会风起云涌，进步刊物层出不穷。

对于曾经受到五四洗礼，努力探寻民族出路的夏衍来说，这一切具有多么强烈的吸引力，是不言而喻的。

1920 年 9 月下旬，夏衍搭船抵达东京，旋即和蔡经铭、毛文麟三人报名进了神田区中国青年会附近一所专为中国学生考入正式的专门学校而设立的补习学校。这里补习的主要是日文。在“甲工”虽然已上过一年日文课，但是只读不用，到东京只得从头学起。日本一般大学都是春季开学，在阳历二月底报考，其间只有六个月工夫准备，时间十分紧迫，东渡时“甲工”给出洋留学生的经费只有二百元，这是不能容许一试不

① 郁达夫:《忏余独白》，载《北斗》第 1 卷第 4 期（1931 年 12 月）。

中、再等来年的。因此，在这半年中，夏衍心不旁骛，集中精力攻读日语和温习数学。当时，政府规定一定得考取国立大学，才能得到官费，但向以严格著称的九州福冈户畑町的明治专门学校（现为九州工业大学）例外。报考“明专”的达一百多人，而录取者仅五名。由于夏衍作了充分准备，这次“背水之战”居然成功。“明专”学制是本科四年，中国学生有一年预科。他从这年 4 月入该校电机科，1925 年 3 月卒业。

近年来在日本发现的夏衍在明治专科学校的成绩登记表表明，他在该校读书时的学业成绩是逐年下降的。据夏衍说，这原因就在于他这时关注的并不是所学的电机专业，而是社会科学，是政治。他常常出入于图书馆，在那里仔细地寻觅和阅读各种进步的哲学书籍和文学作品。他参加了日本进步同学组织的社会科学研究会，热心地研讨列宁《共产主义运动中的“左倾”幼稚病》，恩格斯《社会主义从空想到科学的发展》，以及《共产党宣言》等经典著作，认真学习马克思主义。同时，他还接触了日本左翼运动的著名领袖人物，结识了“水平社”负责人松本治一郎和“劳动农民党”委员长大山郁夫。这两位民主主义的政治活动家对日本自明治维新以后从封建制过渡到资本主义，以至发展为帝国主义国家都深为不满，积极领导了被压迫下层人民的解放运动，为确立民主制度而进行不倦的斗争。夏衍从他们的行动与言论中间受到启发，对于“工业救国”这个在他的生活与学习中曾长期发生过作用的虚幻观念，终于产生了怀疑以至厌恶。

从二十世纪初到二十年代，我国在日本的留学生是很多的，他们的政治态度也是形形色色的。除一部分探索救国之道和寻求革命真理的知识分子外，还有一批所谓“国家主义派”“反共产派”“国粹派”，他们有时也以“富国强兵”相标榜，但终日学跳舞，打麻将，过着荒唐无聊的生活，把国家民族的命运完全置诸脑后，一心只想着在国外“镀金”之后，一旦回国，就可以“做技师，做官，讨老婆，造房子”。从市侩主义立场出发，他们惧怕革命到了十分荒谬可笑的程度：“将多数看作过激，将共产解作‘大家要来分他的家私’，所以恨不得将整理交通的左侧通行改作右侧，见了女人的红色腰卷儿也要倒退三步。”对于这种丑恶的现象，夏衍流露了极度的憎恶与鄙视。他在投寄给创造社《洪水》杂志的《从日本来的消息》一文中作了辛辣的讽刺，指出：

> 我们须得想一些，供给我们学费的农民的苦楚！这是帝国主义给我们的礼物。在学时代，请在书本子外面，注意一些社会的事态，回国去之后，请不要恩将仇报，帮了资本家（中国和外国的）去虐待你的学资供给者。[①]

---

① 夏衍：《从日本来的消息》，刊于《洪水》第2卷第19期（1926年6月）。

这篇文章呈现了夏衍反对帝国主义和封建主义统治的鲜明革命立场，从中亦透露了他对“实业救国”之类的决绝态度。

夏衍思想发生更明显的变化，是在八幡实习期间。在明治学校毕业后，为了取得“官费”，他进入九州帝国大学。那时，日本的工业大学规定每年必须有两个月到工厂或矿山实习。夏衍作为帝国大学的学生到了八幡制铁厂。这里是日本重工业的中心地带，是进步力量很强大的地方。他曾与日本左翼分子一道，投入了工人运动的实际工作。尽管这当中多少还掺杂着托尔斯泰式的“忏悔贵族”的心情，然而，与近代产业工人的接近，使他开阔了眼界，深切体会到工人群众受剥削受压榨的痛苦生活，看到了工人阶级的伟大力量。他后来在《〈母亲〉在中国的命运》一文中回顾到他在这期间思想感情的变化，是值得注意的。他说：

> 那时候我以一个工科大学生的身份，在日本九州著名的八幡制铁厂实习，在隆隆的发电机旁边，我耽读了契诃夫、托尔斯泰和屠格涅夫的作品。一个暑假之后，我对于那些软弱，懒散，而又充满了哀愁的人物，渐渐的感到厌倦了。当时我开始知道了一些苏联大革命中的英勇出奇的英雄，于是我很想追觅一些介在这两个时代之间的俄罗斯人民的典型与性格，我找到了高尔基，读了《夜店》，读了《太阳儿》，终于读完《母亲》而深深地感动了。一年

> 半之后我被逐归国，在简单的行囊中我把村田的日译本《母亲》带回来了。①

我们知道，夏衍在“明专”读书时即很喜欢史蒂文生、狄更斯，为这些大师的作品所着迷。到帝大以后又耽读了屠格涅夫、托尔斯泰、契诃夫的作品。这些批判现实主义的作家揭露了资本主义社会的罪恶与腐朽，表现了对被损害、被污辱的下层人民的深切同情。然而，这时夏衍对他们越来越淡漠了。一种对于新的生活真理的追求，甚至使他在一段时间里对他们的作品感到厌倦。他希望从文学上看到进步人类的未来，看到创造新世界的新兴无产阶级的力量。这样，他便找到了高尔基，从这位伟大的无产阶级文学大师那里获得了投入革命战斗的勇气与信心。这里，明显地标志着他的思想向前跨进了一大步。

“左翼作家并不是从天上掉下来的神兵”②。夏衍后来成为著名的“左翼作家”，与他在日本一段时期的生活关系是很密切的。日本的左翼运动无异于一所革命的大学校，使夏衍受到了共产主义的启蒙教育，从而对他一生的事业和思想产生了深刻的影响。在现代文学史上，有些杰出的作家，当他们开始文

① 夏衍：《母亲在中国的命运》，见《夏衍杂文随笔集》第423页。

② 鲁迅：《南腔北调集·论第三种人》，《鲁迅全集》第4卷第439页。

学生涯的时候，还是一些爱国主义者和民主革命者。他们勇敢地反叛旧有的一切，艰难地探索着使祖国摆脱落后与贫弱的道路；然而，他们还很少或几乎没有接触科学的世界观、方法论和无产阶级领导的革命运动，因而往往不了解逐渐壮大的新兴工人阶级的力量和历史前进的方向。这样，在变乱动荡的时势下便会因看不清出路而寂寞、孤独与失望，甚至在历史的风波中迷失道路。夏衍与他们不同，他在进入文学领域之前，便接触了马列主义著作，并有了初步的革命斗争实践，相对而言，思想的起点是比较高的。鲁迅就曾在与夏衍的一次谈话中说过："从社会科学走向文学的道路是顺的，从文学走向社会科学的道路是逆的。"① 由于有了先进的社会科学知识和思想的指导，夏衍后来一开始文学活动，便能自觉地把文学与革命联系起来，坚定不移地通过文学去推进无产阶级解放事业。就这点来说，夏衍以后成为左翼革命文艺运动的重要骨干是毫不奇怪的。自然，这也可能带来另一方面的问题，即由于思想经历上的曲折、反复较少，也就容易较多地从理性概念上教条式地看待问题，而不善于深入地把握复杂多样的社会现象和文艺规律。随着夏衍前进的足迹，在涉及三十年代文学活动时，我们对此将会有具体的了解。

在留学期间，对祖国的思念和热爱，对于压迫、奴役弱小

---

① 夏衍：《生活、题材、创作》，《夏衍杂文随笔集》第651页。

民族的暴力的鄙夷和仇恨，经常地袭击着年轻夏衍的心。他在《创造日汇刊》发表过一篇速写《船上》，文中叙述从上海驶往日本的轮船上，中国平民百姓和朝鲜人民所遭受的种种歧视和虐待。他满怀激愤地发出了种种疑问："为什么单有三等船客要隔离（上海有时疫须得隔离一夜才放行）呢？坐了一二等，便不至于染疫了么？——为什么朝鲜人，可任意地被逮捕呢？他亡了国了！那么我们能够不被逮捕，是不是还要感谢我们那残破不全，干戈遍地的祖国么？……"这些诘问，实质上就是对于侵略者、压迫者的沉重抗议。在"明专"读书期间，他还有过两次难忘的旅行。当时官费生每月有六十日元的生活费，在1925年的暑假，他拿了这笔钱游历了朝鲜和祖国的北方。他攀登过金刚山的高峰，凭吊过牡丹江的战迹，在泰山之巅看过日出，在八达岭上听过驼铃。这些地方的雄伟壮丽的景色使他陶醉，而处于日本军国主义者控制下的中朝人民的深重苦难，尤使他难以忘怀。在去东北的途中，他亲眼看到日本宪兵为了夸示他们的威武而纵马践踏菜市，在奉天车站，日本路警任意把中国的苦力推下正有火车急驶的轨道。在这种场合，夏衍对于周围群众没有反抗的表示而感到困惑和痛心，以为人们在长期压迫下，已不知不觉地学会了顺从压迫的习性。然而，在另一个场合，他很快便纠正了自己的偏颇。在从釜山到平壤的火车上，一位朝鲜女学生开始误认他是日本人，严峻地拒绝与他谈话，但后来当她发现他是中国人时，便立即改变了态度，对他笑脸相迎，亲切异常。

> 她，我记得非常明白，还不过是十五六岁的年纪吧，在她开始懂得世界的时候，那一幕“日韩合并”的血腥悲剧也该早已经是历史上的事件了吧。但，从她那不经意的一憎一喜之间，何等深刻地表露了一个和平民族对侵略者的仇恨！①

夏衍后来回忆到这件往事的时候，还是那样激动不已，表明这段经历给他的印象是多么深刻。被压迫的群众不会甘心作奴隶，人民是不可征服的——这个朴素的真理，后来成为夏衍毕生不可动摇的坚定信念。

夏衍在日本求学的后几年，国内的政治形势起了很大的变化。在国民党第一次全国代表大会上，孙中山先生接受了中国共产党反帝反封建的民主革命纲领，毅然对国民党实行改组，与共产党人携手合作。大会以后，工农斗争和各阶层人民的民主运动在全国范围内广泛开展，革命形势逐渐高涨。夏衍身处异邦，但对国内如火如荼的革命运动无限关切。1924 年 11 月，孙中山先生应冯玉祥的邀请，到北京商讨召开国民会议。途经日本门司，夏衍随同中国在日留学生代表前往谒见。当他将一

---

① 夏衍：《记〈离离草〉》，《夏衍杂文随笔集》第 412 页。

叠载有报道孙中山北上新闻的报纸交给这位敬仰已久的民族领袖时，中山先生十分高兴，当场指定李烈钧介绍他加入了国民党。不久又担任了国民党中央海外部直属驻日总支部常务委员、组织部长（该总支负责人为中共留日学生支部书记何恐）。此后，在从“明专”毕业以后的两年中间，夏衍虽然考进九州帝国大学，但大部分时间却是在东京总支部，并经常到日本各地活动。他在广大的爱国华侨中间宣传“打倒列强，除军阀”，联络同志，发展组织，壮大革命力量。北起北海道的札幌，南到九州的鹿儿岛，都曾留下过夏衍的足迹。为了配合和支援国内北伐的革命进军，他四处奔走，热情高涨，长途跋涉的种种艰辛，开展工作中遇到的种种阻难，都没有难倒这位年轻的革命战士。

正当夏衍为北伐战场上频频传来的捷报欢欣鼓舞的时刻，1927 年春夏之交，蒋介石窃取了国民革命的胜利果实，在帝国主义指使和支持下，在上海发动了“四一二”政变，以“清党”为名，丧心病狂地逮捕屠杀共产党人和革命青年。这时，东京的国民党西山会议派砸烂了左派的驻日总支部，夏衍被列入了通缉名单。日本警事厅在他的寓所附近安置了警探，借口“保护”，监视他的行动，随时准备施加迫害。形势的骤然逆转，使夏衍对国民党右派燃烧着满腔的愤火，但他对革命并未感到幻灭和沮丧。经过海外七年的学习与锻炼，他已明确地树立了共产主义的信仰，对创造新世纪的无产阶级的力量和光明的未来充满着热烈的向往和坚定的信念。因此，在暴力的打击和威吓面前，他沉着镇定，矢志不移。他决心投入无产阶级先进战士的行列，向旧制度展开更持久、更顽强的斗争。1927 年 5 月的一天，夏衍机智地躲过警探的耳目，怀里揣着一份东京左派组织全部成员的名册，到达门司，悄悄登上了长崎丸号客轮，踏上归国的海途。

第二章

高举左翼文学、戏剧的大旗

左联——革命文学的摇篮

当夏衍踏上祖国的土地的时候，经过“四一二”血洗的上海，正弥漫着一片白色恐怖的气氛。工会组织被解散，革命团体被查封，进步书报被禁止，到处是戒严、搜查、殴打、逮捕、公开的或秘密的杀戮。独夫民贼蒋介石在工农的血泊中建立起了大买办大地主阶级的法西斯独裁统治，国统区名副其实地成了一座阴森可怖的人间地狱。然而，即使最黑暗的地方，也不全然是魔鬼的天下。中国共产党人是征服不了的，革命者在农村和城市重新集结力量，像阳光透过狭窄的地狱窗口，给人们带来了希望。

夏衍到达上海不久，处于长江中游的武汉三镇，在共产党和国民党左派领导下掀起了反蒋高潮，因此他一度打算奔向这在当时被称作革命中心的名城。然而不久，在拜访刚从武汉到沪的经子渊先生时，获悉汪精卫为首的武汉政府不足信、右派势力已在酝酿又一场“清党”阴谋的内情，夏衍于是果断地打消了去武汉的念头，决定留在上海。

夏衍回国后住在虹口有恒路一号绍敦电机公司。这家公司的主人蔡叔厚是浙江人，也是夏衍中学时代的同学，当时还是独身，也还没有参加革命组织，但他的楼上却经常住着“四一二”之后受国民党通缉的共产党人。夏衍寄居到这里之前，住在那里的已经有在广州和沈雁冰一起编过革命刊物的我党早期的革命活动家张秋人和杨贤江的一家。夏衍住进来之后，很快便与他们熟识了。张秋人当时在地下党的中央宣传部工作（后被派往杭州任党的浙江省委书记，不久被捕壮烈牺牲）。他为人耿直，经常大声地议论时政，对那时尚未入党的夏衍、蔡叔厚也毫不掩饰他的观点。杨贤江平时则沉默寡言，除了大清早用两个哑铃锻炼身体外，整天埋头读书写作，他当时在上海的学生运动中负责实际工作。这两人性格不同，但共同的一点是，在大革命的转折关头，都对国民党蒋介石充满强烈的仇恨，对革命事业的信念毫不动摇。在差不多一年的时间里，夏衍与他们朝夕相处，处处感到他们政治上的坚贞和生活上的严肃。当汪精卫正式宣布反共以后，一天，张秋人拿着一张登满了“脱党启事”的报纸，指着一个人的名字，怒气冲冲地说，这个人我把他当好人，现在也做出这种事来！杨贤江看了看报纸，淡淡地一笑，低声地说："让所有的投机分子离开，有什么坏处?"像这样的对话是时常可以听到的，给夏衍的印象是很深刻的。也是在这家商店楼上，夏衍还见到了分别担任地下党沪东、法南（法租界南市区）区委书记的郑汉先、庞大恩。他们都是夏衍在日本"明专"的同学，由他们介绍，夏衍于1927年5月加入了中国共产党。按照党组织的分配，他深入到沪东一带，利用基督教青年会办的工人夜校，对纱厂工人做宣传和组织工作。早在留日期间，夏衍即参加过左翼工会的工作，对工人阶级的历史使命虽有些初步的认识，但在当时还不是出自明确的信念和有组织的行动。"回国之后，因为自己的专门只能供给一部分人剥削大多数人，所以将它完全抛了"①。现在成了无产阶级先进部队的一员，在党的统领下，为了全人类的彻底解放，夏衍便以自己的全部热血献给推翻地狱和魔鬼们的战斗。

1928年，夏衍是在紧张和忙碌中度过的。为了维持生计，在从事工运的同时，他开始为开明书店译书，并在立达学园、劳动大学兼授物理、日语等课程。随着斗争形势的发展，一个历史的机缘把他召唤到文学的战线上来。

大革命失败后，中国革命开始了一个重要的转折时期。大

---

① 沈端先：《我的文艺生活》，《大众文艺》第2卷第5、6合期（1936年6月）。

资产阶级叛卖革命，统一战线急遽破裂，革命的战舰不得不由中国共产党单独导航。为了适应形势的剧变，在文艺领域必须提出无产阶级自己的主张，组织无产阶级自己的文艺队伍。在这种形势下，无产阶级革命文学便提出和倡导起来了。正如鲁迅所指出的："革命文学之所以旺盛起来，自然是因为由于社会的背景，一般群众，青年有了这样的要求。当从广东开始北伐的时候，一般积极的青年都跑到实际工作去了，那时还没有什么显著的革命文学运动，到了政治环境突然改变，革命遭了挫折，阶级的分化非常显明，国民党以'清党'之名，大戮共产党及革命群众，而死剩的青年们再入于被迫压的境遇，于是革命文学在上海这才有了强烈的活动。所以这革命文学的旺盛起来，在表面上和别国不同，并非由于革命的高扬，而是因为革命的挫折。"① 当时，一批急进的文艺家从北伐前线，从武装起义的战场，从海外，相继来到上海，他们编辑刊物，发表宣言，举起了无产阶级革命文学的旗帜，力图在文艺战线上为革命重新杀出一条生路来。后期创造社、太阳社在当时青年中的进步影响和对中国无产阶级文学事业的开创作用是不可抹煞的。然而，就在革命文学运动刚刚兴起的时候，却出现了创造社、太阳社与鲁迅的一场论争。由于革命文学的倡导者对革命

---

① 鲁迅：《二心集·上海文艺之一瞥》，《鲁迅全集》第 4 卷第 296—297 页。

形势和阶级关系缺乏正确的认识，加上受到国内外极“左”思潮的影响，他们一开始就把鲁迅当作了提倡革命文学的“障碍”和“对立面”而加以攻击，这样不但混淆了敌我界限，而且很难得到文艺界同盟者应有的广泛支持。一场破天荒的革命文学运动濒于可能遭到夭折的险境。剧烈的论战，使双方不仅在思想上，而且在感情上产生了相当大的隔阂，以至互相抵销和削弱了力量。1929 年秋，党中央不得不出面制止了这场旷日持久的“内战”，并决定将党员作家与党外进步力量联合起来，筹建统一的左翼文艺组织，以便有效地开展对国民党法西斯统治的斗争。夏衍这时的组织关系在闸北区第三街道支部，也即创造社、太阳社一批党员作家所在的所谓“文化支部”。鉴于这一点，并由于夏衍回国后从事翻译工作而与鲁迅相识，加上他没有卷入这次笔战，便于从中斡旋，因而江苏省委宣传部便确定调他参与筹备组织左联的工作。这样，当时并非作家的夏衍便成为左联的十二位筹备人之一。这，也就成为他漫长的文学生涯的起点。

1929 年 10 月中旬，在北四川路的“公啡”咖啡馆里，文化支部的书记潘汉年代表党中央宣传部，召开了一个包括创造社、太阳社、冯雪峰、夏衍以及党外的郑伯奇同志在内的座谈会。潘汉年在会上传达了党中央宣传部长李富春同志对这场论争的意见：鲁迅是从五四新文学运动中战斗过来的一位老战士，一位先进的思想家，创造社、太阳社批评鲁迅是不正确的。党要求停止论争，在刊物上要一律停止对鲁迅的批评，要尊重鲁迅。这次会议还决定派夏衍、冯雪峰、冯乃超三位同志去会见鲁迅，告诉鲁迅，党让停止这次论争，并批评了创造社、太阳社不正确的作法。事实很快便表明了这个决定是十分明智的。鲁迅对年轻人的作法毫不介意，表示谅解，愿意团结起来。不久，在“公啡”咖啡馆二楼召开了左联第一次筹备会，会议决定，拟出“左联”发起人名单，起草“左联”纲领，这两个文件拟出初稿后，先送鲁迅审阅，征得他的同意后，再送党中央审查。潘汉年还要夏衍、冯雪峰、冯乃超等三人把每次筹备会的情况经常向鲁迅报告。

一个寒冷的冬日的午后，夏衍与冯乃超带了拟好的两个文件一道来到景云里鲁迅寓所。鲁迅瘦削的脸上露着微笑，操着带绍兴口音的普通话，对年轻的朋友们表示热忱的欢迎。他们将初步拟定的两个文件交给鲁迅，鲁迅很仔细同时又像很吃力的样子阅读了那份文字简直像从外文翻译过来的纲领，后来慢慢地说：“我没意见，同意这个纲领。”又说：“反正这种性质的文章我是不会做的。”接着他又仔细地看了发起人的名单，当碰到不认识的名字，夏衍他们一一加以介绍。最后他提出怎么没有郁达夫参加发起？他们回答说，郁达夫最近情绪不好，也不经常和老朋友来往。鲁迅听了之后说：“那是一时的情况，我认为郁达夫应当参加，他是一个很好的作家。”夏衍等当即表示同意。在谈完工作之后，闲谈中鲁迅还讲起了家乡的一些笑话。他说，有两个农民，一个说，皇帝这么有钱，这么舒服，不知怎么过日子的。另一个农民很有把握地回答：皇帝的生活么，一只手元宝 nia nia（捏捏），一只手人参 jia jia（嚼嚼），讲着讲着他自己禁不住哈哈大笑起来。这两句话完全是用绍兴话讲的，冯乃超听不大懂。这个讽喻人们的主观唯心主义的小故事是耐人寻味的，夏衍至今还留有真切的记忆。当时是隆冬时节，屋外正刮着凛冽的寒风，然而，鲁迅的风趣的谈话和真挚的感情，在夏衍等人的心里漾起一股温暖的潜流。

正像现代革命史上无产阶级认识自己可以信赖的领袖经历了反复曲折的历程一样，年轻的无产阶级文学运动要看清自己可靠的带头人也不是很容易的。当夏衍等同志带着党的嘱托来到鲁迅身边并达到预期的目的的时候，这标志着中国革命文学运动进入了一个新的阶段。论战平息了，隔膜渐渐消除了，左联的筹建工作在紧张而有步骤地进行。筹备会每周举行一次，地点几乎固定在“公啡”咖啡馆。这家咖啡店设在北四川路窦乐安路（现名多伦路）口上，它的二楼出售咖啡等饮料，上午几乎没有人去，很安静。在这里的一间可容十二三人的小房间里，夏衍自始至终参与了左联纲领、组织机构、内部分工等一系列讨论。当筹备工作告一段落后，由鲁迅、夏衍出面邀集上海从事革命文学活动的文艺界人士举行座谈。《萌芽月刊》有下列报道：

> 中国新兴阶级文艺运动，在过去都是由小集团或个人的散漫活动，因此运动无大进展，且犯各种错误。同时，过去的文学运动和社会运动不能同步调。因此，由一二分子发起，邀集在上海从事新文学运动的人，开一讨论会，以“清算过去”和“确定目前文学运动底任务”为讨论题目，这会议在一九三〇年二月十六日下午开成了，到会者有沈端先，鲁迅等十二人。……①

1930年3月2日，阳光和煦。在上海北四川路窦乐安路中华艺术大学二楼一间教室里，中国左翼作家联盟秘密召开成立大会。为了确保会议安全进行，会前的准备工作极其严密。夏衍在前一天即与潘汉年、戴平万和闸北区委的负责人查看了会场环境，从北四川路与窦乐安路的交界，到艺大二楼的进口处，直到全校的房间，都仔细作了视察，有哪几个门可以出入，有没有后门，经过后门可以从哪条路出去，都作了周密的检查。潘汉年还要夏衍通知冯雪峰、柔石在发生紧急情况时先陪鲁迅从后面撤出。成立大会由鲁迅、夏衍和钱杏邨三人主持。鲁迅发表了“对于左翼作家联盟的意见”的著名讲话。会上通过了左联理论纲领和行动纲领，决定成立马克思主义文艺

---

① 《上海新文学运动者底讨论会》，《萌芽月刊》第1卷第3期（1930年3月1日）。

研究会，并选举夏衍、冯乃超、钱杏邨、鲁迅、田汉、郑伯奇、洪灵菲七人为常务委员，以后夏衍又为历届的左联党团成员之一。左联的成立，是五四开始的新文艺运动一个巨大的飞跃。左联的文艺纲领说，要使革命的文学艺术能够焕发出它的“明耀的光芒”，必须“和历史的进行取同样的步伐”。因此，文艺家“不能不援助而且从事无产阶级艺术的产生”，“不能不站在历史的前线，为人类社会的进化，清除愚昧顽固的保守势力，负起解放斗争的使命”。左联第一次把来自不同方面的包括党的和非党的进步作家、文艺理论家、批评家联合起来，在文艺战线上自觉地为无产阶级革命而奋斗，这是我国现代文学史上一件具有历史意义的大事。从此，革命的文艺战士才得以鲁迅为盟主和旗手，高擎无产阶级文艺的战旗，以整齐统一的步调，向着共同的敌人——帝国主义文化和封建买办文化展开声势浩大的殊死搏斗，顽强地夺取一个又一个阵地，发展成为黑暗中国“唯一的文艺运动”。

左联成立以后，在马克思主义文艺理论建设，革命文学作品创作，国际革命文学经验介绍，以及新作家的培养等方面，夏衍作出了许多贡献。根据常委分工，夏衍主要负责国际文化研究会。他除了在《萌芽月刊》《拓荒者》《北斗》《文学月报》《文艺新闻》等左联刊物上翻译、介绍日本、苏联等国无产阶级文艺理论和作品外，还担负了对国际左翼文艺团体的联络工作。美国的史沫特莱，日本的尾崎秀实、山上正义等，当时与夏衍都有密切的接触。夏衍通过他们向国外报道了有关左联的情况，以争取国际舆论的支持，也从他们那里了解到国际革命文艺动态。1930 年 5 月，胡也频、冯铿参加了在上海举行的苏维埃区域代表大会之后，左联决定向全体盟员作一次传达报告。在当时，要找一个能容纳四五十人的会场是十分困难的。夏衍经过多方打听，找到日本在上海的左翼记者尾崎秀实，借到驻沪日本记者俱乐部，在那里开了盟员大会。从这类事情不难看到，夏衍在左翼文艺运动创始阶段即默默无闻地承担了许多具体的任务。1931 年 11 月，左联执委会通过《中国无产阶级革命文学的新任务》的决议。决议由冯雪峰起草，瞿秋白定稿，夏衍参加了讨论。尽管这个文件没有彻底清除“左”的偏向，却标志着一个新阶段的开始。从此，左联基本上摆脱了“左”的桎梏，开始了蓬勃发展的阶段。而促成这个转变的，自然首先是鲁迅、瞿秋白，还有就是左联成员中一批坚决信任和支持鲁迅、秋白的同志，“这些同志中间就有冯雪峰、夏衍和丁玲”[①]。夏衍认真贯彻了秋白的指示，团结了广大的进步文艺家，使左翼文艺运动从文学领域扩大到了具有更广泛群众性的戏剧、电影方面，从而在反击国民党文化“围剿”中发挥了巨大的战斗作用。

① 茅盾：《左联前期——回忆录十二》，《新文学史料》1981 年第 3 期。

输入先进的范本

在左联成立前后的这段时间里，夏衍从译介外国文艺作品和先进文艺理论开始了他的文学活动。夏衍这样做，既是为了在写作上得到初步的锻炼；更主要的还是当时正在开展着的革命文学运动的需要。革命文学当时处于萌芽阶段，要获得发展并扩大它的影响，如果单单依靠国内刊物上发表的一些比较幼稚的反映工农斗争生活的作品，显然是不够的。诚如鲁迅所指出，“多看些别国的理论和作品之后，再来估量中国的新文艺，便可以清楚得多了。更好是绍介到中国来；翻译并不比随便的创作容易，然而于新文学的发展却更有功，于大家更有益。”①夏衍深深地觉察到这一点，因而主动担负起这方面的任务。1930 年前后的六七年间，是夏衍一生中翻译活动最活跃的时期，仅以沈端先的名字翻译出版的文艺作品和理论著作就有二十种以上，其中有关苏联的革命文艺作品与理论占了一半以上。高尔基的长篇小说《母亲》《奸细》，反映十月革命后苏联社会现实生活的柯伦泰的《恋爱之路》与台米陀伊基的《乱婚裁判》，革拉特珂夫反映苏维埃政权下人与人的相互关系的著

---

① 鲁迅：《三闲集·现今的新文学的概观》，《鲁迅全集》第 4 卷第 137 页。

名长篇《沉醉的太阳》（与杨开渠合译），都是经过夏衍之手，第一次与中国读者见面。这些“输入的先进的范本”，开阔了读者和作家的眼界，把左翼进步文学从狭隘贫乏的局面逐步引向较为广阔的世界，充实和丰富了我们的革命文学。

这里特别要谈到对《母亲》的翻译。这部鲜明而真实地描写俄国初期革命工人运动的伟大作品，曾被革命导师列宁誉为“无产阶级艺术的最杰出的代表”。在表现工人阶级走向觉醒的过程中，对未来、对无产阶级革命胜利的无限信心，使这部巨著闪耀着共产主义的思想光辉。夏衍的翻译根据的是村田春男的日译本，参照了英译本，又由蒋光慈从俄文本加以校对。全书分两部，第一部于1929年10月15日由大江书铺初版，第二部则出版于次年11月10日。这是在筹备左联的间隙译出的，可说是夏衍给这一革命文艺的摇篮献上的一份最有意义的礼物。鲁迅当时对这一工作便很推许。他说：“高尔基的小说《母亲》一出版，革命者就说是一部‘最合时的书’。而且不但在那时，还在现在。我想，尤其是在中国的现在和未来，这有沈端先君的译本为证，用不着多说。”[①] 在译本被禁之后，鲁迅还托书坊里的伙计好不容易觅到了一部，转赠给了青年作家萧军、萧红。《母亲》出版不到一年，即印了两版，但不久却遭当局禁止。1935年再度出版时，书名改为《母》，译者则改为

① 鲁迅：《〈母亲〉木刻十四幅·序》，《鲁迅全集》第8卷第368页。

"孙光瑞"。尽管反动派一禁再禁，但它在群众中还是广泛流传，许多青年在伯惠尔、尼洛夫娜形象的感召下投身革命，也有的为这本书而遭到比之沙皇更残暴的迫害。老作家王西彦就曾讲起他在初中求学时阅读这本书的印象。他说，沈端先译的两册《母亲》"在我眼前展开了一个充满激情的新世界。而且一面读着小说，一面我就在自己的生活里面寻找印证。我在尼洛夫娜母子两人和家乡被'省防军'杀掉的那些'土匪'中间加上等号，又在莎夏、娜塔莎和索菲亚等人和那些逃跑的新校长新教师还有我那位失踪了的同学中间也加上等号，同时自然也就在法官、宪兵、特务和'省防军'的连长中间加上等号，这样，这部小说便成了一把开启我生活的秘密的钥匙，使我清清楚楚地看到了生活严峻的真理"①。

除了翻译苏联文学创作而外，夏衍还译出了平林泰子、有岛武郎、藤森成吉等日本早期普罗作家的作品。二十年代后期，富有正义感和民主思想的进步作家，组成了日本劳农艺术家联盟，并陆续创作出不少暴露日本资本主义社会罪恶、反映工农痛苦生活和解放愿望的作品，形成了盛极一时的普罗文学潮流。由于受制于生活经历和世界观的局限，这些作品虽然没有达到应有水平，但从中还是可以看到日本人民生活斗争的风貌。同时，饶有兴味的是，这些作品对于生活的忠实反映及其

---

① 王西彦：《回忆；第一次读〈母亲〉》，《书和生活》第429页。

艺术技巧，对于我国左翼作家的创作，包括译者自己是颇有裨益的。比如文艺批评家李健吾早在三十年代即指出过，夏衍后来写的《上海屋檐下》一剧，对藤森成吉的三幕剧《黑暗与光明》中的舞台设计、情节构思等，便不无借鉴之处。

在文艺理论方面，夏衍翻译介绍了列宁、普列汉诺夫等的论著或阐发他们的理论的著作。《伊里几的艺术观》，是我国最早译出的宣传列宁文艺思想的一篇文章。文中首次介绍了列宁在与德国女革命家蔡特金谈话中阐述的著名论断："艺术是属于人民的。它必须在广大劳动群众的底层有其最深厚的根基。它必须为这些群众所了解和爱好。"这一奠定了无产阶级文艺的阶级路线和方向的思想，以后便成为左联提出文艺大众化口号的重要理论依据。文章还突出地叙述了在对待文化遗产问题上，列宁对未来派、对"无产阶级文化派"全盘否定文化遗产的虚无主义态度所作的批判，指出列宁非常爱好俄罗斯古典作家，是一位"艺术上的现实主义的拥护者"。在《〈艺术论〉〈艺术与社会生活〉——普列汉诺夫与艺术》一文中，夏衍充分肯定了普列汉诺夫在建设马克思主义美学理论上留下了"绝大的功绩"。文章扼要地介绍了普列汉诺夫这两篇名文的内容，着重指出，"艺术的历史，也是阶级斗争的反映"，"社会对于事物和现象，最初从功利的观点观察，以后才移行到审美的观点，一切人们看做美的，就是他认为有用的东西。"这些看法尽管不够全面，但基本上是唯物主义的。在《文学运动的几个重要问题》《到集团艺术的路》等文章中，夏衍还结合对国外传来的这些无产阶级文学理论的认识，批驳了超阶级的、为艺术而艺术的资产阶级论调，进一步强调文艺的政治倾向和教育作用，旗帜鲜明地主张文学是整个革命事业的一部分，必须成为无产阶级斗争的锐利武器。他说："普洛艺术运动的终极目的，是在普洛列塔利亚（即无产阶级——笔者）解放运动的完成。在现阶段普洛列塔利亚教化的目标，必然的不能局限在所谓文学范围之内，而应该推向普洛列塔利亚政治主张的扩大。"而要创作无产阶级文学，革命作家就必须"把握明确的普洛列塔利亚观念形态，这种观念形态，就是一切宣传鼓动和暴露文学的动力"。这样创作出来的作品，才能"从布尔乔亚（即资产阶级——笔者）的精神麻醉中间，夺取广大群众，使他们获得阶级的关心，使他们走向阶级解放的战线"①。在革命文学发轫之初，这些译介与宣传，对于推动文学为无产阶级解放事业服务，鼓动文艺青年冲破个人狭小的圈子，走向广大群众，振奋战斗精神，是起了很大作用的。

自然，夏衍当时的认识还是有局限的。如同不少初期革命文学倡导者一样，在文艺与政治的关系问题上，他过多地强调了文艺必须为当前的任务和具体的政策服务，"应该紧密地、

① 夏衍：《文学运动的几个重要问题》，《拓荒者》第1卷第3期（1930年3月）。下同。

计划地配合着解放运动的当面的政治主张”，“配合着目前的政治的任务”。同时，他在文章中往往只强调作家的革命意识，而忽略艺术规律的把握。他说：“在现今工农大众争斗长足发展时，一种作品的能否具有艺术基础条件，以及他的艺术价值的大小，我们绝不能再用布尔乔亚的艺术规定来衡量，而应该根据这种作品对于解放运动所及的实际效果来评价。”① 这种主张在原则上并不错。但是从一系列文章来看，他对文艺本身应该具有的特殊功能和规律的认识是不足的。他把茅盾在革命文学论争中对创造社抹煞文艺特点的批评称之为“茅盾主义”，与“形式主义”混为一谈，甚至说它“有意或无意地走进了反普洛文学的阵营”②。我们知道，仅仅把文艺看作是一种在政治上进行宣传鼓动的工具，这对文艺的社会功能的理解是过于狭窄和片面的。文学作为潜移默化地影响人们精神的认识形式，它的作用是多方面的，而且是长远的，仅仅看作是为某个时期某个具体政治任务服务，就会导致狭隘的功利主义和实用主义。同时，文艺为政治服务，不能否定它自身的独立性。文艺创作如果不注意艺术规律，那结果不仅会导致文艺的公式化概念化倾向，同时也不能通过美的艺术形象充分发挥它的战斗作用。正如夏衍后来在谈到这个问题时说：“谈到总结经验，我

---

① 夏衍：《文学运动的几个重要问题》。

② 夏衍：《文学运动的几个重要问题》。

想其中主要的是政治和艺术的关系问题。我们这些三十年代过来的人，对于艺术为政治服务以及艺术是阶级斗争的工具之类的问题，在当时了解得是很不清楚的。”[①] 事物总是有两面性：我们既要看到夏衍强调文艺必须直接为具体的政治任务服务在当时的积极作用，这是主要的方面；也不能忽略由于认识上的片面性所带来的某些副作用。而这两方面对夏衍后来的文学活动、电影和戏剧创作都产生了一定的影响。

打出“普罗”戏剧的旗子

随着革命文学的勃兴，上海的戏剧界也显得活跃起来。进步的文学青年意识到，当时“激动大众，组织大众，最直接最有力的当然要推戏剧”[②]，因此对于戏剧怀有特别的兴会和热烈的情趣，纷纷组织起大大小小的爱美（业余）剧团，频繁地进行各种演出，以致人们将 1929 年称作了“戏剧年”。然而，在这种表面的繁荣下面，逐渐暴露了严重的弱点和危机。当时的戏剧工作者面临一个痛苦和愤懑的时代，他们强烈地不满现

① 夏衍：《我的期望——在中国剧协第三次会员代表大会上的讲话》，《夏衍近作》第 60 页。

② 郑伯奇：《中国戏剧运动的进路》，《戏剧论文集》，艺术剧社编，上海神州国光社，1930 年。

状，热忱地向往光明，但由于缺乏明确的政治方向，在不断增强的压力下，他们或者转而采取脱离现实斗争的态度，热衷于介绍西方古典名剧，带上了唯美主义的倾向；有的陷于苦闷彷徨，沉湎于爱情的悲剧故事，流于感伤主义。这种状况同当时人民群众日益高涨的革命要求是不相适应的。以当时拥有较广泛的青年观众的南国社来说，在他们的演出中宣泄了广大青年知识分子“动摇与痛苦”的心情，因而获得了不少人的共鸣；然而，对田汉剧本中的神秘感伤的声音，观众逐渐感到厌倦和不满，有的观众反映：田先生的戏在感情方面确乎很热烈，但从情节、思想、性格各方面细细研究起来，就觉得他的戏离开现实的人生不很近，仿佛是“超而又超”的东西。他们直截地表示：“莫要自命清高，温柔，优美，我们被饥寒所迫的大众等着你们更粗野更壮烈的艺术!”[①] 事情很明显，话剧作为迅速而敏锐地反映现实的文学形式，如果不能合上革命大众的情绪的节拍，就势必遭到冷落，以致被时代所唾弃。

组织一个革命剧社以推进无产阶级戏剧运动的动议，被提到左联筹备小组的议事日程上，而且很快得到了一致的赞同。当时被指定负责这项工作的，便是夏衍。在夏衍的组织下，一支富有革命生气的戏剧队伍很快集结了起来，其中有创造社的冯乃超、郑伯奇，太阳社的钱杏邨、孟超，有刚从日本回来的

---

① 田汉：《我们的自己批判》，《南国月刊》第2卷第1期（1930年）。

叶沉、许幸之，还有爱好戏剧的青年：刘卯（保罗）、屈父（司徒慧敏）、王莹、吴印咸等。1929 年秋，在北四川路底永安坊文献书房，中国的第一个由党发起并领导的无产阶级的戏剧团体——上海艺术剧社诞生了。

由夏衍主编的剧社社刊——《艺术》《沙仑》及《戏剧论文集》上公开地响亮地提出了创造“普罗列塔利亚（无产阶级）戏剧”的口号。《中国戏剧的进路》（郑伯奇）一文指出，“戏剧也同其他艺术一样，不站在前进的阶级立场上，绝对没有发展的可能”。《中国戏剧运动的苦闷》（冯乃超）一文说：“民众戏剧的革命化，根本地，若不站在民众自身的社会关系上，代表他们自己阶级的感情、意欲、思想，它永远不会成为民众自己的戏剧。”很明白，这已经不同于过去一个时期的革命知识分子从小资产阶级立场来“同情”民众。要求戏剧工作者站在无产阶级立场，把演剧与人民革命连在一起，为无产阶级解放事业服务，这是上海艺术剧社的战斗纲领，也是它对戏剧运动的最突出的贡献。我们知道，在五四以后出现了像欧阳予倩、洪深、田汉（前期）这样著名的戏剧家，他们以自己的优秀作品丰富了现代戏剧。但他们提不出明确的纲领，形成不了独立的运动，思想上、创作上都处于矛盾和苦闷状态。他们的戏剧活动只有与革命、与革命的戏剧运动联系在一起，从中吸取信心和力量，才能得到大的发展。在三十年代的中国，形成了旗帜鲜明、声势浩大的戏剧运动，真正促进了戏剧事业的繁荣，代表了戏剧发展方向的，只有无产阶级的革命的戏剧。夏衍领导的艺术剧社在我国戏剧史上第一次打出无产阶级戏剧的旗帜，反映了时代的历史的要求，为戏剧运动指明了正确的方向。

艺术剧社的另一个也许是更为重要的贡献，是它不只作了理论上的宣传，而且还在舞台上首次进行了艺术的实践。

1930 年元旦不久，在很少为人知道的上海西藏路宁波同乡会礼堂，随着一声锣响，一场别开生面的话剧演出揭幕了。这个礼堂仅可容纳六七百人，舞台原是一个讲台，后台化装室更是小得可怜，而前幕只是一块薄薄的红布，台上布景人员的活动台下都能看到。然而，就在这样简陋的剧场，夏衍和他年轻的战友们开始了占领戏剧舞台的勇敢的尝试。第一次公演的剧本是法国罗曼·罗兰的《爱与死的角逐》，美国辛克莱的《梁上君子》，德国米尔顿夫人的《炭坑夫》。第二次演出在三月，剧本是根据德国雷马克的小说改编的《西线无战事》和冯乃超创作的独幕剧《阿珍》。从演出的剧目来看，由于当时政治环境的恶劣，一时又缺乏创作剧目，因此绝大多数都是外国戏，但是，经过增删，这些原来具有一定进步性的作品，都被赋予了“现代的灵魂”，表现出更明确的阶级意识和革命倾向。

《梁上君子》描写一个生活在资本主义社会里的工人，在很恶劣的条件下工作，负了伤，痊愈后想重新回到工厂继续出卖劳力，养活妻儿，不料工厂却将他解雇了。他走投无路，只有去偷。第一次“买卖”竟是进了把他逼上黑路的厂主家里。他到底是个“外行”，还没有动手就被发觉了，女主人出来盘问这个不速之客。工人从这房子的豪华摆设，主人的漂亮服饰上，觉悟到自己受剥削受奴役的地位，理直气壮地驳斥对方：“你们是骑在我头上的。你们的幸福是我的血汗和眼泪，濒死的老婆和孩子的生命换来的!”剧中的“小偷”由刘保罗饰演，他成功地表现了这个原来自轻自贱的工人一旦觉醒之后精神世界的翻天覆地的变化，表现了他对于那个不可一世的主人的极度愤怒和鄙夷。由夏衍导演的《炭坑夫》，写的是一个患着第二期肺病的革命工人，在疾病挣扎中，仍然鼓动父亲参加罢工运动，坚持与资本家斗争到底。在舞台上，工人群众不再是任人宰割的奴隶和可怜的弱者，而是具有革命毅力和不怕牺牲的战斗气概的战士，他们确信“要是不用血来洗净世界，那个时候是不会来的!”透过一个工人家庭前赴后继的斗争，剧本生动地揭示出被压迫工人群众的觉醒。《爱与死的角逐》原是罗曼·罗兰的“革命剧”之一。原作中法国大革命时期的革命者，是一个宽宏大量的人道主义者与爱情至上者，他屈服于爱，忘却了革命事业。剧社加以改作，让他在猛烈的反省中认识到革命与爱情的关系的真谛，最后决然摒弃个人的一切，投身于革命洪流。

这些具有鲜明革命内容和燃烧着战斗激情的演出，轰动了上海的剧坛。当台上演到工人怒斥资本家的罪恶的时候，台下发出了热烈的掌声和欢呼。“艺术剧社的公演，给观众一个清新观感，即是看戏不仅为了娱乐和消遣，也不仅兴叹兴叹社会矛盾而已，而是人心思斗，起而行之了。”① 外国的进步记者如美国的史沫特莱，日本尾崎秀实、山上正义等观看了演出，并立即在上海的外文报纸上作了报道。上海话剧界的所有知名人士，如田汉、洪深、应云卫、朱穰丞等都曾给予颇高的称誉。这两次公演，除知识分子、青年学生、小商人等观众外，还通过党组织和赤色工会，争取工人观众，后来剧社还到工厂作过多次流动演出。这一尝试既扩大了革命戏剧的影响，又把话剧引进到工人群众中去，使革命的话剧事业以后在它的服务对象中扎根，这也不能不说是一个创举。

另外，还值得一提的是，艺术剧社在艺术创作中表现出埋头苦干和大胆创造的精神。剧社大多数人都是缺乏舞台实践的外行。出于对革命事业的强烈的责任感，以及对无产阶级戏剧艺术的热爱，他们不只在剧本的选择，而且在演出上，在灯光、音响效果、舞台装置等各方面大胆革新，力求取得新颖感人的艺术效果。夏衍不只平生第一次担任了导演，而且还当了舞台监督，兼管灯光，他发挥学过电机专业的特长，运用聚光、暗转、渐明渐暗等，为上海当时的话剧舞台开创了新气象。当年物质条件很差，没有变压器，夏衍便自己用盐水桶将

① 杨纤如：《左翼作家在上海艺大》，《新文学史料》1980年第1期。

电线系着铜片移来移去。这件工作不仅非常吃力，而且还要冒着触电的危险，在整个演出的三个小时内必须全神贯注，一点懈怠不得。开始时，由于时间匆促，没有经过实习，也没有彩排试演，首场演出效果不佳。第一天闭幕，场内观众走完后，夏衍从灯光台的梯子上下来，还穿一件衬衣，坐下来便放声大哭，他为没有演好而伤心。这时大家一面安慰他，一面也做了自我检讨。第二天的演出，果然大有改进，第三天演出获得了成功。这个事例向我们生动表明，戏剧运动的先驱们，在极为艰难的草创阶段，对于艺术创作采取了多么严肃认真的态度。这“严肃认真”四个字，在夏衍的一生可以说是一以贯之的。

艺术剧社在我国话剧史上谱写了新的篇章，它的影响是深远的。多年以来，人们不能不注意到这样一种奇特的历史现象：尽管国民党操纵了统治大权二十多年，偏偏在文化艺术上不曾取得过一天的领导权；而共产党在国统区一切文化机关中处于毫无抵抗力的地位，却偏偏成功地领导了中国的革命文化运动。就戏剧这个部门来说，在国民党白色恐怖下的全国主要大城市的话剧团体和话剧运动几乎都掌握在左翼手里。这种局面的形成，主要的原因自然是处身于内忧外患煎熬中的广大人民对于战斗的艺术的渴求；另一方面，应该归功于党及时进行了有力的领导。夏衍等共产党人在艺术剧社的活动，可以看作是这种领导最初的成功的尝试。他们自觉贯彻党的意图和革命艺术的实践，为我国无产阶级戏剧的发展，初步打开了一条前进的路径。

新兴戏剧的出现，左翼戏剧运动的推进，引起内外反动派的极端恐惧。第二次公演不久，上海工部局派来百余名警探包围了艺术剧社社址，竟然以搜查到的演剧用的木枪诬指剧社阴谋暴动，强行查封了艺术剧社。然而，进步戏剧运动的发展是不可遏止的。在党领导的艺术剧社的推动下，田汉、洪深等首先开始了“新的方向的转变”，毅然走上革命的道路。田汉改编了梅里美的小说《卡门》，以此影射抨击国民党反动派的暴政，也遭到当局无理查封。为了反击反动派的迫害，复旦剧社的洪深，戏剧协社的应云卫，摩登剧社的赵铭彝，辛酉剧社的朱穰丞等七个剧团联合起来，共同发表宣言，抗议反动派的迫害，声援进步力量的斗争，于是，在夏衍、田汉等的发动组织下，便组成了左翼戏剧家联盟（起初名为左翼剧团联盟）。从此，革命的戏剧运动作为党的革命事业的一个有机组成部分，在左翼剧联领导下，汇集成一股汹涌澎湃的洪流，强有力地冲击着帝国主义和反动派的统治，成了波澜壮阔的左翼文化运动的前锋。

第三章

电影史上的崭新一页

在荆棘中潜行

1932年，是中国电影“向左转”的一年，在夏衍文艺生涯中也是一个重要的年头。他在戏剧界活动不久，国内政治形势又一次发生急遽变化，紧迫的战斗需要又促使他转向了电影战线。

电影传入我国是十九世纪末的事，当时中国已经沦入半封建半殖民地的深渊。由于电影本身既是艺术创作，又是企业生产，需要有相当数量的资产和技术设备始能进入拍摄，这就使得处于襁褓中的中国电影不可避免地落入帝国主义投机商人和买办资本家手里，一开始即打上了半封建半殖民地文化的深深烙印。除了少数影片含有朦胧的民族民主意识而外，大量的则是迎合小市民观众庸俗低级趣味，渗透着浓厚的洋奴思想和封建意识。随着1927年大革命失败后政治日趋黑暗，这种状况更加变本加厉。上海是当时全国电影的中心。上映的影片百分之八十五以上是外国电影，主要是美国电影，表现的多为怪诞刺激、纵情享乐的内容。百分之十到十五是中国电影，而在这些国产片中大部分也是宣扬神怪剑侠、鸳鸯蝴蝶等迷信落后、色情淫秽的武侠片、言情片，《火烧红莲寺》《荒江女侠》等一时充斥银幕，电影几乎完全沦为商人牟利的商品和毒害群众的精神鸦片。因此，左联成立之初便注意到了电影，力图改变这种畸形的现象。夏衍在《文学运动的几个重要问题》一文中即指出：

> 为着遂行对于大众的直接性的Agitation（鼓动）——就是，为着利用艺术形态，而使大众走向一定的社会的行动，那么问题不该拘泥在文学范围之内，应该动员一切艺术，譬如漫画、戏剧、木人戏、电影等等，来帮助这种适应特殊性的任务。①

1932年，这个时机到来了。“九一八”事变，特别是日本军国主义者在上海发动的“一·二八”事变，激起了各阶层人民强烈的民族义愤，极大地促进了民族意识的苏醒。同时，对

---

① 夏衍：《文学运动的几个重要问题》，《拓荒者》第1卷第3期。

国民党的残暴统治，群众中也蕴育着越来越愤懑的情绪。“残酷的现实毕竟把许多头脑清晰的人们从银幕的甜梦中惊醒了。东北的强寇的铁蹄，淞沪的军舰和大炮，川黔的内战，长江的水灾，西北的人吃人的悲惨，农村的悲吼，小有产者的破落，以及一切地下层的动摇：电影制作者不能长此在摄影场中酿造甘美的醇酒了。”① 加上当时美国好莱坞影片以压倒优势进入中国电影市场，这样，资本家所经营的国产片的观众日趋减少，电影事业不久即濒临于苟延残喘、朝不保夕的境地。面对这一现实，电影界，包括电影公司的老板也不得不考虑另辟蹊径，朝着进步的方向转变。而要摄制有爱国主义和进步思想的影片，他们就不得不冒“赤化”的危险，寻求左翼文艺家的支持。

左翼文艺工作者要不要进入电影界？对于这个问题，当时左联内部意见不很一致。五四新文化运动在文艺各个领域引起了深刻的变革和进步，但电影却一直被当作“化外之域”，置于新文化视野之外。由于当时电影界内部极为复杂和腐败，其中除有官僚资本家插手而外，还混杂着各种投机商、色情文人、流氓、妓女及形形色色的社会渣滓，因而历来有所谓“黑暗的电影圈”之称。一般进步的文艺工作者往往视这一方面的

① 席耐芳（郑伯奇）：《电影罪言——变相的电影时评》，《明星月报》第1卷第1期（1933年5月）。

工作为畏途："戴白手套的'艺术家'望着这一被脏手捏着的武器摇头，对于企图从这脏手里面夺回这一武器的人们，暗中报之以轻蔑和恶意的冷笑。"①

当明星电影公司的老板周剑云通过钱杏邨要求进步作家提供剧本时，夏衍便将这个问题提到瞿秋白同志主持的一次党的会议上来讨论。开始有人不同意，但经过反复研究，最后还是作出了决定。秋白同志说："我们自己真应该有电影，可是现在还有困难。"因此他支持了夏衍等人的提议，同时再三提醒这几位第一批打进电影界去的共产党员"要特别当心"。② 对于那里的腐化堕落势力要保持高度警惕，不要沾染旧社会的习气。就这样，夏衍、钱杏邨这几个从未搞过电影的党员组成了左翼电影小组，带着党的嘱托，英勇果敢而又细心谨慎地向这个荆棘丛生的阵地进军。历史证明，这是一个富有远见的正确抉择。从此，左翼文艺工作者渗入了完全由资产阶级操纵的电影事业，逐渐掌握了电影这一最大众化的十分重要的艺术宣传武器，使之在革命力量与反革命力量斗争空前激烈的十年内战时期显示了战斗的威力。

夏衍说过："三十年代搞所谓左翼电影，主要只搞了三件事：一是打入电影公司，抓编剧权，写剧本；第二是争取在公

---

① 夏衍：《悼念西苓》，《夏衍杂文随笔集》第 53 页。

② 夏衍：《中国电影的历史与党的领导》，《夏衍杂文随笔集》第 559 页。

开合法的大报（如申报）上发表影评，甚至派进步人士去编电影副刊；第三把进步话剧工作者介绍进电影厂去当导演、演员。这三件事中，斗争得最厉害的是影评，作用也很显著。”①

在左翼电影运动中，电影评论是开展得异常活跃和出色的。1932 年 5 月前后，以夏衍为首的电影小组，通过各种渠道巧妙而策略地打进报纸副刊中去，将上海销路最大的几家报刊所开辟的影评阵地一一争取过来，置于左翼组织的外围，如《申报》的《电影专刊》，《时事新报》的《电影时报》，《大晚报》的《火炬》，《民报》的《电影与戏剧》，《中华日报》的《电影新地》，《晨报》的《每日电影》等等。这些报纸除民族资产阶级所办者外，《民报》属于国民党叶楚伧的系统；《中华日报》是国民党改组派汪精卫的机关报；《晨报》又是国民党CC 派潘公展主办的，它们可说都是国民党的党报。谁都知道，共产党在当时国民党统治的上海并没有自己所办的报纸，而却能在短短的时间内，神机妙算地把各大报的电影副刊很快地抓了过来，统一于党的电影小组的领导之下，这确是不寻常的！夏衍组织并直接领导了以王尘无、石凌鹤、尤兢（于伶）、鲁思等为核心的影评小组的活动。小组的成员至今还能回忆起当年在一起开会、活动的情景：那是在福州路民乐园茶馆的一间

---

① 夏衍：《以影评为武器，提高电影艺术质量》，《电影艺术》1981 年第 3 期。

小房间里，影评小组每周定期的碰头会以聚餐的形式秘密进行（最初几次借的是法租界永嘉路附近的一家私人住宅）。他们每人出两角钱，吃的是最便宜的一种叫作“鸭（没有皮和肉的填鸭壳子）馄饨”的和菜。同志们借这种场合向夏衍、阿英、郑伯奇汇报情况和请示问题，或者对当前某一动态和情况交换意见，统一认识，然后作出对策和决定（包括对某一影片如何评价，对某一问题的态度或发表宣言等）。

夏衍不仅是影评的组织者，更是一名勤奋的写作者。从夏衍当时所写的影评，我们可以看出以下几个特点：

第一，他十分重视发挥电影评论的战斗效能。他以韦彧的化名写了《电影批评的机能——电影批评夜谈之一》《影评人、剧作者与观众——电影批评夜谈之二》①，运用马克思主义观点，对电影批评的根本指导思想作了精辟的阐发。当时电影界流行着一种论调，认为要求电影作者要有“社会和艺术的良心”制作进步的影片是一种“残忍”的“苛求”。因为制片公司“不得不受到营利立场的支配”。夏衍的文章以对话体的形式对此加以有力的驳斥。指出，不能只看了企业支配艺术的一面，而“遗忘了观众与作家之间的交互作用”。公众中有愚昧的一面，但是，“他们有他们的生命，他们的压力，能够起反应作用的感觉和一种有历史优越性的真实。作家用他们的艺术

① 载《大晚报》副刊，1934年11月18、25日。

生产来创造有艺术鉴赏力的公众，公众用他们的利益真实来变革作家的世界观和创作方法。”这就是说，时代和广大人民进步的历史要求，终将决定艺术的内容和方向，促使作家转到进步的立场上来。对于电影作家缺乏社会的正义感和严肃的工作责任感，往往屈服于“生意眼”的压力的问题，文章指出，电影批评的机能正在这里：“电影批评不仅对观众以一个注释家、解剖者、警告者、启蒙者的姿态而完成帮助电影创造理解艺术的观众的任务，同时还要以一个进步的世界观的所有者和实际制作过程理解者的姿态来成为一个电影作家的有益的诤友和向导。”夏衍这一影评职责和任务的阐述，至今对我们开展正确的影评、反对电影创作的庸俗化商品化倾向，仍有一定的启发。

第二，区分良莠，爱憎分明。夏衍撰写了一系列文章推荐苏联进步的电影理论和革命影片，批判了欧美影片中的思想毒素。在过去若干年中，英、法、德尤其是美国影片几乎垄断了我国的电影院。中国人民知道有苏联的革命电影，是从三十年代开始的。夏衍为此做了大量工作。他与郑伯奇分别以黄子布和席耐芳的化名，翻译了苏联早期电影艺术大师普多夫金的《电影导演论》《电影脚本论》。这是我国介绍苏联电影理论的滥觞。为了提供具体的创作教材和范例，夏衍又以丁谦平的化名译出了苏联尼克拉爱克描写苏维埃改造流浪儿童的电影《生路》的摄制台本。他还连续著文评价《生路》《重逢》等影片的成就。在《苏联电影十七年》一文中，他鲜明地指出：

> 被欧美的伤感主义和色情主义的影片噎伤了的我们，在第一次接触苏联影片的时候，谁也会感觉到一种完全不同的气氛——是人类活动的力学的表现，激动着我们的心灵的是集体生活的力量，是集体生活的意志。①

这些介绍和传播，促进了我国电影工作者和电影观众接受社会主义的思想教育，提高政治觉悟，学习和吸取革命电影的创作经验。

对于风行一时的美国好莱坞影片，如以表现宫闱故事和宏伟场面相标榜的《凯塞琳女皇》《玉阙英雄》，及根据名著改编的《闺怨》《凄红惨绿》等，夏衍又试着以历史唯物主义的观点对它们作了具体、中肯的分析。在《凯塞琳女皇的时代》一文中，他通过对十八世纪后半期俄国社会矛盾的深入解剖，揭露了影片恣意美化统治者的历史唯心主义实质。在《辣的材料与甜的烹调》《〈闺怨〉偶语》等文中，又对影片中鼓吹爱情至上、安贫乐道哲学作了入木三分的批判。他将影片散布的幻想与人们面临的残酷现实加以对照，饶有深意地写道：

> 在好莱坞，那些大规模幻梦的制造厂，日夜地制造着

---

① 夏衍：《苏联电影十七年》，《大晚报》副刊，1934年11月11日。

> 各种的新梦——好梦、噩梦、悲哀的梦、轻快的梦，在白纸一般的观众，常常无自觉地将这梦当作人生旅途的公园和休憩所的；好的梦，人们希望它长，可是恼人的这常常是很短的，挤在带着微笑的人丛里面，望了望都市的灯光，我叹息了。①

第三，采取既讲原则又与人为善的态度，注意团结和争取中间力量。在《电影批评夜谈之二》中，夏衍指出：

> 只要他们是在进步，或者有进步的可能，批评者在世界观尽可以不作分毫的让步，但是在态度上却需要最大限度的节制和忍耐，批评家不该将自己看作高于作家的存在，而且要从作家学取很多的东西，只有最好的批评家才能以热心和感激对待作家，不论在什么场合，他们都该有一种兄弟般的亲切。②

当年我国的电影界，正如整个中国社会的缩影，两头小，中间大。进步的左翼电影工作者只是少数，大部分电影工作者

① 罗浮（夏衍）：《〈闺怨〉偶语》，《大晚报》副刊，1934年11月25日。

② 韦彧（夏衍）：《影评人、剧作者与观众——电影批评夜谈之二》，《大晚报》副刊，1934年11月25日。

还处于中间状态。他们拍摄的影片往往出现各种谬误，夏衍并没有鄙弃他们，也没有迁就他们的错误，而是经常提出原则性的又是热情的帮助和批评，从而使他们逐渐觉悟过来。例如，孙瑜是一位当时有进步要求的小资产阶级作家，以前他曾拍摄过《野玫瑰》这样的宣扬消极的小资产阶级浪漫幻想的作品，当他编导的《火山情血》映出以后，夏衍即著文首先肯定了该片比前者意识上有了进步，“作者不像那样姑息妥协”，而是“主张为人类除恶魔，并且指出这恶魔，就是社会上的恶势力”。但夏衍又认为，作者把主人公写成一个脱离群众的“超人”，对个人主义竭力加以“诗化”，这是“新的意识的反对方面”，是“作者应该克服的倾向”①。对于《小玩意》这部从现实出发，体现人民抗日呼声的影片，夏衍则由衷地予以赞扬。这种旗帜鲜明，敢于批评，而又与人为善的影评，对于团结一切进步力量，更有效地向帝国主义和封建买办的电影文化开展斗争是不可缺少的。

通过建立影评小组开展活动是无产阶级领导电影文化的有效方式。在左翼电影小组成立以前，电影批评只是“一种宣传和广告的延长”，一部分剧作者和影评工作者将影评当作一种“私人感情的酬赠”。由夏衍所领导的革命影评，不但有力地打

---

① 黄子布（夏衍）、席耐芳：《〈火山情血〉评》，《晨报·每日电影》1932年9月16日。

击了帝国主义封建主义的电影文化，而且尽可能地发挥了它对人民群众的宣传作用，同时也推动了进步的电影艺术实践，使之更迅速地朝着正确的方向前进。

剧本是电影事业的最重要的环节。夏衍在为左翼电影组织舆论的同时，十分重视编剧的工作。应当时上海资格最老的明星影片公司的邀请，他与钱杏邨、郑伯奇一起担任了编剧顾问，后来又组成编剧委员会，负责电影剧本、电影故事、分场分镜头剧本的创作、改编和修改。这样也就完全掌握了明星公司的编辑部的工作。

夏衍首先以丁一之的笔名，以 1931 年十六省大水灾为题材创作了《狂流》，在银幕上破天荒地反映了我国农村农民群众与地主豪绅阶级之间尖锐的阶级对立。接着，他又把茅盾的小说《春蚕》改编为电影剧本，为我国将新文艺作品搬上银幕开了先河。此外，或提供故事大纲给导演去拍摄，或把他们原有的故事大纲进行修改加工，或帮助他们明确主题，构思主要情节，让他们再去写成分场台本。这样，从 1932 年下半年到 1936 年初，明星公司先后拍摄了《狂流》《春蚕》《女性的呐喊》（沈西苓编导）、《铁板红泪录》（阳翰笙编剧）、《盐潮》（郑伯奇编剧）、《脂粉市场》（夏衍编剧）、《上海二十四小时》（夏衍编剧）、《三姊妹》（阿英编剧）、《到西北去》（郑伯奇编剧）、《女儿经》（夏衍等集体编剧）、《自由神》（夏衍编剧）、《压岁钱》（夏衍编剧）、《乡愁》（沈西苓编导）等。这些影片以新的思想，新的题材，新的人物，在当时的条件下，反映了三十年代广阔的社会现实，反映了中国人民大众在沉重压榨下的挣扎和希望，屈辱和斗争，使银幕上那些庸俗无聊、胡编乱造的故事顿时黯然失色。从此，中国电影冲破了迷信神怪武侠色情的毒雾，形成了反帝反封建进步电影的主流。

1933 年，鲁迅在《电影的教训》一文中就曾说过：

> 幸而国产电影也在挣扎起来，耸身一跳，上了高墙，举手一扬，掷出飞剑，不过这也和十九路军一同退出上海，现在是正在准备开映屠格纳夫的《春潮》和茅盾的《春蚕》了。当然，这是进步的。①

鲁迅在这里指出了那些神怪武侠片的没落，同时指出了中国进步电影的胎生，包括夏衍改编的《春蚕》在内。

另一位评论者在谈到《狂流》时说："武侠片、神怪片的必然没落之后，中国电影界显然已经发现了新的努力的途径——从一九三二年下半年开始，我们乐观地看到了若干反帝反封建思想的中国影片，真使我们对于中国的电影事业怀着无限的希望——虽然还不足以显示出新兴电影的坚决的锐利的建设，但显然地，中国的电影事业已经相当地抓住了时代意义

① 鲁迅：《准风月谈·电影的教训》，《鲁迅全集》第 5 卷第 293 页。

了。我们可以断言，这是中国电影有史以来的最光明的开展。”[①] 在中国电影文化协会的成立大会上，明星公司老板张石川也不得不表示“电影老弟要在文化老兄的领导下前进”[②]。甚至还喊出了“三反主义”——反帝、反封建、反资本主义的口号。这表明，革命的电影运动已经获得了普遍的承认，中国电影已从危机重重而转为一片生机。

为了推动电影运动的发展，由夏衍、田汉领导的左翼剧联，有意识地把剧联的盟员介绍到各制片公司去，同时在各制片公司内部物色和培养了许多年轻的电影工作者，帮助他们进步。当时四大制片公司（明星、联华、天一、艺华）的编剧、导演、演员、作曲、摄影、美工、录音等各个部门都有党员和盟员，另外，从事电影批评工作的，人数先后也有二三十人之多。这样，左翼电影不仅取得了骄人的创作成就，而且培养和造就了一支自己的电影队伍。这支队伍在党的领导和影响下，不断成长壮大，提高了电影创作的技巧，在编导、摄影、美工、音乐等各方面都积累了丰富的经验，从而推动了中国电影艺术的发展，并在中华人民共和国成立以后成为建设社会主义电影事业的骨干力量。这里特别要提出，为了能在电影界站住脚，尽管当时条件极端困难，夏衍作为左翼电影运动的领导

① 苏凤：《新的良好的收获》，《晨报·每日电影》1933 年 3 月 6 日。

② 《电影文化协会成立》，《晨报·每日电影》1933 年 2 月 25 日。

人，依旧在紧张的战斗中间努力去掌握电影的表现技巧。其认真刻苦的程度，令人吃惊。他给自己定下了这样的课程：通过看电影学习电影表现形式。走进电影院，他总是带着个小本子、秒表和手电筒。先看一个镜头是远景、近景，还是特写，然后用心分析这个镜头为什么这样用，为什么感人。一个镜头或一段戏完后，再用秒表计算几秒钟或几分钟，然后计算用去多长的胶卷，这样一个镜头一个镜头地加以研究，才逐渐地把握了电影的编剧方法，与导演们有了业务上的共同语言。他在电影创作上的发言权就是这样取得的。

在中国进步电影的历史上，每一页都记载着无产阶级、革命人民与国民党反动派的剧烈斗争。

"九一八""一·二八"之后，全国人民反帝情绪高涨，国民党教育部和内政部组织的电影检查委员会对进步电影还不敢公开刁难。但左翼电影的蓬勃发展，使反动统治者日益感到了严重的威胁，因此到 1934 年，国民党中央宣传部成立了所谓中央电影检查委员会，露骨地对进步电影加以摧残，特务机关对进步电影工作者更是肆意施加迫害。他们对凡是反映现实的片子，就说是"挑拨阶级感情"，"煽动阶级斗争"；对反对帝国主义的影片，就说是"妨碍中日邦交"和妨碍"与友邦亲善"，强行禁映、销毁或剪删。由夏衍编剧的《上海二十四小时》，就被剪去几十处之多，还不让补拍，以致前后连贯不起来。对于反动派这种剪刀政策，曾有人在报上主张"收天下之剪铸铁人于南京”予以讽刺，由此可见“剪祸”之烈。时上海市教育局长潘公展在关于国产影片的谈话中竟说：“目前电影界有一种趋势，就是趋向了所谓写实主义的充分暴露社会的罪恶这一条路。以为这就是电影的目的。那么，我认为一切的社会罪恶无须我们再去暴露，因为社会的罪恶，不是天天在那里暴露着么？只要我们大家留心观察一下，不就都看到了么？何必一定要电影再去暴露呢？”① 这就暴露了敌人之所以仇视左翼电影，就在于它揭示了旧社会尖锐的阶级矛盾，有力地抨击了国民党反动统治的罪恶。早在 1933 年底，反动当局便扬言要对以夏衍、田汉为首的左翼电影界“严厉制裁”，不久便发生了国民党蓝衣社特务捣毁艺华电影公司事件。这批自称“铲共同志会”的歹徒向上海各电影院发出下列“警告信”：“对田汉(陈瑜)、沈端先（即蔡叔声、丁谦平），……等所导演、所编剧、所主演的各项鼓吹阶级斗争、贫富对立的反动电影一律不予放映，否则必以暴力手段对付，如艺华公司一样，决不宽假。”他们还散发《铲除电影赤化宣言》，威胁说，沈端先等赤色作家已被呈请通缉，“各公司对彼等所编剧本绝对不得采用”。

面对坐牢、死刑的恫吓，夏衍始终坚定地站在无产阶级和人民大众的立场上，不避锋芒，向敌人展开斗争，表现了百折

---

① 转引自于伶：《党在解放前对中国电影的领导与斗争》，《中国电影》1959 年第 6 期。

不回的非凡毅力和机敏灵活的斗争艺术。

夏衍当时三十开外，经常穿着一套藏青哔叽西装，头发梳得很整齐，戴着一副玳瑁眼镜，看上去很像一个大学教授。这种整洁、庄重的仪态，正是当时当地政治上的一种保护色，可以借此逃过特务监视的目光。在大街上，他不轻易与自己的同志打招呼，有时伫立在商店橱窗玻璃前“照照镜子”，以警惕“包打听”的盯梢。一次群众集会被冲散之后，在巡捕追捕中，他巧妙地闪进南京路一爿笔庄去买笔。其后不久，剧联的凌鹤也避进那家店里，彼此见面，却互不交言。又有一次，夏衍约金山到金门饭店开会。金山这天穿了一身西式猎装，手里还拿着一条漆皮的马鞭，神气十足地走了过来。夏衍老远见他这副打扮，怕引起敌特注目，当机立断，决定马上散会，他突然站起来往外便走，从金山身边走过，头也不回，装作素不相识的样子。在四面荆榛、鬼蜮横行的环境下，对于一个高度自觉的革命战士，谨慎和机警是十分重要的。为了对付敌人的诽谤中伤和逮捕监禁，夏衍除非在不得已的时候，决不公开露面。他写剧本经常用的是假名，或干脆不署名，甘愿借导演之名兼作编剧。这样既可以逃过电影检查官的注意，又可以使公司资本家（他们一般都兼作导演）获利扬名，从而团结他们，并以此作为在电影中表现进步内容的交换条件。在当时处于严重的白色恐怖下的地下工作者之中，夏衍从未被捕，因而向有“福将”之称，这决不是偶然的。在党内“左倾”盲动的气氛下，夏衍严格地遵守党的秘密工作的纪律，表现了一个坚定的共产党人难能可贵的品质。

在“武力征伐”的同时，国民党又唆使一伙御用文人和所谓“电影理论家”发表文章，鼓吹“软性电影”的谬论。刘呐鸥、黄嘉谟等人打起“纯娱乐”“纯艺术”的幌子，竭力否定电影的教育作用，说什么电影“能够适应一般观众的享乐就算完成了她的使命”，又说电影是“给眼睛吃冰淇淋，给心灵坐沙发椅”，攻击左翼电影的题材、内容是“暴露报告”“浅薄的宣传品”“红色素”“充满着干燥而生硬的说教”，因此，“中国软片变成硬片”，等等，他们妄图贬抑、抵销进步电影运动的影响，把电影引入歧途。

1934 年 4 月，党的电影小组在许多电影副刊上组织了与“软性电影”的论战。夏衍身先士卒，以罗浮的笔名，连连撰写文章。他首先揭露“软性”论者把进步影评家主张电影反映现实生活和表现进步内容，歪曲为要求电影写的“都必须世上真有那么一回事”，以及要求“每部电影都有喊口号”。在揭穿这种谎言与诡辩之后，他尖锐地指出，他们这样做，是为了反对有鲜明的革命倾向的作品，“在这样一个国家危急存亡的时候，他们主张不准喊，不准动，国事管他娘，看看风流天子，捧捧瑶山艳史，这，就是他们的真相”①。其终极目的，“只是

① 罗浮：《玻璃屋中的投石者》，《晨报·每日电影》1934 年 6 月 29 日。

在为着他们的主子而反对在电影中反映社会的真实，与防止观众感染进步的思想这么一点”①。其次，对于电影的“娱乐性”，夏衍作了分析和区别。他指出：“淫乱、猥亵、神秘、荒诞……这一切将道德的颓废种植和感染到人类精神生活的所谓‘软性影片’，决不能贴一张‘娱乐’和‘慰安’的商标而掩饰它的毒害，相反，真正的娱乐和慰安，应该是互助的精神，团结的意识，争战的热情和胜利的呼喊！这一切是年青的，健康的，进步的，向上的。”② 夏衍以大量事实论证了真正受广大观众欢迎的正是表现前者的左翼电影，而决不是“软性”绅士们所吹捧的那些“软绵绵的东西”。他质问道：“现在的事物都是软性的么？现代的人物和思想都是软性的么？国际间政治经济冲突是很硬性的，日本帝国主义侵略中国的‘九一八’、‘一·二八’总也不是软性的吧！”③ 电影是艺术品，只作生硬的政治说教，自然算不上艺术品；然而它不能脱离时代，脱离人民大众火热的革命斗争，革命电影的首要任务，就是必须通过电影艺术的手段反映现实，给人们指明斗争的出路，鼓舞起大家向上的战斗的热情。今天看来，夏衍的文章对于电影“寓教于乐”

---

① 罗浮：《〈告诉你吧〉——所谓软性电影的正体》，《大晚报》1934 年 6 月 21 日。

② 罗浮：《〈告诉你吧〉——所谓软性电影的正体》，《大晚报》1934 年 6 月 21 日。

③ 罗浮：《软性的硬论》，《晨报·每日电影》1934 年 6 月 13 日。

的功能及政治与艺术的相互关系也许讲得不够清楚和透彻，尽管如此，其总的方向是对头的。这场持续三年之久的论战十分必要，它是一场争夺电影阵地的殊死搏斗。夏衍和进步电影工作者的战斗，维护了进步电影的正确方向和革命现实主义的创作原则，扩大了左翼电影的声势和影响，发挥了强大的战斗威力，它的历史意义是十分深远的。

1934 年之后，国民党反动派进一步加强了电影剧本的审查，更加疯狂地迫害左翼电影工作者，夏衍不得不退出明星公司，转移到了“联华”，同时筹备成立了电通影片公司。“电通”在他的主持下，执行了左翼电影运动的创作路线，拍摄了《桃李劫》(袁牧之编剧)、《自由神》(夏衍编剧)、《风云儿女》(田汉原作，夏衍改编)、《都市风光》(袁牧之编剧）四部在群众中产生了热烈反响的进步影片。这时，中共江苏省委及上海文委遭到敌人的一次大破坏，田汉、阳翰笙、许涤新等被捕，斗争形势愈益恶化，夏衍无法继续活动下去，不得不于 1935 年 9 月撤出影坛，转入新的阵地。

左翼电影在我国电影的历史上揭开了革命的篇章，开拓了一条崭新的道路。从根本上说，解放区的人民电影，新中国成立后的社会主义电影，都是三十年代左翼电影革命传统的继续和发展。在当时的条件下，革命的电影运动自然也会出现各种缺点以至错误；然而这些缺点错误同它的历史功绩相比，总是次要的。当年夏衍及其战友在电影战线上的卓有成效的工作，他们作为我国革命电影事业的奠基者和开拓者的昭昭业绩，是不会泯灭的！

《狂流》《上海二十四小时》等电影创作

夏衍从事电影创作，便以鲜明生动的笔触，揭露了半封建半殖民地社会的阶级矛盾，描绘了工农大众、底层人民的苦难和反抗，暴露了压迫者剥削者的贪婪本质和丑恶灵魂。这是夏衍前期电影剧作的一大特色，也是他作为革命现实主义作家的主要标志。

针对三十年代初银幕上的妖氛毒雾，夏衍倡导并坚持了电影创作的现实主义方向。他的银幕剧作总是抓取现实的题材，触及广泛的社会生活的底蕴，从农民到地主，从工人到资本家，从革命战士到小资产阶级知识分子，从小市民到都市社会各阶层，各式各样的人物都被他引进了电影文学的形象画廊，使电影的题材跳出了儿女情长、多角恋爱、武侠神怪、侦探冒险的阴暗角落，走向广阔的天地。他的最初两部作品《狂流》《上海二十四小时》，特别是前者，曾以其崭新的题材和强烈的反封建倾向，轰动了当时的影坛。

1931 年入夏以后，长江、淮河流域发生了洪水惨祸。灾民之众不下一亿人，灾区之广达十六七省。《狂流》即抓住这一题材，以江汉平原空前的大水灾为背景，展示了在洪水泛滥中长江沿岸农民在死亡线上挣扎的惨状。但这部作品不是破产农民在灭顶之灾中的悲惨号泣的情景的简单再现，而是集中深入地揭露了当时农村社会尖锐的阶级矛盾——农民受尽洪水之苦，奋不顾身地与洪水搏斗；地主豪绅不仅无沦胥之忧，甚至还趁水患获利。傅庄首富傅伯仁搜刮了筑堤捐，却迟迟不肯用来筑堤防洪，以致村庄堤坝发生险情。乡民代表、小学教员刘铁生和王三爹前来交涉，傅竟恼羞成怒，拒之门外。为了避灾，他举家迁往汉口，却又冒充七乡灾民代表向社会募取赈款，中饱私囊。不久家乡因农民奋勇抗洪，灾情好转时，他又回到傅庄，勾结地方官府，以“煽动乡愚，图谋不轨”的罪名阴谋加害于刘铁生。最后暴雨袭来，堤防再度告警，刘铁生抱病与农民一起参加抢险，并要求傅交出用赈款购置的木材抢修堤坝。傅却指挥工役和军警加以阻挠和弹压。影片围绕修堤抗洪这个中心，一层又一层地展现了土豪劣绅凶残、冷酷、狡诈、卑劣的嘴脸，暴露了地主阶级对于农民惨无人道的压榨达到了怎样令人毛骨悚然的地步。

一部优秀的影片不只要从现实中汲取千万人民群众所关心的题材，而且要对它作深入的开掘。影片通过对立双方的激烈冲突，反复强调了一个思想——泛滥十几省的水灾并不是什么出自“天意”的天灾，而是社会原因造成的人祸。从剧情的发展来看，本来，农民是有力量抵御这场灾祸的，只因傅伯仁之流一次次地拖延、干扰、破坏，才导致了这场灾祸的蔓延和扩大。这伙土豪劣绅及其政治代表正是酿成这场空前灾难的罪魁。

像这类自然灾害与社会制度的关系的命题，现在人们也许不感到怎样新鲜了，然而在当时却确如作者所说，是富有“新意”的[①]。就在创作《狂流》的前一年，在极少的反映天灾的电影中间，有过一部《人道》。它利用群众关心天灾的心理，在剧情中竭力粉饰现实，掩盖造成天灾的社会背景和社会因素。影片中的绅士“体上天好生之德”，慈悲为怀，自动将全部财产捐赠给灾民。而他的原本不肖的儿子也回到了乡里向上苍忏悔，从而灵魂得救，改恶归善。编导者实际上以此替反动统治阶级开脱罪责，鼓吹顺天安贫的人生哲学。《狂流》与此形成鲜明的对照。在表现天灾时，既不是从封建的宿命思想，也不是从悲天悯人的人道主义观点出发，而是运用阶级分析的方法，从揭露黑暗社会罪恶的立场来评价这一自然现象。影片通过主要冲突的展开明白指出，水灾的酿成，重要的社会原因是地主阶级的剥削、压迫所致，农民与地主阶级之间的矛盾是不可调和的。只有根本推翻加剧天灾的封建地主统治，农民才有自己的生路。这就触及到中国社会矛盾的最本质的方面，揭示了活生生的阶级斗争的真理。影片对于地主傅伯仁面目的刻

① 夏衍：《从事左翼电影工作的一些回忆》，《电影文化》1980年第1期。

画，实质上成为对整个反动豪绅阶级统治的严厉谴责和愤怒控诉。

《狂流》的另一个特色是在我国电影史上破天荒地从正面写出了广大农民的愤怒与抗争。在傅伯仁置乡民的要求于不顾，忙着为女儿订婚大摆筵宴时，农民们便发出了“今天喝酒，明天决了堤，请你们喝水”的诅咒。地主阶级的凶狠欺诈行为，使他们逐渐打破了天真的幻想，认识到“靠得住的，只有我们自己的力量”。在最后涌到傅家搬取木料的场面中，农民们胸中郁结了多年的愤怒和仇恨不可遏制地爆发，同反动军警展开了一场英勇的格斗。农民的正义行动，促使傅家的一批长工和保安队员站到了农民一边。决堤以后，傅伯仁被洪水的狂涛席卷而去，影片在滔天大水的狂流与农民反抗的狂流的会合中，预示了地主阶级的覆灭。尽管由于当时设备简陋等条件的限制，拍成的影片并没有能充分体现出群众的威力，但是，广大农民已不再是听任命运摆布的奴隶，他们在残酷现实的教育下，必然会为争取自己的解放而奋起，剧作的这一意图是了然可见的。

在《上海二十四小时》中，夏衍又对当时都市生活的矛盾作了真实的概括和深刻的暴露。影片故事发生在外国资本家的纱厂里，在沉重的机轮声中突然爆发出尖厉的惨叫——一个童工被机器轧伤了。剧本围绕着童工受伤事件，展现出两种截然不同的生活境遇。纱厂的周买办听了工头的报告，只是若无其事地说了一句：“这也用得着报告么？自己不小心，有什么好说的?”随后便看电影、进舞厅，寻欢作乐，尽情挥霍。受伤的孩子由姊姊及工友抬回破旧的阁楼。为了给弟弟治伤，当菜贩的哥哥陈大赶到买办公馆找帮佣的妻子设法，但是仅有的几块钱却不够买药治病。失业者老赵见状十分同情，为了拯救童工，他深夜窜到周公馆，盗窃了睡衣和镶宝石的别针。买办和太太从舞场回到家中，发现失窃，叫来巡捕侦探。因为昨天陈大来公馆找过妻子，周太太便诬告他作案，陈大于是被捕。老赵上当铺把东西换了钱，请来了医生，但孩子已经断气。陈妈在极度悲痛中喊出“一个死，一个在牢里，都完了”。老赵发觉连累了朋友，赶到警察局自首。陈大被释放回家，弟弟已不幸身亡，他的眼睛盯着那张小床，床上燃着两支香，香烟袅袅上升，而陈大的心却往下沉落……

啊，吃人的上海市，
铁的骨骼，白的齿，
马路上扬着死尸的泥尘，
每颗尘屑都曾把人血吸饮。[①]

以年轻的无产阶级诗人殷夫的这些诗句来说明影片《上海

① 殷夫：《梦中的龙华》，见《殷夫选集》人民文学出版社 1958 年版，第 38 页。

二十四小时》的主题是再恰当不过了。剧本所写童工受伤身亡的事件在当时的上海是极为普遍的，作者通过这样一个极简单的故事，使人深深地感到这样的社会是多么黑暗与不平，多么令人窒息！上海向来被称为“东方第一大都会”，是半封建半殖民地中国都市的典型。如同剧本所写，这里，一边是“汽车，洋楼，女人，消魂的舞”，一边是“失业，受伤，坐牢监，死”。“每天，每天，昼昼夜夜循环着，上海永远是那么热闹，灿烂，辉煌。可是黄浦江里每天有被抛弃的垃圾，贫民窟里也天天有被榨干的人渣。”剧作家以敏锐的观察和鲜明的对比，勾勒出了一幅阶级压迫的血泪斑斑的悲惨图景，启示人们，这个罪恶的都市，是资本家和绅士们的天堂，劳动人民的地狱。在劳动人民的血汗和眼泪中，资本家建筑起自己享乐的宫殿。剧本虽然没有指示光明的出路，然而它赤裸裸地把现实的矛盾展现出来，人们便会深刻地感觉到一场社会变革的风暴是不可避免的。据夏衍回忆，这部影片完成后，国民党电影检查机关认为“问题严重”，反复审查十多次，剪掉许多镜头画面，拖了近一年方准予放映，而映出的影片，已经是面目全非了。从这里，也不难看出原来剧本主题的尖锐性。

一部作品的价值和意义，总是与其反映时代真实的程度成正比的。而要反映时代的真实，就必须按照恩格斯说的，对“现实关系”作“真实描写”，在当时，就要反映出封建阶级与农民阶级、资产阶级与无产阶级的剥削与被剥削、压迫与反抗的关系。只有通过这种阶级关系的描写，揭示出生活的真理，历史的规律，才能唤起被压迫人民的觉醒，推动工人阶级解放斗争事业的发展。当然，简单地图解政治概念，给人物贴阶级标签的作品是苍白无力的，但运用阶级分析观点，从实际生活出发，准确地表现阶级关系，深刻地开掘社会本质，真实地生动地反映生活的现实主义传统却是富有长久的生命力的。夏衍在他前期的《狂流》《春蚕》（据茅盾同名小说改编）、《上海二十四小时》《压岁钱》等电影剧本中，第一次反映了工人、农民大众同地主买办阶级和帝国主义的尖锐矛盾。这不仅为电影创作开拓了新的题材领域，更重要的是适应革命斗争的需要，极大地加强了电影的现实性与批判性。这些影片出世不久，反映上海女工、浙江盐民、四川农民、广东渔民的生活和斗争的影片便接踵而至，这些作品反映了人民的愿望，传出了人民的呼声，使人呼吸到大时代的气息。因此，当时有的评论指出，夏衍的电影剧本，在中国电影史上开辟了“新的路线”，“因为在国产影片当中，能够抓取现实的题材，而以正确的描写，和前进的意识来制作的，这还是一个新闻的记录”①。

夏衍这个时期电影剧作的另一个重要内容，是以满腔的热忱，表现广大青年知识分子、知识妇女的挣扎和觉醒，引导他们打破种种幻想，摆脱狭隘观念的束缚，走向人民，走向斗争。

① 芜村：《关于〈狂流〉》，《晨报·每日电影》1933年2月25日。

属于这类内容的，有写职业妇女苦闷的《脂粉市场》，写第一次国内革命战争年代知识青年不同命运和道路的《时代的儿女》（与郑伯奇、阿英合作编剧），写形形色色妇女生活的《女儿经》（集体创作，夏衍执笔），写知识青年投入民族解放斗争的《风云儿女》（田汉原作，夏衍改编为摄制台本），写五四运动到“一·二八”战争这一时期青年女性的成长的《自由神》等。

洪深在《一九三三年的中国电影》一文中曾经写道：“这一年提出妇女问题为主题的作品，已经不单将妇女当作作品的题材，而严肃地接触到妇女解放问题与整个社会解放的关系。”他在这里所指的，首先便是夏衍的《脂粉市场》。这部作品集中描写女主人公陈翠芬的一段痛苦经历：丈夫在与歹徒的搏斗中不幸毙命以后，她的家境日益萧条，不得不停止求学，由别人辗转介绍，到一家百货公司包扎部工作，从此踏进了陷阱重重的社会谋生。初次上班，诸事都不谙习，手忙脚乱，受到同事的讥笑。不久，公司的监督对她有意，将她调到脂粉部，这就引起了另一个女雇员的嫉妒。随后经理儿子见其美貌又开始了追逐。母亲、嫂嫂贪财慕势，力劝她应允。翠芬忍无可忍，最后愤然辞职，另找出路。她毅然走出公司，投进茫茫人流之中。这时她想的是：悲观也没有用，消极更不是办法，人生的路本来是很艰苦的……

在有关妇女生活的题材中间，这部影片不仅打破了恋爱风波、个人恩仇的小市民悲欢离合的俗套，也不只是一般地反映妇女的不幸遭际和痛苦呻吟，而是从新的角度，给这类题材注入了深刻的社会内容。旧上海是一个以金钱为本位的恶浊的社会，妇女在社会上、经济上、家庭关系上都处于从属的地位。一些人成为资本主义市场上的一种商品，成为剥削阶级的玩物。有些寒苦出身的妇女要找到职业，保住饭碗，甚至不得不学会卖俏，学会逢迎，有的甚至于变相地出卖自己的肉体和灵魂。《脂粉市场》的片名就明白点出了这个残酷的现实。陈翠芬是个淳朴、要强的女青年，她清清白白，为人正派，工作勤谨，希望作一个自食其力的女子。然而上司欺压她，小老板不怀好意地追逐她，同事又取笑和排挤她，这几股压力终于迫使她失去了自己的职业。陈翠芬的悲剧正是旧中国都市女性坎坷命运的写照。它表明了，在罪恶的社会制度下，妇女是不可能得到真正的独立与解放的。

就在影片映出的同时，鲁迅在《关于妇女解放》一文中说过这样的话："这并未改革的社会里，一切单独的新花样，都不过一块招牌，实际上和先前并无两样。拿一匹小鸟关在笼中，或给站在竿子上，地位好像改变了，其实还只是一样的在给别人做玩意，一饮一啄，都听命于别人。……所以一切女子，倘不得到和男子同等的经济权，我以为所有好名目，就都是空话。"[①] 这是非常独到而深刻的见解。夏衍笔下的陈翠芬的

① 鲁迅：《南腔北调集·关于妇女解放》，《鲁迅全集》第 4 卷，第 598 页。

经历，生动地说明了这个真理。影片结尾处，让女主人公投入广大的人流之中，实际上即暗示着妇女必须与广大人民群众在一起，迎接艰苦的斗争，才能获得真正的出路和彻底的解放。后来明星电影公司老板张石川屈服于反动当局的压力，把影片的尾声改为：翠芬走出公司又去做工，不久升了“写字”（职员），有了积蓄，和男职员钱国华两人开起了合作商店，这便曲解了原作的本意，从而起了欺骗麻痹观众的作用。剧作者为此在影片公映时不得不出来发表声明，抗议这种篡改。夏衍指出：“《脂粉市场》一片，其主张在说明现代妇女运动与整个社会问题的解决有同一的命运，盖编剧者之意，以为在现社会之下，所谓男女平权等等，实为一种黄色的欺骗与自慰的梦想也。……女主人公因为下级雇员，当然无出资开设商店之可能……”① 在涉及剧作根本思想的问题上，作为一名革命作家的夏衍，他的立场是毫不含糊的，这篇声明正是他忠实于现实主义创作道路和原则立场的明证。

如果说，在《脂粉市场》中，夏衍对于年轻女主人公未来的道路还只作了某种暗示，那么，在《时代的儿女》中，便从正面刻画了一个青年知识分子走向革命的历程。

赵仕铭是一个成长中的人物，是一个在曲折的锻炼过程中

① 夏衍：《关于〈脂粉市场〉之结尾》，《晨报·每日电影》1933年5月15日。

逐步成长的青年的艺术形象。他开始是上海某工业学校的大学生。远在内地的父亲假称病危，催他回到家乡按照从小定下的亲事完婚。他已与妹妹的同学周秀琳相爱，自然不同意家中的包办婚姻，以至同父亲发生冲突，留书出走。由反对封建婚姻而脱离家庭，这是他走向新时代的起点，也是他反抗性格的最初表现。然而，对于自己和整个民族、国家的出路，他是茫然的。当时他是一个工业救国论者，希望掌握科学技术报效国家。秀琳的资本家父亲对此极为赞赏地说：“你的眼光很不错，要救中国一定要在工业方面努力。”并表示将来将工厂交给他管理。学校毕业后，他到了上海附近当工读学校教师，并开始接近工人群众。五卅惨案发生了，群众的血使他从工业救国的迷梦中睁开了眼睛。他和秀琳卷入了反帝爱国运动的激流，参加抵制洋货的宣传和检查，遭到了反动军警的袭击、殴打。这时，他进一步看清了斗争方向：“对于旧世界是需要更激烈的血斗的，我们必须走上一条新的路。”他拒绝了秀琳父亲为他安排的工程师的职位，而要求到工人群众中从事革命工作。秀琳被残酷的阶级斗争吓住，埋怨他思想“过激”，希望他“回到你以前的思想”。赵仕铭发觉同自己伴侣之间思想上出现鸿沟，为此而深感痛苦；但他战胜了感情上的脆弱，坚定地回答：“残酷的历史使你退步，我现在知道了比恋爱更重大的事情。”从此他与秀琳分道扬镳。这一爱情的破裂，意味着他与旧的个人主义的感情和世界观的决裂，开始树立为无产阶级解放事业而奋斗的崇高理想。

在现实生活中，人们生长在不同的家庭，不同的阶级环境里，会受到不同的教育和社会各种思想的影响。艺术作品要准确地把握生活，真实地反映人物性格的变化和发展，才能塑造出真实生动的人物形象，并赋予它以典型的意义。《时代的儿女》对于赵仕铭的思想演变过程是写得较为充分的。它没有忽视 1925—1927 年这段历史时期时代潮流对他的冲击。作品通过秀琳父亲的工厂的破产，表现出帝国主义侵略下中国民族工业凋零破败的命运，又直接描写了五卅运动这个反帝爱国斗争的壮烈场面。这些富有时代特点的事件，既从反面促使主人公不切实际的幻想趋于破灭，又从正面给他以前进的方向，这样，人物性格的成长也就有了客观的、合理的依据。而作为出身于剥削阶级家庭的青年知识分子，要同这个阶级决裂，走向新的营垒，也不是轻而易举的。从涉及个人切身利益的反封建婚姻，到抛弃“工业救国”而寻求民族出路，从斩断个人爱情的葛藤而置身无产阶级的战斗行列，这是一条艰巨曲折的自我改造的道路。影片比较真实形象地剖析了这一过程，因而对于当时非工人阶级出身的青年知识分子投身民族民主革命运动是具有积极的意义的。

在电影中如何对待和描写小资产阶级，这是一个重要的问题。描写劳动人民的生活和斗争，固然是左翼电影创作题材的重要方面，然而由于历史条件的制约，加上当时电影的主要观众还是城市一般小资产阶级群众，因此摄取有关这一阶层的题材，给观众一种启示，一样是不可缺少的。如夏衍的《时代的儿女》对于爱情与革命的关系的描写，就较少小资产阶级爱情至上的空想色彩和感伤情调，而是运用明确的阶级分析的观点，通过男女主人公爱情的逐渐疏远，表明了政治理想和人生道路的分歧必然导致爱情的波折，乃至破裂。这就提高了作品的思想格调。自然，要彻底否定旧的感情毕竟是不容易的，在与旧家、与爱人决裂时不可能没有痛苦和留恋，而接受新兴阶级的影响，也有一个必经的过程。这方面，夏衍在剧作中的表现显得还不够深刻、有力，因而在一定程度上减弱了艺术的感染力。在另外有些影片中，对于爱情的处理确也存在一些缺陷。如《狂流》，对刘铁生同豪绅女儿的爱情的描写，本意是在强调人物不顾个人荣辱得失，全身心地为群众利益奔走，但却过多地渲染了他那失意、怅惘的情绪，因而流露出某种低沉的情调。所有这些缺陷，在新兴阶级电影的萌芽阶段是难以避免的。但无疑的，“这些影片都是无产阶级文艺运动的产物，都应该是属于无产阶级文艺范畴的”①。

在我国电影发展的初期是没有剧本的，一般都只有一个故事梗概，由电影艺术家们在拍摄现场即兴创作，把最初的一些“设想”表现出来。因此，拍成的影片往往缺乏完整的文学构

---

① 陈荒煤：《中国电影发展史》1980年版。

思与人物性格的真切刻画，情节前后矛盾，结构松散。夏衍当时即认识到，“一部剧的成败，大部分系于剧本。剧本实在是电影的基石”[①]。他当时所写的剧本尽管还相当简略，仅有一二万字，然而它们毕竟是我国电影史上第一批采用较完备的文学剧本形式的电影脚本，确实具有十分重要的开创意义。

当《狂流》的剧本附在《电影导演论与电影剧本论》一书刊出时，洪深在该书序言中写道：

> 一切艺术，对于材料的形成，各有独特的方法，所以对于电影的导演手法，摄影方法，以及胶片的剪接没有基本的概念，而就开始电影剧本的编制，实在是一种冒险的事情。……在这儿诚恳地介绍了关于（电影）剧本创作的基础方法的原则性知识。我深信在这国产影片复兴气运中的电影界，一定会有很大的贡献的。附在后面的丁一之（即夏衍——笔者）君的电影剧本《狂流》，是……一本比较的接近上述基础的方法的作品。将这本书上的《狂流》和银幕上的《狂流》参看一下，我想对于从事电影剧本的作者们，也许会有些有益的暗示的。

---

① 黄子布（夏衍）、席耐芳：《〈火山情血〉评》，《晨报·每日电影》1932年9月16日。

夏衍在他最初从事电影创作时，就非常重视掌握电影的特殊表现方法，尽量运用电影的手段和语言来表达主题和人物；并且显露出他在这方面的表现才能与独特风格。

深刻的社会观察力和敏锐的艺术感觉，使夏衍在电影创作中善于摄取现实生活中常见而又是极有代表性的事件和人物，而不借助于杜撰编造的复杂情节，来制造惊人的戏剧效果。例如《上海二十四小时》中童工的受伤身亡，《脂粉市场》中女雇员不甘花花公子的纠缠和侮辱而辞职，都是司空见惯的，其中没有什么曲折复杂的故事。然而它们却又都很有典型性，人物关系的变化和他们的生活经历既合情合理，又揭示着社会的内蕴。在这方面，最有代表性的是《压岁钱》。这是一部出色地描写普通人日常生活的影片。在年三十的晚上，一位老祖父在熟睡了的孙女枕头底下放了一块贴着红囍字的银元。第二天，女孩拿了这块压岁钱到烟纸店买了鞭炮。于是，这块压岁钱便开始了它的旅途。从烟纸店老板娘到交际花、小娘姨、汽车夫、白相人、歌舞团老板、开汽车门的小孩、医生、经理、强盗、舞女……通过这一块钱的流转过程，影片真实地描绘了三十年代五光十色的都市社会生活，展现出一幅常见却是残酷的半殖民地社会的写实画。同是一块钱，小商贩以它来谋生糊口；交际花用它来赏赐仆人；歌舞班老板扔掉它来讨女人的欢心；贫苦孩子需要它来为自己母亲治病；倒闭的银行的经理用它来作东山再起的资本；舞女用它来为穷困的朋友支付房租……总之，这一块压岁钱后面隐藏着种种痛苦和罪恶，呈现出旧中国都市的全部混乱和深重危机。影片结尾，老祖父又在岁末给孙女留下一块压岁钱，但已不是银元，而变成了“法币”。银元到哪里去了呢？影片最后出现了大批银元已被外国货轮载走的镜头，这就暗示出影片中描写的一切罪恶现象都是国民党反动政府勾结帝国主义压榨中国人民所造成的。影片朴素、自然，看不出编剧的铺张或戏剧性的安排，但却显示出深沉的动人心魄的控诉力量。

由于电影蒙太奇结构的特点，运用对比手法可以把两种截然不同的生活或事物紧接在一起，互相衬托，造成强烈的对照。夏衍前期不少电影剧本采用了这种手法。《上海二十四小时》从头至尾，使各种不同的生活场景、细节相互穿插，相互交织，造成鲜明的对比。如一面是成群女工劳作一天疲惫不堪地从工厂走出，一面是买办太太高卧未起；一面是工人工伤倒地流血，一面是吃不完的鸡汁随手倒掉；一面为无钱买药心急火燎，一面一只叭儿狗的医药费即付出大洋三十块；一面是急速转动的机器旁的女工疲于奔命，一面是纸醉金迷的跳舞场上轻歌曼舞。穷奢极侈与饥饿死亡，荒淫无耻与善良正义，对照极为强烈，给人以特别深刻鲜明的印象。在《女儿经》中，从前的女同学重新聚首，分别叙述十年来自己的生活景况：她们中间有人丈夫在贫病交迫中死去，孩子又失踪，自己精神失常；有人因拒绝股东少爷的侮辱而失去了工作；有人年老色衰被薄情的丈夫遗弃，回到娘家又受尽家人歧视；有人施用手腕制服了丈夫，而成为阔太太；有人打着妇女运动的幌子，却日夜追逐腐朽淫靡的生活；有人狂赌成癖，以致家败人亡；有人从营救革命志士而走上反抗旧制度的叛逆道路。这部影片表面上不像《上海二十四小时》《狂流》那样对比强烈，但由于剧作者的巧妙联缀，使得许多女性形形色色的遭遇和故事互相映衬，集中地反映出当时社会下层妇女的不幸和上层妇女的堕落。剧作者没有站出来抒发自己的感想或发表什么评论，但观众完全可以感觉到作者热烈的鲜明的爱憎。

比起其他艺术形式，电影的细节具有更强的表现力。电影是一种直接诉诸视觉的造型艺术，特写镜头的运用，具体的细节描写，往往能够帮助观众体察入微，窥探许多隐藏在生活深处的奥秘。在改编《春蚕》中，为了刻画出老通宝的思想性格特点，大蒜头这个细节就曾多次出现。这可以说是改编者的独特发现。从他拿着涂泥的大蒜头，两手颤抖虔诚地默祷，到以后悄悄地走到墙边拿起来观察，预卜命运的吉凶，活脱脱地勾画出老农内心的惶惧、紧张、焦虑、希望，以及他那根深蒂固的保守迷信观念。阿多最后将长了许多叶瓣（这本来是吉兆）的大蒜头捏作一团，用力投入溪中，激起溪水上一圈圈波纹，这个精彩的细节更是含蓄地表现了旧的传统意识的破产，引人回味和深思。

动人的细节，往往起到一箭数雕的作用，它不但有助于泄露人物内心的奥秘，而且可以巧妙地烘托人物的关系。在《时代的儿女》中，为了烘托人物关系的变化，两次写到男女主人公在黄浦江畔谈话的情景。第一次，望着江上的一叶小舟在波涛中颠簸，两人都很激动，一种向上的奋斗的热情油然而生，此时真是心心相印，感情十分合拍。第二次经历了各种争执、辩论以后，旧地重来，眼前又重现了同样的景象，可是女主人公已经失却了前进的勇气，要求对方一起去过平静安逸的生活，遭到了赵仕铭的拒绝。影片着意地多次映现同一细节，使人产生了丰富的联想，小船在风浪里搏斗的情景仿佛成了主人公激流勇进的形象的象征，而同时又成为对秀琳软弱动摇性格的讽喻。

电影中细节的描写必须经过严格的选择，抛弃那些平庸繁琐意义不大的东西，挑选那些最富于涵义，又能推动剧作发展的细节，这样才能塑造动人的形象，深刻揭示主题的思想意义。细节一旦离开剧情的开展和人物性格的发展，就会成为游离于主题和人物的旁枝杂叶。“简洁就是美”①，夏衍在细节描写上的一个最鲜明的特点是简洁和精炼。他善于选择最能表现人物性格的细节，恰如其分地贯串到整个情节中去，丝毫不给人以繁冗累赘之感。除了上面的例子而外，像《压岁钱》中的一块银元，在作者巧妙的构思下，就起到了穿针引线、贯串全

① 《夏衍谈简洁和精练》，《文艺报》1981 年第 16 期。

部情节的作用。《同仇》中殷小芬手中时而捡起，时而又放下那把锈烂的菜刀的细节，对于表现女主人公同丈夫的和解，表达民族斗争的主题思想，收到了动人的效果。

夏衍对于电影表现手段的运用不是一蹴而就的，这中间有一段艰苦摸索的过程。在最初写《狂流》的阶段，他比较侧重于表现革命的政治内容，因此对人物性格的刻画比较粗疏，血肉不够丰满，这也影响到剧作的思想表达得较为生硬。但越到后来，他的作品在表现形式上越臻完善。《压岁钱》便显示着艺术技巧的成熟和艺术风格的进一步形成。总的看来，他的电影剧作平易而又深刻，简练而又细致，质朴中有斑斓，沉稳中透着盎然的生气。对于观众来说，它可能不那么浓烈恣肆，动魄惊心，但却有着引人遐想、耐人寻味的艺术魅力。夏衍电影剧作的这一独具的风格特色，在中华人民共和国成立以后对《祝福》《林家铺子》等作品的改编中发展得更加突出、更加完美，吸引了更为广大的读者和观众，为中华人民共和国的社会主义电影事业赢得了崇高的声誉。他在电影艺术的长期实践中坚持现实主义道路，勇于开拓和创造的精神，也给今天的电影工作者以深刻的启迪。

第四章

拿起话剧创作的武器

处女作《都会的一角》

在《小市民》后记中，夏衍对自己的第一个话剧——《都会的一角》的创作经过，作过这样的说明：“一九三五年秋，上海住不下去的时候，我到了阔别的东京，把日常习惯了的工作骤然的放下来，人往往会反而觉得疲劳，我在那儿休息了两个月，在丰岛郡乡下的一个小旅馆里，写了我最初的独幕剧《都会的一角》。”①

其实情况并非如此，他当时这样写，是另有用意的。这一年，因地下文委被敌人破获，共产国际远东情报局又遭破坏，由于叛徒出卖，受到敌人追捕，他不得不到上海一家俄国人

① 夏衍：《小市民·后记》，新知书店1940年版。

开的公寓中避难，同时放出风声：沈端先已去日本、北京避难。在隐蔽期间，夏衍并没有停止战斗。其时，在左翼剧联领导下，成立了上海业余剧人协会，这是剧联总部适应当时形势，为重新巩固戏剧阵地而采取的新的措施。这个大型剧团成立伊始，急需反映现实的剧本演出，于是，夏衍便借避难这段时间执笔写作舞台剧本，从而开始了他在话剧创作上的尝试。《都会的一角》一经写出，先以徐佩苇的化名在《文学》五卷六号上发表，翌年 6 月由业余剧人协会在上海新光大戏院上演，后由阿英编入 1936 年《中国最佳独幕剧集》，风行一时。

剧本以犀利的笔触，揭起了黑暗社会生活帷幕的一角：在上海中部的中下层住宅区，十九岁的舞女张曼曼生活虽然窘困，但起初勉强还能维持下去。她的情人方先生是个失业青年，为送母亲回老家，被迫向印度人借了六十块印子钱，如今限期已到，款子却毫无着落。张为之四处张罗，帮助还账。然而，正当她满怀信心地等待橡皮厂经理（舞客）送银子来的时候，却从报纸上获悉此人已负债远逃。她转打电话给方，而他却因交不出印子钱已被捕入狱。她当然还想救情人，但皮夹里只剩几个铜板，而且，牛奶公司的欠账，弟弟的童子军制服费，从老家寄来的讨钱信，……这一切该怎样对付？她终于对生活绝望了，摘下手表放在房间，发狂一般地跑下楼去——生活逼她走上自尽之路。

话剧（特别是独幕剧），有着敏锐地反映现实生活，迅速地再现当代社会矛盾和时代风云的特点，从而有利于引起人们对社会问题的深切关注，呼喊出人民的心声。三十年代，一方面是帝国主义的侵略，国民党的法西斯统治和大地主大资产阶级的残酷压迫剥削，一方面则是广大劳动群众和知识分子过着暗无天日的苦难生活，每时每刻挣扎在饥饿和死亡线上。作为一个独幕话剧，《都会的一角》不可能展示广阔的社会图景，然而这短短的一幕戏，却充满了真实，摄录了郁闷得令人窒息的一个个镜头：失业的青年被高利贷压得直不起腰来；舞女生活潦倒——尽管跳舞“生意不错”，仍然到处赊账；人们为泡开水、灯油这些琐事而争吵；穷苦的小学教员狼狈地偷吃别人的包饭……特别是剧本巧妙地穿插了阅报迷邻居的读报、聊天，通过他告诉观众舞台以外的各种新闻，如日本侵略军的暴行，黄浦江上的自杀案，救济水灾跳舞大会，民族资本家的倒闭破产，等等。把舞台内外连成一气，使我们如置身于那个混乱不堪、苦难深重的黑暗时代，看到帝国主义和反动势力的压迫榨取，是怎样剥夺了下层人民最起码的生存条件，造成了人们精神上的猥琐和心灵的痛楚。这小小的一角，概括和容纳了多么丰富、深刻的时代内容！半殖民地中国社会的黑暗和腐朽，人民的屈辱和灾难，怎能不使人感到惊心怵目，激起深深的憎恨和愤懑之情！剧本是这样结束的：

弟　　（读）东北以东三省接俄国东海滨省，及日领朝鲜……

邻居　（猛然地推门而入，对弟）你这教科书是什么年代的？不行啊！你，在什么学校？

这是一个多么刺心的场面！东三省是我国的领土，尽人皆知，剧本由一个十一岁的小学生讲出来，而小学教员的邻居竟显得如此惶惑，惊慌。邻居可悲亦复可笑的作为并不奇怪，而是当时的社会逼成的。这淡淡的一笔，对那造成国土沦丧、民不聊生的反动统治者是何等辛辣的嘲讽，又是多么愤怒的抗议。

由此可以看出，剧本选取的是平凡而又平凡的题材，但决不是机械地抄录琐屑的生活，满足于咀嚼细小的悲欢离合，而忽视社会生活中的根本问题。革命的剧作家是无权脱离现实生活，漠视普通人们的疾苦的。但如何从普通、平凡的日常生活中发掘历史的主流，把握时代的脉搏，却需要锐利的眼光和深厚的艺术功力。在《都会的一角》这篇处女作中，夏衍表现出了对生活敏锐的观察力，以及与人民大众同休戚、共呼吸的革命作家的本色。

三十年代中期，在左翼剧作家的作品中，较为普遍地存在着直露疏浅等通病，在创作和演出中经常生硬地插进一些激昂的政治口号，缺乏生动的艺术形象。夏衍的这个剧本却迥然不同。他一开始进行话剧创作，便表现了他善于活灵活现地描写小市民生活的才能，他的简练、隽永的艺术风格在这篇处女作中即已初露端倪。《都会的一角》不靠外部动作，不靠大开大合的戏剧冲突，它通过日常生活的题材，选择了具有鲜明时代特征的典型的情节与细节，用极为简洁的笔墨，鲜明地勾勒出了人物各自独特的个性特点。“独幕剧不能像大戏那样具有较多的情节和较广阔的生活面来描写人物，独幕剧中的人物一上来就该相当稳定、明确，一露面就要给人以鲜明的印象。”① 舞女张曼曼才十九岁，但我们看到的并不像是个天真的少女。上午十一点，太阳老高了，她还没起床，收账员来收牛奶账叫她不起，拉亮了电灯又睡；起身后不停地抽烟，打扮，在她身上可以明显看到生活和职业打下的烙印。她视一切都无所谓，房间从不整理，日历从来不撕，连“今天是几号”都搞不清。剧本没有细写她过去的经历，但我们从她的种种表现，却可以推想到，这个受过初中教育的女子曾经饱尝人生的波折和苦恼。不过，在这个沦落风尘的少女身上，自尊心和同情心并没有泯灭。邻居对舞女表示轻蔑时，她立即反驳：“什么舞女，舞女不是人!”——这不是明白地表示了她对社会的抗议？自己债务缠身，而对于失业的情人她却是很同情和慷慨的。然而，以后的事实表明，对于这个社会，她毕竟还是看得不透，有点盲

① 李健吾：《戏剧新天》，上海文艺出版社 1980 年版，第 62 页。

目乐观。邻居给她念报上影星跳黄浦江的消息时，警告她“做舞女的应当特别当心”，她毫不犹豫地回答：“多谢你，我可不会自己寻死的！”生活虽然不如意，可她还是有生存下来的希望啊！然而，残酷的现实使她的幻想变为泡影，生活一步一步把她逼向绝路。起初，也许你会对她那种慵懒鄙俗的习性有点讨厌，但到后来却止不住对她深深地同情，并为她的不幸而担忧、焦灼了。

方先生是一个忧郁沉默的年青人，失了业，无以谋生，印子钱又像毒蛇似地缠得他喘不过气来，因此，他的话很少，常常低着头，支吾着。为了那笔到期的债款，他只是空着急，却拿不出一点办法来。当邻居说到一女子自杀的消息，他只为这个问题而困惑：“我不懂，为什么有了这许多钱还要自杀？”在这天晚上，除了那笔阎王债，别的事都显得不重要了。但是，当情人交给他大衣、皮袄要他去典当时，他一方面为对方的情意所感动，另一方面又不忍收受这样的资助——这是一个多么软弱而又忠厚的性格。邻居是个乐天派，陷于贫困之中，却处之泰然。他老于世故，有时会对邻人表示一点关切，有时又喜欢耍一点滑头，在别人身上捞点好处。在剧中，他是个不可少的角色。少了他，故事的背景与环境就会模糊；同时，他一上场，舞台上也就有了笑，但我们笑过之后，又体会到生活的辛酸。总之，这些人物，有各自的弱点，也有各自的长处，尽管他们的喜怒哀乐不同，他们却是活生生的人。

表面上看，这个戏矛盾冲突并不激烈，你甚至会感到故事松散，结构平淡，但当你被剧本的艺术魅力所吸引，进入了剧中规定情境，便会感到这种结构看似平常，实则异常巧妙。故事的时间发生在上午十一点到下午五时半左右，在短短半天时间里，没有一点静止的介绍和交代，男的为何借印子钱，女的怎么当了舞女，社会上的动态等等都让人物自已告诉给观众。在剧情进行中，气氛的渲染和细节的穿插，使全剧情节聚散分合，节奏鲜明。幕一拉开，气氛郁闷而怪异：十一点钟，室内阴暗，遮得紧紧的窗帘缝中射进一条刺目的阳光，女主人公还在酣睡。收账员前来敲门，无人搭理。邻居上场，从他的唠叨中带来舞台以外的社会气息，于是台上气氛活跃起来。幕后，为了火油，房东与房客发生争吵，房东太太拿着鸡毛帚追赶男孩，又给舞台增添了杂乱、急躁的氛围。而故事的结局留在大幕外，张曼曼从手上除下手表跑下楼去，是自杀去呢，还是……？让观众去想象，去思索，这就给人以余味。艺术结构在戏剧文学中尤其是独幕剧中特别重要，《都会的一角》开始表现出夏衍在这方面的腕力与匠心。

还应该特别提一下《都会的一角》演出时的社会反响。该剧于 1936 年 6 月由业余剧人协会上演（另外还有洪深的《走私》，张庚的《秋阳》）。演出过程中帝国主义的工部局竟当场宣布禁演。当时观众愕然，人声鼎沸，要求说明理由。“星期公演”的负责人徐韬走出来向观众讲话。其时人声喧哗，他无法详细说明前后经过，只是扼要地说："为了戏里有一句话，说东北是我们的领土，所以……"台下不等他说完，就大呼："东北是我们的！"这一句从剧本结尾处概括出来的话现在脱口而出，并且很快变成了全上海人民的救亡口号。随后，新闻界和各地文化团体纷纷起来向租界工部局抗议，当时在南京的国立剧校校长、素以稳健著称的余上沅先生，也曾写了英文信在《大陆报》发表，质问"上海的英租界最近是否变成了日本租界"，其愤怒可以想见。为了纪念这一事件，诗人任钧还写过一首诗在《光明》杂志发表。诗中写道：

"东北是我们的！"——
　　在平时，就连舞台上，
　　我们也没有说这话的自由。
但在五年前的血迹犹存的今天，
　　我们都要让全部爱国的艺人们，
　　一齐站在舞台上——
排除天大的障碍，
重新把铁一般的信念宣扬，
　　还要在农村，在工厂，
在街头，在广场——
卷起更惊人的救亡巨浪，
　　让四万万人同在整齐的步伐声中，

用无数愤怒的喉咙，
狂热地吼出意志的声响；
　　让全中国，让全世界，让全宇宙，
　　都装满这种音波——
“东北永远是我们的！”①

以上事实向我们表明，夏衍的话剧处女作在当时抗日救亡和反对卖国投降政策的斗争中，产生了重要的影响。

《赛金花》

1935年秋，在亡国惨祸迫在眉睫的时刻，夏衍继《都会的一角》之后，又写了七场大型话剧《赛金花》。剧本于次年以夏衍的署名载于《文学》六卷四号，11月生活书店为它出了单行本，同时又由“四十年代剧社”在上海金城大戏院首次公演。尽管评价上不是没有分歧，但有一点是无可否认的：从此，“夏衍”这个名字，在话剧界传扬开来，为人们所瞩目。

《赛金花》是以庚子事变为背景的。对于发生在十九世纪末的这样一个重大的历史题材，夏衍并不从正面着笔，而从纷

① 任钧：《“东北永远是我们的”》，《光明》第1卷第7号（1936年）。

繁杂沓的历史材料中，择取了“悲剧时代中的一个喜剧插曲”——王公大臣们的屈辱外交。这在艺术构思上是颇有特色的。剧本以出入官场的妓女赛金花作引线，用喜剧式的夸张手法，刻画了那些身穿朝服的显宦贵胄腐败无能和丧权辱国的种种丑态，给人们描绘了一幅汉奸百丑图。

议和大臣李鸿章是剧中举足轻重的人物。他在戏里出场不多，然而对这个大地主大买办阶级代表人物狡黠自私和卑劣猥琐的性格，剧作者的剖析剥肌见髓，入木三分。八国联军侵占北京，烧杀抢掠，无恶不作。作为全权大臣，李鸿章身负维护民族利益和国家主权的重任，但在与侵略军的谈判中间，他不仅毫无一点谴责与抗争的表示，却曲尽逢迎阿谀之能事，将民族的荣辱和命运一概置诸脑后。人物一上场，面临着这样一个外交难题：德国人要求慈禧太后为义和团打死德国公使而向公使夫人赔礼道歉，否则就不撤兵，不签订和约。这对于“老佛爷”来说是万难接受的。他不得不为此而伤透脑筋，费尽心机。第三幕一开始，在敌方面前李鸿章看上去似乎并非昏聩懵懂之辈，他凭多年同洋人打交道的那一点外交手腕，小心翼翼地利用德国与俄、英等国之间的矛盾，讨价还价，希望能说动德国人放弃这一苛刻的条件。这样做，是否是李鸿章出于护卫民族尊严的宗旨呢？否。在与各大臣商量对策时，他亮出了自己的底牌：

“问题不在千万里的土地，更不在千百兆的金钱，现在要争的只在老佛爷一人的体面!”

“只要老佛爷跟皇上谢罪的问题能够避开，其他一切条件都可以使他满意。”

这寥寥数语，便把这个祸国殃民的卖国者的可耻灵魂清晰地勾画出来。在他脑里，何尝有一丝一毫国家民族的意识，他孜孜以求的不过是维护他那主子的一点面子而已！为了急于签订投降的协议，他甚至达到不择手段，恬不知耻的地步：不惜大搞美人外交，利用赛金花与瓦德西这层丑恶的关系，指使亲信去向平日他所鄙视的妓女疏通，要她“替大清帝国帮点儿忙”，向瓦德西说情，并许诺事成之后，给以“金钱的报酬，名誉的表彰”，以及她丈夫的“相当的职位”。这是多么富有讽刺意味的情节！在中外外交史上，像如此卑躬屈膝、无耻下流的行径，除了腐败昏庸透顶的清王朝，在别处是难以找到先例的。

如果说，李鸿章在洋主子面前是一副奴颜婢膝的神情，那么对于广大民众就表现出他性格中凶恶残忍的特征。当手下一名臣属建议利用“民气”来对付洋人时，他勃然大怒：

“民气？你打算靠民气么？民气这两个字，孙逸仙在南方宣传得还不够么？（以手击桌）郑弼臣在惠州造反，那是民气！史坚如炸德寿，那也是民气！南方的革命党攻击皇上，主张改变国体，那也是民气！（用力地）哼！照你说，万事都顺民气，咱们还能在庙堂上讲话么？”

历史一再表明，反动统治者比之害怕外国帝国主义，更加畏惧本国人民群众。他们深深懂得，人民反抗的火焰必将摇动他们在“庙堂”上的高位，从根本上掀翻罪恶的封建制度。因此，“宁赠友邦，不与家奴”就被他们奉为圭臬。在签订投降卖国的和约的同时，李鸿章当即发出通令：“从严晓谕军民人等，今后绝对不准再与洋人和教民为难，否则军法从事”，并通知广东巡抚：“便宜行事，彻底弹压同盟会乱党活动！”对外妥协，对内用兵，对民高压，这便是李鸿章一伙的既定方针。剧本对此作了较深刻的揭露。

礼部尚书孙家鼐，属于封建统治集团中的顽固派。他处处以维护封建伦常自命，道貌岸然，飞扬跋扈，实则昏庸老朽，迂腐得可笑。由于洪钧是他的“通家至好”，赛金花重张艳帜，在他看来是丢尽了洪家的体面，有损洪文卿钦差的“清名”，因而恼羞成怒，对赛的行为横加干涉。后来当他当上刑部正堂，居然不顾赛金花曾有“功”于朝廷及当朝给她许下的诺言，利用职权，毫不留情地将她撵出北京。试问，列强陈兵北京城外，国亡无日，作为当朝大臣，对异族侵凌一筹莫展，却念念不忘到一个妓女头上施展自己的淫威，这是为了什么？看下面一段对话，就可知道其中的奥妙：

> “我现在要说的是你不该再到京津地方来搭班子，况且，像你现在一样的奇装异服，招摇过市，被别人当作国家将亡的象征，你老爷的面子也给你丢尽啦！”

这番话将他阴毒的祸心和盘托出，展示了那在道貌岸然的外衣掩盖下的肮脏肺腑。将女人当作祸水，把亡国责任一股脑儿推到女人身上，这历来是反动统治阶级所惯用的伎俩。鲁迅就曾尖锐揭露过：“其实那不是女人的罪状，正是她的可怜。这社会制度把她挤成了各种各式的奴隶，还要把种种罪名加在她头上。……其实亡汉的何尝是女人！不过只要看有人出来唉声叹气的不满意女人的妆束，我们就知道当时统治阶级的情形，大概有些不妙了。”① 孙家鼐装模作样地抬出封建伦理观念压人，不过以此掩饰他们在帝国主义强盗面前的卑怯和空虚心理罢了。在这类卫道者的身上，正好体现了统治阶级色厉内荏、欺软怕硬的特征。

剧作家不只把讽刺的锋芒投射到最高的执政者身上，而且还将他的笔触伸展到官场社会的各个角落，使我们看到了中下层官吏普遍的媚外成性和淫佚堕落。这是一群终日不理朝政，

① 鲁迅：《南腔北调集·关于女人》，《鲁迅全集》第 4 卷，第 516 页。

沉湎酒色的文武官员。周围一片兵荒马乱，国土沦丧，他们居然还在忙着为赛金花搭班子，与名妓结拜金兰，甚至大加炫耀，赞为“圣朝圣事”。洋务局官员魏邦贤被德军俘虏后，竟然死乞白赖地请求跟瓦德西当听差，当别人对“做过官的，要当听差”表示惊讶时，他的回答是：“那儿话，大嫂，能跟联军大帅和二爷当差，还了得么？嘿嘿，沾点儿光，在路上也有面子。”活脱脱现出一副厚颜无耻的奴才相。后来他一旦成了刑部官吏，指挥差役前来斥逐赛金花时，那副盛气凌人的架势同昔日相比判若两人，这前后的鲜明对照，把一个势利鄙俗、毫无节操的卑污灵魂生动地展现出来。更有甚者，保定府布政使廷雍与樊侗被俘后，在敌酋面前为争得第一个“投降大帅”的“功劳”而互相厮咬起来。他们一个抢着表白“保定府第一个主张投降的是我”，另一个声嘶力竭地分辩自己“在离城三十里的地方摆了香案迎接大帅进城”，这段近乎闹剧的场面，对于腐败透顶的清朝统治者在洋主子面前摇尾乞怜的丑恶行径，暴露得淋漓尽致。有一种看法，以为剧本将上述“中国人的一切丑态暴露在侵略者面前”，是“丢尽了中华民族的脸”，是“长敌人的气焰，灭民族的威风”，这样的评判值得商榷。剧本在这里明明写的是反动的清朝官吏，这些丑类何能代表整个中华民族！剧作者以最难堪的憎恶，对上至朝廷大臣下至地方官吏的奴性特点加以夸张的描绘，剥去这些庙堂人物冠冕堂皇、诓骗大众的外衣，暴露出他们汉奸奴才的本质，还其历史的真面目，这正是为了使人民永远记住民族的耻辱，增强对卖国丑类的义愤，激起当时人民抗日救亡的爱国激情。尽管剧本对人民的力量表现不够，对女主人公赛金花的把握不尽恰当，但作者抨击和鞭挞民族败类的创作倾向是对的，不能说成是对人民的丑化。

历史与现实在这里有多么惊人的相似啊：

从“九一八”事变东北沦丧之后，日本侵略者步步进逼，中华民族危机日益深重。蒋记朝廷死抱住“不抵抗主义”，对外投降，对内镇压，坚持内战，置国家民族命运于不顾，致使日本侵略者得寸进尺，气焰益加嚣张。日本外务省发表所谓“天羽声明”，明显地表示了独占全中国的狂妄野心，但蒋介石多次发表谈话，时而鼓吹“我国同胞当以堂堂正正之态度，与理智道义之指示，制裁一时冲动及反日行为，以示信谊”；时而又向日寇剖白心腹，说什么中国“不但无排日之行动与思想，亦本无排日必要的理由”。更可笑的是，为了转移视线，装点门面，他还抬出了“忠孝仁爱”“礼义廉耻”这类封建道德作为“准则”，推行“新生活运动”，这对于他们一伙寡廉鲜耻的民族败类来说，真是绝妙的讽刺！现在，这种种荒谬丑恶的现象，在剧中的李鸿章、孙家鼐等人物的身上得到了体现，联系李、孙这伙历史丑类的所作所为，人们可以不费思索地想到三十年代反动政府谄媚外敌、压迫人民等种种无耻行径，这在当时不能不说是具有迫切的现实意义的。

“夏衍先生于盛怒之下执笔，居‘八一三’之前，有谁能不盛怒么？盛怒驱他嘲骂，盛怒驱他写作，我们感谢盛怒。”①据剧作者后来说，由于叛徒出卖，受到敌人搜捕，他当时正避居在上海一家俄国人开的小公寓中。尽管如此，他还是十分关心时局的动向。从当时那种急迫惶遽可也包含了不少喜剧材料的空气里面，他惊异地发现了李伯元三十年前在《官场现形记》中所描写的人物，依旧活生生地存在他的面前。听到房主人讲述亲身经历过的庚子事变中的情景，使他更为感慨：“我想以揭露汉奸丑态，唤起大众的注意，‘国境以内的国防’为主题，将那些在危城里面活跃着的人们的面目，假托在庚子事变前后的人物里面，而写一个讽喻性质的剧本。”② 作为一出讽喻性历史剧，它的社会意义基本上是积极的，对抗日救亡运动是不无助益的。四十年代剧社在南京演出，当演到第四场洋务官员受审时回答：“奴才只会叩头，跟洋大人叩头。”这时伪内政部头子张道藩率领特务在台下起哄，连痰盂也扔到了台上。随后反动当局又以“宁为玉碎，不为瓦全”为理由强行禁演。这都说明，剧本在一定程度上确实刺痛了走狗们的疮疤，打中了他们的痛处。所谓“宁为玉碎”，只是虚伪的掩饰之辞，保

① 刘西渭：《上海屋檐下》，见《咀华二集》。

② 夏衍：《历史与讽喻——给演出者的一封私信》，《文学界》第1卷创刊号（1936年6月）。

全他们自己儿皇帝的地位，才是实质所在。这也从反面证明了这部剧作还是有它一定的战斗意义的。

但是，历史剧的创作必须写出历史的真实来，就是说，它既要符合一定历史时期社会生活的真实面貌，又要表现特定历史事件的本质和规律。由于夏衍较多地注意了用历史来影射和抨击现实的一面，而没有对历史材料本身进行深入的科学的分析研究，因而给剧本带来了较为严重的失误。我以为，剧本的失误主要表现在以下两个方面：

首先是对赛金花形象的把握。

赛金花，原名赵彩云，出生于苏州，由于家境中落，十五岁即沦落为妓女。一年后嫁给年纪比她大三十来岁的洪钧为妾。洪钧不久被任命为驻俄德奥荷四国公使，她便以外交官家属身份随同到了欧洲，成为公使夫人。三年后洪钧任满回国，旋即病故，她便脱离洪家，改名赛金花，在上海、天津等处重理旧业。庚子事变发生，八国联军侵入北京。赛金花与联军统帅瓦德西曾经相识，因而在占领期间，她曾为入侵军队筹粮。联军撤走后，她在北京重开妓院，后因一妓女服毒自尽受到牵连，一度被刑部扣押入狱。1936 年，她在贫病交迫中死于北京。

就赛金花的一生看来，她说不上有什么独特的聪敏，更谈不上有爱国思想或高尚的德行，只是身世与一般卖笑女子有所不同罢了。但旧时一些文人对这个名噪南北官场的妓女却极感兴趣，为她吟诗作赋，谱写传记的大有人在。有的把她写成一个逾越常轨的淫娃荡妇和亡国妖孽，斥骂她“夜事夷寝”，“秽乱宫禁”；有的则竭力渲染她的风流韵事，抒发“才子多情，佳人薄命”之慨；也有的则又誉扬“灵飞（即赛金花——笔者）睟容，用弭夷祸”，把她作为救国救民的“巾帼英雄”加以狂热吹捧。夏衍试图突破这些旧式文人的低级庸俗的旧套，赋予作品以严肃的政治内容，从时代需要出发处理这一题材。正如他自己说的：“这作品的主要目的是在讽喻。”主角赛金花，只不过是用来讽刺国民党的“一砖一石”，表明“那些大官大府，比一个卑微下贱的女人还不如而已”。

值得探讨的是，对于赛金花，作家原来也认为她是以肉体博取敌人欢心而苟求性命于乱世的“奴隶里面的一个”，比之李鸿章、魏邦贤等人事实上并不高明多少，然而为什么多数读者包括那些对剧本基本肯定的同志，在读了剧本后觉得剧作者给了她过多的同情，乃至美化了她呢？按照剧作者的意图，本来应该写成李鸿章之流比赛金花更坏，但现在在人物的相互对照中间，似乎赛金花要比李鸿章们为好。问题的关键在于：赛金花这个人物在庚子事变中占据什么地位？以赛金花为主角甚至以她作剧名，与作者创作“历史讽喻剧”的目的、意图如何统一起来、和谐起来，而不致进退失据，捉襟见肘？茅盾在当时曾不无理由地批评道：“单写赛金花，或用赛金花为主角，并不是不可以；然而要在‘国防文学’的旗帜下以赛金花为题材，终于会捉襟见肘。如果一定舍不得赛金花，那么，我们应当以写庚子事件为主而以写赛金花作为点缀。”① 这一点，确是值得研究的。

毫无疑问，作者笔下的赛金花轻浮而没有节操，庸俗而毫无民族观念。在第二场，窗外火光烛天，义和团正与侵略者激烈交战时，她却要人把窗门关起来，要“趁火还没有烧到身上的时候乐一下”，得乐且乐，醉生梦死。第四、六两场，她与侵略军头子瓦德西打得火热，投合默契。当谈起柏林的冬天时，她柔情脉脉，甚至流露出对于瓦德西夫人的嫉妒来，这种行径，简直到了厚颜无耻、令人作呕的地步。至于为联军筹集粮草和充当签订条约的中介人这两件事，就更暴露了她灵魂的卑污。当时联军在京粮草匮乏，进退两难，赛金花在毫无压力的情况下，竟主动提出“希望能够帮助您”，为购粮而奔走，帮助侵略军解决“燃眉之急”。《辛丑条约》是一纸卖国条约，也是国际帝国主义大规模瓜分中国的开端。赛金花从中斡旋，用替德国公使立牌坊的方式，让公使夫人息怒，促使清廷与联军达成妥协，而这牌坊正是民族耻辱的象征！虽然这卖国的罪责不应完全由赛金花来承担，但这笔交易也并没有因为赛金花的“努力”而使民族的尊严少受到一些损害：“老佛爷”一人的面子是保住了，但是中国的大片领土和权益却丧失了。当

① 茅盾：《读〈赛金花〉》，载《中流》第1卷第8期，1936年12月30日。

然，赛金花是一个妓女，是一个毫无爱国心和民族气节的俗物，对于这一点，剧作者并没有为她掩饰，如她与瓦德西亲热，她要求帮助联军，等等。然而，剧本在描写这些的时候，又常常表现了赛金花的豪爽、机智、善良和识见。如人物上场不久，便让她当面顶撞孙大人，为自己脱离洪家辩解，表白她不愿“装假幌子骗人骗自己”。孙骂她是“妖孽”，她竟敢回骂当今最大的妖孽是“老佛爷”，似乎颇有反抗封建礼教、追求个性解放的气概。而在充当“军需官”时，她又提出要瓦德西下令停止在北京的“过火行动”，阻止烧杀抢掠的侵略暴行。一当瓦德西表示同意，赛金花当即以“北京千千万万老百姓”的名义向对方表示“感谢”。在同公使夫人就立牌坊的问题进行对话时，剧本又渲染了她的机智、能干，交易达成后，她被人颂扬为“中国最好的外交官”，“替中国尽了很大的责任”。这些描写，也许作者本意是在揶揄她，但是这讽刺委实过于无力，相反地却直接或间接地造成了这样一种印象：似乎赛金花颇具恻隐之心，体恤百姓，爱护国家，俨然成为“九天护国娘娘”了。最后一场，赛金花被驱逐，这样处理，对于揭发统治阶级的伪善、阴险、冷酷是比较充分的，对赛金花也是一种有力的嘲弄——她落到这个境地，应该说是咎由自取。但是剧本在这里不但没有对赛金花进行谴责，反而注入了过多的同情。在她收拾东西，安排和照顾仆人的生活，以及赞扬革命党人等言谈举止中，不适当地渲染了悲剧的气氛，突出了她的有情有义、慷慨悲壮的一面，这样，赛金花几乎又成为落难的“义士”了。所有这些描写，便产生了下列问题：

第一，是人物形象不统一、不完整，性格缺乏必然的发展逻辑。有的评论认为，作者既对她身上的人性寄予同情，又对她当上了“事实上的汉奸”而加以讽刺，是有意将她写成双重的性格，从而避免了性格描写的“简单化”。这样的看法是站不住脚的。按照某种固定的模式刻画人物性格，人物固然会显得枯燥贫乏，没有生气；但是性格的丰富性和复杂性却决不能与人格的二重化等同起来。作为典型的性格，正如黑格尔所说，“要显出更大的明确性，就须有某种特殊的情致，作为基本的突出的性格特征来引起某种确定的目的和动作”。不只这样，理想的性格，还“应该是本身坚定的统一体”，“必须具有一种一贯忠实于它自己的情致所呈现的力量和坚定性。如果一个人不是这样本身统一的，他的复杂性格的种种不同方面，就会是一盘散沙，毫无意义”[①]。剧本主人公赛金花主导的、贯串的性格是什么，是不明确的。她似乎是一个反面人物，却又仿佛是一个值得同情的正面角色。这就像托尔斯泰说的，“有时对自己的主人公仿佛是忘记了基本的否定的看法，而竟站在他那一面去了”[②]。

---

① ［德］黑格尔：《美学》第1卷，商务印书馆1982年版，第296、298页。

② ［俄］托尔斯泰：《列夫·托尔斯泰论文学》，人民文学出版社1983年版，第87页。

第二，更重要的是由于性格把握的不明确，也造成了某些是非的混淆，在对赛金花行为的评价上，孰爱孰憎，缺乏鲜明的态度。有同志在评论到赛金花给联军办差问题上，或者认为她“抑制了敌人的某种侵略罪行”而加以宽恕，或者认为亡国的责任只能由统治者来负，因而没有必要对她“评骘是非”。这些论点都是经不起检验的。从剧中赛金花的主要行为看来，如前所述，她替侵略者解围，帮助了敌人，这是无可置辩的。征粮抓丁，替侵略者筹集粮草，难道不是丧失民族气节的行为么?

夏衍说，“这个以肉体博取敌人的欢心而苟延性命于乱世的女主人公，我只当她是这些奴隶里面的一个”，但他又说，“只想将她写成一个当时乃至现在中国习见的包藏着一切女性所通有的弱点的平常的女性”，“我同情她，因为在当时形形色色的奴隶里面，将她和那些能在庙堂上讲话的人们比较起来，她多少的还保留着一些人性!”① 我们知道，根本否认在阶级社会中有共通的人性、人情，这是片面的；但脱离人的社会实践，抽象地看待人的本质，也是错误的。“人的本质并不是单个人所固有的抽象物。在其现实性上，它是一切社会关系的总和。”② 夏衍对女主人公思想实质的理解过于抽象化了，他偏重

① 夏衍:《历史与讽喻——给演出者的一封私信》，《文学界》1936 年 6 月创刊号。

② 马克思:《关于费尔巴哈的提纲》，《马克思恩格斯选集》第 1 卷第 18 页。

于赛金花被侮辱被损害的一面，给予过分的同情，甚至把赛金花身上某些东西作为美好的心灵（也就是作者所说的“还保留着”的“一些人性”）加以肯定；而对她与上层人物一样出卖民族利益的一面却缺乏足够的批判，这就在很大程度上影响了剧作以讽刺方式揭露统治者卖国行径的客观效果，削弱了作品主题的积极意义。鲁迅在《这也是生活》一文中写道：“作文已经有了‘最中心之主题’：连义和拳时代和德国统帅瓦德西睡了一些时候的赛金花，也早已封为九天护国娘娘了。”[①] 这个批评是相当尖锐的。我的理解，虽然这不是鲁迅对《赛金花》一剧的全面评价；但是，鲁迅的这一重要意见和随后不久茅盾对此剧的批评，却确实指出了这个剧本的症结所在。

其次，是对义和团的描写。

义和团是一次自发的农民反帝爱国运动，是我国近代民族民主革命的一部分。在很短时间内这一运动波及到黄河南北，长城内外，沉重打击了外国侵略者，昭示着中国人民的初步觉醒，这是应该加以充分肯定的。义和团存在着笼统的排外主义和浓厚的宗教迷信色彩，没有把反帝的任务与反封建联系起来，因而一度受到统治阶级的欺骗，以致最后被国内外反动派联合绞杀。看不到这场运动的落后面和局限性，是不符合历史

① 鲁迅：《且介亭杂文末编·这也是生活》，《鲁迅全集》第6卷，第602页。

真实的，忽视或抹煞它的主流方面，更是错误的。

《赛金花》以庚子事件作背景，但不正面展开义和团的斗争，这是允许的；然而剧本忽略了义和团革命的反帝的一面，过多地渲染了它的消极落后面。如对“二毛子”不分青红皂白一概杀戮，拦路抢劫，纵火焚毁民房等等，舞台上展现的义和团几乎纯然成了土匪和暴徒。第三场，两个义和团抓住了一个中年妇女，不仅要抢劫她的财物，还要杀掉她出气。妇女质问道：

> “什么，不跟毛子打仗，闯了祸，你们倒要走?”
>
> “狗东西！你们嘴里讲杀洋人，可是洋人一个也不曾动，只杀中国人，只杀中国人的女人和小孩……”

问题不在于可不可以写义和团这场农民自发斗争的弱点，但必须使观众看出，这是特定历史条件下不可避免的局部性的现象，是支流。而剧本中的描写却只能使人得出错误的结论：不是帝国主义的侵略引起了义和团的抵抗，似乎是义和团成了庚子事变的祸首。这样的反映显然是不符合历史真实的。

恩格斯在对拉萨尔的历史剧的批评中，很重要的一点，即是指出他忽视了农民运动，没有把当时广泛兴起的农民起义作为骑士暴动的“十分重要的积极的背景”，而“把路德式的骑士反对派看得高于闵采尔式的平民反对派”，因此，“对贵族的国民运动作了不正确的描写，同时也就忽视了在济金根命运中的真正悲剧的因素”[①]。《赛金花》所描写的女主人公同济金根迥然不同，它所触及的是十九世纪末、二十世纪初叶中国的农民反帝运动，这同十六世纪德国反封建的农民战争也不一样。然而有一点是相同的，就是剧作家都必须站在历史唯物主义高度，正确地表现特定时代的阶级关系，体现人民群众在推动历史前进中的伟大力量。这样才能构成作品真实的典型环境，揭示历史的规律。现在看来，《赛金花》在发掘人民革命力量方面是很不够的。夏衍在《历史与讽喻》一文中希望读者能从李鸿章等人联想到为着保持自己的权位和博得“友邦”的宠眷，而不惜以同胞的鲜血作为进见之礼的那些人物，但是，“我却绝不希望读者从原始的农民暴动想到目前的民族自卫运动，更不希望读者从那无组织的乌合之众的失败，联想到救亡自卫的前途”。事实上，这样的忧虑是多余的。只要剧作者不是简单地用历史来影射、比附现实，图解今天的政治，而是运用历史唯物主义的观点，对庚子事件和义和团运动作出科学的评价，也就是从历史的本来面貌中去认识历史的本质，那就不会出现作者所不希望产生的联想，而只能使人们从历史的经验教训中得到启示，更有助于现实的斗争。

这说明，作家当时的思想尚未真正达到历史唯物主义的高

① 《马克思恩格斯选集》第4卷，第339页。

度。现实主义是建立在唯物主义哲学基础上的一种创作方法。一个现实主义作家，无论自觉与否，必然在不同程度上把唯物主义作为自己的理论依据。对于一个革命作家来说，要洞悉现实的矛盾及其解决途径，以文艺激励人民，就必须学会阶级斗争的观点和阶级分析的方法，把握历史唯物主义和辩证唯物主义这个最锐利的武器。而这并不是仅凭主观愿望就可以立即实现的，在探索中出现某些谬误，常常是不可免的。

同时，这第一个长剧还暴露了剧作家对文艺的倾向性与真实性的关系的认识，是相当模糊的。《赛金花》发表不久，作者即对剧本存在的这个问题作了深刻的反省。他在一篇文章中写道："……一方面企图用写实的方法来描写人物的个性和戏剧的环境，而他方面却又不能割爱利用一切可能来象征、影射，乃至讽刺眼前时事的机会（这倾向在《赛金花》中也很显著），这种手法的不统一，结果是削弱了作品的真实感，和破坏了人物的个性。……这些发挥有时很可以博得观众的欢呼，但在这儿我们要注意的是剧作家的本领应该是艺术的感激，而并不是表面的爱国观念的廉卖。在此，我们要对一切剧作者强调进步的写实主义，——要真实，只有真实，才不会有 over（过分——笔者）的危险的！"①《赛金花》的作者从时代的需要

① 夏衍：《对于春季联合公演的一些杂感》，《光明》第 2 卷第 12 号（1937 年 5 月）。

着眼，在历史题材中贯注进现实政治斗争的热情，努力表达人民大众抗日反汉奸的愿望，这是无可厚非的。但由于剧作家还没有真正掌握历史唯物主义，对历史材料作深入的科学的分析研究，对于现实主义创作方法又缺乏实践上的深切体验，这就难以在剧作中安排典型环境，从历史生活中概括出鲜明的典型性格。实践证明，只有良好的政治意图，而不能诉之于由真实的生活感受所凝结起来的真实的艺术形象，这种意图就只有落空，甚至会弄巧成拙，引出作者始料所不及的相反的效果来。正如刘西渭的评论所说："'急于讽嘲和诅咒'，他（夏衍）不幸没有更多的耐性调整他的孕育。打算避开'烦琐的自然主义'（这里应理解为现实主义——笔者），他不唯没有'避开'，反而迎头相遇。"① 这个批评是很中肯的。当剧作家从实践中对此有了深刻的反省和认识之后，那么，在现实主义创作道路上就会有新的突破，呈现出新的风貌。

《秋瑾传》

继《赛金花》之后不到一年，1936年残冬，夏衍又完成了他的第二部多幕历史话剧《秋瑾传》（第一次发表时题作《自

① 刘西渭：《上海屋檐下》，见《咀华二集》。

由魂》)。

夏衍为什么要写秋瑾？当剧本于 1937 年在沪首次公演时，有位剧评家因为秋瑾出身浙江绍兴，便以为夏衍写她是为了“表扬乡里英杰”。如夏衍所说，这完全是一种误解。秋瑾是清末的一位著名的革命家，也是近百年来为中华民族的自由解放献出头颅的第一位女杰。她牺牲时年仅二十九岁。在“亡国灭种事可哀，瓜分豆剖逼人来”的民族存亡之秋，她勇敢地投身于革命烈火，奔走呼号，把自己年轻的生命和宝贵的热血，奉献给了反帝反封建的民族革命事业，为妇女解放运动树立了一面光辉夺目的战斗旗帜。她在生前和死后，对于我国民主革命都起了很大的推动作用。

对于这样一位巾帼英雄，夏衍从幼年时代起即十分崇敬，而打算写她，则始于 1933 年。这一年，他翻译了德国社会主义者倍倍尔的《妇女与社会主义》。这部有关妇女问题的马克思主义论著，在全世界有着极为广泛的影响。书中强调世界上古往今来的一切变革、革命，凡是得到广大妇女拥护的，就一定是进步的、正义的、革命的；凡是受到广大妇女反对的，就一定是反动的、非正义的、反革命的。倍倍尔的话使夏衍很自然地联想起了秋瑾，想起秋瑾所参加的民主主义革命。从这时起，他便开始搜集有关秋瑾的著作、文献、资料。而直接激励他拿起笔来的，则是当时在革命实践中亲自看到的不少为了祖国独立和人类解放而甘心抛头颅洒鲜血的新女性，特别是左联初期曾并肩战斗、以后惨死于国民党屠刀下的女战士冯铿，给他留下了极其难忘的印象——她们的精神、品格与秋瑾是一脉相承的。“我们珍重我们民族所产生的俊杰与英雄，这都是民族的光荣和瑰宝，但我们也还觉得假如全民族的文化的能够提高这么一分一寸，却是更比一二人的光荣更值得珍重的事情。”① 表彰秋瑾这样的民族的精英，发扬中华民族的正气，用他（她）们崇高的献身精神激励人们前进，这才是夏衍冀求将秋瑾的光辉形象重现于舞台的根本目的。

如果说，《赛金花》反映的是历史上的消极现象，目的是借古讽今，暴露和讽刺那些从上到下的奴隶人物，那么，《秋瑾传》则是反映历史上的积极现象，目的在于激发正气，推动和鼓舞人民同帝国主义及其走狗开展斗争。莱辛说过：“一个有才能的作家，不管他选择哪种形式，只要不单单是为了炫耀自己的机智、学识而写作，他总是着眼于他的时代，着眼于他国家的最光辉、最优秀的人，并且着力描写为他们所喜欢、为他们所感动的事物。尤其是剧作家，倘若他着眼于平民，也必须是为了照亮他们和改善他们，而绝不可加深他们的偏见和鄙俗思想。”② 诚如当时一位论者所指出，《赛金花》的创作动机，本是想借赛金花的故事来暴露官僚在国难时候的怯懦、荒淫、

---

① 夏衍：《〈秋瑾〉再版代序》，见《边鼓集》，重庆美学出版社 1944 年。

② ［德］莱辛：《汉堡剧评》，上海译文出版社 1981 年版，第 9 页。

糊涂和没有国家观念，因为它以一个妓女为中心而发展全剧的故事，因此，“戏剧的真正的主题，反而容易被人忽略”；但是《秋瑾传》却“没有这一种缺点”，使人看了之后就能了解革命者的勇敢、真挚的奋斗，同时也明确地暴露了统治者的卑鄙与懦怯。[①] 这个评价基本上是中肯的。在抗战的前夜，救亡之急，迫在眉睫，秋瑾那种英勇顽强的献身民族的精神，怎能不在观众心头燃起烈火，激起维护民族生存的热情呢！

《秋瑾传》不只在题材上，而且在人物塑造上也有所发展。剧本将女主人公放到特定历史环境中，通过各种尖锐的矛盾冲突来刻画这个英雄形象，性格显得较为鲜明。我们知道，秋瑾一生只度过不到三十个春秋（1877—1907），她的短暂的一生，带有浓厚的传奇色彩。她的活动分散在湖南、北京、上海、东京和绍兴，她接触的人和事又是那样复杂多变，头绪纷繁，并不是很容易集中与概括的。夏衍在剧中撷取了她从 1900 到 1907 年这六七年间的斗争事迹作题材，这是因为，这几年是她作为一位革命家真正从事革命活动的时期，是她一生中最重要、最光辉的岁月。剧本在忠于历史的前提下，描绘了人物在特定历史条件下形成的性格特征，塑造出这位冰玉其骨而又锋芒毕露的鉴湖女侠的形象，突出地表现了她高昂的反帝反封建革命精神和杀身成仁、舍生取义的英雄气概。

---

① 《光明》读者会：《评〈自由魂〉》，《光明》第 2 卷第 7 号（1937 年）。

特定环境的描写是人物塑造的必不可少的前提条件。马克思主义经典作家总是告诫作家，应当在自己的作品中正确表现围绕人物、促使人物行动的特定的环境，把人物放在富有时代气息的、特定的阶级关系和环境中，而不是把人物局限在某一个狭隘的范围里来表现。《秋瑾传》的“序幕”在全剧中起着不可忽视的作用。贫苦农民因受教会势力迫害，向知县拦轿告状，县官非但不出来主持正义，反要将前来喊冤的农民捉起来“重办”，这是当时社会一个侧面的生动缩影。它透露了二十世纪初，帝国主义列强通过传教这一渠道侵略中国，任意压迫、奴役中国老百姓，而清朝统治者上至皇帝太后，下至知县地保，对洋人却一味妥协退让，奴性十足。如果让他们的黑暗统治继续下去，势必将中国推上灭亡的道路。社会的腐败，民族的危机，使一部分先进分子首先觉醒过来，他们认清了封建统治阶级的真面目，自觉地担负起时代交给的重任。秋瑾是感应了历史的脉搏，从旧时代冲杀出来的。在“序幕”中，刚从北京回到故里的秋瑾路见不平，挺身而出，她不满丈夫的软弱胆怯，自己出面担保，救出无辜受害的贫民，并向路旁围观群众宣传发愤图强、反抗洋人的道理。这些行动不仅表现了她解人之危的侠义心肠，更重要的反映了她关心群众，忧国忧民的民主主义立场。这就为她日后走上革命道路作了思想和精神上的铺垫。虽然夏衍在《秋瑾传》中对现实主义的把握还不够充分，表现较为生硬，但从“序幕”这场戏不难看出，剧作者当时已经开始注意时代环境与人物性格的关系，因而他尽力做到使人物思想、性格的发展有其逻辑性和合理性，以加强剧本的思想性和艺术说服力。

秋瑾作为中国妇女中的一位先觉者，她首先从在家庭中争取自由和独立的地位开始了她的革命道路。剧本在第一幕集中刻画了秋瑾向封建夫权的大胆挑战。秋瑾出身于仕宦之家，从小生长在珠围翠绕、锦衣玉食的环境中，后来由父母作主嫁给富绅王家，丈夫不久也在京城里得到官位。家庭给她的安排，是要让她做一个饭来张口、衣来伸手的阔少奶奶。但是秋瑾是一位有头脑有志气的女性，她决不走这条依傍男人的道路。她的丈夫王廷钧是纨绔子弟，又是顽固的卫道者，反对她议论国家大事，反对她主张男女平权。既然志不同道不合，便不可避免地爆发了尖锐的冲突：

秋　瑾　（冷冷地）唔，你开口就是古人，闭口就是圣贤，（质问）你知道古人和圣贤讲的话里面，有“天下兴亡，匹夫有责”这一句没有？

王廷钧　（强辩）有这么一句，可是你得听清，（轻薄地）这只说“匹夫，”没有说“匹妇”；你是一个女人……

秋　瑾　（忿然作色）女人不是人吗？

王廷钧　（拦住她的话）女人是人，但没有救国的责任。

（用一种说服的态度）我跟你讲过很多次了，即使国家有了什么不幸，天下后世，也决不会责备到你们女人身上的。

秋　瑾　错了，救国是每个人的责任，不要旁人夸奖，也不怕旁人责备；（掉转话头，好像想起了什么似地）唔，对了，你说！你不仅是一个有责的匹夫而且是一个吃了国家俸禄、吃了民间脂膏的官吏，你自己尽了你的责任没有？吃花酒，打牌，这就是你的“在其位，谋其事”么？我跟你说，中国好好一个几千年的大国度，弄成现在这个极穷极弱的地步，大部分都是你们这班醉生梦死、只知自己、不知国家的官儿的责任！

这不是一场寻常的夫妻争吵，而是两种人生观念的格斗！王廷钧在此暴露了他既是一个不尊重妻子人格的夫权主义者，更是一个置国家民族于不顾的冷漠的市侩小人。秋瑾为风雨飘摇中的祖国忧心如焚，决心弃家报国，生动地展现了她作为中国近代叛逆女性同封建制度一刀两断的坚韧性格。她挣脱纲纪礼教的羁绊，跳出家庭的樊笼，只身去日本寻求救国之道，这是她踏上革命道路所作的第一次重大斗争，也是她献身民族国家的第一个具体行动。剧本一开始就初步展现了女主人公坚定的革命思想和沸腾的爱国热忱。

剧本第二幕表现秋瑾在上海的革命活动。1907年她从日本回到上海，当时革命风暴已很猛烈。她主编《中国女报》，积极从事妇女解放运动，同时紧张地进行反清革命斗争。剧中通过她的挚友吴兰石与徐蕴华的对话，赞美了她所撰写的著名的《敬告姊妹们》。这篇控诉妇女悲惨地位的檄文，在当时女界被当作一声巨雷，激起了广大妇女对封建礼教作斗争的勇气。这一幕更侧重于她与女友思想上的差异和矛盾。在近代史上，像秋瑾这样明确地把妇女解放同社会的解放结合在一起的女性是很罕见的。她号召妇女们同男子一道参加反清革命，而且她本人就首先以实际行动来实践这个主张。回国之后，她到处联络同志，紧张地准备起义，“打一个惊天动地的雷，放一把惊天动地的火，使整个的中国都改变”。然而，她的密友吴兰石对此不表赞成。这个梁启超“新民说”的信徒，在当时也算个新派人物，但她终究是个恪守封建妇道的贤妻良母。她主张“改革家庭”“女界革命”，却反对秋瑾“冒险”投入推翻清廷、争取民族解放的行列。在这一幕中，她对秋瑾的种种劝阻、开导，正集中地表达了当年在妇女解放问题上革命派与改良派的原则分歧。

秋瑾不愧为一位坚强的革命家，她一旦看清了脚下的道路，便决不后退，她镇定勇敢，不怕牺牲，直至为革命流尽最后一滴血。剧本第三幕写她回到绍兴后，主持大通学堂，积极工作，训练学员，并且联络各地会党，准备定期起事。但因只凭血性不讲策略，加上内奸从中破坏，终于不免失败。在清兵团团包围大通学堂时，她岿然不动，带领学生奋起抵抗，终因寡不敌众不幸被俘。在敌人的公堂上，她不受威逼利诱，慷慨陈词：

> “革命党的内情，你不必多问，问了也是徒劳！你可以砍我的头，你不能变我的志！”

临刑之前，她充满信心地宣布：

> “成仁取义，这是我们革命党分内的事情！我的头不会白断，我的血不会白淌，全中国的同志，一定会继续我的遗志，中国妇女的自由平等，中国民众的解放独立，一定会实现的！”

这是全剧的高潮，也是剧情最悲壮的地方。秋瑾作为一位女革命家的崇高精神境界，在这里闪射着晶莹的光辉。

历史剧的创作，必须从历史生活的实际出发。一个真实的历史人物形象，能够帮助人们具体深刻地认识历史，清晰地看到某段历史生活的缩影。在创作《秋瑾传》时，夏衍对这一点是逐渐地明确起来了。他说：“历史剧不同于历史，在不失历史真实的前提下，《秋瑾传》有一些虚构的细节。我想力所能及地写出真实可信的人物，我没有贬低吴兰石，甚至也没有贬低王廷钧。”[①] 这番话对秋瑾的描写也是大致适用的。作者并没有因为要批判吴、王而将两人随意加以丑化，同样，剧本也没有为了表彰先烈而任意地将人物拔高，对作者心爱的历史人物作不必要的净化。这里，有两个明显的特点：

其一，秋瑾是一个惊天动地的巾帼英雄，但她又不失为一个普通女子，在她身上有对儿女的“母性”，也有对丈夫的“妻性”，还有对自己女友的真挚友情。这些人之常情是同她那惊世骇俗的反抗性格相交融的，第一幕就有这样的场面：当秋瑾确定了出走的主意，要奶妈将孩子抱开，吴兰石目送秋子下场之后，回头来看见秋瑾黯然低头，一手无目的地卷着桌上的报纸，她“多少有点故意地”笑了：

> “刚才听您的话，我以为您的心肠是铁做的；可是看了现在这个模样，才知道您的心也跟我们一样的是用血和肉做起来的。”

秋瑾这时站起来，振作一下，带着笑，多少有点解嘲意味地回答：

---

① 夏衍：《秋瑾不朽》，《人民日报》1979 年 12 月 5 日。

“大姊，您错了！假使我的心是铁做的，那么我的心就能够冷了，可是我的心老是这么热（指着桌上的报纸）这几天看着报，我的心简直像要炸了！大姊，革命的人的心，本来是血和肉做的。因为有血，所以热得不能冷下去。”

从这里可以看出，在她身上既有亲子之情，又有爱国之情，而为了后者，她才不能不割弃前者。这样，人物的感情便显得比较真实可信。

其二，作为一位资产阶级的革命家、民主主义的先驱者，不可避免地会存在这样那样的局限，这是历史的原因所造成的。秋瑾是从旧社会生长出来的，在她的思想、意识和性格中往往交织着新与旧两种因素，在不断前进的过程中，又不免因袭着旧的精神重负。夏衍在剧中通过另外两个革命同志王金发和程毅与她的对话，对她的某些弱点作了一些必要的表现与批评。例如，她还不善于识别混进革命队伍来的奸细，以至给斗争带来无可挽回的损失；又如在发现起义已经失败，应该设法撤退来保存革命实力的时候，她却强调“临阵退却是革命党的耻辱”，“我不能走，这次事情的失败，是我的责任”，拒绝了战友们劝她撤出的建议。这种勇往直前，不考虑后果的做法，既是一种大无畏革命精神的表现，但也正如程毅对她批评的：“自杀表示了你放弃了对满清政府的敌对！表示你承认了自己的失败!”“孤注一掷决不是革命党的光荣”，而是一种错误的策略。她将革命失败的责任放到自己身上，企图用“身殉”来作孤注一掷，惊醒国人的作法是不足取的。这反映了当时的革命党人的一种“时代病”，是符合历史的实际的。“如果作家因此而选择一个殉难者作英雄人物，必须赋予他最真实最恰当的动机！赋予他在踏上危险境地时无法回避的必然性！切勿让他死于非法或者具有嘲笑意味地强求殉难。不然的话，他的英雄人物会给我们以憎恶之感，作者企图赞美的宗教，也会受到损失。”① 剧本描写女主人公的悲剧牺牲，是同特定人物性格的发展，同特定时代条件相符合的，因而这不仅没有削弱人物的光彩，反而使人们对这位二十世纪初叶伟大的民主革命家的艺术形象更感到真切可信。如果作者为了发挥作品的教育作用，把一些当时不可能产生的东西加在人物身上，使人物某些思想超越了时代，那就会使人物的思想行为成为不可思议的，破坏了历史气氛，因而使观众觉得虚假而产生一种幻灭感。在这方面，《秋瑾传》对历史剧的写作是颇有启发意义的。

诚然，历史剧不是历史，是艺术。历史剧必须真实地反映历史生活，并不意味着要求作者完全拘泥于史实。艺术应该通过独特的艺术构思，以生动的艺术形象反映历史的本质方面。为此，历史剧作者，应在掌握史实的基础上进行创造性的艺术

---

① ［德］莱辛:《汉堡剧评》第9页。

加工和虚构，根据主题的需要取舍增删。在《秋瑾传》中，夏衍对有关秋瑾的史料作了选剔和概括，主要选择了她离家出走，在上海主办《中国女报》，大通学堂起义遭挫，被捕入狱及英勇就义等事迹，而剔除了某些史料中关于秋瑾与徐锡麟的关系的说法。作者围绕秋瑾生平事迹的几个重要片断，以单纯简洁的手法，自然地展开各种矛盾冲突。剧本人物对话很少长篇大论，戏剧动作鲜明，结构较为紧凑，格调质朴、素淡而又明快。然而，总的来看，剧本对真实性比较注重，而发挥想象显得不足，情节略嫌单薄，对历史生活的概括不够深入，矛盾斗争缺乏应有的强度。比如，王廷钧思想那样愚顽，他会那样轻易地放秋瑾离开么？秋瑾同女友的思想交锋也显得过于轻浅，尤其是在冲破重重阻碍的过程中，她的思想感情不可能是单一的，其中必然有激烈的矛盾和起伏，但这一些，剧本缺乏更细致的刻画；这样，全剧的戏剧冲突也就显得缺乏更大的波澜，减弱了震撼人心的艺术力量。显然，《秋瑾传》在艺术上迈出的步子还不大，剧作家要在创作上有所突破，还需要经历一段艰辛摸索的路程。

第五章

现实主义的杰作——《上海屋檐下》

重要的转折

1937年4月，夏衍继《都会的一角》《赛金花》《秋瑾传》之后创作他的第四个剧本——《上海屋檐下》。

夏衍在谈到这个三幕话剧的创作时说，这是他的第四个剧本，但也可以说是他写的第一个剧本，因为，在这个剧本中，他才“开始了现实主义创作方法的摸索”。[①] 在这以前，他简单地把写戏看作是宣传的手段，“为了在那种政治环境下表达一点自己对政治的看法”。例如，写《赛金花》，是为了骂国民党媚外求和，写《秋瑾传》是所谓“忧时愤世”。从这种“简单地把艺术看作宣传的手段”的认识出发，往往忽略了严谨的现

---

① 夏衍：《〈上海屋檐下〉后记》，《上海屋檐下》中国戏剧出版社1957年版。

实主义的创作原则，“许多地方兴之所至、就不免有些‘曲笔’和游戏之作”。曹禺的优秀的现实主义作品给了夏衍以极大启迪。在《雷雨》《原野》等剧本中展开了生动的戏剧情节，刻画了血肉饱满的人物形象，尽管不用一句政治口号，但收到了勾摄人心的强烈艺术效果。这使夏衍省悟到，戏要感染人，就“必须写人物、性格、环境”，“只让人在舞台上讲几句慷慨激昂的话是不能感人的”①。

夏衍在实践中得出的这个认识，是符合艺术的客观规律的。创作不可能不表现作家的立场和倾向，对于革命的作家尤其如此。然而，一个成功的现实主义作品，决不应该由作者从外面硬加上某种社会政治观点，而是要通过对生活事件的叙述和典型性格的塑造，让作品的思想倾向生动地、自然而然地表现出来。作者如果离开剧情和性格的内在逻辑，让人物赤裸裸地宣讲自己的见解，这样的作品是不可能具有艺术感染力，因而也是不可能真正实现作者的政治意图的。

在对文艺的社会功能和审美特点有了较全面理解的基础上，夏衍在写作态度和写作方法上发生了一个重大的转变。《上海屋檐下》的创作灵感即来自当时的生活现实。1937 年春，西安事变之后不久，国民党当局被迫有条件地释放一批长期关押的政治犯，一些革命者被营救出狱。他们中有些同志入狱前

---

① 夏衍：《谈〈上海屋檐下〉的创作》，《剧本》1957 年 4 月号。

后家庭悲欢离合的故事，使夏衍深有感触，并产生了创作冲动。在剧本创作中间，他摒弃了那种从意念出发图解政治的倾向，“沉潜地学习更写实的方法”。人们可以发现，在对于社会矛盾的揭露和时代特征的概括，人物性格的塑造和内心生活的刻画，以及艺术表现的含蓄和凝炼等方面，这个剧本呈现出严谨的现实主义特色。剧中除了活生生的形象和浓厚的生活气息，丝毫没有外加的标语口号的痕迹，然而，它的艺术力量却不是那种简单的政治宣传所可比拟的。毋庸置疑，这部杰作在夏衍全部话剧创作中具有特别重要的意义，它不仅表明夏衍现实主义创作的真正开始，而也标志了左翼作家在戏剧艺术上新的突破。从创作《赛金花》和《秋瑾传》以后只过了短短一年，夏衍便在现实主义道路上获得如此突出的成就，这充分表现了夏衍作为无产阶级文艺家善于学习、勇于进取和不断探索的革命精神。

然而，《上海屋檐下》一剧的命运是乖舛多变的。剧本诞生不久，上海业余实验剧团立即投入紧张排练，但“八一三”全面抗战的炮声在上海打响了，剧本自然不能与观众见面。1940 年前后，在西南大后方的重庆、成都，在沦为孤岛的上海，在浙江的战时省会丽水、云和等地，都曾多次将它搬上舞台，受到人们的注目和欢迎。作者也因此在编印他最早的一部戏剧集《小市民》（新知书店出版）时，将它题为《重逢》编入。十三年以后的 1953 年，人民文学出版社打算编辑夏衍剧本选集，由于几位对这个戏有感情的朋友们的怂恿，他又把该剧收了进去。但后来出版社编辑部却以“这个写儿女情的剧本在新时代没有教育意义”为理由，要求将它从集中抽掉，剧作家被迫同意。到了 1964 年，还在那场史无前例的大动乱的酝酿阶段，这个剧本便被作为描写“家务事，儿女情”，“反时代精神”的毒草标本而受到了严厉“批判”，甚至还强令参加 1957 年演出的中国青年艺术剧院原班人马进行了“批判演出”，这不只是对作家，更是对演员在精神上的残酷凌辱和惩罚。近年来人们对于这个四十多年前的剧本给予了重视和赞赏，在被搬上电视屏幕后，这个戏更以它那朴实无华的美和独创的艺术风格征服了广大观众。剧本问世以来几十年间几度沉浮，不只是表明人们对夏衍剧作的评价的歧异，而且也从一个侧面反映了现实主义在我国戏剧界所走过的曲折历程。

向忧郁的时代诀别

打开这个剧本，人们首先感到的是它那强烈的现实性和馥郁的生活气息。这似乎不是在舞台上扮演的戏剧，呈现在你眼前的是旧中国随处可见的下层社会的人物，是抗战前夕上海普通小市民日常生活的一幅逼真的写实画。

在同一幢弄堂房子里，年近半百的小学教员赵振宇一家四口挤在一间灶披间里，靠着只有几毛钱一点钟功课的微薄薪金艰难度日。妻子每日嘀嘀咕咕，埋怨丈夫，与邻居寻气。失了业的银行小职员黄家楣体弱多病，穷愁潦倒，他的父亲卖田卖地用血汗钱供他上了大学，现在从乡下满怀希望地来看孙儿。为着不使茹苦含辛的老父失望，他隐瞒了失业的真相，竭力挽留父亲以尽人子之道。黄父很快发现了隐情，不愿再连累儿子，当晚即怏怏而别。“廉价的摩登少妇”施小宝在当水手的丈夫一去不返以后，生活失去依靠。她没有家产，又不愿意受苦受累，加上黑恶势力的胁迫，只有沦落为娼。报贩李陵碑的独子在“一·二八”战争中牺牲了，死后连骸骨也无踪影，老人为此而精神失态，成天喝得醉醺醺的，爬在小阁楼上唱着“盼娇儿”，——盼着有一天儿子“当了司令”回到他身边。小职员林志成的妻子的前夫匡复在被捕入狱断了音讯十年之后找上门来，这个勉强称得上小康的人家也不得平静了，人们难堪、懊恼、悔恨、痛苦……这儿发生了什么惊人的事件和剧烈的冲突？似乎没有。然而，就在这同一屋檐下，充满着多少人间的不幸和辛酸！生活是多么委琐、无聊和悲惨啊！每家有每家的悲苦酸辛，然而人们却无例外地过着一种吃不饱饿不死的奴隶般的日子，在生与死的边缘上无声地挣扎。

这里，剧作家在创作题材上的转变是很明显的。如果说，《赛金花》和《秋瑾传》是通过历史题材曲折地反映现实，而《上海屋檐下》则是通过现实材料直接地展示生活。诚然，文艺创作在描写对象上不应该有任何机械的限制或规定，但是现实主义要求面向现实社会，要尽可能在现实生活中汲取艺术主题，通过对现实社会矛盾和人民感情愿望的揭示来唤起观众的共鸣。夏衍在这部以现实生活为题材的剧作中，表现了他善于通过原汁原味的日常生活现象来阐明深刻的主题思想的才华。

剧本描写的是一群屋檐下的小市民和穷苦知识分子。时代的浪潮无情地袭击着生活在都市角落里的这群小人物，他们忍受着日益贫困的、失业者或半失业者的生活，悲叹着自己的命运，昏昏沉沉地过日子。尽管他们各人有不同的个人和家庭的苦痛，我们却完全可以从剧情中理解到，他们是善良的人，说不上有什么过错，他们之所以庸俗、懦弱、犹豫、屈服，主要是当时的社会造成的。剧中的桂芬与赵妻有这样一节对话：

桂芬　可是……要是家楣有事情做，……（往亭子间望了一眼，低声地）……这也叫一家不知道一家的事啊，在他老人家看来，像我们这样的生活也许很失望吧。种田人家好容易地把一个儿子培植起来，读到大学毕业，乡下人的眼界都是很小的，他们都在说，家楣在上海发了财，做了什么大事情呐；可是……（不禁有点儿黯然）到上海来一看，一家大小只住了一个亭子间！……

……

赵妻 （只能劝慰她）可是，你们黄先生有志气，将来总会……

桂芬 （接上去）有志气有什么用，上海这个鬼地方，没志气的反而过得去；他，偏是那副坏脾气，什么事情也不肯将就……

这番对话清楚不过地说明，旧中国这个强取豪夺的社会是没有一切善良正直的人们的生路的。像黄家楣这样的出身，想挤进上等社会是梦想，就是要觅到一只安稳的饭碗又是何等艰难！剧本尽管没有出现一个反动当权者的形象，也没有一句直接谴责反动政府的台词，但这五户人家普普通通的生活悲剧，时时处处都在表明：人们痛苦和不幸的根源是不合理的社会制度，不推翻这个制度，广大群众永远不可能有自己的幸福和未来。

剧本第一幕对故事的环境作过这样的提示：“这是一个郁闷得使人不舒服的黄梅时节。从开幕到终场，细雨始终不曾停过。雨大的时候丁冬的可以听到檐漏的声音，但是说不定一分钟之后，又会透出不爽朗的太阳。空气很重，这种低气压也就影响了这些住户们的心境。从他们的举动谈话里面，都可以知道他们一样的都很忧郁，焦躁，性急……”舞台上一群小人物的生活，都像这天气一样沉闷阴暗，发着霉味，令人窒息。夏衍所刻意表现的这种令人烦闷的黄梅天气和生活气氛，正寓意深远地象征着当时的社会政治气候。

1937 年前后，这是外侮日甚、内忧日亟的灾难深重的年头。由于蒋家王朝的不得人心和民族危机的日益加深，也由于党纠正了“左”倾机会主义路线，革命正由低潮转入高潮，党的抗日民族统一战线政策得到各阶层人民广泛拥护，发挥着越来越大的威力。这是时代的主流。然而不能不看到，当时全国的政治形势仍然是复杂而微妙的。代表大地主大资产阶级利益的国民党顽固派尽管在某些方面略有收敛，但对外仍继续推行妥协投降的政策，引狼入室，对内则加强法西斯统治，加紧镇压革命运动。他们在经济上进行凶残的掠夺，使广大群众经常处于失业、饥饿的威胁之中。在思想上则千方百计钳制舆论，禁锢进步文化，从精神上麻醉人民群众……在黎明到来前的一刻显得格外黑暗沉闷、凄冷难熬，令人焦愁万分。左翼作家林淡秋在“八一三”以后回顾这段时间的心情时说：“记得在抗战未爆发前我的日记簿上充满了这一类的词句：‘生活像一潭污浊的死水，发散着刺鼻的恶臭。需要暴风雨冲洗一下呀！’‘天呀，闷死人了！什么时候才会落雷雨呢？’”[①]《上海屋檐下》所流露的忧郁情调就是这种低气压下长期郁积的不满情绪的反映。人们生活在半封建半殖民地社会里，沉重的黑暗势力逼得大家透不过气来，从剧本里我们不仅能分明地看到而且敏锐地

① 林淡秋：《大时代的小人物》，载《救亡日报》1937 年 11 月 22 日。

感到那可诅咒的社会制度的压力。

著名戏剧家梅特林克认为，剧作家在表现日常生活时，应该像化学家那样，“那仿佛是盛着纯净已极的清水的容器中注入一些神秘的点滴，使那些透明的晶体迅速地升到表面，让我们看到原先用不完备的眼睛所看不见的蛰伏着的一切”①。我以为，在《上海屋檐下》里，那丁丁冬冬的檐漏的声音便属于这样的“点滴”，它充分表达了夏衍对生活独到的观察和深切的感受。夏衍说：“在剧本中我写的天气阴晴不定，就是反映当时的政治气候，写当时的政治气候，反映这些小人物的苦闷、悲伤和希望。”“从小人物的生活中反映了这个大的时代，让当时的观众听到些将要到来的时代的脚步声音。”② 剧本从小市民停滞沉闷的生活这样一个侧面，使人们看到了国民党罪恶统治带给广大下层群众的深重灾难，以及他们在精神上蒙受的特殊痛苦，激起人们对恶势力的憎恨，并在极大的苦闷和压抑后面谛听到革命风暴即将临近的历史脚步声。

事实上，尽管剧本看上去染着一层淡淡的哀愁和忧郁，但并不使人感到绝望和消沉。夏衍通过剧情发展已告诉人们，黑暗的时代一定会结束，太阳终将冲破云团普照人间。在葆珍这个十二岁女孩身上，我们看到了青少年稚气而又可贵的爱国热

---

① 《外国现代剧作家论剧作》，中国社会科学出版社 1982 年版，第 38 页。

② 夏衍：《谈〈上海屋檐下〉的创作》，《剧本》1957 年 4 月号。

忧和向上的意志。这个“小先生”的出现生动地表明了时代的光明趋向。剧本结束时，孩子们“勇敢的小娃娃”的歌声，唤起了匡复——这位中年革命者的战斗勇气。他悄悄地埋藏了自己的痛苦，毅然冒雨重上征途。这一行动也促使他那沮丧失望的好友林志成不再愁眉锁眼，对未来开始萌生了信心。这都表明，忧郁的情绪和狭隘的感情是会在时代的大浪潮中冲洗掉的。梅雨中酝酿着风雷，泥淖中孕育着新芽。剧本借赵振宇之口说出：“愁什么，尽下，总有一天会晴的！”“不晴，难道终年的做黄梅吗？”可见，剧作者并没有为漫天云雾所困惑以至绝望。他期待一场荡涤山河的暴风雨降临，召唤蜷缩在屋檐下的人们挺起身来，去迎接晴朗美好的明天。

现实主义作家尊重客观，又不抱“纯客观”的态度，而是从实际生活出发，进行选样和提炼，以表现出生活的内在逻辑和本质。《上海屋檐下》从举目可见、极为平凡的生活现象，深刻地概括隐伏在社会深处的重大矛盾，开拓戏剧艺术反映生活的广度和深度，标志着夏衍剧作在认识与把握现实矛盾的本质和趋向方面有了重大的进展。

塑造“小人物”的真实形象

“人物是剧作家与观众之间的思想通道。在人物里抽象的思想成为具体的形象——并且有说服力”[①]。真正的剧作家总是着眼于塑造活生生的人物，通过人物形象的感染力量唤起观众的共鸣，启迪观众的理性，调动观众的想象，使他们从中悟出某些人生和社会生活的规律。在《上海屋檐下》以前，夏衍的剧本较注重于叙述故事，而不大注重人物性格的塑造，同时也由于缺乏把握和概括复杂的历史现象的能力，所以剧本中的人物形象缺乏血肉，或者像赛金花那样性格特点不明确，令人捉摸不定；或者像秋瑾那样流于平面，色调仍嫌单一。在创作《上海屋檐下》时，如作者自己所说，“注意了人物性格的刻画，内心活动，将当时的时代特征反映到剧中人物的身上”[②]。剧本从不同侧面表现人物丰富多面的性格特征，使之既有广泛的概括性，又呈现出鲜明的个性特征。

赵振宇是全剧刻画得最为成功的一个人物。剧本以幽默诙谐的笔触，生动地表现出他乐天派的鲜明特点。在这幢弄堂房子里，除了孩子以外，要算他是唯一的一个不见愁容的人了。他是个报迷，成天喜欢看报，“看看这花花世界，有时随意发发议论”。对什么事他都感兴趣，小孩子、聋子、疯子都能与他很好相处。他甚至带笑地站在一旁欣赏自己的孩子扭打，在

① 韦尔特：《独幕剧编剧技巧》，转引自顾仲彝的《编剧理论与技巧》，中国戏剧出版社 1981 年版，第 285 页。

② 夏衍：《谈〈上海屋檐下〉的创作》，《剧本》1957 年 4 月号。

他看来，雨天打打架，不妨算是一种“运动”，于身体有益。生活艰难困顿，在身边每天都可以看到每家每户的悲剧，然而他不爱发牢骚。他常讲的一句口头禅是：“像我们这样的生活，比上固然不足，可是比下还是有余……”他一点也看不到社会的不合理么？不是的，他是个正直的人，“但求问心无愧”的人，对施小宝的遭遇，他就表示过衷心的同情：“没有家产，没有本领，赚不得钱，你要她三贞五烈，这不是太，……太……”从中不难瞥见他的心上也有不平，有忿懑。但是他没有办法来改变这种状况，便以勉强有个温饱自满自足，乐天知命，与世无争。所谓“比上不足，比下有余”，不过是用自我安慰来逃避现实的一种借口，是一种无所作为的懦夫哲学。他自以为懂得很多，在左邻右舍面前高谈阔论，看不起小见薄识的老婆；可是却无法否认世道的不公，又拿不出道理说服别人，于是便常常显得进退失据，窘态百出，使观众为之捧腹。作为一个下层知识分子，他受过旧民主主义思想的熏染，有他开朗、淳朴的一面；但他的苦中作乐、安于现状却典型地反映出小市民落后的精神状态。马克思针对德国小市民庸俗气说：“不能使德国人有一点自欺和屈服的机会。……为了激起人民的勇气，必须使他们对自己大吃一惊。”[①] 夏衍对赵振宇的刻

① 马克思：《〈黑格尔法哲学批判〉导言》，《马克思恩格斯选集》第1卷，第4页。

画，其用意亦在乎此。这个人物容易使人想起英国著名批判现实主义小说《大卫·科波菲尔》里的密考伯。然而狄更斯笔下的那个乐天主义者最后如愿以偿，得到善恶有报的结局，而夏衍通过这个艺术形象有力地表明，在反动统治下，受压迫的大众不奋起抗争，是不会有光明的未来的。

一部称得起现实主义作品的戏剧，其中的人物必须有鲜明的个性特征，给人感到是一个丰满的有生气的真的人，而不是某种死板概念的化身。在《上海屋檐下》中的人物，他们都处于社会底层，承受着贫困生活的煎熬，他们都善良，都有改变生活的强烈愿望，却又找不到生活的出路，只是在污浊的生活中苦苦挣扎。这是他们所共同的。同时，剧本又抓住他们不同的经历和遭际，写出他们不同的个性，使我们感到，“每个人都是典型，但同时又是一定的单个人，正如老黑格尔所说的，是一个‘这个’”[①]。黄家楣与赵振宇同属于落魄知识分子，然而他们的个性绝不雷同。黄是个失了业的洋行职员，他靠种田的老父亲典房卖地培养到大学毕业，并成了家。他纯正老实，“有志气”，“什么事也不肯将就”。但是他那理想的风帆才刚刚张开，那急流险浪就把他的生命之舟抛上了暗礁。他失业了，当掉了可当的一切，甚至妻子唯一的“出客”衣服都没有留下，他千方百计在老父亲面前掩饰窘困的真相。残酷的生活甚

① 恩格斯：《致敏·考茨基》，《马克思恩格斯选集》第4卷，第453页。

至逼得他不得不向施小宝那样的女人借钱拖账。失业后的贫穷使他病魔缠身，绝望消沉，经常变态地迁怒于自己贤慧体贴的妻子。就善良、正直、不满现实这一面来说，他同那个小学教员赵振宇有相同之处，也都有着小资产阶级怯懦脆弱的通病；但是，赵尚能在黄连树下弹琴——苦中作乐，在灶披间得过且过，也还能关心周围邻舍，甚至议论时局变化。而黄失业不久，生活每况愈下，连亭子间的房租也要付不出了，他更多的是悲观绝望，为家境的败落，为自己断送了的前程而哀泣，显得更其荏弱可怜。剧本里写到的其他一些小人物如赵妻泼辣爽快、爱管闲事，施小宝懒散轻佻、嘴硬心怯，林志成阴郁寡合、牢骚满腹，黄父老实憨厚、背时耳聋等，都刻画得惟妙惟肖，形神毕露。这些性格迥然相异的人物便构成了半殖民地都市底层社会的真实图景，给人以难以抗拒的艺术感染力。

为了塑造鲜明生动的艺术形象，作者在刻画人物时，没有陷于单一化和表面化，而是着重揭示性格内在的矛盾及其变化，从而丰富人物的形象，使之更加真实、深刻而有层次。我们来看一看剧中的两个主要角色：

杨彩玉，她的性格中充满了不甘屈辱却柔弱无力的矛盾。她原是一个富有革命热忱的少女，曾经不顾一切热恋着处于贫困和流亡之中的革命者匡复，为此遭受到朋友亲戚的歧视而断绝了一切往来。旧社会的女人是被视为弱者的，但她却竭力要挣脱这一枷锁，掌握自己的命运。丈夫被捕之后，生活几乎陷于绝境，她忍受着各种折磨，年复一年地等待着。在希望逐渐破灭，与林志成同居以后，终于消尽了往日那一点同生活搏斗的朝气，成了只会服侍丈夫孩子的家庭主妇，一个匍匐在屋檐下的生活奴隶。匡复的归来使她愧悔交集，痛苦万分，同时唤起了年青时代的回忆，复燃起希望的火星。她厌恶自己生活的平庸、可怜，企望振作起来，“重新开头”。你瞧，当她表示要当《水泥》中的黛莎，希望匡复当格莱普时，她又显得活泼年轻了。匡复回答她：“你可以做黛莎，而我却比不上格莱普啦。”她失望，她愤慨，她带着怒意责怪丈夫“太自私”“太残酷”，但随后又捏着他的手深情地恳求他“打起勇气来”。然而，当看到曾经在困厄中搭救过自己并且共同生活了八年的林志成就要离开时，她又依依不舍，难以割弃。她几乎是下意识地喃喃着：“不，不，你不能走，你，你上哪儿去……”表现了极其沉痛的难分难解的复杂心情。要摆脱这种两难的处境，治疗心灵的创伤，除非走出个人的狭巷，把眼光投向广阔的天地，把个人命运同广大群众的伟大事业结合起来。然而这对杨彩玉来说是一时无法做到的。因此她便仍然只能背负着精神的重担，去咀嚼个人的哀愁。

匡复，原来是个活跃的革命者，曾以革命精神激发过包括杨彩玉在内的青年的生活热情。在狱中八年，现实斗争的残酷，某些投机者的叛卖行径，使他产生了愤激以至苦闷的情绪。第一幕出场时，他须发蓬松，穿着一套不称身的西装，长期的监禁生活使他“身心俱惫”了。他回到亲人身边，但是他日夜思念的爱妻却与别人同居，女儿也已改姓“林”。这个意外的打击，使他震愕吃惊，继之思绪纷乱，万念俱灰，觉得自己成了所谓人生战场上的“残兵败卒”。在个人生活的挫折面前，主人公表现出失望和颓唐情绪，就一个小资产阶级出身的革命知识分子来说，这是不难理解的。重要的是，他并没有在个人的儿女私情中沉沦下去。林志成的郁闷，给他以前车之鉴；施小宝的沦落风尘，李陵碑的借酒浇愁，……这一切穿不透的愁云惨雾，使他深切地体验到周围世界非加以变革不可，从而逐步觉悟到颓唐与倒退终究是没有出路的，于是开始正视现实，从自己天真向上的女儿身上得到启示，重新振作起来。从今天的眼光来看，匡复的形象似乎不够“高大”，然而我们不能忘记当时的历史条件，何况作者也无意去着力塑造一个英雄人物，而是要如实地写出一个小资产阶级革命者在尖锐复杂的阶级斗争中的痛苦的经历和思想矛盾。我们最终看到的匡复，终于走出了这个与革命风暴隔绝的“屋檐下”，重新成为生活的强者，“勇敢地为着我们这些受难的人”而去战斗。我们不会怀疑，在今后的革命征途上，他终会战胜自己的小资产阶级的软弱和动摇，而成长为一名坚强的革命战士。这个人物从沮丧消沉到觉醒振奋的性格发展过程，是有其一定的教育意义的。

对于上述男女主人公，夏衍没有回避两人性格中复杂而深刻的矛盾，写出了在特定环境下他们的追求和失望，欢乐和痛苦，尽管人物的动作尚嫌不够具体有力，但形象已开始呈现出较为丰富的色调，对现实生活的反映也达到了一定的深度。这里，顺便谈一谈剧作者对人物的态度。我们知道，作品中的人物，不可能不包含着作家的主观评价，凝结着他的爱憎感情。然而这种主观评价应该与生活的客观描写融为一体，从艺术形象的活动和情节发展中自然地流露出来。夏衍在《上海屋檐下》里，表现了对人物的不幸遭遇的深厚同情，同时又以革命现实主义的眼光看到了他们的委琐、懦弱和庸俗。他们只是生活的奴隶，缺乏主人翁的态度。因此，他从人们自身的各种矛盾以及人物相互间的关系中，对他们身上的种种小市民气作了鞭挞。剧作者的揶揄、讽刺是明显的，尽管这是“带着眼泪”的鞭挞。他批评这些消极面正是为了唤醒人们开始新的生活，做自己命运的主人。那种认为作者恣意美化这些弱者，散布消极情绪的说法是缺乏说服力的。自然，我们也应该看到作者当时的思想局限。这里，在人物形象的刻画上：作者笔力的轻重，批评程度的深浅是可以讨论的。比如匡复这个革命者的形象就涂抹得略嫌灰暗了些，过多地渲染了他那愤激苦闷的情绪，而对他的软弱过于宽宥，针砭乏力。在剧烈复杂的斗争中，一个小资产阶级革命者产生一时的彷徨、动摇并非不可能的，作者对他的弱点进行鞭挞时“带着眼泪”，也不是不可以的，但如果在这种“眼泪”中情不自禁地流露出一种怜惜乃至欣赏的情绪，这就不但减弱了鞭挞批判的力量，而且不能从根本上廓清这种小资产阶级情调。正因为如此，所以作品的基调便显得过于缠绵、沉重，减弱了鼓舞人心的力量。我们知道，小资产阶级的因袭势力与社会生活的各个方面有着千丝万缕的联系，这不能不影响许多作家，包括像夏衍这样的革命文艺家，如他自己所坦率承认的，在思想深处也还“存在着许多小资产阶级的思想感情”。尽管他参加了革命，受到了斗争的锻炼，“但还带着有知识分子的软弱性，虽然是加以批判了，但是不彻底”[①]。实事求是地指出这一缺点是有必要的，但不应由此产生对整个作品的轻率否定。关乎这一点，我以为，作者自己所作的自我解剖是恰如其分，而且很有意义的：

> 由于小资产阶级是革命的同盟军的原故，由于在今后的斗争中，他们可以也必须和革命主力长期合作的原故，所以，假如我们能够站在人民大众的立场，那么对他们鞭挞的时候还“带着眼泪”，和他们斗争的时候不忘记团结，也许还是必要而应该的，在这种场合，真真的错误所在，我以为只在于作者批评和鞭挞这些旧事象、旧人物和旧性格的时候，由于作者不能坚定地站在人民大众的立场，由于这些作者本身对一切旧时代的残余还保留着千丝万缕的

---

① 夏衍：《谈〈上海屋檐下〉的创作》。

联系，所以就往往会“情不自禁”地怜惜乃至欣赏了这些弱点！[①]

“一切不求过分”

现实主义创作不仅应该从实际生活中选择题材，同时在形象表现上要对人物和环境作真实的描写。在《赛金花》《秋瑾传》中，描写了历史上两个带有传奇性的人物，剧作家显然比较注重她们那些富有戏剧性的事迹，在具体描写时，也就自然地较追求热闹的场面和剧场效果。像《赛金花》中德国军人在得知赛金花的身份前后迥然不同的表现等场景，看上去幽默风趣，但格调不高，给人以卖弄噱头的印象，并未起到深化主题、丰富人物形象的作用。《上海屋檐下》就没有追求舞台趣味和剧情的曲折离奇，而是沿着他在处女作《都会的一角》所开始的路子，从生活出发，按照生活的本来样子，进行真实朴素的描绘。李健吾说：“《上海屋檐下》缺乏曹禺先生的作品的深度和幅员，然而他有质朴的美德，一切不求过分。”[②] 这是说得很中肯的。从这个剧本开始，夏衍在艺术风格上质朴、洗练、恬淡、隽永的追求已经比较完满地体现出来了。

---

① 夏衍：《〈夏衍选集〉代序》，人民文学出版社 1959 年版。

② 刘西渭：《上海屋檐下》，见《咀华二集》。

剧本将五户人家统一在共同的自然和社会环境中，描写他们各有特征而又互相联系的一天生活。作者心上怀着强烈的爱憎，可是并不轻易激动，始终用冷静的眼光细致地观察着体会着这种黑暗的生活，像一个素描画家一样，不着色、不夸张地描写这种生活。例如在第一幕，当黄家楣抱着妻子仅有的一套“出客”衣服要去典当时，在门口同妻子桂芬相遇，两人争执起来。老人从楼窗口目睹了这个令人痛心的场面。剧本是这样写的：

〔家楣头也不回地走了，望着他的背影，桂芬突然以手掩面，爆发一般的啜泣。黄父在楼上看见了这种情景，面色陡变，很快地从楼梯上走下来。二人在楼梯边相遇，桂芬看见他，狼狈地换笑容。

桂芬　老爹……

黄父　（望着她）唔，……

这里对话和动作极少，然而包含的内容是难以用语言表达出来的。媳妇满腹委屈却不能向公公分辩，老人意外的震惊也无法向媳妇表白，两人只得按捺、掩饰，强颜欢笑，然而，只这一声叫和一声应，却比痛哭流涕、慷慨陈词更能揭示出人物此时内心无限的懊丧和酸楚，使我们窥察到两颗善良无告的灵魂。这个场面符合此时此地人物性格和心理的逻辑，十分真切，因而深深地打动人心。看到这儿，谁不心头一阵颤栗！

再看施小宝与"小天津"的一场戏：

施小宝　急什么，又不去报死！

小天津　人家等着，走啦！

施小宝　（勉强地坐下，穿高跟鞋）烟卷儿。

〔小天津摸出烟盒，已经空了，随手将自己吸着的一支递给她。

施小宝　（接过来深深地吸了一口，就将它丢了，故示悠闲地）你可知道，Johnie明天要回来啦。

〔小天津若无其事。

施小宝　你不怕他打麻烦？

小天津　（不理会，突的站起来）走！

施小宝　（做个媚眼）可是，这也要把话说明白了再走啊！（接近他，做个媚态）

小天津　你要我动手么？（虎虎地将她拉开）

这里，施小宝以讨烟，丢烟，故示悠闲，强装硬汉，甚至还做个媚态给对方一点亲昵，实质不过是掩饰内心的狼狈，她是多么渴望挣脱对方的魔爪啊！可是，毕竟力量是太微弱了。而小天津的不为所动，蛮横地威逼，则充分表现出这个小流氓的凶残与老练——对付这样一个弱女子，他是完全可以应付自如的。这些地方也只是淡淡的几笔，是那样朴素，真切，自然，一点也不铺张，但是却曲折入微地反映出了人物的个性和精神状态，显得形神毕肖而又合理自然，真切平实却也含蓄蕴藉。

契诃夫说，“作家在写悲惨的小说的时候应当冷漠”。“他可以为自己的小说哭泣、呻吟，可以跟自己的主人公一块儿痛苦，可是我认为这应该让读者看不出来才对。态度越是客观，所产生的印象就越有力。”① 夏衍的戏剧就是这样。他曾多次说自己的剧本是“冷戏”。他只是严格地忠实于生活的逻辑，客观地真实地写出人们的生活处境和真情实感，而让观众自己去品味，去思考。这样的描绘表面上看去颇“冷”，实质给人的感受是强烈的，炽热的。

这里，特别令人感兴趣的是，在《上海屋檐下》里，夏衍开始把笔触的重心转移到人物的内心世界，十分注意选择富有特征的场面、细节，给予细腻入微的剖析和再现。林志成与匡复邂逅，剧本这样描写两人：林是“太意外了，使他睁着充血的眼睛，倒退了两步”，只从牙缝中挤出两个字“你……你……”。而匡热烈地伸手过去，“热情地握住了林志成的手”。面对欣喜万分的朋友，林“哑然如遭电击，不知所措”，“一瞬

---

① ［俄］契诃夫：《契诃夫论文学》，人民文学出版社1958年版，第209页。

间爆发出遇见了旧友时的感情”，“差不多抱住了他，但是一瞬间后，面色又惨变了”。明知对方不会吸烟，他却忙着从抽斗里找烟；拿起没有水的热水瓶空做着倒水的姿势而又毫不自觉，这种种张皇失措的神情，把人物此时内心的纷乱紧张传神地托了出来。当匡急切探问妻子女儿的下落时，他欲说不能，欲言又止，满肚子的话只逼出两个字来：“她们……”匡如坐针毡，再也控制不住自己地站起来：“志成，你告诉我，她们怎样了？她们……你用不着瞒住我，她们已经——（悲怆地）”他以为妻儿已遭不幸，感情陡变。继而听到林说她们“很好”时，匡便“透了口气”，从内心感激朋友的救助。而这，恰好又触到林心头的创口，使他羞愧得无地自容。在匡一连串发问后，林内心斗争越来越剧烈，千头万绪如波涛翻滚，最后终于忍不住突然站起，呼喊道：“复生！这几年，你为什么不给我一封信？”又用“差不多要哭的声音”说：“复生，请你唾骂我，我卑劣，我对不住你……”这时匡又如坠五里雾中，又惊疑又担心，当他最后知道真相后，剧本写他：“（混乱，但是无意识地）嗯——（颓然坐下，学语似的）同——居了！”这一个“嗯”字，无异于传出了人物心肝俱裂的绝望的呻吟，该是包含了多少难以名状的复杂的感情！这里没有高亢的声音和大幅度的动作，在平静而又细微的生活场面中间，观众可以窥视到人物潜藏的内心奥秘和急遽的情绪变化。

我们知道，戏剧是人生的缩影，在舞台上表现出来的是被压缩精练了的人生。夏衍要努力使自己的作品在最大限度的真实性上达到与生活一致，在戏剧结构上他便尽量避免大起大落，变换陡突，使剧中的一切都“像生活里那样复杂，同时又那样简单，人们吃饭，仅仅是吃饭，可是在这时候他们的幸福形成了，或者他们的生活毁掉了”①。这种表面平淡无奇的结构，决不是对现实生活作照相式的自然主义记录。它要求作家对纷繁杂沓的生活进行精心的提炼与构思，需要作者匠心独具，从而使习见常闻的生活焕发出夺目的艺术光彩。

剧本在构思上最突出的创造在于，它利用上海石库门弄堂房子的特殊结构，将一幢楼房（包括阁楼、亭子间、前楼和楼下的灶披间、客堂间）这样一个复杂的场景径直搬上舞台，使五户人家（五条线索）的故事在这上下空间里同时展开。这一独特的设计不仅丰富了剧本的情节，扩大了反映生活的视角，减少了场次，突出了主题，而且大大加强了舞台的生活实感，令人感到俨然如身临其境。在这里，几乎不采用人物上场下台这样常见的戏剧手段，剧情的叙述只依靠各条线索穿插交错的方法。一边在对话，做戏——展开矛盾冲突，另一边是静场，但又不使你觉得那里已停止活动。剧情在同一个大空间里此起彼伏，尽管头绪错杂，却又脉络清晰，繁而不乱。

例如，第一幕安排的事件有：开始是葆珍上学前顶撞妈

---

① 《契诃夫论文学》，人民文学出版社 1958 年版，第 420 页。

妈，林志成夜班回家闷闷不乐，彩玉感到烦恼，这是林家即将到来的冲突的前奏。赵妻洗菜时与施小宝发生口角，由此引出她对丈夫的满腹牢骚。黄家夫妇为赊债、典当两度发生争执。施小宝让黄家楣读信，得知家中又来催钱，这时小天津上门威逼。最后彩玉前夫匡复归来，林志成愧悔万分，同时，黄父在窗口发现了儿子的真情，至此，各种矛盾疾速推进，几个悬念结成一团，形成第一幕的高潮。上述联翩出现的人物、事件似乎各自独立，互不相涉，实际上都被时代的氛围，共同的命运紧紧地链接在一起。林家无法摆脱的困境，黄家难言的隐痛，赵家令人啼笑皆非的窘状，施家的孤立无援，李家的寂寞凄凉，相互对照，衬托，渗透，共同阐发着同一主题。而就结构而言，在一个场面之后紧接着另一个场面，决非任意的剪辑，而是经过剧作者苦心经营，精心安排的。他介绍剧中人物的地位、处境和遭遇，往往先略提一笔，埋下伏线，后再出现，或重复，或强调，使人物形象丰满起来。如林志成的家庭矛盾，先由葆珍与阿牛拌嘴时讲出葆珍是"拖油瓶"，再由葆珍嘟囔"什么爸爸爸爸"和赵妻与桂芬的对白，再下去出现匡复，这便得到了清晰的呈现。对黄家，也是先从桂芬与赵妻在一起洗菜，自然而然地谈到家楣的父亲已到上海，随后即是家楣向妻子了解：还有钱不，这就引出了黄家的悲剧。这样展开剧情，避免了孤立、静止的交代，显得自然流畅，富有浓厚的生活气息。

这里，特别要指出的是，剧作家善于将各条线索彼此交织，互相衔接，使剧情的发展井井有条，错落有致，而又丝毫不露一点斧凿之痕。这一点，对于像《上海屋檐下》这样的群象戏特别重要，因为它有利于剧情的紧凑集中，保证戏剧冲突的连续性和完整性。在整个剧本中，林家的悲欢离合占据突出的位置，构成全剧的主线，其他各家庸庸碌碌、凄凄惨惨的日常生活组成为若干副线，各个人物或多或少都与林家发生着关系。如赵妻偷听林、匡谈话将菜炒焦；彩玉目睹黄家公公与媳妇的尴尬场面；施小宝到林家求援；匡复与彩玉谈话中断时黄家夫妇相互埋怨，李陵碑哼着凄凉的调子从外面归来等等，这些插曲将赵家、黄家、李家与林家沟通连缀起来，使剧情紧凑严密，不复是琐碎的平庸生活画面的散漫罗列，而是一股生活的激流不可阻挡地向前跳荡奔涌，并形成统一的情调气氛。这个过程中，剧本还根据人物性格和生活的内在逻辑，使情节的发展一波未平，一波又起，此起彼落，悬念迭起。例如，第一幕，黄父兴致勃勃准备在沪多玩几天，到第二幕却改变了主意决定当晚赶回乡下，黄家夫妇因此而产生误会和争吵。送走父亲，事情已了，却又意外地发现老人在孙儿身上留下钱包，这才知道父亲早已了解真相，人物情感又起波澜。又如第一幕匡复和林志成相见后引起一场风波，形成僵局，这时作为关键人物的彩玉尚未与匡复相逢。当第一幕结束时，彩玉提着菜篮回来，在后门好奇地望着桂芬和老爹，作者在这里落幕，给故事留下了强烈的悬念，使观众更急切地期待着冲突的进一步展开。到第三幕，林，匡、杨的爱情纠葛发展到关键时刻，起先匡留林走似已成定局，但临到林将出走时，杨又不忍遽然分别，匡见状毅然离去，剧情于是顿然转折。这样的安排，使得这个看上去情节并不曲折的剧本，单纯而富于跌宕，平淡而又引人入胜。

《上海屋檐下》是在深厚的生活土壤上培植出来的一株夺目的鲜花。夏衍说，“剧中的故事是虚构的，”但是，“这种生活我比较熟悉，我在这种屋檐下生活了十年，各种各样的人物我都看到过”①。他熟悉他剧中的人物，深知他们的长处和弱点，了解他们的痛苦和希望，因此他笔下的人物和故事才那么逼真，那么自然。作者好像没有费什么力，只是随手记录了一些生活片断，却使我们感到生活的真实，并为这真实的生活而彻底震撼了。这，便是蕴含在夏衍这部剧作里的现实主义因素所具有的特殊的魅力。

① 夏衍：《谈〈上海屋檐下〉的创作》，《剧本》1957年4月号。

第六章

报告文学的里程碑——《包身工》

“灵魂的震动”

《包身工》作于 1935 年秋，次年 6 月发表于《光明》杂志创刊号。这期杂志的社评指出：“《包身工》可称在中国的报告文学上开创了新的纪录。”如果说，1936 年是我国报告文学走向成熟的一年，那么，它的标志无疑是夏衍《包身工》的发表。

《包身工》诞生于我国“黎明前最黑暗的年代”。它的问世，表明了不单是作家而首先是革命家的夏衍，迎着腥风血雨，向帝国主义和反动派战斗的勇气和毅力。

在中国近代史上，帝国主义的军事侵略、政治压迫和经济榨取，使我国人民遭受了整整一个世纪的奴役和浩劫。毛泽东同志曾深刻地揭露了帝国主义者得以在中国为所欲为、横行霸道的一个根本原因：

> 帝国主义到处致力于保持资本主义前期的一切剥削方式（特别是在乡村），并使之永久化，而这些形式则是它的反动的同盟者生存的基础。①

大革命失败后，蒋介石一伙疯狂屠杀中国工人阶级，加紧压榨劳苦大众，而帝国主义正是他们的后台和靠山。他们控制了中国的经济命脉，无限制地吮吸中国劳动人民的脂膏血汗。特别是“九一八”后，面对中华民族生死存亡的严重关头，国民党反动派对外仍坚持推行不抵抗政策，对内加紧对人民的镇压和钳制，充当了帝国主义的鹰犬和爪牙。中国处在水深火热之中，犹如一座巨大的“人间地狱”。在众多奴隶的呻吟、挣扎声中，夏衍感到极大的愤慨和痛心，并由此而意识到一个革命作家应尽的责任。他在大革命后由日本返回国内参加了工人运动，直接接触了上海日资纱厂里的工人，对工人阶级被剥削、被压迫的悲惨命运感受十分深切。特别使他怵目惊心的是，“包身工”制度和由它造成的千百万“年轻女孩子们的非人的生活”。他说：

> 包身工的悲惨生活更使我们这批知识分子感到“灵魂的震动”。我也看过不少描写女工生活的文艺作品，在日

① 《毛泽东选集》（合订一卷本），人民出版社 1967 年版，第 592 页。

> 本的时候，我也看到过在资本主义世界里一致认为生活水平最低、劳动条件最坏的日本的纺织女工的生活，可是，拿日本女工来和包身工一比，那就是天堂和地狱了。这时候我才知道，在二十世纪的外国资本家在半殖民地中国经营的工厂里，原来还公然地保存着奴隶制度。我感到愤怒，我觉得非把这个人间地狱揭发出来不可……①

早在1929年，夏衍就开始了解包身工的非人生活和这种残酷的制度，后来通过深入工人群众，又从侧面了解到更多的材料。正是根据这些第一手材料，他协助电影导演沈西苓拍摄了我国第一部描写包身工的文艺作品——影片《女性的呐喊》。可是夏衍认为，“一方面由于我们对这方面的体会不深，生活不够熟悉，同时由于当时的环境限制”，尤其是“拍成之后又遭到电影审查官的一再删剪，这部影片的成绩并不很好”②。艺术家的冲动和革命家的责任感激励着这位“忠实地去刻画人生”的现实主义作家。最初，作者“决心写一篇小说”，后来因为工作紧张和环境险恶，终未写成。1935年，上海党组织遭到了又一次大破坏，作者利用暂时隐蔽的机会，开始重新收集有关包身工的材料。包身工的行动是受到严密监视的，不要说

---

① 夏衍：《回忆与感想》，见《包身工》，人民文学出版社1978年版。
② 夏衍：《回忆与感想》，见《包身工》，人民文学出版社1978年版。

了解她们，就是接触她们讲句话都极其困难。同时，作者发现“要真真听到她们心里想说的话，要了解她们心底的苦痛”，“单凭搜集材料是不行的，非得实地考察不可”[①]。于是，他不顾个人安危，在日本纱厂一位青年工人的帮助下，换上工装，先后两次设法混入包身工住宿的“工房”。又从3月到5月足足做了两个月的“夜工”——坚持每天早上三点多起床，步行十几里路，去杨树浦路福临路的纱厂附近实地察看包身工上班下班的情景。就这样，对包身工的起居、饮食、工作环境等等，有了深切的了解和体验。

“报告文学则是要负责任的，对事实负责，对人民负责”[②]。报告文学是一种富有现实性的文学体裁，为了充分发挥它的战斗功能，作家必须具有强烈的社会责任感，必须深入火热的现实生活，进行周密细致的调查研究，才能及时把握时代的脉搏，发现生活中最新的问题，抨击阻碍时代前进的丑恶势力和社会弊病，反映人民大众的心声。夏衍正是怀着炽烈的正义感和满腔的愤慨，在深入实际的基础上，写出了震撼人心、轰动全国的报告文学的篇章——《包身工》。作品以严酷的真实使人震惊，激人愤怒，使我们犹如亲历其境，痛苦地目睹了我们的姊妹，我们的工人乃至整个中华民族是怎样处于一种世界所

① 夏衍：《回忆与感想》，见《包身工》，人民文学出版社1978年版。
② 《夏衍谈报告文学》，《文汇月刊》1983年第1期。

罕见的悲惨的被奴役的地位，从而使人们认清帝国主义和蒋介石反动政府统治下的中国是一个吞噬人、折磨人的黑暗如漆的地狱。这篇作品无异于唤醒奴隶推翻旧世界的一声惊天动地的怒吼，为我党在全面抗战前夕宣传和唤起民众起到了强烈的警示和激励作用。今天，《包身工》的时代早已过去，但重读这篇作品，仍会激起我们对噩梦一般的旧社会的强烈憎恨，加倍珍惜和热爱眼前美好的社会主义祖国。

工人阶级的血和泪

《包身工》是以对血淋淋的事实的揭露震撼着当时的整个社会的。人们读着《包身工》，并不是作为一种文学作品欣赏，而是屏息凝神地在读着一部骇人听闻的中国工人阶级被奴役的血泪史。作者强烈的爱和憎溢于字里行间。确实，“这篇报告是没有什么具体的故事，它只是写出了这种包身工的具体日常生活和他们被剥削的一些细微而真实的情况。但是它的价值就在这里，它彻底地、无情地揭露了这些血淋淋的残酷剥削的生活，它这里所写的，全是毫不夸张的真实情形，这是一般人所不清楚知道的。因此，它本身就是一个有力的抗议书”[①]。

---

① 荃麟、葛琴：《〈包身工〉分析》，《文学作品选读（下）》，生活·读书·新知三联书店 1949 年版。

《包身工》尖锐地揭开了“人间地狱”的一道黑幕：在东方纺织工业中心的上海，日本殖民者开设的纱厂中，一大批被从家乡骗来的农村少女，“她们的身体已经以一种奇妙的方式，包给了叫作‘带工’的老板”。她们每天的工资就是老板的收入，所以即使包身工生病的时候，老板也要用拳头、棍子，甚至浇冷水来强制她们去做工。这种依附关系迫使她们成了“廉价的，不需要更多‘维持费’的机器”。住的，是鸽子笼一般充满汗臭、粪臭和湿气的窄小肮脏的工房。吃的，是喂猪的豆腐渣熬成的一餐只给一碗的“浆糊一般的薄粥”。工作的环境是更加可怕的：“猛烈的噪音”麻痹了听觉，一切使人难受的声音，“好像被压缩了的空气一般的紧装在这红砖墙的厂房里面”，几乎分辨不出什么声音。尘埃，那种使人难受的程度，更在意料之外了。“爱作弄人的小恶魔一般的在空中飞舞的花絮，‘无孔不入’地向着她们的五官钻进，头发、鼻孔、睫毛和每一个毛孔，都是这些纱花寄托的场所”。还有湿气的压迫，使“她们每天过着黄霉”，“身上有一点被蚊虱咬开或者机器碰伤而破皮的时候，很快地就会引起溃烂……”这是一座多么惨苦的，血腥的人间地狱！包身工正是在这里干着完全超出“血肉构成的人类”所力能胜任的繁重劳动。不只劳动条件极其恶劣，她们还要受到各种惨无人道的虐待。“拿摩温”（工头）、“小荡管”（巡回管理的上级女工）把她们当作“发脾气和使威风的对象”，动辄加以辱骂、毒打、禁闭和吊刑。在种种虐待和折磨下，女孩子们变得“钝感”，人性被扭曲，没有一丝欢乐，倒是面临着“每一分钟都有死的可能”。甚至，她们连饿死不干的权利都没有。这岂不纯粹是一种被禁锢的失去人身自由的现代奴隶！

作品截取包身工从清晨在吆喝詈骂声中起身，到夜晚回到床上叹息这样一个横断面，引导读者感同身受地认识了包身工这种触目惊心的剥削形式——这种存在于二十世纪现代化工业中的野蛮的中世纪的奴隶制度。那么，这种罪恶的制度是谁造成的呢？作品明确告诉我们，这是帝国主义殖民政策的产物。“尤其是‘一·二八’战争之后，东洋厂对于这种特殊的廉价‘机器’的需要突然增加起来。”日本帝国主义者认为在中国开设这样的奴隶工厂，是一种“极合经营原则和经济管理的方法”。作者以确凿的统计数字揭露了日本殖民主义者的贪婪和罪恶：“在一种特殊优惠的保护之下，吸收着廉价劳动力的滋养，在中国的东洋厂飞跃地膨大了。单就这福临路的东洋厂讲，光绪二十八年三井系的资本收买大纯纱厂而创立第一厂的时候，锭子还不到两成，可是三十年之后，他们已经有了六个纱厂，五个织布厂，二十五万个锭子，三千张布机，八千工人，和一千二百万元的资本。”这种惊人的利润正是长年累月地压榨包身工，吸干他们的血汗的结果。“资本来到世间，从头到脚，每个毛孔都滴着血和肮脏的东西”①。作者通过一系列

① 《马克思恩格斯选集》第2卷，人民出版社1972年版，第265页。

铁铮铮的明证控诉道："在东洋厂的每一个锭子上面，都附托着一个中国奴隶的冤魂！"

作品更为深刻的意义还在于，它从社会历史根源揭示了包身工制度是帝国主义和中国封建势力相勾结而产生的一种"奇妙的方式"，也就是说，它是近代资本主义剥削方式与半封建的超经济的剥削制度相结合的产物。作者指出，东洋厂得以无限制地吸收"包身工"这种"廉价劳动力的滋养"，完全是"在一种特殊优惠的保护之下"的。为了避开国民党检查官老爷的眼睛，作者在这里用了较隐晦的语言，但其矛头所向是很明白的。当时把殖民主义者当作"友邦"给予特殊优惠条件的，正是蒋介石反动政府。帝国主义在半殖民地国家进行掠夺，总是与当地的反动政权和封建势力相互利用和配合的。作品中有一段描述很富有寓意：一个叫小福子的包身工整好了的烂纱没有装起，遭了"拿摩温"的殴打。这时一个东洋婆走了过来，"拿摩温"为要在洋东家面前显出他的威风，和对东洋婆表示他管督的严厉，打得比平常格外着力。东洋婆望了一会，"也许是她不喜欢这种不'文明'的殴打，也许她要介绍一种更合理的惩戒方法"，走近身来，揪住小福子的耳朵，将她扯到太平龙头的前面，叫她向着墙壁立着。"拿摩温"跟着过来，很懂得东洋婆的意思似地拿起一个丢在地上的皮带盘心子，不怀好意地叫她顶在头上。于是，东洋婆会心地笑了。通过这一场景，我们可以看到帝国主义分子所特有的狡狯、奸诈、凶狠的灵魂，同时体会到帝国主义者对包身工的剥削压榨，又是通过利用、豢养中国的封建残余势力，通过与认贼作父的社会渣滓相互勾结来实现的。这就从根本上揭示了包身工制度是帝国主义者和本国封建把头、监工、地痞流氓共同压迫工人群众的阶级实质。中国工人阶级遭受着帝国主义和封建主义的双重的剥削。

难能可贵的是，作品在揭露这种残酷的阶级压迫的本质时，并不消极、感伤，而是流露出对光明未来的一种热切的渴望和坚定的信念，使人确信帝国主义及其走狗对中国工人阶级所欠下的累累血债终究有偿还之日。因为，即便是奴隶，“当他们忍耐到超过了最大限度的时候，他们往往会很自然地想起一种早已遗忘了的人类所该有的力量。有时候，愚蠢的‘奴隶’会体会到一束箭折不断的理论”。作品的结尾，更是愤然传达出中国人民对阶级敌人的强烈抗议，而对工人群众潜在的反抗力量充满了希冀和信心：

> 黑夜，静寂的，死一般的长夜。表面上，这儿似乎还没有自觉，还没有团结，还没有反抗，——她们住在一个伟大的锻冶场里面，闪烁的火花常常在她们身边擦过，可是，在这些被强压强榨着的生物，好像连那可以引火，可以燃烧的火种也已经消散掉了。
>
> 不过，黎明的到来是没法可抗拒的；索洛警告美国人

> 当心枕木下的尸骸，我也想警告这些殖民主义者，当心呻吟着的那些锭子上的冤魂。

列宁在谈到恩格斯的《英国工人阶级状况》时指出：“恩格斯第一个说明了无产阶级不只是一个受苦的阶级，说明了正是它所处的那种低贱的经济地位，无可遏止地推动它前进，使它去争取本身的最终解放。”① 在《包身工》中，夏衍正是根据这一历史唯物主义观点，说出了工人阶级必然能够自己解放自己，未来必定属于今天还在受苦的工人阶级的真理，给人以摧毁黑暗世界的巨大推动力量。

报告与文学的完美结合

报告文学，既是具有浓厚新闻性的真实的“报告”，又必须是充分形象化的生动的文学。正如《包身工》所成功地实践的那样，它不仅要以无可辩驳的事实来揭示包身工制度的罪恶，同时又必须借用文学的形象性来描绘这一幅幅血淋淋的图景，进而产生激动人心的艺术感染力。夏衍是位深谙多种艺术形式的文艺大家，他以精湛的艺术构思和技巧，在力求真实，

① 《列宁选集》第1卷，人民出版社1972年版，第89页。

丝毫不虚构和夸张的前提下，出色地表现了深刻的主题。

对于报告文学来说，读者首先关心的是报告的事实内容。他们只要事实，只要真相。作者可以而且应该表达自己鲜明的倾向和爱憎，但是这些必须寓于事实之中。作者不能把他的哭泣或欢笑照直地倾吐出来，而是要渗透在、凝结在那使人哭泣或欢笑的对象里面，这样即令读者在字面上看不见他的哭泣或欢笑，但形象本身使你不能不哭泣，不能不欢笑，只有这样，作品才充分显示出它的力量。夏衍说过：

> 这是一篇“报告文学”，不是一篇小说，所以我写的时候力求真实，一点也没有虚构和夸张。她们的劳动强度，她们的劳动和生活条件，当时的工资制度，我都尽可能的作了实事求是的调查，因此，在今天的工人同志们看来似乎是不能相信的一切，在当时却是铁一般的事实。[①]

事实是最雄辩的。夏衍在《包身工》中总是力求真实，力求准确地表达真实的生活事件，决不任意夸张或缩小，以致使“报告”失实。试看作品一开始对包身工起身以后的日常生活的描述：

① 夏衍：《回忆与感想》，见《包身工》，人民文学出版社 1978 年版。

> 上午四点一刻，晓星才从慢慢地推移着的淡云里消去，蜂房般的格子铺里的人们已经在蠕动了。
>
> ……
>
> 七尺阔、十二尺深的工房楼下，横七竖八地躺满了十六七个“猪猡”。跟着这种有威势的喊声，在充满了汗臭、粪臭、和湿气的空气里，她们很快地就像被搅动了的蜂窝一般地骚动起来。打伸欠，叹气，叫喊，找衣服，穿错了别人的鞋子，胡乱地踏在别人身上，在离开别人头部不到一尺的马桶上很响地小便。……

类似这样的叙述文字十分具体、生动，翔实无误，这里所描述的一切，都有可靠的事实根据，确凿无疑。同时这些叙述又是那样形象、逼真，绘声绘影地表现出这些女孩子们就是经常生活在这种环境恶劣、动作忙乱、情绪紧张、令人难以忍受的状况中，过着一种正常人难以想象的非人生活。尽管作者没有什么修饰和夸张，却一下便攫住了读者的心，给以强烈的震撼和沉重的锤击，人们甚至从中可以感受到作者内心燃烧着的怒火的炙烤!

报告文学要求真实，却又不同于新闻报道。作为文学的一种，它除了具有新闻的真实外，还必须以情动人，提供鲜明、生动的人物形象和事件。和一切文学形式一样，报告文学同样需要想象的翅膀：生动的比喻，丰富的联想，幽默讽刺，议论纵横等等。从《包身工》可以看出，夏衍并不因为报告文学强调真实性和新闻性而在写作手法上显得拘谨，相反，他放开手笔，灵活地运用具体形象的描写，精辟有力的议论，细腻感人的抒情等表现手法，发挥比喻、借代、幽默等修辞技巧，来生动地描绘色彩鲜明的生活图画，使人读来，既感到真实可信，又牵动神魄，留下难以磨灭的印象。

善于从大量生活素材中提炼选择富有特色的典型的生活片断和细节，是《包身工》写作上的一个明显特点。例如，作品开始写包身工喝粥的场景："楼下的那些席子、破被之类收拾掉之后，晚上倒挂在墙壁上的两张板桌放下来了。十几只碗，一把竹筷，胡乱地放在桌上，轮值烧稀饭的就将一洋铅桶浆糊一般的薄粥放在板桌中央"，"她们一窝蜂地抢一般地各人盛了一碗，歪着头用舌头舐着淋漓在碗边外的粥汁，就四散地蹲伏或者站立在路上和门口"；"洋铅桶空了，轮不到盛第一碗的人们还捧着一只空碗，于是老板娘拿起铅桶，到锅子里去刮下一些锅焦、残粥，再到自来水龙头边去冲上一些冷水，用她那双方才在梳头的油手搅拌一下，气烘烘地放在这些廉价的、不需要更多'维持费'的'机器'们的面前"。这些描写是多么准确，多么细致入微。从放下挂在墙上的桌子，一窝蜂地抢粥，到粥不够，老板娘用自来水冲拌粥桶等等细节，淋漓尽致地表明：这些廉价的"机器"们不正是过着道道地地的猪一般的生活么？我们在许多作品中看到过对工人在新中国成立前忍饥挨饿生活的描写，然而，《包身工》在这里所提供的细节只能是包身工的生活中所独有的，它给人以一种令人窒息的压逼感。

更能表现作者现实主义技巧的，是芦柴棒被打的一段描述：在一个很冷的早晨，她得了重伤风，唯恐遭到老板的毒打，自己先将身子缩做一团，偎在屋子的角上，可是偏偏碰上有生杀之权的“打杂的”，不容分说，一面骂：“假病！老子给你医！”一面“一手抓住了头发，狠命地举起往地上一摔”，“跟上去就是一脚”。可是因为芦柴棒露骨地突出的腿骨碰痛了他的足趾，打杂的恼了，顺手夺过一盆另一个包身工正在揩桌子的冷水，迎头泼在芦柴棒的头上。这是冬天，外面刮着寒风。芦柴棒遭了这意外的一泼，反射地跳起来，于是在门口擦牙的老板娘笑了：“瞧，还不是假病，好好的会爬起来，一盆冷水就医好了。”这个场面用笔精炼，形象生动，寥寥几笔，场上各个人物的面目、神情都跃然纸上。芦柴棒蜷缩在一旁，显得那样孤苦无告；打杂的肆意逞凶，显出了兽性的凶残；老板娘对这种暴行冷笑赞赏，从旁怂恿助威，又是何等的阴险冷酷。这些表面上似乎不动声色其实饱蘸感情的描绘，渲染出令人颤栗的气氛，使读者的同情和愤恨格外深沉。

在描写、叙述和议论中，作者一再运用了比喻来增强作品的生动性和可感性。如描写在打杂的吆喝下，急急起床的包身工，“很快地就像被搅动了的蜂窝一般地骚动起来”。这一比喻十分生动、贴切，使读者仿佛在“充满了汗臭、粪臭和湿气的空气里”亲眼目睹了这一切，不禁毛骨悚然。又如，作者出色地形容帝国主义的爪牙带工老板具有一张“可以将一根稻草讲成金条的嘴巴”，即刻使带工老板的欺诈本性昭然若揭。再如，将被压榨得丧失了起码的生活权利的包身工比作“没有固定车脚的活机器”，“罐装的劳动力”，“没锁链的奴隶”；当包身工进入东洋纱厂时，作者愤慨地描写道：“红砖头的怪物已经张着嘴巴在等待着它的滋养物了。”通过这些简练而生动的比喻，文章极其传神地写尽包身工的不幸遭际。

在叙述中，作者对生活的独特感受，往往通过由此一事物到另一事物的联想，以揭示事物的本质，使之达到深刻动人的程度。比如，在描述了包身工制度的罪恶之后，作者由此联想到江浙一带的墨鸭：

> 看着这种饲养小姑娘谋利的制度，我禁不住想起孩子时候看到过的船户养墨鸭捕鱼的事了。和乌鸦很相像的那种怪样子的墨鸭，整排地停在舷上，它们的脚是用绳子吊住了的，下水捕鱼，起水的时候船户就在它的颈子上轻轻的一挤。吐了再捕，捕了再吐，墨鸭整天地捕鱼，卖鱼得钱的却是养墨鸭的船户。但是，从我们孩子的眼里看来，船户对墨鸭并没有怎样的虐待，因为船户总还得养活它们，喂饱它们，而现在，将这种关系转移到人和人的中间，便连这一点施与也已经不存在了！

作者抓住了包身工制度与船户养墨鸭捕鱼这种相似之处，迁想妙得地把二者联系起来，这就收到了触类旁通、相得益彰的效果，进一步突出了包身工制度的罪恶本质，启示读者更深入地思考。

作品中冷峻幽默的讽刺手法，在客观的叙述中时时闪现着战斗的锋芒。比如对日本厂为什么大量需要包身工的说明，作者在第二段用讽刺的语调写道："所以，包身工是一种'罐装的劳动力'，可以'安全地'保藏，自由地取用，绝没有因为和空气接触而起变化的危险。"这里，旁敲侧击，一腔被压抑着的怒火在燃烧。工房门口"积德前程远，存仁后步宽"的对联，与现实情况所形成的鲜明对照，恰成绝妙的讽刺。在作者笔下，即使是一个小小的标点，他都使它凝聚着血和泪的控诉，请看："芦柴棒害了急性的重伤风而躺在床（?）上了。""床"字后面紧跟一个问号，那愤怒的控诉和尖利的讽刺不言而喻了。作品中写到带工老板对于包身工的"罚规"是"不假思索地就欢喜""采用殴打这一种办法"。看，多么令人心寒的一个"不假思索"！在唯利是图、贪得无厌的带工老板看来，厂方对包身工的"罚工钱和'停生意'"两项"罚规"于他们是很不利的，而采用往那包身工活生生的血肉之躯上死命地打下去的办法，却是一桩"不假思索"的事，这是什么世道！忿慨不平之情在此溢于言表。

报告文学的战斗性除取决于雄辩的事实报道之外，还往往借助于画龙点睛的议论和抒情。《包身工》意在向人们揭露“包身工”制度的事实真相，它的叙述是科学的分析和形象的描绘相结合，而在叙述典型事实的基础上，作者往往通过议论，用点睛之笔揭示这个罪恶世界的本质，同时，作者不轻易放过行文间的每一个机会，来含蓄地传达他的恨和爱。很明显，作者不仅是包身工罪恶制度的见证人，同时也是受煎熬之中的包身工的代言人——他要喊出“她们心里想说的话”，他要道出“她们心底的痛苦”！譬如，文章列举包身工的吃、住、劳动条件等三个方面，在描述了每一个方面之后，接着就东洋厂为什么要大量雇佣这种劳动力进行深刻的分析和精辟的议论。在写一个包身工“熬不住这种生活”写信回家因而遭到老板毒打以后，作者议论道：

> 人类的身体构造，有时候觉得确实有一点神奇。长得结实肥胖的往往会像折断一根麻梗一般的很快的死亡，而像芦柴棒一般的却偏能一天一天地磨难下去。每一分钟都有死的可能，可是她还有韧性地在那儿支撑。两粥一饭、十二小时噪音、尘埃和湿气中的工作，默默地，可是规则地反复着，直到榨完了残留在她皮骨里的最后的一滴血汗为止。

这一段话表面看来冷峻得出奇，而内中却浸渍着多少辛酸！作者在事实报道之后，在这里通过对包身工生命力的顽强的感叹，再次倾吐了对包身工们欲生不得、欲死不能，活活地受煎熬的非人生活的强烈同情。文章越到后来政论的色彩越浓。尤其到最后的“黎明的到来，这是无法可以抗拒的”这一番议论，使压抑的愤怒迸发为激越的声讨，沉痛的揭露递进为对未来的坚定信念，犹如暴风骤雨一般淋漓痛快，这段文字既是抒情成分很浓的议论，又是评析锋芒犀利的抒情。作者义正词严地警告了殖民者、压迫者，预示了工人阶级翻身解放的明天必将到来，这就画龙点睛，一下子突出了作品反帝反封建的高昂主题，使作品的战斗气氛达到最高点。

通过上述分析，我们可以看出，这篇报告文学杰作是生活、政治和艺术的结晶。它集中地显示了夏衍对于帝国主义及中国半封建半殖民地社会本质的深刻洞察和运用自如地安章宅句的娴熟技巧。我国的报告文学是在三十年代左翼文艺运动中发展起来的。1932 年“一・二八”事变后，由于左联的提倡和反帝斗争的需要，出现了反映前线战斗、士兵生活及后方民众支援的短小作品，后来钱杏邨将它们编成《上海事变与报告文学》一书出版，这可以看作是我国最早的报告文学集。以后，捷克斯洛伐克著名报告文学作家基希的《秘密的中国》，由周立波翻译过来；又陆续出现了《中国的一日》《活的记录》等报告文学作品的合辑。这段时间报告文学数量是逐渐增多了，但整个说来，这种体裁尚处于萌芽阶段，多数作品显得较为幼稚，新闻的成分多，文学的意味少，直观的报道多，睿智的探究少。《包身工》发表后在社会上引起极大反响。它不论在题材与主题方面都有新的开拓，艺术水平也达到当时报告文学前所未有的高度，因而标志着报告文学这一新兴文体在我国已发展到成熟的地步。从此，人们再也不能无视这一战斗文体的存在价值了。周立波当时曾热情赞扬道："夏衍的《包身工》是今年关于产业工人的一篇材料丰富、情真意挚的报告文学，在报告文学刚刚萌芽，工人文学非常缺乏的现在，它有双重的巨大的意义。"[①] 作为我国报告文学的第一块基石，《包身工》是当之无愧的。

① 周立波：《一九三六年小说创作的回顾》，《亭子间里》第100页，湖南人民出版社1963年版。

第七章

为抗战救亡奔走呼号

“八一三”前后

1937 年，卢沟桥的炮声揭开了全民族抗日战争的帷幕。深入广泛地开展文化运动，唤起广大群众树立抗战必胜的信心，加强民族战斗的勇气和实力，已成为文化工作者十分紧迫的任务和义不容辞的职责。

早在抗战爆发的前一年，左翼剧联为了团结各方面力量共同抗日而提出“国防戏剧”的口号，并自动解散剧联，组成上海剧作者协会。抗战全面爆发一周后，该会召开全体会议。会上，开始以半公开的身份活动于文化界的夏衍，代表党组织提出建议：“本会原名上海剧作者协会，现因事实上的需要，应扩大组织，使成为全国性的，并更名中国剧作者协会。”这一倡议立即得到与会者的一致通过。人们被卢沟桥抗战的消息激动着，当场推定由夏衍、章泯、于伶等十六人集体创作一个三幕剧，题目即定为《保卫卢沟桥》。为便于演出起见，决定采用新形式，即全剧既是连续性的三幕剧，但也可成为单独的三个独幕剧。剧本到第五天即写好付印，上海几个较大的剧团旋即争先公演。这是“抗战戏剧”的第一个剧本，标志着戏剧界投入民族解放斗争的开端。紧接着，夏衍又写出广播剧《“七二八”的那一天》，采用广播戏剧这一新颖而又有广泛教育作用的艺术形式，反映与歌颂了当时我国人民普遍的对抗战的要求与期望，同时揭露了某些当权者造谣愚弄人民的恶行。8 月 13 日，日本侵略军从杭州湾登陆，淞沪抗战打响，全上海的人民沸腾起来了。戏剧工作者组成十二个救亡演剧队开赴战云弥漫的前线。夏衍参与了这些演剧队的筹备、建队的讨论，并与各演剧队的负责人频繁接触，为他们分析抗战形势，确定今后联络办法。对于这支以后活跃于战地、后方，为抗战建树了特殊功绩的戏剧队伍，夏衍起了重要的组织与推动作用。

随着战事的扩大，为适应抗日救亡宣传的需要，党决定创办上海文化界救亡协会的机关报。八月中旬的一天下午，十八集团军驻沪办事处主任潘汉年约夏衍到郭沫若在高乃依路（现为皋兰路）的寓所去谈话，去了后得知郭、潘二人已约好到浦东大楼（“上海文救”所在地）和国民党在上海文化界的头目潘公展谈判合作办《救亡日报》的事情。这时，夏衍才知悉当时正在上海的周恩来同志指定他去协助郭沫若主办这份报纸。

这次会谈确定了报社的人事、经费等。潘公展之流迫于形势不得不赞成合作，但又竭力要安插自己的亲信，以控制这一舆论工具。郭沫若、夏衍挫败了对方的图谋，作出了有利于今后工作的人事安排：由郭沫若任社长，夏衍任总编辑，林林任编辑主任。在报纸发刊以后，根据党的指示精神，夏衍牢牢地掌握着报社的编辑大权。国民党派进报社的亲信眼看着在编辑、言论等方面无法控制，在经济、发行上扼杀报纸的阴谋也不能得逞，便陆续地离开了报社，这样，这份报纸后来便完全成了我党所领导的左翼文化人宣传抗战的舆论讲坛。

《救亡日报》于1937年8月24日创刊。这份小型日报，从第一号起即举起团结、抗战、救亡的旗帜，以丰富的内容、精辟的言论和生动活泼的形式，吸引了三百万上海市民的视听。当时正是淞沪抗战最激烈的时刻。上海军民为争取祖国的自由解放奋起抗击侵略者，用满腔热血写下了悲壮的一页。《救亡日报》从不间断地发表了来自前线的各种战地采访、新闻特写，对爱国将士浴血抗战的可歌可泣的事迹作了及时的报道。针对患有恐日症的上层人物放出的“主和”空气和悲观论调，夏衍拟出了下列口号：“坚持抗战，反对分裂！反对妥协！”“战则存，和则亡！”“主和者就是汉奸！”这几条口号用头号宋体字，在《救亡日报》第一版刊出，并发表了精心组织的政论文章，对战局作深入剖析，帮助人们认清日寇的侵略野心，以打消一切苟且偷安、和平妥协的念头。这些口号、文章大大鼓舞了士气，振奋了人心。

尽管国民党当局百般限制，上海群众性抗日救亡活动仍然十分活跃。演剧队、宣传队、歌咏队如雨后春笋，茁壮成长。他们有的上前线慰问，有的就在街头、广场、难民所演出，到处都是他们表演的舞台，“起来，不愿做奴隶的人们”的歌声响彻云霄。这时，在夏衍、阿英的组织下，《救亡日报》的编辑记者时常到群众中去，集中报道他们的活动，或以点滴新闻、三言两语，反映抗日动态。有时他们也到报社来，主动提供情况。大陆商场的《救亡日报》编辑部一时间成了文化界救亡活动的中心。夏衍在这里时常召开座谈会、报告会，邀请许多学者、作家、戏剧家、音乐工作者写稿，为宣传队提供演出素材。许多短小精悍、生动通俗的戏剧、活报、歌曲、报告文学诞生了。这些作品，对于唤醒民众，推进抗战，发挥了重要作用。

当时报社不过十来个人，相约一律不拿薪水，写稿不取稿费，甚至于到报社办公的交通费也由自己负担。夏衍作为报社实际负责人，工作异常繁剧，每天除报纸编辑、对外联络、约稿、参加各种会议外，还要过问报纸的发行和印刷。这时他的夫人蔡叔馨刚刚生下第二个孩子，急需照料。但他除了偶尔从熟食店带回一点香肚、猪肝之类，其他都无从说起了。在倥偬忙迫中，夏衍仍不放过任何一个机会，冒着连天炮火，亲自深入到前线采访。他曾与田汉一起到过嘉定前沿阵地，为避开敌机的轰炸扫射，数十公里的路程曾七八次下车，伏在稻田的柳荫下。在夜间，又驱车从公路被炸的缺口及已被炸毁一半的桥面上通过。抗日健儿“燃烧着的火一般的敌忾，炽烈而坚定的战意”，在他的心里留下了不能磨灭的印象。这些见闻与感受都记述在当时所写的《始信人间有铁军》《战斗日志的一页》《士无斗志的日本》等通讯报告中。

为了让群众正确地认识日本统治者发动的侵略战争的本质，提高抗战必胜的信心，夏衍还利用他对日本社会的广博知识和深刻了解，写了《日本在过阴天》《日本的悲剧》《悲剧中的悲剧》《一封给日本友人的信》等散文随笔，以确凿的事实表明，日本军阀发动的法西斯侵略战争不只给中国人民带来灾难，也违背了日本本国人民的意愿，是完全非正义和不人道的。他引日本社会近来流行的词汇——“明朗、膨胀、断然”，用讥刺的笔调，说明隐藏在这些词汇背后的阴郁与愁伤，最后的结论是：“日本帝国，‘断然’‘明朗’地‘膨胀’了，但是日本国民却在过着无尽期的阴天。”[①] 人民由于侵略战争这“人为的灾祸”而“生离、死别、悲叹和哀号”，因而在他们中间无可置辩地存在着潜藏的反战意识。对于日本某些文化人在暴力统治和威胁下安于缄默，夏衍深表不满，企望他们以凛然的骨气奋起同军阀抗争。这些文章很快被编成一册，以《日本的

① 夏衍：《日本在过阴天》，见《日本的悲剧》，上海大时代出版社 1937 年版。

悲剧》为书名出版，在广大读者中间流传。有人评论它们“不是论文，比论文更深刻；不是纪事，比纪事更生动。也许有人以为这是一个剧本，错了，这是一本文字隽永，材料丰富，立意纯正的抗战文库”①。

由于国民党最高当局不愿发动和武装民众，军事指挥不力，战争局势日趋严重，上海危在旦夕。当夏衍正打算留在孤岛坚持抗战的时候，周恩来同志亲自向他交代了到广州去办报的任务。在闹市区的一座大厦的普通房间里，夏衍第一次见到了当时中共中央军委副主席周恩来同志。当我党这位杰出的革命家热情地握住他的手时，夏衍心中充满了激动和喜悦。然而，在周副主席说到“你的工作是办报和做文化界的统一战线工作”以后，他却不自禁地现出了畏难的神色。他想，我在上海十年，主要是搞文艺和电影，这两项新的任务我能胜任么？恩来同志懂得了他的意思，习惯性地把那浓浓的眉毛稍稍一扬，和蔼地笑着说：“你开始搞电影的时候，不也是外行么？干着干着也就懂了，会了。”接着，他又耐心地向他分析了当前的政治军事形势，然后勉励他说：“在一个相当长的时期内，你要在国民党统治区工作，党要求你去做宣传和统战这两项重要的工作。困难不要怕，困难会使你得到锻炼。”周恩来同志的教诲严格又细致，态度平易而亲切，充满对同志的高度信任

① 文央：《日本的悲剧》，《救亡日报》1937年11月18日。

和热情，犹如一阵清风，驱散了夏衍心头的顾虑，坚定了他走向新岗位的决心。此后，在新中国成立前的十二年间，夏衍一直在周副主席的直接领导下，从事国统区的新闻、统战工作，辗转奔波于上海、华南、西南、港澳和南洋等地，经受住了极其艰苦、复杂和险恶的环境的严峻考验。如他多次所表白的，这是他“毕生最难忘的十二年”，“工作最愉快的十二年”。而所以能这样，是同周恩来同志的亲切关怀与勖勉分不开的。

当日军占领苏州河和南市一带，国民党军队已全部退却之后，《救亡日报》即转入地下。编辑部在南京路一条狭小的弄堂里租了一间灶披间做办公室。那是一个充满尘埃、霉味和光线很差的小屋子，在窗门边，就是垃圾箱和早晚倒马桶的地方。夏衍与编辑部周钢鸣、彭启一等留下的五六个人，每天从下午三点钟起在小房子的黯淡的灯光下，工作到第二天的黎明。上海于 11 月 12 日沦陷。就在这天深夜，夏衍望着窗外天空中飘舞着的烈焰浓烟，写下了《失去了太阳的都市——上海》一文，以血泪般的文字，控诉了日本军国主义者蹂躏我国土，屠杀我同胞的暴行，表达了全上海人民对敌人的火焰般的愤怒：

> 没有风；上海——这国际都市的南，西，像山岳似地耸着奇伟的云，不，这是燃烧弹的烟，五百磅炸弹爆发出来的火！
>
> 上海，被这黑烟遮盖了，白云在深邃处映出暗红，瑰

丽？惨淡？

“我永也忘不了，这惨的红色！”一人在叹息。这是民族的怒火！仇的焰，恨的火！

夜色浓起来，黑了，路上的人疏落了，上海，紧张了三个月的都市，此刻表面上像一个濒死的人，每分每秒钟地在减少他的活气，他的面目变了，但是，他的心，他的脉……在跳跃，在冲悸。

这篇文章可说是夏衍向上海人民的一篇告别词，也是一纸抗日救亡的号召书。登载着夏衍文章的《救亡日报》第二日出版后，立即销售一空，同时也从办理《救亡日报》发行的卜五洲书报社员那里接到了工部局勒令停刊的通知。

12 月初，在参加一段《译报》工作之后，夏衍接到郭沫若从广州拍来的要他赴穗的电报。一个飘着大雪的凛冽的早晨，他撇下产后不久的妻子，告别了留在孤岛继续斗争的战友，秘密地搭乘外轮离沪去香港，奔向广州，去执行党所交付的更艰巨的战斗使命！

珠江之畔

上海沦陷后，大批文化工作者、救亡青年撤退到武汉和广州。而广州则又是一个对外——特别是对东南亚华侨宣传团结抗战的重要基地。《救亡日报》于1938年元旦在广州复刊。周恩来同志指示夏衍，复刊后的《救亡日报》要办出独特的风格来，办出一份左中右三方面的人都要看，都欢喜看的报纸。要讲人民大众想讲的话，讲国民党不肯讲、《新华日报》又不便讲的话。夏衍忠实地贯彻了这一办报方针。《救亡日报》成功地宣传了党的抗日民族统一战线的政策，真正成为人民的喉舌，成为华南抗战的坚固的精神堡垒。

广州是一个美丽的城市，一年四季，鲜花常开，香飘万里。珠江之畔，到处是油绿的芭蕉，彤红的木棉，各种亚热带树木长得非常茂盛。《救亡日报》社址设在长寿东路一幢三层单开间的楼房里，楼下是发行部，二楼是编辑部，三楼一部分堆存报纸，一部分作同人宿舍。夏衍的住所在离报社不远的上九东路一家洋铁店的三楼。报社人来人往，十分嘈杂，夏衍有时便在住地写作。这里虽比报社略觉清静，但马路上的市嚣，汽车的喇叭声，和洋铁店打整旧铁的锤声，仍不时给他以干扰。室内家具仅只几件沙发，没有写字的桌子，就只得靠在沙发的靠手上写起来。

广州起初平静得很，敌人这时虽已攻下南京，分五路向武汉进逼，广州也不时有敌机骚扰，然而战争气氛并不浓。敌机一来，市民们还懒洋洋地仰头张望，争看敌机“表演”。《救亡日报》针对广州毫无防空设施的情况发表了一连串文章和短评，强调必须加强防空，要对群众进行防空教育，要提高警惕，当心敌人的阴谋诡计。夏衍在 4 月下旬到武汉向周恩来同志汇报工作期间，曾发表两篇《粤汉途中》的通讯。文中记述了沿途见到的敌机狂轰滥炸所造成的触目惊心的景象：铁道的两旁，布满敌机的炸弹穴，近的远的，大的小的，车站和桥梁的左右，视线所及的地方，总有大小数十个“丑怪的瘢痕”。沿线的村庄，大部分被炸毁了，触目皆是焦土和残垣，远远的裹在林子里的三五户的村落，“无瞄准的炸弹是决不会光顾的，可是这一切平和的家屋、百姓、牲畜，全被残忍而无聊的轰炸所摧毁了”[①]。对于残害和平居民的嗜血成性的法西斯匪徒，夏衍表示了极大的愤慨，这些叙写实际上也是对善良的人们的一种提醒和忠告。

不久，果然发生了敌人大规模轰炸广州闹市区的大惨案。长堤是广州繁华的所在，大饭店、大百货公司都设在这儿，而且也是许多设摊的小商小贩集中的地方。五月末，敌机沿长堤一带轮番轰炸，扔下了成吨的炸弹。轰炸持续十多日，一时造成血肉横飞、遍地尸骸的悲惨世界。轰炸第一天，夏衍正在宿舍写文章，附近落下一颗炸弹，强烈的震动使室内的电灯撞到墙上而爆破。夏衍当即亲自带领报社记者赶往现场采访。归来，彭启一写了一篇《长堤被炸目睹记》，夏衍在审阅这篇报

① 夏衍：《粤汉途中》，见《救亡日报》，1938 年 5 月 2 日。

道时，抑制不住心头的愤怒，立即拿起笔来，将文中所有提到敌机的字样，一律改为“兽机”，并连呼“这真是兽机！兽机！”不已。接着，夏衍自己又写了《广州在轰炸中》《在轰炸中生活》《把这旷史上的惨剧记录下来》等五六篇文章，如实地报道了这场骇人听闻的惨剧，以抑制不住的怒火，向全世界控诉了日本侵略军令人发指的禽兽般的残暴行为：“人间何世？这是什么世界？世界上一切理智清明的人，能够袖手旁观，让这野蛮的屠杀继续下去，扩大下去么？”[①] 这些文章激起了广大同胞对于侵略强盗的敌忾，也使国外爱好和平的人士认识到东方战局的严重，屠杀的惨酷，进而强烈要求制止日本法西斯侵略。

广州轰炸后，汉奸活动猖獗，谣言四起，人心惶惶，针对这一情况，夏衍在《关于宣传》等短评中，对于国民党当局对广州街头散布的各种汉奸言论不加打击，并向市民封锁消息的做法表示强烈不满，忠告广州军政当局，要及时将前线实际情况告诉人民，指出谣言就是消息被封锁最严，最不灵通的情况下发生的，消除谣言最好的办法就是将战争形势随时公之于众。夏衍还访问过一名敌军空军俘虏，亲自写了特写，并翻译了反映敌军厌战思家情绪的《敌兵阵中日记》，每日在《救亡日报》连载，使人们看到日本军国主义者的侵华战争不得人

① 夏衍：《广州在轰炸中》，《夏衍杂文随笔集》第 20 页。

心，必将遭到彻底的失败，鼓舞人民的胜利信心。

在《救亡日报》出版两百期纪念时，夏衍撰文说：

> 报是在轰炸中产生，在血战中成长，作为文化的殿军而退出上海，更进一步而在轰炸着的广州新生的，望着一个单纯而伟大的目标，我们在战斗，我们在流转，我们发觉了神圣的使命联系了我们和读者，随处都能得到给养，随处都能得到补充，随处都能得到温暖的爱护。我们知道，这都是本报“巩固和强化抗日的民族统一战线”这个对于自身任务的规定给我们的赐与，我们将永远，永远地向着这个标的前进。①

为民族的独立解放，为人民的利益而兢兢业业地奋斗，这是《救亡日报》在重重困难和阻力下能够生存和发展的力量所在。在这中间，夏衍以身作则，堪称楷模。当时，夏衍的爱人和子女都远在沦陷后的上海，靠一点微薄的稿费和版税生活。夏衍离沪后，与他们很少通讯，而将全副心血和精力用来处理报社内外事务。当报社经济发生危机时，他曾不厌其烦地进出于广东省政府，与国民党党政大员周旋，请求《救亡日报》所用纸张进口时予以免税，以便于向市场出售多余白报纸，

① 夏衍：《我怀念着前方和后方的友人》，《救亡日报》1938 年 4 月 25 日。

从中获取办报所必需的足够的经费。他不仅为报纸筹划，从上海流亡来的剧团，歌咏队，以及路过广州的文化人都需要接待，为他们介绍关系，支持他们的演出，多方提供经济上的援助，……在这一方面，夏衍从不吝惜自己的心血与精力。他那国而忘家，公而忘私的精神，在报社内赢得了人们深深的崇敬。

除新闻写作外，夏衍在广州写了独幕剧《赎罪》（发表于茅盾主编的《文艺阵地》1卷第11期），电影剧本《白云故乡》提纲（由司徒慧敏导演，1940年1月上映），四幕剧《一年间》。《一年间》是夏衍自抗战以来写的第一个大型话剧。这个剧本从9月8日开始动笔，20日完成。他每天早上七点起来就写，写到吃中饭时到报社去办理事情，接待朋友，编辑稿件，一直弄到夜晚一两点钟才回宿舍休息。为了写字顺手些，他找来一只仅一尺半见方而脚已向外斜开的茶几，在那上面摆上一本《救亡日报》合订本，便信笔写起来了。当年同住一室的林林在回忆文中曾以动人的笔调写道：

> 我永远不能忘记，在那楼房上面，每天那明丽的阳光，从南窗映射进来，夏先生在温煦中埋头几上完成神圣的工作《一年间》的面影。……夏先生是尽了他的责任了，血是珍贵的，但为着民族的自由平等和幸福，火线上的战士们在廉价地把血溅洒了，夏先生并不“吝啬”，他

还是每天挤出着超过营养餐的脑汁。[①]

10月上旬，日本侵略军开始进攻广州，战争空气顿时紧张。国民党决策者出于对日本侵略者怀有的先天性恐惧，早就决定不战而走，但在表面上却假惺惺地宣称，“广州是华南的重镇，百粤官兵正严阵以待，它固若金汤，敌人任何侵犯，是自取灭亡……”以此掩饰其消极逃跑的卑怯真相。20日，日军在虎门登陆，国民党几十万守军仓皇撤退，敌军没有遇到任何激烈的抵抗，即于21日占领广州。夏衍在获得广州即将沦陷的消息后，作了撤退的准备，并将《救亡日报》出至最后一日。当晚，夏衍等各挟了一卷21日的《救亡日报》，提着浆糊桶，沿街张贴。夏衍、林林还用日文在社内墙壁上写上了号召日本士兵起来反战的大标语：“日本士兵们起来，反对强迫你们来华作战的日本财阀，军阀！”“中日人民是友好的！日本士兵们不要再为财阀们白流血了！”做完这些工作已深夜三时，一行十二人背上一个仅放有几件换洗衣服和一点干粮的小包徒步离开报社，在没有月亮和星光的一片漆黑之中向西——江边的长堤走去。当到达石围塘车站时，夏衍回过头去贪馋地遥望了一眼烽火中的广州。这一瞬间，对于战斗了十个月的祖国南

① 林林：《〈一年间〉是在什么环境写成的》，《救亡日报》1939年10月6日。

方这个美丽的城市，夏衍充满眷恋之情。后来在给友人的信中他写道："我们永不会忘记广州，永不会忘记广州的读者，我们可以高声地说：离开广州的时候，我们抛弃了一切，但是我们却珍重地带来了广州给我们的爱情。"①

《一年间》

1937年开始的抗日战争，是我国近代历史上反对帝国主义侵略的空前伟大、空前广泛的民族解放战争。日本军国主义者妄图吞并中国的行动，在全中国范围内卷起了民族革命的高潮。千千万万劳动人民为了民族和国家的生存而奋起抗争，团结抗日在抗战之初成为一切不愿坐以待毙的中国人民的共同要求。另一方面，日本侵略者的凶残气焰，国民党军队的溃退，尤其是国内以汪精卫为代表的投降派鼓吹抗战亡国论，极力散布失败主义情绪，也造成了一部分人对时局的迷惑和悲观。徐州失守后，敌人又以全力进攻武汉而突破了外围重镇田家镇。在广州6月轰炸之后，经过了一段暂时的沉寂，9月初又差不多每天都有警报和轰炸了。广州接近香港，对于敌人和投降派散布的谣言反应特别灵敏。在这种情况下，夏衍写了大型话剧

① 夏衍：《救报屹立着——寄友人》，《救亡日报》1939年10月21日。

《一年间》。《一年间》写出不久，为了替《救亡日报》筹募基金，这剧本于1939年4月、9月由郭沫若、田汉、阳翰笙等发起，分别在重庆、桂林举行了公演。演出十分成功，观众称赞它“坚定抗战必胜信念，棒击屈辱求荣之阴谋”，是“抗战一年间血的记录”[①]，在群众中激起了重大反响。当时在桂林的美国友人史沫特莱看了演出后也写道：“看了《一年间》，使我了解了许多中国中等阶层的实际情形，虽然我不认识作剧者，但是由此我可以知道他是对于中国社会有极深刻观察的人，很有大作家风度，颇像高尔基在革命前的作品，描写出旧势力和新势力混战，而指出新势力的不断的增长。”[②]

今天的青年人可能不大理解，为什么夏衍要通过一个地主家庭，一个清朝遗老来表现抗战初期各阶层团结救亡的重大主题呢？这就有必要对剧本的冲突和人物进行探讨和分析。

剧本通过沪杭线上乡绅刘爱庐一家人面对这场空前的民族危机的不同反应，揭示出不同人物的性格特征，从而构成全剧的戏剧冲突。在两代人中间，刘爱庐、刘绣笙与刘瑞春、赵澍父子、母子、姑侄之间有冲突；年轻一代相互之间，刘瑞春、赵澍与刘瑞秋，特别是于明扬表兄妹之间也有不同；刘爱庐与堕落为汉奸的远房侄儿刘德才有着正邪之间的斗争；喻志华与

---

① 崔成秋：《看过〈一年间〉》，见《新华日报》1939年4月20日。

② 史沫特莱：《抗战剧场》，《救亡日报》1939年10月10日。

刘家人之间又存在着革命者与一般善良群众的矛盾。所有这些，虽然很少以你死我活的激烈争斗的方式出现，甚至是在比较融洽、和谐的气氛中展开的，然而，在人物的相互关系中，他们的立场、思想和性格的差别，却包含着内在的深刻的矛盾。

刘爱庐是中小地主阶级中的一个开明士绅。他是清末的举人，也做过官，由于同上司“怄气”而辞官回乡。作为一个读书人，他保有儒生的正义感，头脑不很守旧。在晚辈面前，他不像一般封建家长那样专横。他不主张对孩子管束过严，对仆人的态度也还和蔼，然而，在他身上旧的制度和阶级的烙印还是很深的。就在日本帝国主义的侵略危及民族的生存时，开始他所关心的只是自己一家一姓的安宁和利益，而将民族的前途置诸脑后。“八一三”战火燃起，难民大批到来，他还在给儿子张罗婚事，希望早点给儿子完婚，以了却亡妻的一桩心愿。尽管较之顽固守旧的人物，他还算开明通达，当儿子要求奔赴战场时，他没有加以阻挡，然而他的内心却是充满着矛盾和痛苦的：“瑞春，我不留你，（片刻）可是，你娶了亲了，你得跟你的新妇商量，今天是结婚的晚上，你不能太伤了她的心。”从这段话中不难窥见他让儿子走是很被动的，是从不愿违拗儿子的意愿、损害他的荣誉感考虑的，而且还存在着某种侥幸：也许新妇能够使得新郎回心转意吧！不能说刘爱庐一点国家民族观念也没有，但是如果将“国”和“家”放到天平的两头来称一称的话，显然“家”这一头要重得多。

随着民族矛盾的迅速激化，人物在这方面的思想斗争也愈演愈激烈，在国与家、抗战与投降之间面临着严重的选择。儿子离家不久，日寇打到县城，眼看家乡就要沦于敌手，刘德才摇身一变，狗仗人势，要挟刘爱庐出任维持会长，并交出房产，这激起他无比的愤怒。他做出了应有的抉择：拒绝当汉奸，携带全家外出避难。当要离开自己的家时，他是多么依恋和沉痛：他捏着手杖站了起来，手抚着阿澍的头发，对住了几十年的老家仔细看了一遍，感慨地说：“这次出去了，我大概是不能再回来了，可是你们要记得，这是我们的家！我们祖先传给我们的家！”这里可看出他所萦绕于怀、不愿放弃的仍然是他个人的家。但这个祖传的家终究被侵略者的铁蹄所蹂躏和毁灭时，国亡，家亦不复存在，这个道理就变得十分明白了。因此在他心上就不可避免地滋生起民族的仇恨。流寓上海租界，时局动荡，生活拮据，加上家人间的误解和摩擦，使他精神上不胜苦痛。然而他并不因此沮丧绝望。他那对于儿子的思念、体恤，实质上已逐渐上升为对于整个抗战事业的支持了，流离的苦楚，救亡战士的艰苦斗争，尤其是儿子的战斗事迹，终于使他理解到这场战争的性质。剧本最后，他对喻志华赞许地说：“应该这么做，你们年青，唔，要子子孙孙不穿木屐，不做日本人奴隶，全靠你们这一辈了，好好地干！”从“我不留你”到“应该这么做”，这一变化，标志着老人从一味担忧家族的利益到关注民族的命运，从置身于抗战之外到拥护抗战，这不能不说是思想上的一个重大转变。虽然剧作者并没有对他寄予过大的期望，但通过这个人物的变化，却正反映了抗战对全国各阶层的深刻影响，进而揭示了统一战线中较为进步的上层分子所应走的道路。

刘绣笙，是一个显得保守落后的人物。她出身于大家闺秀，在年轻时死了丈夫，因为受不住公婆的气而跑回娘家，从此便成天替儿子和侄儿（瑞春八岁时母亲已亡故）操劳，“算苦了一世”。她具有封建社会女性那种贤妻良母的特点。她无微不至地抚养照护着下一代，把他们当作自己生活的唯一希望和精神寄托。如果说，在刘爱庐身上多少还有一点对于国家民族前途的忧虑，那么，在她头脑里，什么民族国家都仿佛是根本不存在似的。只要能将孩子养大，可以为刘家接上香火，她便算尽了自己的责任。这种感情的表现往往达到极其荒诞可笑的程度。比如瑞春办喜事那天晚上，看到花烛漏了，她是那样紧张，便很敏捷地自己动手把漏口的烛煤用煤夹除去，且连连责怪褚妈：“在这样乱荒荒的时候，大少爷又学了什么飞机，凡百事情都要图个吉利，要是有什么——”从这种愚昧的迷信举动中，不难看到她对侄儿命运的关切和焦虑。正是这样，当得知瑞春就要出发去打仗时，她第一个站出来激烈反对：“不，瑞春，我不让你走，我拼了老命也不让你走，你的爸爸这样老了，你能忍心……（回头对爱庐）大哥（狠狠地责问似的）你不讲话，让他走，让他去打仗么?”在第二幕中瑞春下落不明，绣干娘焦急万分，竟然恳求大哥拍电报谎称自己“急病死啦”而催他回来。这使刘爱庐也感到吃惊，说她简直是“疯了”。这类描写，显示了刘绣笙与刘爱庐在思想上的细微差别，也淋漓尽致地表现了绣干娘只知有家，不知有国的狭隘落后的思想性格。

在绣干娘这个人物身上，充分地体现出老一代旧式妇女在母爱与民族爱之间所发生的尖锐冲突。尽管如此，这个人物的性格后来还是在发生着极其微妙的变化。在上海避难时，她起初为生活的困扰而怨天尤人，闹着要回到乡下去，后来却很少看到她发牢骚了。瑞春在前线英勇作战的消息带给她巨大的喜悦。她在天井里燃起香烛，对天默祷的举动是可笑的；但不能否认她对侄儿——一位民族英雄的祝祷，其间也表现了某些民族感情的萌长。剧本在这些地方所使用的笔墨是很含蓄和微妙的，细腻入微地刻画出了人物内心复杂的变化过程。当儿子赵澍要求跟着志华去前线抗战时，你看她是怎样对志华表态的：“要是要替国家出力，我自己倒不要紧，反正我老了，替人家洗洗衣，缝缝补补，阿澍还小呐，他父亲……”尽管她是不会同意自己含辛茹苦带大的儿子上前线的，然而凭她说出“要替国家出力”这番话来，也就可以看到她毕竟是向前跨进了，尽管她前进的步子是很有限的。

对于明扬这个人物应该怎么看？有人曾批评说，常见的失败主义者、悲观主义者，“几乎都是与任何爱国运动绝缘”的“个人主义者”，剧本却将他写成曾经是一个学生运动的参加者，这就“使观众模糊了对失败主义斗争这一基本的认识”[①]。剧作者本人为此也觉得自己在理性上憎恶他，但又在感情上给予了他不应有的怜悯和同情[②]。这种看法似乎值得重新考虑。很难说，这里剧作家的理智与感情是相抵触的。剧本中的于明扬说不上是一个亡国论者和一贯的悲观主义者。作为东三省的流亡青年，他曾参加过“一二·九”运动，一度产生过抗战热情，这是可信的。应该看到，由于这段经历，便更加突出了他后来悲剧性的转变。作为一个不坚定的小资产阶级知识分子，在受到挫折之后由愤激不平而转入悲观失望，这是并不奇怪的。在复杂的社会矛盾面前，他不知道也不愿意行动，而只是成天“发牢骚，讲空话，骂人”，以至于“以前的东北老乡也不常来看他了”，逐渐成为一个孤独的无政府主义的复仇者。国民党统治集团执行片面的抗战路线，在战斗中屡遭失败，却又经常加以掩饰。他对于广播电台报告的“胜利”消息采取怀疑的态度，这本来是可以理解的（对这一方面，剧本是作了一定揭露的）。然而问题在于他只看到黑暗的深重，而看不到光明的前景；只看到统治者的卑怯，而看不到广大群众的觉醒；

① 刘念渠：《一年间》，见《抗战剧本批评集》，1939 年 12 月版。

② 夏衍：《关于〈一年间〉》，《救亡日报》1939 年 10 月 6、7 日。

因此失去了对整个抗战前途的希望和对整个民族的信心。当喻志华劝他不要“失掉自信”，要“耐一耐”，“别性急”时，他的回答却是：“耐一耐！我，我耐了七年了！整整的七年……(凄惨地) 中国的力量打不完，可是我的力气，却快要完啦!”这些话的确显示出这个人物有着无可救药的绝望情绪；但同时，这话里也有悲愤，有血泪，有控诉。从客观上说，正是国民党反动派的卖国路线把他推向绝望的深渊的。缺乏民族自信心，这正是坚持长期抗战、把抗战进行到底的极大障碍。剧本最后让他在痛苦与绝望中颓然倒下，这是对失败主义的有力批判，也是对小资产阶级在抗战中间表现的软弱性动摇性的沉重鞭笞。

据剧作者说，他创造这个人物的意图是要塑造这样一种典型：遁入天空，在云端里摇头叹气，不满现实，但又不愿以行动去争取更好的未来；嘴里喊着光明，而自己则藏在最阴暗的角上，因此，小有挫折，立刻就会对于昨天的主张作全盘的否定。他说他“憎恶这样的人，甚于最不容易进步的绣笙”①。应该说，剧作家的感情并没有作弄他自己。剧本并没有简单地对人物加以丑化，更没有把他处理为汉奸，甚至最后还让他向志华伸出颤抖的手说：“你们好好的干，凭着你们的自信。”表露了对他的不忍和痛惜。这样的刻画应当说基本上是符合人物性

---

① 夏衍：《关于〈一年间〉》，《救亡日报》1939 年 10 月 6、7 日。

格发展的逻辑的，是现实主义的。这样做，并没有削弱对失败主义、悲观主义的批判，而是通过人物独特的遭遇和个性，一方面更深刻地批判了造成一个热血青年堕入悲观绝望深渊的社会环境，对腐败的投降主义者提出了愤怒的谴责，另一方面也使人们更深切地感到民族失败主义这种消极反动的思想的可怕的腐蚀作用，并对它保持警惕。笔者以为，写出这样一个人物对于当时的小资产阶级青年是有着现实的教育意义的。

刘瑞春、赵澍、喻志华，这三个年轻人在剧本中所占的篇幅不多，但在戏剧冲突中的位置却显得异常重要。他们代表着新生的前进的力量，充满了蓬勃向上的朝气，而很少老一辈人的传统积习和偏见，是民族的未来和抗战的希望所在，也是促使剧中老一代人思想发生变化，推动现实矛盾解决的关键和动力。刘瑞春，剧本一开始便写他丢下新婚的妻子和温暖的家庭应召入伍，奔赴战场，表现出一名爱国青年军人忠于职守、报效祖国的满腔热情。随后作者让他转入后台，从广播和杂志的报道中，对他在空战中置个人生命于度外，奋勇杀敌的英雄事迹所作的侧面的渲染，是对人物形象的一个补充，而对于刘爱庐、刘绣笙则起了坚定抗战信念的作用。喻志华是直到第三幕才从后台转到前台来的。作为一名地下工作者，她不像刘瑞春那样拿起武器直接去同侵略者作战，而是从事救亡宣传，唤醒人民。她对于刘爱庐、艾珍的勖勉，对于于明扬的友善开导，对于阿澍的鼓励，都在一定程度上体现了一位充满革命活力的女战士的气质。第四幕她镇定自如、英勇机智地躲过敌人的搜捕，更给人物形象增添了光彩。从艺术表现来看，赵澍也许是比上面两个人物更生动些，给人的印象也比较深刻。他单纯、活泼又富有正义感。他十分仇恨侵略者，对驱逐侵略者的正义战争十分神往，以瑞春成为民族英雄而自豪。他坚决不同意母亲骗哄表哥回来的荒谬主张，干脆要舅舅“别听妈的话”，对于明扬的悲观厌倦尤其反感，虽然他讲不出多少道理，但在争论中却表现出对丧失民族自信心的失败主义的不能忍受的厌恶。“小孩儿，比混蛋大人懂得多呐!”“客人就可以不爱国么!”这些对话中间充满着少年的一腔爱国热情。如果说，开始他还显得过于单纯、稚气，在经历了家乡沦陷及流亡生涯之后，他对日本法西斯的罪恶有了较真切的感受，特别是在喻志华的影响下，他那种献身国家民族的意识就更加明确和自觉了。他追求进步，主动地要求协助志华工作。当瑞秋警告他有被捕的危险时，他无所畏惧地表示：“应该做的事，我还是要做!”这个人物在抗战烽火中的迅速成长，正预示着一个新时代的诞生，展示了民族的光明未来。

在对剧本的主要人物及其关系作了一番剖析之后，对于剧作家选取一个地主家庭的生活际遇来反映抗战救亡的时代侧影的创作意图，及其达到的思想深度，就可以看得比较清楚了。所谓剧本是为地主阶级唱赞歌的说法，是完全不顾历史、脱离作品实际的，是一种简单化的形而上学的评断。第一，剧本的构思和人物并非作者的主观臆造，它们本来就呼吸、活跃在抗战的烽火中，正是抗战初期这个特定历史阶段全国上下同仇敌忾共赴国难的汹涌的历史潮流的忠实反映。革命导师列宁说过："爱国主义就是千百年来巩固起来的对自己的祖国的一种最深厚的感情。"[①] 对于这种崇高的感情和信念，革命的无产阶级从来就是给予足够的估计并异常珍惜的。在民族解放斗争中，爱祖国、爱民族，是推动各阶层人民为谋求民族生存和解放而浴血奋战的精神支柱。《一年间》的首要意义，就在于反映了在经受抗战洗礼以后古老民族的新生，体现了爱国主义对于年轻一代，以至老一代的伟大感召和鼓舞力量。剧本在沦为"孤岛"的上海演出时，报上一篇剧评曾经写道：从剧中可以体会到："失败主义者自然走向灭亡，在另一方面，即在魔鬼把握着权力的地方仍然有斗争的力量。这力量到处充满着，如果我们不短视，这力量是常在我们眼中显现。"[②] 这番话正确地说明了剧本所包蕴的思想意义。在尖锐的民族矛盾、民族危机面前，社会上各阶级各阶层的绝大多数人们，面临着共同的敌人，有着共同的要求，这是谁也无法否认的现实。"戏剧就是揭示出来的生活，就是集中起来的历史。"[③] 生活和历史从来就

---

① 《列宁全集》第 28 卷，人民出版社 1963 年版，第 169 页。

② 罗蒙：《公演〈花烛之夜〉有感》，载 1940 年 2 月 22 日《大美报》副刊《早茶》。

③ ［俄］阿·托尔斯泰：《论文学》，人民文学出版社 1980 年版，第 44 页。

是丰富、复杂的。如果离开一定的历史环境，仅仅根据几条僵死的抽象原则来创作，哪里还有什么现实主义可言？

第二，我们知道，一个民族的觉醒，不是像一觉醒来那样简单，传统的封建意识的崩坏和新意识的生长是异常复杂、曲折、微妙的。工农大众作为历史的主人自然是推动抗战的主力，但时代的风涛也必然震荡着社会的各个角落和各阶级各阶层的人们。在抗战时期，我们固然可以看到像曹禺剧本中所写的曾皓式的腐败地主家庭的灭亡，但同时在这一阶级中也有一些较开明的人物，在民族危机面前，不同程度地表现出一定的民族意识。尽管这往往是从他们自身的利益出发，并且带有本阶级的特点。剧作者说过："在抗战中，这些小人物都还活着，而且在一个不很短的时期之内，他们都还各照着他们自己的方式生活下去，一种压榨到快要失去弹性的古旧的意识，已经在他们的心里抬起头来，这就是他们的民族感情，但是从他们祖先时代就束缚了他们的生活样式，思想方法，是如何难以摆脱啊。"[①] 然而，正如毛泽东同志所说："凡属正义的革命的战争其力量是很大的，它能改造很多事物，或为改造事物开辟道路。"[②] 刘爱庐、刘绣笙等毕竟在抗战道路上前进了一步。既然地主阶层中的人物在时代风云的推动下，最后也逐渐向进步力

① 夏衍：《关于〈一年间〉》，《救亡日报》1939 年 4 月 20 日。

② 《毛泽东选集》（一卷本），人民出版社 1976 年版，第 425 页。

量靠拢，走向了抗战，那么，我们对抗战事业的蓬勃发展和它的最终胜利还有什么可以怀疑的呢？我觉得，这正是剧作家思想的敏锐和深刻之处，也是在这点上，剧本对民族失败主义的批判特别发人深思。如同当时有人说的：夏衍“从来不把自己放在剧本中称英雄，除历史人物外，多半是我们东邻四舍随处可以发见的平凡人物，……可是他们代表着现代民众的大部分或一部分，作者通过了这些舞台上的人物，把现代民众所怀的烦恼，所要发挥的言论，都毫无遗漏地发挥净尽。他的戏，不单纯给人以刺激，而且指示观众一条应该走的路。这条路在当前就是打倒日本帝国主义，保卫祖国”①。

第三，剧作者对人物的描写很注意掌握分寸，既没有将其思想演变的过程简单化，也没有不恰当地拔高人物的觉悟。“即使是刘爱庐吧，他可以博得观众的同情，但他毕竟只是一个开明绅士，我写他，只想表现地主阶层里面的一个抱有正义感的封建儒生的一面，使他站在抗战这一面，使他同情下一代的，也不是由于阶级而是民族的感情。”② 他在同意儿子投入战斗及后来抛家出走等行动中所表露的感情，既有爱国的一面，又有其他地主阶级不愿放弃祖业家产的一面，这是一眼就可看清楚的。把这类人物当作抗战的主要力量自然不对；但如果将

---

① 崔万秋：《看过〈一年间〉》，见《救亡日报》1939 年 4 月 20 日。

② 夏衍：《关于〈一年间〉》，见《夏衍戏剧研究资料》（上）第 30 页。

他看得无足轻重，不去团结和争取，这也是不利于抗战的。《一年间》在这方面所达到的思想水平是值得注意的。

在戏剧艺术里，“不应有分散注意力的东西，同时除了戏剧作家有意激起的印象以外，也不应该有可能在我心中引起其他印象的端倪的任何假设”①。不注意艺术上的集中，就不能突出人物，精炼情节和深化主题。这个剧本既没有惊心动魄的事件，也没有曲折离奇的情节，然而整出戏仍然显得紧凑、流畅，具有动人的艺术力量。这是为什么呢？首先由于剧本紧紧围绕着空军少尉刘瑞春离家及随后家人们对他的思念、牵挂、忧戚、探寻，展现家庭各个成员间的性格冲突和感情变化，因而剧情集中洗炼而毫不松散拖沓，富有波澜而不呆板凝滞。如第一幕花烛之夜，喜筵刚开，兴高采烈，却意外地发来了紧急电报，新婚旋即变成了别离，剧情陡转。第二幕，人们焦急地期待瑞春的消息，但电报尚未发出，仆人却报告日军已兵临城下，跟着刘德才上门威逼。第四幕，喻志华带来瑞春的消息，又逢艾珍分娩，正在喜气洋洋之际，巡捕敲门前来捉拿喻志华。在安全脱险以后，空中传来中国空军飞机雄壮的机声，剧本在人们呼叫着瑞春的名字的欢腾气氛中告终。这些安排使得看来不太联贯的情节贯通起来，前后呼应，浑然一体，看似平淡无奇的剧情，却写得波澜迭起，跌宕多姿。

---

① ［法］狄德罗：《论戏剧艺术》，《文艺理论译丛》1958年第1期。

剧本结构的严谨，还表现为在情节的转折中，剧作者善于运用铺垫、等待的手法，为重要人物和重要事件的出现预先作好准备。如第一幕关于要去打仗的事，开幕不久便通过绣干娘的胆战心惊，瑞秋与父亲、绣笙与爱庐之间的谈话等作了伏笔。最后电报到来，新郎等到的不是结婚而是军校的命令，新娘等到的不是蜜月而是与夫婿的分别，这使观众感到震惊，但却并不觉得突兀。这种等待手法应用得异常巧妙，造成了观众的悬念，从而产生引人入胜的戏剧效果。

此外，剧情的开展有虚有实，虚实结合，也是剧本在结构上的一个特色。一出戏不可能什么都搬上舞台，必须作精心的安排。有的要正面出现，大力渲染；有的则只需作些交代和暗示，这样才不致使剧情冗赘、沉闷，剧中主要的东西才能突出起来。比如第四幕，艾珍分娩是虚写，得到瑞春消息则是实写；巡捕搜捕志华是虚写，而志华假装助产士脱险是实写；空军飞机降临上海夜空是虚写，人们的欢呼雀跃却是实写。这种虚实结合、相互烘托的手法，使得剧情丰富多变而又层次井然，突出了讴歌民族意识的苏醒这一主题。

在抗战初期的话剧创作中，存在着比较普遍的公式化类型化倾向。作者没有深入地观察与认识现实，仅仅依据某一意念（譬如敌军在占领区蹂躏我同胞，民众奋起抗战，终于战胜敌军）就匆匆执笔，因此它们大都“不够深入，不够真实，不够深刻”，往往“把抗战中的善与恶，美与丑都定型化起来了”[①]。在1938年初《救亡日报》举行的创作方法座谈会上，夏衍认为：“现在一切作家，必须用写实手法通过我们的世界观表现出来，才能在抗战中胜任我们的任务。劝大家随时随地注意人物，深刻地观察其特征，表现出来，要力反空疏的公式主义。”[②] 夏衍对现实的丰富性与复杂性确有比较深入的观察和理解。他的剧本坚持从实际出发，按生活的本来面目反映生活，创造性格，因而显得真实可信，亲切感人。

《一年间》的不足之处是喻志华这个先进人物显得不够丰满、坚实，有些人物如瑞秋、艾珍个性不很突出，对话不尽符合人物的性格特点。但整个说来，剧本在现实主义创作上是逐渐深化了。剧作家的高明之处不在于表面地铺陈轰轰烈烈的场面，而是把握生活的底蕴，让人们从平凡生活的细节与场面中看到生活的潜流，认识时代，认识社会，从而引起深沉的思索。无怪当时一位戏剧家要评论它“舞台的成分少，戏剧的成分多，而人生的成分更多”[③] 了。

---

① 阳翰笙：《1941年文学趋向的展望》，《抗战文艺》第7卷第1期。

② 见《救亡日报》1938年1月10日。

③ 于伶：《一年读剧记》，《戏剧与文学》第1卷第1期（1940年1月）。

第八章

“文化城”的日日夜夜

“学习、工作、创造”

抗战时期的桂林，在大后方被叫作“文化城”。当时桂系军阀由于同蒋介石统治集团存在矛盾，在政治上比较开明，对我党提出的抗日民族统一战线持比较积极的态度，因此在 1938 年 10 月 21 日广州沦陷后，党决定《救亡日报》转移到桂林继续出版。

夏衍一行在战火纷飞中撤离广州，经三水，过肇庆，入梧州，跋涉十余日，辗转到达桂林。当即与八路军驻桂林办事处负责人李克农商量决定，第二日由夏衍只身赴长沙，向郭沫若社长和周恩来同志请示在桂林复刊后的方针。可是，当夏衍到湘时，适逢长沙紧张疏散，按照周恩来同志的嘱托，夏衍当即护送于立群和日本友人池田幸子（鹿地亘的夫人）离开长沙，以后又历尽周折，回到桂林。喘息未定，由于经费无着，几天后夏衍又再次出发，经广州湾赴香港筹款。在廖承志同志协助下，拨得一千五百元港币，然后转道越南回桂。经过多方努力，1939年初，《救亡日报》在桂林再度复刊。

从退出广州、武汉后，国民党政府一方面对敌妥协退让，不战而放弃大片土地，并阴谋策划投降；另一方面，对共产党和八路军、新四军则步步进逼，并加紧压制言论出版自由，反共逆流越来越嚣张。面对这种局面，《救亡日报》以公开合法的地位，广泛团结教育界、新闻出版界、文艺界等各方面知名人士和进步力量，同蒋介石国民党的反动势力作了不懈的斗争，成为团结、组织、推动抗战文化的重要据点，我党在大西南宣传抗日统一战线的一个有力的舆论阵地。

《救亡日报》在桂林的社址是太平路的一幢简陋的平房，这房子狭窄得十分可怜：三分之一归报社所属的南方出版社；三分之一是对外营业部；还有三分之一又分为编辑部和夏衍的工作室兼卧室。每天一早起身，夏衍便抓紧时间，像机器一样紧张地开动起来，落笔沙沙声，隔室可闻。他每天几乎是手不停挥地撰写社论、短评、杂感、散文、通讯等等。其内容从世界大势，抗战动态，一直到社会风气、人民生活，现实中的迫切问题，几乎很少不被他那犀利的笔锋所触及。报社同人有感于他写作如此勤奋，曾为他戏拟一副对联："文章怀真理而俱来，脑汁比墨汁而齐下。"早餐之后，一项雷打不动的工作是检查阅读当日刚出版的报纸，用红笔加上批点，再由各部门讨论，以杜绝纰漏，改进工作，这便是以后人们常说的所谓每日评报制度。在处理报社工作和写作忙不过来的时候，夏衍经常给自己“念紧箍咒”般地说：“一忙就挤，遇坚就钻。”如实在疲乏得非休息不可，他就抓空隙喘上一口气，再继续战斗。他最怕的是写作时间里有朋友找他聊天。他因此想出了一个杜门谢客的办法：要报社同志在他卧室门上扣上一把锁，使来者以为“夏衍不在家”。在紧张工作一天之后，到了晚上，还得起草一篇次日见报的社论，篇幅总在一千二百字左右。每到夜深人静，在收听了延安的广播之后，便立即构思执笔。写好初稿，还要由城里步行四五十分钟到郊外白云山印刷厂，与值夜班的廖沫沙或林林一齐修改定稿。夏衍后来在给田汉信中写道：

> 那时真苦极了。每天深夜还得赶写社论。……其间，德苏协定，到第二次世界大战爆发，苏联出兵，法国贝当政府投降，以至德苏之战，重要的国际问题层见迭出，对于动荡失常的局面得用心去把握，对于国内论坛许多偏见得婉转地去斗争，真没有一时一刻好好的休息。但也感谢这样使我更能和这伟大的时代同呼吸，对于国际国内每一事变能比较敏锐地看到它的症结和动向而不致十分错误。[①]

① 田汉：《序〈愁城记〉》，载《愁城记》，文献出版社 1940 年版。

编辑记者的生活是困苦颠连的。夏衍善于在艰苦的生活中自觉地砥砺自己的意志，磨炼观察社会事象的敏感与能力。他不仅自己这样做，而且善于带动周围的人们。报社里洋溢着革命的朝气，人们一边忙碌地工作，一边刻苦地学习，夏衍无形之中成了大家的学习辅导员。他除了鼓励大家学习社会科学、哲学以外，还要求大家学习古文和研究修辞学，常常告诫记者必须多懂一些典故。有一次，在编辑部里，他手中拿着一部《古文观止》说，这本书不可不读，否则，要被别人骂作“数典忘祖”的。于是，当场即把书赠给了喜爱古典文学的女记者高灏，“以资鼓励”。在报社，他享有很高威望，同志们都尊敬地称他为“夏先生”，而他也风趣地将报社每个人都称为“公”，如林林叫林公，张尔华叫尔公，资料室高汾叫汾公，毫无一点领导架子，十分平易近人。对同志们工作中的缺点，他总是善意诚恳地指出，决不疾言厉色。如有一次《文化岗位》栏上转载延安《解放日报》的文艺消息，由于一时大意，“某某同志”等字样未加改动原样照登，他就用红笔批上“延安口吻?”，意思是说：我们是蒋管区呀，小心！

“我们要解除外在的不合理的束缚与重压，同时我们也要在困难中振奋惕励，组织起来，用更高的积极性来学习，工作，创造。”① 在繁重的任务和各种挫折磨难面前，夏衍从不畏

① 夏衍：《我们在困难中行进》，《夏衍杂文随笔集》第 235 页。

缩逃避，而是紧紧依靠党，依靠群众，以排除万难的勇气和锲而不舍的精神奋斗向前，从而出色地完成时代所赋予自己的使命。从广州到桂林的时候，《救亡日报》只有赤手空拳的十二个人，然而经过夏衍带领全社工作人员苦心经营，两年后便有了一支近五十人的队伍，除报纸外，还有了一个粗具规模的印刷所，一个通讯社，一个出版部，两种有近万读者的期刊，和一个即将开工的造纸厂，在物质条件极度困难、又受到各种阻力和限制的抗战期间，这不能不说是一个了不起的奇迹！

善于在各种不同的处境中，争取和团结朋友，孤立和打击敌人，这是夏衍在抗战时期的活动的一大特点。夏衍在斗争实践中越来越深刻地意识到，“在目下这样的国内外情势空前困难的时候，巩固团结应该是每个前进的文化工作者的责任”①。因此，他很注意团结群众，热情关怀爱国民主人士。老作家柯灵作过这样的描述：“人们明知道他危险的政治身份，却都把他当作知疼着热的朋友，跟着他一起干，觉得很温暖。……他对敌人是很泼辣的，在反动派眼里，他是不好对付的雄鹰；在群众眼里，他却像平常人家檐下做巢的燕子。”② 还应指出，在三十年代夏衍虽则也做过统战工作，但当时接触的人还都是知识分子、救亡青年，而很少与三教九流的各色人等打交道。到

① 夏衍：《关于关山月画展特辑》，《夏衍杂文随笔集》第 51 页。

② 柯灵：《辛苦了，老水手》，《戏剧艺术论丛》1980 年第 3 辑。

了桂林之后，他被迫不能不和国民党中央社社长，新闻检查所所长，以及以反共著名的《扫荡报》的总编辑等人周旋。譬如，当时孙科在重庆办了中苏文化协会，这个组织实际上由左派人士负责，做了一些介绍苏联的工作，因此不少人提议桂林也要成立一个中苏文协分会。对此，“孙科派”的梁寒操（国民党的军委桂林行营政治部主任）曾想攫取会长位置以控制这个机构。夏衍便与胡愈之、范长江等同志商量了对策，后由他去找李宗仁的夫人郭德洁女士，请她出面担任中苏文协分会会长。郭一口应允，并主动在会址、经费上给予协助和支持。这样就使梁寒操失去了他起先以为唾手可得的会长职位。在抗日统一战线中，需要团结一切可以团结的力量，灵活、巧妙地掌握斗争的机微和分寸，才能更有效地捍卫党和人民的利益。这样的事例，当时是举不胜举的。

在编辑《救亡日报》的同时，夏衍又与秦似、孟超、聂绀弩、宋云彬等开辟了又一个阵地《野草》。这一刊名是由夏衍拟出的，其用意在于“在那样的时局下，这个刊名可能给社会和文坛带来一点生气，引人略有所思”[①]。《野草》是一份专登杂文的小刊物，它的文字短小精悍，生动活泼，与那时已经流行的新八股恰成对照。无论是指陈时弊，斥责危害抗战的黑暗势力，还是阐发真理，讴歌抗战的人生，都能做到言简意赅，

① 秦似：《回忆〈野草〉》，《新文学史料》1979年第2期。

饶有风趣，因而很受进步青年的热爱。人们时常在书店里细细地翻看这本三十二开本，用又黄又粗的浏阳纸印刷的小型杂志，连在延安的毛泽东同志也注意到这份刊物，嘱人每期寄给他两份。周恩来同志也对它十分关怀，曾两次叫人传达他对《野草》“文章不要写得太露，要注意斗争方式，注意在斗争中保存自己”的意见。

夏衍在《野草》上发表过《旧家的火葬》《谈自己》《我这样地写了〈心防〉》《走险记》等杂文、随笔。《旧家的火葬》在了解夏衍的生平、思想方面是很重要的一篇资料。抗日游击队打到了杭州近郊，把他的旧家而这时已成了敌伪的茧厂的房子焚烧了。这篇随笔以此为话题，回忆了自己的童年生活。然而，文章不是一般的忆旧怀乡，而是侧重反映了自己在走出旧家故垒，投身于民族民主革命洪流之后的思想变迁。

> 在斗争剧烈的时候，我屡次感到潜伏在我意识深底的一种要将我拖留在前一个阶段的力量，我挣扎，我残忍地斫伐过我自己的过去，廉价的人道主义，犬儒式的洁癖，对于残酷的斗争的忌避，这都是使我回想到那旧家又要使我恼怒于自己的事情，而现在，一把火把象征着我意识底层之潜在力量的东西，完全地火葬了。将隔离了穷人的书香人家的墙，在烈火中烧毁了。

我感到痛快，我感觉到一种摆脱了牵制一般的欢欣。

从走出旧家故垒，到从思想上斩断与剥削阶级的联系，树立起共产主义人生观，这是一个长期的、痛苦的、反复的斗争和磨练的过程。在这发自肺腑的篇章里，夏衍那种顽强的自我改造精神表达得十分动人，给人以有益的启示。

从《救亡日报》复刊后，桂林文化活动特别是戏剧运动日益活跃起来。为了促进抗战戏剧运动更健康地发展，夏衍写了很多有关戏剧的文章，其中有论于伶剧作的，有综谈抗战三年间戏剧的，有谈战时文艺宣传的。在抗战中，戏剧艺术与抗日宣传密切结合，已成为最流行、最有效的教育工具。然而，这些剧本也往往存在以政治口号代替现实描绘的倾向。到抗战进入相持阶段后，观众对于这类戏剧便不能满足了，于是就有了"抗战八股"的责备，有人甚至对抗战戏剧运动是否要为抗战服务持否定态度。夏衍认为，戏剧工作者在抗战之后由大都市而深入到闭塞落后的农村，"这是新戏剧的伟大的播种，新文化的伟大的移植"①，是中国自有话剧形式之后二十几年来未曾前见的现象。在充分肯定抗战戏剧的方向的同时，对创作上的公式化，夏衍作了精辟、具体的分析，他以为"公式"并不怎样可怕，也并不怎样值得反对。抗战中有的是汉奸，有的是日

① 夏衍：《戏剧抗战三年间》，见《夏衍杂文随笔集》第99页。

寇的奸杀，必然的也有的是民众的起来扫除敌伪，这是当时中国人民大众日日经历着的现实，也是民族革命战争中所必经的“公式”。那么作家们拿这些现实的题材来写剧本，毋宁说是应该的。问题是在对于日寇、汉奸、民众乃至他们所处环境等等写得是否真实。“写得真实，是这么一回事，观众便觉得真实而忘其为公式，写得不真，不是这么一回事，那么即使不是公式，观众也觉得这不是人间现世之所可有。”[①] 夏衍指出产生公式化的根源不在主题和故事写了抗战，而是作者忽视了艺术的真实性，缺乏真切的生活体验，没有能深刻地把握住现实。这是抓住了问题症结的剀切中肯的见解。

对于某些战地的戏剧工作者要求离开抗战前线，而有一个“静静的学习环境”提高自己技术的愿望，夏衍加以循循诱导，要他们不要“放弃了有血有肉的活的教材——抗战着的人民大众的生活，而企图从书本、讲义和名人熏陶之中去摄取抗战戏剧所必要的滋养”，“这激变着的时代的人民生活，才是我们艺术工作者千载难遇的学习的宝藏”[②]。对于在桂林戏剧节中已经露头的一味追求“奢华”和“喜剧情节”，或以爱情作“调料”以广招徕的不良倾向，夏衍更作了语重心长的批评。他警告

① 夏衍：《谈真》，《夏衍杂文随笔集》第 56 页。

② 夏衍：《给一个战地戏剧工作者的信》，《夏衍杂文随笔集》第 105、106 页。

说："一个脱离了现实生活的艺术匠人的力量也可以歪曲现实，而使人放声纵笑于辛酸现实的香甜幻影之前，这在我们倒是一件值得警惕的事情。"①

在蓬勃开展的抗日文化生活中不是没有严重斗争的。各种反动势力竭力散布错误的东西，企图扩大它的影响，侵害抗战文艺阵营。桂林的国民大戏院在 1940 年 5 月上演了平剧《姚凤仙》，这出戏根据乾隆游江南的故事改编，以荒诞色情招徕观众，含有明显的封建毒素，受到了某些无聊文人的喝彩。因此，进步作者李石锋写了篇杂文《耗费》加以批评，在《力报》副刊发表。剧院老板看了大为震怒，竟然派人到报社去要求交出作者，扬言不交人就要砸报馆，捉编辑，销毁排字房。副刊编辑聂绀弩敦促作者离开旅馆，到《救亡日报》暂避。李石锋一到，夏衍立即作好安置，并热情地给予安慰和支持。他气愤地表示："这不是件小事，用武力来威胁舆论，真是岂有此理！"他那充满同志般关切的言辞，使患难中的作者更加无所畏惧。他还连夜著文，在《救亡日报》副刊《文化岗位》上刊出。这篇"岗语"，对这一迫害进步作者的事件鲜明地表示了自己的态度，对于文艺领域内的邪恶势力作了坚决的揭露与抨击。文末写道：

① 夏衍：《观剧偶感》，《夏衍杂文随笔集》第 110 页。

> 这不是一件小事，这不是一家报馆的事情，我们要请负责治安的当局诸公注意，在贤明当局积极推行宪政的今天，更不容许这种不依法律手续，企图用武力来威胁舆论的事实的发生与存在，此风而可长，今后报馆门口要架机关枪，社会批评和艺术批评更将无从谈起。
>
> 广西是个政治清明的地方，我们相信这一类事实的发生，足为盛名之累，希望当局杜渐防微，制止嚣风。[①]

1941 年 1 月，蒋介石制造了“千古奇冤，江南一叶”的皖南事变，许多优秀的抗日干部惨遭杀害。在反共的新高潮中，反动当局对进步文化界的压迫加剧。1 月下旬，桂林新闻检查所强令《救亡日报》刊登国民党中央社统发的诬蔑新四军违反军事委员会命令叛乱的消息。夏衍果断地决定“拒收”这份“很重的礼物”，但又要尽量做到“不伤情面”。经过与报社同志仔细研究后，先将发来的电稿全文放在头版头条地位付排，然后在与其他稿件一同送审以后打纸型时将它抽出，开了“天窗”。同时，在《岗位》一栏内却登了一篇杂文，说血和钱一样，不要浪费，否则人民是不答应的。这无异于是对反动当局杀害抗日志士的无声的抗议。这件事轰动了桂林，使国民党大吃一惊。新闻检查处又打电话又派人来质问。夏衍将一篇有审

---

① 《救亡日报》1940 年 6 月 9 日。

讫图章的稿件给那个周处长上校看了，弄得他当场发了呆。这时桂林已是阴霾弥漫，风雨如晦，国民党准备血洗桂林，妄图把进步文化界人士一网打尽。八路军办事处李克农带着中共南方局急电，催促夏衍尽快离开桂林，到香港开辟新的据点。

旧历除夕的前一天深夜，夏衍赶着交代完有关报社的事务，审看了即将发排的《野草》稿件。处理完毕，天已破晓，即匆匆乘车前往机场。这一天，不仅寒冷，而且阴森，到达机场的时候，彤云四合，天色暗得和黄昏一样，眼看一场暴风雪要降临了。夏衍在刺骨的寒风中搭上欧亚航空公司的一架仅有二十个座位的小飞机，离别了滞留几近三年的桂林。当飞机飞离跑道逐渐升向天空的时候，从舷窗向下鸟瞰，看到这一带特有的挺拔奇秀的峰峦和澄碧的漓江，夏衍对这座在抗战文化运动中功绩卓著的城市，心中不禁涌起依依惜别之情，而对那些面善心毒的所谓“友人”，胸间则充塞了无限的愤慨。

《心　防》

1940 年 5 月的桂林，正是漓江水绿、青城叠翠的时候，然而对于夏衍来说，此刻吸引他的不是身旁明媚的春色，而是远处战斗的火焰。

上海这个中国最大的城市沦陷了，日本侵略军在烧杀抢掠，汪伪势力在捣乱破坏，人民在呻吟、在流血，然而人民也在战斗，在前进。特别是大批的文化战士冒着生命的危险，克服重重阻难，为重建敌后人民抗日的精神堡垒而进行着壮烈的斗争。“正像一条强韧的弹簧，经得起压力，有反拨的力量，中国文化人在过去长时期的苦斗里面，已经学会了在一切不利条件下工作的习惯，他们像春天的草，即便被压在巨大的岩石底下，也会曲折地生长出芽来。”[①] 远方朋友的可歌可泣的战斗激动着夏衍的心，为了表达“对于在上海苦斗着的朋友们的感慕与忧戚”，在北欧战事最激烈的两周间，他完成了四幕剧《心防》。

在夏衍剧作中写得较多的，是那些在黑暗现实中陷于迷惘和苦闷中的知识分子。这类剧本虽然也出现过进步的知识分子的形象，然而大多不是剧中的主要角色，因而给他们的笔墨是不多的。《心防》是一个例外。这个话剧以沦陷后的上海为背景，集中笔力，精心塑造了坚持抗战的革命文化斗士刘浩如的光辉形象。在夏衍笔下的正面人物中间，这是一个刻画得较为成功的使人难忘的艺术形象。

刘浩如与倪邦贤之间的冲突，是剧本戏剧冲突的主导线索。看起来，倪邦贤并不是一个张牙舞爪、气势汹汹的角色，他在刘浩如面前，“大哥”长，“大哥”短，表现得异常敬重、

① 夏衍：《上海还在战斗》，《救亡日报》1938 年 1 月 6 日。

谦恭。然而，斗争并不因此而不存在了。剧本第二幕戏是在戏剧俱乐部展开的。倪邦贤看到当时孤岛剧运由于受到种种压迫不易开展，便以改善演剧条件和社员生活为名，提议找面目不清的中南大药房老板周平俊联系，以取得他在经济上的支持。当提出这个动议时，他假装着无足轻重、不动声色的样子，然而，这却是他向剧运砍来的毒辣的第一刀！其目的是要让汉奸来控制剧运并进而扼杀它。问题的严重性在于，这个建议对于剧社内的施小琳及沈一沧等人却很有吸引力。刘浩如从周平俊的复杂背景察觉到了“老鼠”的活动，便坚决地揭露了周某的汉奸面目，提醒大家要“防微杜渐”。他巧妙地引导一位在场的小学教员讲述小学教科书里荷兰童子的故事，并作了新的补充和解释：那差一点导致决堤危险的小孔原来是老鼠咬穿的！由此而进一步引申道：“一沧，我们不是说过，要死守上海五百万中国人民心里的那条防线么？现在，这条防线上面发现了一个漏孔，这就是那些老鼠咬穿的！这一个漏孔不堵住，涓涓之水，可以冲坏我们的心防。”一下便将听者从童话带回到现实世界中来。使人不能不对这个浅近却又极其重要的道理表示首肯。随后，他便立即作出决定，不让倪邦贤编辑《戏剧与电影》副刊，另派可靠的人去守住这个阵地。这幕戏似乎是有关剧社事务的争执，然而却隐藏着尖锐紧张的冲突。这种斗争方式正反映着孤岛文化界斗争的特点。在租界上，汉奸特务还不能公开活动，迫于人民普遍的抗日要求，他们不得不像老鼠一样隐蔽，采取更为狡猾的手段。如剧作者在一篇文章中所说，“这些恼人的小动物变化多端，神出鬼没，一忽儿钻进来，一忽儿逃出去，它躲藏在人们不注意的角落，用他刻毒的牙齿，破坏着人们辛苦建造起来的东西”[①]。显然，同这些狡狯的敌人较量，要求革命者要有深刻的洞察力，善于对各种假象及时作出准确的判断，采取坚决的行动。思想上的任何一点麻痹，敌我界限的任何模糊，都可能被别有用心的人所利用，导致斗争的失败。这一幕戏，在揭露倪邦贤看风使舵、欺软怕硬、阴险狡诈的嘴脸的同时，刘浩如的敏锐、老练和机智也就得到了生动、逼真的表现。

剧本第三幕主要是写家庭矛盾。当时汪精卫从潜伏的敌探变成公开的汉奸，日寇与汪伪共同加紧了对抗日运动的破坏，抗日报纸纷纷被迫停刊，进步记者遭到恫吓和暗害。倪邦贤趁此机会窜到刘浩如家。他以关心刘的安全的姿态，时而以“绑票暗杀”加以恐吓，时而以南洋报的高薪加以利诱，时而又利用杨爱棠与刘浩如的关系进行挑拨，要刘的妻子铭芳劝动丈夫外出“避风”。倪玩弄这套花招，是企图用调虎离山计诱使刘浩如脱离战斗岗位，使坚持在孤岛战斗的文化人失去核心，从而趋于瓦解。铭芳是一个老实女人，一心爱着丈夫，在倪的哄骗下竟打定主意要求丈夫离开，这便又引起了刘浩如夫妻间的

① 夏衍：《我这样的写了〈心防〉》，《夏衍杂文随笔集》第40页。

冲突。在这里，剧本以人物平易、质朴而又富有生活情趣的语言和动作，进一步表现了刘浩如决不在利诱和困难面前低头屈服，一心为抗战而与敌人周旋到底的决心。他克制了个人感情，消除了夫妻间的矛盾，同时又与战友共同勉励，决心坚守阵地，“为着自由，战斗下去”。这一幕戏结束，当仇如海对斗争前景流露出悲观情绪时，有如下一段对话：

仇如海　你知道，工部局完全屈服，就要大举搜查，搜查租界里面的恐怖分子，贴了布告，说要搜查军火，手榴弹……

刘浩如　哼，又是这一套，可是，有什么用呐，军火和炸弹太多了！藏在租界上炸弹一共有几百万！

仇如海
杨爱棠　（差不多同时）几百万？

……

刘浩如　（指着爱棠）可以把它写下来，这是一篇短文章，题目是《炸弹五百万》。你说，租界要搜查炸弹，我们保证他永远也搜不完，因为租界上的炸弹有四百几十万，这些炸弹全藏在最秘密的地方，这就是藏在每一个中国人的心里，心里的炸弹，是搜不完的。

这番诙谐而又警辟的对白，充分表现了刘浩如对人民的信赖和对抗战必胜的坚强信心。显而易见，这一幕戏并不是在琐细地表现家庭风波，而是包蕴着深刻的意义。如果说第二幕是从对奸细的警觉，刻画出刘浩如的机敏和魄力，那么，这一幕则通过他对家庭、爱情与工作关系的处置，侧重体现了他对祖国和人民的无私的赤诚和忠贞不贰的高尚品质。

围绕着刘浩如与敌顽斗争的主线，剧本还写到了抗日救亡团体内的各种思想矛盾。这种矛盾也往往不是以激烈交锋的形式出现的，在大多数场合表现为彼此之间思想、真情的交流和性格的对比。沈一沧是刘浩如的同乡契友，长期作普通记者，有正义感，工作勤谨，但缺乏斗争性，对什么都客客气气。在严重的政治斗争中常常表现得迟钝和犹豫。例如对倪邦贤的提议，他开始便是附和的。当刘浩如揭露了真相，并要求对“老鼠”要提高警惕时，他却以为是偏激，劝告刘“不要过于操切”，否则“逼得紧了，反而会使他走上相反的路子去的”。这种调和退让的处世态度，体现了小资产阶级知识分子的软弱性。刘浩如对老朋友的错误观点，坚持原则给予批评，决不敷衍和含糊。沈的宽容模糊，有力地烘托出刘的干练和坚定。后来汪记集团公开向日寇投降使沈终于看清了同“老鼠”斗争的意义，而一变折衷调和的立场，挺身而出斥责汪贼，以至后来特务首先闯入他家中企图对他加以迫害。而这，又进一步证明了刘浩如眼光的犀利和富于远见。

施小琳是刚从中学毕业的女学生，单纯，富于爱国热情；却又幼稚，爱虚荣。随着话剧运动的展开，在有了点名气以后，她便飘飘然起来。倪邦贤见有隙可乘，便以“名角”“明星”加以捧场，从生活上腐蚀她，力图使她脱离剧运，滑入歧途。对比之下，刘浩如不顾个人安危，不计名位，在敌人掌控的十里洋场艰苦奋战的精神，显得更加鲜明突出。另一个人物仇如海性格刚直，嫉恶如仇；但不够冷静，在受到挫折时容易沮丧。刘浩如亲兄弟般对他加以引导，把他的眼光引向广大群众，从而使他树立信心。上面几个人物尽管刻画有深有浅，但都在建立精神的防线问题上卷入了冲突。他们与刘浩如既有矛盾，又有亲密的友谊。剧本所揭示出来的人物思想、性格、感情上的差异，在一定程度上对刘浩如的正面形象起了比较、映衬的作用。

在一个剧本里，选择什么样的冲突，必须从特定的主题和人物性格出发。剧本的冲突、构思都必须是为着体现剧作家对生活的独特思考和特定的创作意图，为着加强人物思想性格的刻画，否则，剧本的冲突就会失去其应有的思想光华，影响艺术概括的深度。《心防》，正如剧名所标示的，剧本的中心主题是说明在抵抗侵略者的斗争中建立一条人心的防线的重大意义，指出文化工作者应尽的责任。剧本正是根据这一主题的需要，以同内奸的比较隐蔽的斗争及剧社内的思想分歧构成戏剧冲突，从而使刘浩如强烈的爱国热情、敏锐的政治嗅觉和巧妙的斗争艺术，一步步地令人信服地揭示出来。

《心防》在塑造革命者的光辉形象时，剧作者很突出的一点是不把他当作十全十美、超凡绝俗的神，而是当作人，当作活生生的普通人来加以表现的。全剧对人物的正面言行，并没有用大篇幅正面刻画，更多的是从日常生活入手，表现人物的个性，在一系列典型的细节中展现出高尚的品质和情操。

在剧本里，剧作者以许多笔墨一再写到刘浩如爱吃零食、逗耍女儿、爱开玩笑等特点，乍一看，这些细节好像是多余的，然而它们却让我们看到真实、完整的生活，真实、完整的性格。以爱吃零食为例，既可由此引出朋友、夫妻之间的种种关系（关切、龃龉等)，又可从中窥见作为南方文化人的某种习惯、气质。而他的爱逗咪咪，又从一个侧面反映了他对女儿、家庭的爱。而这种种，与他在两次“去留”问题上的决定形成了鲜明的对照：既然他那么爱自己的女儿，他为什么要离开妻儿到内地去参加抗战呢？既然他那么爱女儿，为什么他要冒着被绑架、暗杀的危险，留在上海这个危城呢？为什么他要拒绝全家到南洋去过舒适的生活呢？为什么又能在写下遗嘱的情况下泰然自若地带领他的战友们一起斗争，置一切于不顾？这只有一个回答，就是如他自己所说的——“只要我的身体支持得下去，我一定要把这防线死守到最后胜利的时候。”为了祖国的利益，他可以抛弃个人的一切——生命、妻子、女儿，这不正是从一个侧面刻画出了他那崇高的精神面貌？

再以剧本里多次写到主人公爱开玩笑这点来说，讲话风趣、诙谐，这是他的个性特点，但通过这样的刻画，主要还在于渲染他在危难时刻的乐观情绪。如第一幕当他决定不走时，在他面前摆着多少困难和危险，作为一个精明干练的战士，他是很清楚的，可他用诙谐的谈话打消了同志们对他的安全的担心："来，痛痛快快地喝一杯!"这轻松的充满信心的语言，表明他以其革命斗士固有的豁达，去迎接即将到来的暴风雨，这便不着痕迹地揭示出他的英雄气概。又如第二幕，当敌人用注入毒药水的水果来暗害他时，他哈哈大笑："哈哈哈，……水果，那，他们是弄错了，要知道，有胃病的人，是不吃水果的。哈哈哈……"当别人告诉他敌人把他列入黑名单第五名时，他不只丝毫不显得恐慌，而是以"名列前茅，很不错"加以揶揄，这些地方显示出的正是刘浩如特有的个性、风貌。

在抗战以后的剧本中，很少有描写得成功的正面人物，这原因，"我相信太多地使用公式的'抗战言论'，恐怕就是使'正面人物'陷于干枯无味的原因"。夏衍还引述了鲁迅的话："只要并不是靠这来解决国政，布置战争，在朋友之间，说几句幽默，彼此莞尔而笑，我看是无关大体的。就是革命专家，有时也要负手散步；理学先生总不免有儿女，在证明着他并非日日夜夜，道貌永远俨然。"[①] 他以为，这不仅是运用对话，也

① 鲁迅：《花边文学·一思而行》，《鲁迅全集》第5卷，第473页。

是“描写人物性格的最正确的指示”[①]。事实证明，离开了生活描写，把正面人物写得一举一动都像个刀枪不入的“英雄”，似乎不食人间烟火，其结果是人物成了泥塑木雕，根本不可能写出真正感人的形象来。

英雄人物在作出重大抉择和行动时，不可能都是那么容易的，这中间也会有内心激烈的矛盾和交战，为了写出活生生的真实而不造作的人，就必须对此作深入的发掘，以展示人物丰富的内心世界。试以第一幕为例，刘浩如本来是打算离开上海的。为什么要走呢？自然是为了到内地去参加抗战。后来，为什么又不走了呢？这是因为仇如海的行动引起他的深思。剧本描写了这样的场面：

〔浩如拿了传单，好像受了很大的冲击似地，望着熊熊地烧着大火的窗外。哑场一分钟后。

仇如海　（走近浩如身边）浩如，我可以跟你们走么？（嗓子带着哭音）

〔浩如回头来，握住他的手，无言。

这里，刘浩如虽然没有开口，但从这简单而又意蕴深厚的细节和动作中，却使人强烈地感到他内心激动的情绪。争夺孤

① 夏衍：《戏剧与人生》，《夏衍杂文随笔集》第258页。

岛人心的尖锐斗争，文化工作者义不容辞的职责，自己作为“大哥”的地位，使他不得不重新考虑原来的打算。“我们过去老是喊着文章报国，可是被新闻界排挤出来，没有报国的机会，……现在，……我们有责任，有机会，可以用我们的笔，来保卫这一条五百万人的精神上的防线了!”既然这样，自然就应该留下来。于是他毅然改变了原来的决定。围绕着走还是留这个问题，剧本把握住人物具体的精神脉动，哪怕是细致的感情涟漪，生动地展现出人物灵魂搏斗的内在历程，使观众不仅看到了人物的行动，而且能理解他为什么要作出这样的决定。这样，人物形象也就显得丰满而具有情真意切的艺术魅力。

正面人物并不是生活在真空里，是在现实社会里成长的。他的思想性格是历史环境的产物，要受一定历史条件的制约。正面人物有他正确的进步的方面，这是基本的一面，但也会有缺陷，甚至会犯错误。文艺作品中的正面人物应该做什么，不该做什么，是由他的历史和性格来规定的，一味地回避和掩饰人物性格、情感中的复杂内容，是不可能写出丰富而又生动的个性来的。在《心防》里，当妻子听信奸人的挑拨，闹着要到乡下去时，刘浩如不是没有苦恼的。在这样的时候，一直配合默契的杨爱棠对他表示的同情，使他禁不住产生了爱情的波动。这种内心变化微妙地表现出人物在特定环境下产生的一时软弱和错综复杂的感情。但当爱棠用“生命诚可贵，爱情价更高，若为自由故，两者皆可抛”的诗句加以暗示和提醒以后，他便迅速克制了这种不健康的情绪，以庄严的工作自勉自勖。在这个场景中，刘浩如和杨爱棠的沉默，伴随着咪咪的琴声，造成感人的抒情气氛，传达出人物此时的情感波澜。这一情节是亲切感人的，它并没有损伤人物的形象，而是使这个进步知识分子的精神面貌更有深度，更加真实可信。“是人，总是有喜怒哀乐，是人，总有个人的长处和短处，总有个人的优点和缺点。”“作家塑造人物，一定要合情合理。把正面人物写成完美无缺，四平八稳，不苟言笑，对任何事情都无动于衷，……是往往不能引起读者和观众的共鸣和好感的。”① 从《心防》可以知道，这确是剧作家宝贵的经验之谈。

生活经验，作家所看到和经历过的东西，他所参加过的事件，吸引他注意的人物、命运——这是作家进行创作构思和形象概括的源泉，是产生他的艺术作品的土壤。《心防》中的刘浩如的形象，就是从当时在孤岛坚持地下斗争的许多文化工作者，例如柯灵、于伶、恽逸群等人的斗争事迹中概括出来的。其中，党的新闻战士恽逸群也许是一个重要的原型。这是一位著名的进步记者，曾与夏衍有过密切的交往。抗战爆发不久，《立报》迁往香港，他留在上海租界参加了《译报》《导报》等报纸的工作，坚持党的宣传活动，撰写分析时事的社论，利用

① 夏衍:《生活·题材·创作》,《电影论文集》第 214、215 页。

在上海的外国列强势力间的矛盾，纵横捭阖，同敌伪顽作顽强的斗争。当汪精卫逃出重庆，在越南河内发表呼吁“中日和平”的投降声明时，恽逸群在上海《导报》写了《异哉汪精卫之言》的社论大加挞伐，是当时全国报纸中最早揭露汪精卫卖国行径的言论。这些，现在都被融入剧中刘浩如形象的塑造中间。其他剧中有些情节、细节，如刘浩如身边有同他共命运的妻子和女儿，刘浩如在敌伪追缉的威胁下到处为家，从容写作文章，怀揣遗嘱，随时准备牺牲等等，也从恽逸群的生活经历中汲取了不少素材。诚然，采取某些原型不等于照搬生活，还必须加以熔铸、加工。然而，显而易见，对实际斗争生活的深入调查、了解和思考，对于剧作家创造出具有鲜明个性的真实可信的英雄形象是大有助益的。

《愁城记》

生活的目的是什么，怎样才是正直的、合理的生活，在文学作品中对于这个问题的回答，突出地反映出作者的世界观。一位优秀的革命作家，总是代表着时代的先进的思潮，影响和推动人们树立进步的人生观，促进新人的成长。夏衍是一个具有时代的敏感和强烈革命热情的无产阶级作家。在抗战烽火中，他毅然抛开个人的家庭，与人民同患难，共甘苦，出生入死，全身心地投入民族解放斗争。田汉在《序〈愁城记〉》中说：“他告诉我们该走向大圈子里去。他自己就是首先从小圈子里跳出来的人！”《愁城记》真切地体现了剧作家在抗战期间对于人生的见解，为徘徊于十字路口的年轻人揭示了生活的真谛。

剧本写的是在上海“孤岛”时期一对知识青年的生活片断。刚从教会女中毕业的赵婉，带着新婚不久的丈夫林孟平到上海祖父家中，既是避难又是度蜜月来了。不久，祖父在“八一三”日寇轰炸下丧命，叔父赵福泉蒙骗侄女独占了遗产，并以此作资本，囤积居奇，大做投机生意。赵婉夫妇开始毫无所知，沉醉于小家庭的幸福之中。就在他们将新居布置停当的时候，叔母却要将他们的房间改作写字间，用来进行投机勾当，而将他俩赶到外面去。他们的好友、革命者李彦云劝说他们打破小圈子到内地去参加抗日，但他们贪恋着小家庭的温馨不愿离开。熟悉赵家内情的老太爷的旧交何晋芳，在交易所投机失败以后，找到了处于困顿之中的赵婉，为她策划讼事，控告赵福泉独占遗产。赵婉心存侥幸，在讼词上签字，并来到叔父家交涉。正当赵福泉恼羞成怒，叫嚷要巡捕房捕人时，交易所惨败的消息传来，他惊慌之余，开枪自尽。这时赵婉打破了幻想，主动向李彦云要求一同出发，到“别一个世界”去经历一番了。

只要我们深入考察夏衍笔下的知识分子形象系列就会发

现，那些人物大多都存在着脆弱、纤细、温情、洁癖等等弱点。他们安于平静的生活，习惯于温馨的气氛，然而现实的黑暗使他们受尽磨难，失望、哀愁、压抑时常缠绕着他们；可是他们又缺乏工农大众革命战士的坚强性格，因而在陷入小天地和迷惘之中时不能很快地自拔。夏衍对他们的鞭挞是十分必要的，尽管这种鞭挞是含着眼泪的，是与同情心交织在一起的。《愁城记》便是对那种安于现状的小市民思想的有力针砭。

赵婉刚跨出学校大门，入世未深，单纯、天真、幼稚。由于父母早逝，一直在祖父抚爱下长大，自幼不曾受过磨难，在学校里又被捧为校花，因而“从小儿就太任性”。祖父逝世，并没有使她意识到在生活上从此失去了依托；家族中对遗产的争夺，自己今后的生活出路，也没有引起她一丝一毫的忧愁。她还是那样专心致志地经营着他们小夫妻的“爱的巢”。“尽管外面是风风雨雨，这小天地间还是洋溢着青春和热爱”。剧本以生动而幽默的笔触，描写他们在找职业碰壁以后，两人竟然还是那样轻松地开着玩笑，这使人物那种耽于幻想的性格表现得十分传神。“人，谁也不会说成该离开社会而独立，可是尽管社会很龌龊，世界很痛苦，难道在这之外就不能有这么一个小小的、和平天真纯洁的小圈子吗?”这番话可以看作是女主人公那小圈子主义的宣言。小资产阶级青年当他们没有同社会实际相结合的时候，总喜欢编织着各种不切实际的美好幻想，沉浸在自我陶醉的感情里，以为自己可以远离尘世，给自己筑巢搭窝。整个世界在他们看来，不过是他们的生活、爱情需要的附属品。事实上，在充满阶级压迫、剥削的黑暗社会里，个体的命运和出路问题是整个社会问题的一部分，绝不能离开社会的解放而单独得到解决。有时候，赵婉不得不面对丑恶的现实，但却又幻想着摆脱物质的束缚，从“纯真的爱情”中去求得慰藉和解脱：“我就相信尽管生活苦痛，贫穷，但人和人之间，还可以那样的纯爱和友情，哪，对啦，在那张影片里面，一个场面使我流了眼泪，一对恋人穷困到不能生活，住在阁楼上面，从那屋顶的一块小小的窗子里，望见了在苍空里飞过的一排鸿雁……”这些生动的对白，淋漓尽致地传达出人物的最富有特征的性格与心理。李彦云讽刺她是“女诗人”，要她别作诗，别尽看天，还要看地上。这正体现了作者的观点。通过男女主人公那使人欲哭不能、欲笑不忍的对白与场面，作者嘲笑了那些有教养而又带着偏见与幻想，丧失了生活自主能力的小圈子主义者。

小资产阶级知识分子怎样才能从小圈子走向大圈子呢？剧本展示出在民族矛盾和阶级矛盾空前尖锐复杂的现实中，主人公理想的现实基础已不复存在，生活的阴影，时代的暗潮，时刻地、防不胜防地冲进他们的小圈子，威胁着他们的生活，促使他们猛醒。

在赵婉的周围出现了赵福泉、赵太太、何晋芳一流人。他们相互之间有利害冲突，但损人利己则是他们的共同点。为了满足个人私欲，会不择手段，乃至撕掉封建家族温情脉脉的面纱。赵太太早就与何晋芳策划将侄女房间改成做投机生意的写字间，而且带何来看屋，却还作出一千个、一万个不愿意的姿态来。当手下人说房子难找、房钱太高时，她责骂别人“铜气攻了心，开口闭口就是钱”。对侄女更显出一副体贴备至的老婶子面孔：“我说这小姐和姑爷来了之后，大家过的很好，又热闹，又是自家人，说句笑话，要是这么一来，不明白的人会说，我把你们赶走了。”明明要叫他们搬场，却又要别人心甘情愿地自己提出。果然，赵婉接着便表示：“叔叔婶婶要用，当然应该让出来的”，这就完全达到了她的目的。何晋芳起先在赵福泉侵吞侄女的遗产继承权中间帮助出了坏主意。但当他在交易所赌输后，却又找到赵婉门上来，煽动她去控告叔父，以此向赵福泉要挟。而在赵的面前，他又换了一副面孔，仿佛他是真心来帮助对方渡过难关似的，毕现了一副两面三刀、阴险狡诈的丑恶嘴脸。这几个人物可谓上海滩上的社会渣滓，反映着汪伪统治下腐败黑暗的一个侧面。

赵婉对于这伙人的真面目起初毫未觉察。祖父尸骨未寒，叔父已在打她的主意，要将她撵了出去，起初她感到十分意外，以至不肯相信。后来她终于陷入苦海，住进了“细民街”，开始看到了满目疮痍的现实，听到了平民的痛苦呻吟。投机商囤积粮食，米价飞涨，赵婉排队买米晕倒在地。孟平出去又钱包被窃，还挨了警察的皮鞭。“贫穷从大门进来，爱情从窗口飞走。”结婚三周年的典礼尚未举行，夫妇之间却第一次爆发了争吵。“人必生活着，爱才有所附丽。”[①] 赵婉的信念在失业和贫困面前开始动摇了。只是在这时，她才不无羡慕的对彦云说：“呆不下，又怎么办呢。不像你啊，在上海，有工作，做得蛮起劲。到别的地方去，有朋友，不愁没有事情。”彦云说从她的这番话里“听出了一点进步”是不错的。然而就这样，她还不可能便彻底醒悟过来。第三幕，剧本将第一幕安下的有关遗产的伏线加以发展，将戏的矛盾冲突推向高潮，使人物进一步面临新的考验和抉择。赵婉本来是不想依赖遗产过寄生生活的，然而现在生活逼着她不得不对遗产抱有某种侥幸心理，因而虽然不完全相信何晋芳，她还是在讼词上签了字。剧情的发展表明，在上海那样一个勾心斗角的世界，一对善良的小儿女，是绝无侥幸成功、获得遗产的可能性的。那么，出路何在呢？唯一的出路只能是冲破小圈子，走向大众。当赵婉表示要同彦云一起走时，彦云问她：“一起走？能吃苦吗？”她若有感慨的回答：“这个年代，不是大家应该吃点苦吗？”这表明，她已初步认识到，当全民族都在经受着极大的苦难，经历着空前的血与火的洗礼的时候，个人没有，而且也不可能有自身的安逸处所的。

夏衍在剧本扉页上，引了《庄子・大宗师》里的一段话：

---

① 鲁迅：《彷徨・伤逝》，《鲁迅全集》第 2 卷，第 121 页。

“泉涸鱼相处于陆，相濡以沫，相呴以湿，不若相忘于江湖。”在剧本的代序《一个旅人的独白》中，剧作者对此进一步作过说明。他说“相呴相濡，在个人是美德，这是无疑问的，可是，在涸辙中，于人于己，究有些什么好处？我相信，有的人可以用力量来使涸辙变成江湖，而这些方才感觉到自己是处身于涸辙的懦弱者，呴濡之后的运命，不是可以想象的吗？于是‘不若’和‘不得不’相忘于激荡的江湖，也许是这些善良的小儿女们的必然的归结了。”① 这是对剧本主题的最好的诠释。夏衍在《愁城记》中通过一对善良的男女青年从浑噩到逐渐觉醒的故事，很有说服力地表明，只有为民族为人民的解放而战斗、而工作的生活，才是崇高的，有出息的。对于小资产阶级知识分子来说，只有摆脱个人的狭小眼界，勇敢地跳出小圈子，投向时代的洪流，同广大劳动大众同呼吸共命运，为他们的解放事业而奋斗，在这一过程中，自己也才能得到真正的解放和幸福。剧本宣传的这一思想，为那些在痛苦中挣扎，在黑暗中摸索的知识青年，指示了一条走向光明的正确途径，可说是对广大沦陷区和敌后青年向大时代突进的有力的诤诫和热忱的召唤。

在《上海屋檐下》《愁城记》等剧本里，确有许多令人喜爱的、真挚亲切的东西。如前所述，这跟作者对普通人的浓厚

---

① 夏衍：《别桂林——〈愁城记〉代序》，《夏衍杂文随笔集》第207页。

兴趣，对他们的各种生活细节的敏锐捕捉有一定关系。但是剧作家的才能还需要一对更加矫健的翅膀，这就是对时代、对历史发展趋势的深刻透彻的洞察力。而正是这些因素，才使夏衍的创作发出了真正诗意的光辉，达到了应有的高度。在话剧发展史上，我们可以看到，有些剧作家从民主主义和人道主义立场出发，深刻地揭示了旧社会里普通人的生活悲剧，他们的剧本具有强烈的反封建意义。但是其中难以看到明确的社会远景，没有作出关于改造社会和通向人类幸福的实际道路的鲜明的艺术结论，有的还把个人幸福的概念跟体现人生最高意义的社会理想割裂开来，或者在展示社会矛盾时染上一层宿命论的神秘色彩。夏衍在《于伶小论》一文中对一位剧作家的善良、多感和人道主义曾作过精辟的分析，指出：“只有具备着全副心肠的深而且广的人道主义的知识分子作家，才能不沉溺于自己狭隘的情操，才能使自己眼、心、脑看到感到和想到更广泛的地方，才能真正成为一个真实的社会人和世界人，而全心全力地为着受难者群的遭际而歌哭，而争斗。也只如此，才能把自己坚定起来，不会在挫败的时候‘怯战’，不会在寂寞的时候伤感。”[①] 夏衍在这里所说的“深而且广的人道主义”，显然指的是作家革命的无产阶级的人生观和世界观。在他看来，这是一位进步作家指导自己创作的重要精神支柱和灵魂。我觉

① 夏衍:《于伶小论》,《夏衍杂文随笔集》第 83 页。

得，这是夏衍的美学思想中最本质的东西。仅仅从题材或人物的选择上来说明这位剧作家的美学特点显然是不够全面的。

《愁城记》的主要缺陷是主题尚不够集中，遗产问题显得过分突出，在一定程度上冲淡了批判小圈子主义的主旨。连带着在结构上也就显得不够严密，如序幕一开始便推出了遗产问题，吸引了人们的注意，冲淡了主要线索，使剧本主要要告诉观众的东西有些模糊起来。但从总的方面来看，剧本是富有教育意义和艺术感染力的。该剧在重庆演出后，《新华日报》曾发表评论，对剧作的情节结构等作了过多的不恰当的指责，认为剧本"故事过于平淡"，"找不到高潮"，像是一篇小说或散文。据张颖回忆说，周恩来同志曾对此很不满意，对报社编辑提出过严肃批评，指出批评者并没有看懂夏衍剧本的深刻寓意。"他说夏衍的文章和创作有许多独到之处，还说到他创造人物的深刻性，时代特点的把握和色彩明快，似淡而深。"①《愁城记》在对时代背景和人物形象的刻画等方面，表现出夏衍剧作"忠实地去刻画人生"的严肃的现实主义创作态度，和质朴、洗练而又耐人寻味的一贯风格，特别是其中对文化青年的生活、心理描摹得细致入微，荡漾着真挚的感情，今天读来仍使我们感到自然亲切，兴味盎然。

---

① 张颖：《重看〈上海屋檐下〉的感想》，《人民戏剧》1980年第12期。

第九章

出亡香港

激流砥柱

香港是一个海蓝山紫、日丽天青的幽美小岛，这里没有轰炸和警报，物质生活是丰润的，但夏衍的心境却很不平静。三年来的疲惫，突然袭来的逆流，使他身心交瘁；待他舐愈了创伤，平复了疲倦，香港的雨季又到来了。在被窒息的土地上，哪里有我们自由呼喊的地方！他常常禁抑不住地从心底迸发出呼号。

从皖南事变后，国民党不仅加强了新闻检查和“邮检”，还查封了各地的生活书店，这样，香港同胞和广大华侨，就看不到《新华日报》《救亡日报》和一切进步报刊了。而重庆的国民党和南京的汪伪集团，配合德意日三国侵略同盟，通过他们各自的新闻传播系统，正在大肆制造汪蒋合流、反苏反共的舆论。因此，利用香港这个远东唯一的自由港建立一个对外宣传据点，就可以让香港同胞和散处世界各地的千百万华侨以及外国进步人士有机会知道中国共产党的方针政策，打击帝国主义所玩弄的远东“慕尼黑”阴谋。

“意志驱散了我的忧伤，意志命令着我向另一条战线转进。”[①] 到港不久，夏衍便在廖承志同志领导下，与范长江、邹韬奋、乔冠华、杨潮等主办《华商报》，并参加了由韬奋任主编的《大众生活》编委会。这样，这位思想文化战线的“老兵”，又找到了新的战斗岗位，在各种进步刊物上发表了大量有关国际、国内问题的政论、杂文、散文、随笔，给反法西斯斗争中出现的各种政治逆流以沉重的打击。

《送绥靖公之辞》《掌声与哀声》，是他当时所写的两篇很有代表性的出色的国际时评。当德日意法西斯燃起战火后，英法等西方帝国主义从怂恿他们反苏反共而坐收渔人之利的阴谋出发，不惜以弱小国家的主权和利益来喂养侵略者。《送绥靖公之辞》以张伯伦引咎下台为话题，勾画出这个搬起石头砸了自己脚的老奸巨猾的反动政客的尴尬处境和卑劣相。张伯伦在唐宁街十号最后一次讲话中竭力推卸罪责，并把自己打扮为“和平使者”。夏衍于文中历数在他的绥靖政策鼓噪下造成欧洲地图上一大群独立国家被消灭的严重后果，给予辛辣的讽刺：

① 夏衍:《别桂林——〈愁城记〉代序》,《夏衍杂文随笔集》第 205 页。

“今天，张伯伦是飘然地离开了唐宁街十号了，但是全世界的大众，却不能同样飘然地离开轰炸和屠杀的战场!”下了台的张伯伦出席英国议会，保守党议员竟表示欢迎，夏衍又在《掌声和哀声》中对此表示强烈抗议。千千万万人民在希特勒铁蹄下沦于家破人亡、妻离子散的悲境，而直接导致这场惨祸的张伯伦之流不仅不受到谴责，反而得到喝彩，这是何等荒谬、悖理、令人痛恨：“假如这掌声只表示‘绅士’的仪礼，那么这也许是我们异邦人的少见多怪。但假如这拍手表示欢迎或者拥护，那么，我们以为应请张前首相和保守党诸员倾听一下在德机狂轰下挨炸弹的百姓们的哀声。”张伯伦的巫术曾迷惑过一些庸人，国内报纸上便出现过如“英国之再三迁就德国，连自坠声誉也不顾，便是爱好和平之表现”等言论，夏衍的文章以确凿的事实与鲜明的对照，对违反进步人类利益姑息侵略者的政策作了无情鞭挞与严正裁判，使玩弄和平口号纵容侵略的绥靖主义者原形毕现，无可遁身。

在关于国内问题的评论中，夏衍泼辣而巧妙地对国民党反动派消极抗战、积极反共、残害人民的罪恶行径给予揭发，抨击了顽固派破坏阻挠民主运动的种种谬论。在《人权运动》一文中表明，在蒋介石独裁统治下，中国已是一个没有法律的野蛮国家，法律对于老百姓已毫无保障。堂堂的大学教授马寅初因激于义愤，对发国难财者加了一两次口诛，就“悄悄地失踪”。至于老百姓和“易受奸党利用”的青年，那是更不必说了。“党老爷已经公开地说：‘无罪名而被拘押，并不是一件怪事’了”。这就撕掉国民党政府“民主”的遮羞布，而还了它法西斯专政的真面目。反动派迫害进步文化工作者，但他们竟还倒打一耙诬蔑说，困难时期，文化人的出走是犯了“绝大的错误”，要他们赶快“回都”。夏衍在《“出走”与“回都”》一文中严予驳斥：“抗战以来文化人国尔忘家，入都赴难，好像并不曾由于政府的邀请，那么当年赴难而来，今日逃难而去，总不该是毫无理由的了。……与其召唤文化人回都，还不如先启封几家书店，几家报馆，把防空洞里的文化青年‘疏散’一下，或者让未曾入党的中小学教员有了教书的机会——文化人的出走不单是为了他们不想‘就难’，而更是为了他们不能违背自己的良心而在国难期间‘闭目静坐’，文化人与家奴之分，只在于他们还保留着一个国民应有的忧时之泪，爱国之心。”①

《华商报》副刊由夏衍主编。当时香港影坛相当混乱，虽有少数反映抗日的作品，但宣扬恐怖、武侠、神怪、色情的占多数，而在表现抗战内容的影片中，由于缺乏扎实的生活内容，粗制滥造，不受观众欢迎。这些情况很快便引起夏衍的关注。他不仅自己执笔，而且组织蔡楚生、司徒慧敏等为《华商报》副刊撰稿，对香港电影的现状与问题作认真的分析和讨论，探讨了抗战初期香港拍摄的抗日影片不受欢迎的原因，揞

① 任晦（夏衍）：《“出走”与“回都”》，《大众文粹》1辑，1941年6月。

击了1939年以后重新泛滥起来的逆流，为香港影业指出了为抗战效力的正确途径。这一讨论扭转了香港影坛的风气，推动1941年香港粤语影片较为健康地向前发展。夏衍随后又在副刊上组织推荐文章，对面向现实的进步影片如《小老虎》《民族的吼声》《流亡之歌》等表示了热情的支持。在南中国抗战电影文化运动中，《华商报》副刊所起的重要作用是与夏衍的努力分不开的。

1941年12月7日，南中国海风平浪静，夏衍与在港文艺界朋友利用这一天星期休假，为欢迎新到港的上海剧艺社著名演员柏李，相约到青山湾野餐。当夜送别友人后回到九龙荃湾寓所时已午夜两点。到8日早晨七时四十分，日本的炸弹便落到了启德机场——太平洋战争爆发了。夏衍抛下寓所的衣服用具和已完成而待拍摄的电影剧本《黎明》，以及小说《春寒》后半部原稿，匆匆渡海到了山林道。在一座钢骨水泥的五层楼屋子里整整听了三天大炮的声音。所幸日炮口径很小，这排屋子虽外表打得蜂窝模样，但屋内伤损不大。圣诞节后，香港满街是碎砖残瓦，遗弃的家具衣物，烧毁的汽车，平民和战马的尸体……三四个、七八个一组的端着枪的日兵，以“检查”为名，四处抢掠。他们一进门，就用手势和不完全的粤语强索手表、自来水笔、戒指、金子、香烟和细软易带的贵重物品。满街都是赌场，晚间全城都有抢掠，香港成了滥仔（流氓）的世界。每条街，从皇后大道到穷街陋巷，没有一处不摆满了赌台，赌台边挤满了男男女女的赌客。日军所到之处，最初建设的就是这种专与滥仔“共存共荣”的“新秩序”！抗战五年来，夏衍第一次目击了一个大城市的陷落，第一次经历了日寇疯狂的掠夺，也是第一次体会了沦陷区一切蛇神牛鬼的丑恶世态。

离开这腐臭的香港，回大陆去！一切危险都在考虑的范围之外了。在地下党的安排下，1 月 9 日黎明，夏衍化名黄坤，留着短髯，化装成商人模样，偕同司徒慧敏、蔡楚生、金山、郁风、王莹等一起悄悄地出发，登上一艘长不过三丈阔不满三尺的渔船，经零丁洋向澳门偷渡。这一天，海上波平浪静，小船在海面急速行驶两小时后，与日军巡逻艇遭遇。汽艇上坐着三个日本兵，不待船停，拿着棍棒的水兵跳了上来，强令人们走出舱面接受检查。事出意外，日兵对并未着意化装的人不加注意，而将目光停留在船尾的王莹脸上，走过去用手指在她脸上一抹，发现手指上是锅底灰。于是日兵开始吼叫起来，情势顿时十分紧张，如不及时应答，便会引起敌人怀疑，搞不好会把全船的人都扣留起来，甚至枪杀。这时，最不适宜出面的夏衍不慌不忙地走到日兵面前，从从容容地讲了几句日语，佯称他们是因香港粮荒而疏散到长洲农村的生意人和家属。日兵查问她们为什么故意改扮？夏衍回答是她们心中“害怕”，并故意轻松地表示叫她们把锅煤洗掉，引得艇上和船上的人们一齐哄笑起来，紧张的空气和缓下来，日兵于是挥手同意放行。日本军国主义者在香港竭力搜索我党在港文化界的领导人夏衍等人，然而他们怎会想到，夏衍就从他们的鼻子底下走脱，并以自己的从容镇静，化险为夷，掩护了自己战友的安全哩！

到达澳门后，经过十天紧张的探问路线和准备之后，他们又雇了两条在南北水一带有势力的“捞家”（海盗）的快艇重上征途。在日军汽艇探照灯照射下，他们躲在一只挂葡萄牙国旗的货船后面，偷渡了路湾的海口，然后从日寇占领下的横琴岛和三灶岛北面擦过。经过一天一夜航行，在次日拂晓时，在挂着汪精卫杏黄三角旗的“南支海军陆战队”的防地，又受到了搜查和劫掠。夏衍等人在一片丛生着荆棘的沼地前面靠岸，脱了鞋袜，渡过泥泞及腰的一里路的泥滩，在北水荒凉的渔村里作了暂时的休息。经过“捞家”设法，雇了伪军的“防船”，在他们的“保护”之下，直驶当时属于“国军”势力范围的都斛。从台山登陆后没有任何交通工具，须步行一百多里路。大家都为平日生长在大都市、看来身体又很瘦弱的夏衍担心。一百多里路走下来之后，十几人拉成差不多二十里的长线，有的同志累得狼狈不堪，但出乎人们意料之外，夏衍竟走在队伍前面，而且走得飞快。这样，从1月9日到2月5日，花了近一个月的时间，历尽艰难险阻，夏衍一行终于抵达了桂林。

由于香港与内地通讯中断，桂林误传“留港作家夏衍等殉国”的消息，使得进步文化界为夏衍等人的安全极为忧急，因此，当夏衍等脱险抵达桂林时，田汉、洪深等友人喜出望外，举行了盛大的欢迎会。蔡楚生曾画了一幅“黄坤逃难图”，田汉为之即席题咏："风云香岛恶，游子只顾返。昨过蛟龙窟，今遇铁门槛。疾趋都斛镇，途远日已晚。衫如孔乙己，须如加拉罕。更如张伯伦，肩挑破洋伞。眼昏路不熟，心急脚愈懒。四海正蜩螗，一身尽肝胆。仆仆道路间，惟恐文明斩。幻作流民图，聊以寄有产。"① 诗以诙谐幽默口吻，生动地勾勒出革命文化战士为祖国和人民而备尝艰辛、斗争不息的形象。这一段惊心动魄的经历，后来夏衍在《走险记》一文中作了真实的记录。

长篇小说《春寒》

《春寒》是夏衍迄今为止已发表的唯一的一部长篇小说。这部作品是在邹韬奋的邀约和敦促之下写出的。据夏衍说，当时《大众生活》周刊"连载茅盾同志长篇《腐蚀》，哄动一时，《腐蚀》完稿后，韬奋同志命予滥竽充数，乃有此作"②。《春寒》于 1941 年秋动笔，10 月开始在《大众生活》连载，立即受到了香港和南洋一带人士的注目，被看作是继茅盾《腐蚀》

---

① 见田汉：《序〈愁城记〉》，《愁城记》，桂林文献出版社 1942 年版。

② 见姜德明：《书边草》23 页。又，姜文认为《春寒》写作时间在 1942 年冬天，有误。此时夏衍早已离港到了重庆。作品刊于 1941 年 10 月 4 日至 12 月 6 日《大众生活》。

之后，在港澳读者中留下深刻印象的作品。1947年香港人间书屋创办时，将它列为《人间文丛》的第一部作品出版。出版后即深受读者欢迎，一年里重印了多次[①]。

《春寒》以不久前的广州大撤退为背景，描写了从事抗日文化工作的青年在抗战初期的遭遇。1938年秋天，刚从上海某学校来到华南的吴佩兰，与从日本回国的留学生徐璞在广州相遇，共同参加了文化界的抗日救亡工作，并在工作中结下了友情。那时正是武汉撤退的前夜，日军分两路进逼武汉，广州正开展“保卫大武汉”的宣传运动。不久敌寇在大鹏岛登陆，向广州推进。吴、徐为建立、保卫广东的“精神防线”而积极奔走。出乎大家的意料，广州军政当局尽管高喊“保卫大广州”的口号，却并不认真组织有效的抵抗，在武汉失守前四天竟仓皇撤走。撤退时徐璞随政治部到了北江，吴佩兰则溯西江到了四会。这些救亡青年在正确的抗战理论的启发下克服了失败主义情绪，认识到发挥民众力量的重要性，组织了前线工作队，深入到粤北农村，组织抗先队、农民自卫团，把农民发动起来。然而政治逆流随后袭来，抗先队被解散了，吴佩兰的工作团体也接到“暂时结束，集中曲江待命”的命令。于是大批青年从战地、农村回到战时省会的曲江。这时政治压迫日益严重，常常有些救亡青年突然失踪，也有的被迫弃职流亡。徐璞

① 华嘉:《香港人间书屋二三事》,《新文学史料》1982年第1期。

不久遭到无理逮捕，吴佩兰由于反抗军阀官僚的侮辱而受软禁，后来在一位朋友的帮助下秘密潜往衡阳，才得以逃脱虎口，奔赴延安。

《春寒》以相当多的篇幅描写了在抗战烽火中一对男女青年在爱情上的坎坷遭遇，然而作者的旨意显然不在这里。如果说，茅盾的《腐蚀》从女主角赵惠明的遭际，揭露了国民党法西斯特务统治的罪恶，那么，《春寒》便是通过吴佩兰这个女知识青年的苦闷与追求，有力地抨击了国民党假抗战、真反共的罪恶方针和行径。革命的现实主义原则要求作家坚持人民大众的立场，正视现实，真实地反映现实生活中的矛盾和斗争，帮助人民擦亮眼睛，激发人们对黑暗现实起而抗争，引导人们在斗争中前进。《春寒》同作者的戏剧、电影创作一样，保持了这一鲜明的战斗特色。

从 1937 年 7 月卢沟桥事变到 1938 年 10 月武汉、广州失守这段时期内，由于日本侵略者的大举进攻和全国人民抗日热潮的高涨，迫使蒋介石集团将政策的重点放在进行对日作战这一面，因而较为顺利地形成了全国军民抗日战争的高潮。当时人们一度对国民党政府寄予希望，“希望它乘此民族艰危，人心振奋的时机，厉行民主改革，将孙中山先生的革命三民主义付诸实施。可是，这个希望落空了。就在这两年，一方面，有比较积极的抗战；另一方面，国民党当局仍旧反对发动广大民众参加的人民战争，仍旧限制人民自动团结起来进行抗日和民主的活动”[1]。这种情况越到后来便表现得越加明显。《春寒》生动具体地描写了国民党当局在日寇侵略面前不作抵抗、闻风而逃的卖国行径。广州撤退以前，驻有几十万国民党军队，报纸电台亦大肆宣传保卫华南的口号，然而，他们早就作出了不战而放弃广州的决定，他们存心欺骗人民，严密封锁消息。当日军兵临城下，国民党中央社便以惯用的“避免不必要之牺牲”的托词率先逃跑，党政机关随即一哄而散，“广州，变成了一个懵懂地被人遗弃了的孤儿”。在街道上可以望到的是由私家车、军用车、华侨捐助的救护车和公共汽车组成的满载达官贵人的保险箱、洋磁浴缸和抽水马桶的车队，警察伙同地痞流氓趁火打劫，从老百姓身上大发战争横财。这些描写，将国民党当局把广州连同几百万无辜同胞遗弃给侵略者的罪行表现得淋漓尽致。小说中写到当徐璞接到撤退命令时，他是多么吃惊啊！

> 广州，真的就会这样的放弃么？中国革命的发源地，千百万华侨向往的故乡，中国人用自己的血汗和脑汁建设起来华南最大的现代都市，从敌人登陆到今天，恰恰是一个礼拜，几十万慓悍的华南健儿呢？号称经营了两年的国防工事呢？徐璞不相信这是现实的事情，可是，事实比想

① 《毛泽东选集》(合订一卷本)，人民出版社 1976 年版，第 938—939 页。

象还要奇怪，这是命令，这是撤退的命令！

国民党政府口口声声标榜自己尽忠于民族，服役于民众，然而在帝国主义的侵略面前是如此怯懦，祖国的神圣土地可以随意放弃，任凭千万人民遭受敌人的践踏和屠杀，他们对于国家，对于人民何尝负起一点责任，表示一点诚意？

小说中对于国民党残酷迫害爱国青年的描写是怵目惊心的。抗战的神圣火焰燃烧着爱国青年的心，千万男女青年离乡背井，过着惨苦的流亡生活。他们要求参加抗战工作的机会，为祖国贡献聪明才力。然而，反动当局对此不仅不加支持，反而采取种种卑污手段，必欲置之死地而后快。先是解散扎根于农村的抗先队，然后又把吴佩兰所在的救亡团体集中到战时省会曲江。爱国之心和抗日热忱，成了青年们的罪过，他们受到特务监视、威胁，有的甚至锒铛入狱，惨遭杀害。吴佩兰和徐璞在一场与反动当局面对面的激烈斗争之后，一个不幸被捕，一个秘密出走。作品关于国民党反动派迫害进步青年的描写，与他们在侵略者面前仓惶败退的情状构成鲜明对比，产生了强烈的艺术效果。这是一份历史的见证，它撕破了蒋记政府所谓“领导抗战”的无耻谎言，粉碎了有些人对所谓“民族英雄”（蒋介石之流）的盲目崇拜，充分暴露出国民党政权冷酷、暴虐的封建法西斯主义的本质，有助于人民看清这伙民族败类的丑恶嘴脸，认明真假两条不同的抗战路线。

小说的整个气氛是比较阴郁的。这同全书只侧重写到知识分子一面，而未能将笔触深入到更广阔的社会领域，让人看到广大人民群众的抗战潜力有关。因此，后来有读者指出它“寒得可怕，春意不够”① 也许作者在写作过程中，对此事先就有所觉察吧，因此在第六章中，曾以真实而又具有浓烈感情色彩的文字，描写了毛泽东同志的《论持久战》在当时民族失败主义情绪比较浓重的环境里迅速传播开来，如何给彷徨中的人们带来了光明和信心。

> 这简直是宝贝，把政治部上上下下的悲观倾向全医好了……是一本好书！
>
> 许多人经过几个月的时间，苦心地思索着，讨论着，争辩着而不能得到解答的一大串问题，如汤泼雪，很快地被解决了，像一把光芒的剑，斩除了千万人心上的阴霾，天真乐观的笑，重新在青年人的脸上出现了。“心的太阳”——他们将这本小册子取了这个衷心地赞叹的名字。

由于当时的政治环境，作者无法讲出书名，只能代之以“一本薄薄的小册子”。解放战争期间，有读者向夏衍询问它指什么？夏衍才公开作答：“那一本薄薄的小册子，指的是毛泽

① 《〈春寒〉讨论总结》，《青年知识》第35期（1948年7月）。

东先生的《论持久战》，我曾经在北江和西江看到它三种不同的油印本，但当时环境已经一天天的变坏，看这本书很容易遭受迫害，所以第二年春天之后，就很少在公开的场所看见这本书了。”[①] 虽然由于当时的环境和作者生活经历的限制，小说没有写出蕴藏在广大人民群众中的深厚的雄伟力量，但是在反民主的逆流嚣张的时刻，夏衍在作品中能够曲折地告诉读者，毛泽东同志的著作是挽救危局的指针，是引导抗战走向胜利的灯塔，尽管这种表现还嫌粗略，没有在人物、情节中充分展现出来，但在四十年前的国统区，这毕竟是难能可贵的。

《春寒》的艺术价值，还在于塑造了一个追求进步，在抗战实践中自觉经受磨炼的青年知识分子的形象。吴佩兰原是一个对生活充满希望的纯洁少女，她聪颖、正直，不庸俗，不轻浮。抗战的炮声响了，她不愿做亡国奴而离别故乡，只身独行，辗转万里，从玄武湖畔一直跑到广州，满怀希望地投身于抗日救亡运动，渴求为大时代作出自己的贡献。然而她缺乏艰苦生活的锻炼，没有穿过“紧鞋子”，疏散要走路，她只得耸耸眉毛寂寞地笑着说：“不行也得行啊！”而她最大的弱点是感情纤细、脆弱，她往往生活在个人的感情的小天地里。当日寇逼近广州，轰轰烈烈的“保卫大武汉”运动归于沉寂，人人自顾不暇时，她周围的小圈子“土崩瓦解”了。这时她感到自己

---

① 夏衍：《关于〈春寒〉答读者五问》，《华商报》1947 年 12 月 13 日。

像是被人抛弃，产生了“类似被侮辱了的愤怒”和莫名其妙的烦躁，深深感到寂寞和苦闷。吴佩兰在恋爱上是严肃和真挚的。起初她一直怀念自己在武汉的情人，而对主动向她接近的徐璞保持距离，但她对爱情的位置看得太重了，曾经一度想因爱情而抛弃工作，要不是环境太残酷的话，她甚至真的这样做了。在以后的撤退途中，在给病魔缠住时，在个人爱情受到伤害时，她伤感过，替那为了成长而不得不抛弃的东西流过辛酸的眼泪：“生命的路是如何的险难啊！才从一个危岩上跌下来伤还没有舐干呢，在这闪着微光的前面，不会又是一个绝壁么?”

作者笔下的女主人公显然远不是完美无缺的。然而小说的重点并不在于塑造一个高大的正面形象，而是刻画她如何从个人的感情世界里解脱出来，走上一条革命集体主义的道路。她在前进过程中经历的内心苦闷和矛盾，正表现了她在向新型知识分子转化途中所作的艰苦努力。侵略者点燃的战火，给人民带来空前的灾难，但战争也锻炼了知识分子，大大加快了他们与人民相结合的进程。在亿万同胞的血与泪面前，她用现实的鞭子残酷地鞭挞自己，抛去了失恋的哀愁，与青年们深入农村开展宣传工作，发动和组织民众，在南中国农村掀起了救亡运动的热潮。她在生活、斗争中认识了“真的爱”和“真的恨”，锻炼得成熟和坚强起来。当政治逆流袭来时，她勇敢地同她的同志们在一起，抗击迫害，“把勇气与志愿用在整个事业上去”。面对国民党的造谣、威胁、拉拢、腐蚀，她毫不畏惧，决不屈服，最后躲过反动派的追捕，毅然前往革命圣地，扑向党的怀抱，投身到人民事业的海洋中去了。“毫无疑问，摆在她前面的还有无数的坎坷，试练，苦恼和灾难。出身、教养，知识人的纤巧，小有产者的犹疑，这些，当她大踏步地跟着人民的浪潮行进的时候，不都可能作为她的绊脚石么？但，话说回来，这样的人，终于勇敢地跨进了这样的环境，决心穿上‘紧鞋子’跟着大家走，不也已经够使还被剩留在后方小圈子里的同年辈人祝福了么?”作品对女主人公的刻画还有不足之处，如她在污浊的环境中之所以能够保持坚强的生活意志的动力何在，她在尖锐的阶级斗争中内心经历的复杂纠葛，这些并不是开掘得很深刻，表现得很丰满的。但是，夏衍所塑造的这个形象还是使人感到似曾相识，亲切可信。我以为这个形象的意义，在于启示当时的青年读者去思考一个严肃的问题：什么才是最有价值的人生？她激励人们投身于民族解放的伟大事业，同伟大时代相结合，从战胜个人不幸的“小我境界”而进入“大我境界”。这一点，对我们现今的青年人也还是不无启发的。

《春寒》在艺术上也有自己的特色。如同后来有人指出的，这本作品并不设计某种复杂离奇的情节，也较少直接谈论评述，而是简洁地描绘生活，无论写人叙事，画景抒情，还是刻画心理，渲染气氛往往只是寥寥几笔，就跃然纸上，真切可见，给人清新明净之感。就全书结构来看，在时间上可分为广州撤退前，广州撤退到转进曲江，抵曲江后到女主人公出走这样三个阶段。在地点上可分广州、四会、曲江三处。这样安排的好处，是便于展开对人物的思想发展的描写，使主要人物的思想情绪随着场景的更换而演递：从广州时期的兴奋到广州失守后的悲观失望，随后又否定了悲观而重新振作。在人物描绘上尽管笔墨不多，但由于作者描写的多是自己最为熟悉的知识阶层的人物，因而一个个人物都各有自己的音容笑貌，像吴佩兰的细腻、敏感，徐璞的干练、坚定，蔡洁的坦率、急进，萧琛的诚恳、风趣，黄老夫子的善良、谨慎，冯燕卿的庸俗、浮滑，在作者笔下，大多各具特点，给人以较深的印象。其中，对吴佩兰的心理活动的描写异常准确，如到韶关后蔡洁拉她去听徐璞的演讲，她起初疑惑不解，继而恍然大悟，随后犹豫权衡，最后点头首肯，这段描写深入人物内心，揭示出女主人公一瞬间的思绪，表现了人物独有的敏感和考虑问题的细致。还应指出，在勾画这一人物时，作品还较多地采取了日记和书信的形式，避免了由作者直接现身进行大段描写带来的沉闷感。比如，当她离开广州的时候，留下了一箱衣物，请别人代为保管。她在附进箱中的信里写道："大块的河山丧失了，几百万居民的大城市失去了，这一箱衣物算得什么？但这里面，有母亲用心血和关切给我缝制的衣服，有多少年来带着虔敬的情爱读过来的书籍，这上面都刻印着我生活变迁的历程，这上面也都浸染着我一生难忘的纪念。……但我依旧在这儿祈求，假如有一位好心眼的同胞开了我这箱子，而感觉到没有作践它的必要，那么请你给我保存着吧！……”字里行间，女主人公作为知识女性的纤细的富有特征的感情、气质和心理状态，不是活龙活现，呼之欲出么！

同作者其他作品一样，小说的文字朴素而优美，具有浓郁的生活气息和抒情色彩。尤其是作品描绘南中国农村的风光，不仅给人以美的享受，而且情景交融，传递出种种难言的信息。例如，吴佩兰乘船沿北江而行，看到的景象是：“这一带可有点秋意了，一点点的孤帆，点缀在岸上的红叶，和随风摇曳的芦花，这儿是和平！这儿没有战争！”一派和谐宁静的自然风光，反衬出剧烈动荡的战乱中人们复杂的心境。怪不得人物要触景生情，在诗中将芦花上的“朝露”当作淋漓的“泪水”而加以咏叹了。又如撤离广州时，小说这样写到沿途的景象：“太阳在天际燃着，奇伟得像一堆朱黄色的火焰，没有风，深绿的凤凰木连末梢也静着不动，炊烟一缕缕的从矮屋子上直伸起来。军用车发出骇人的吼声，卷起黄沙，在不知道明天的运命的人民中间驶过。每一条街，每一片炸后的瓦砾场，每一条贴在烧焦了的危墙上的标语，每一个失神的走避着汽车的人，都像怒视着他们，谴责着他们：你们走了？是这样的走了？就是这样的走了？”像这样的勾勒生动精确，语言简洁凝炼，既有客观的描写，又带着鲜明的主观色彩，烘托出一片紧张可怖的气氛，无限悲怆和愤慨的情绪溢于言表。在叙述和描写的过程中，时而有对人物的犀利的解剖，对生活的严峻的思考，对时局的深深的焦虑，对社会的尖刻的讽笑，和对革命人生的情不自禁的赞叹，这些富有感情的文字互相交融，构成了诗一般的氛围，增添了作品的艺术感染力。

第十章

穿透山城的浓雾

为了剧运的前进

浓雾和黑暗压着四十年代初期的山城——重庆。这里是国民党统治的中心，情况异常复杂，斗争十分尖锐。反动派在发动第二次反共高潮后，由于遭到国内外进步舆论的谴责，在政治上陷于孤立，因而表面上不得不有所收敛，维持抗战的姿态；骨子里却一天也没有放下反共反人民的屠刀。在“抗战”“建国”的幌子下，他们竭力阻碍进步的设施，限制和禁止人民的言论出版自由，镇压抗日运动。在国统区，特务横行，疯狂摧残民主运动，迫害进步人士，搜查学校，捣毁报馆，把大后方变成羁囚共产党人和爱国力量的监狱。

夏衍于 1942 年 4 月奉周恩来同志之命到达重庆，他的公开身份是《新华日报》特约评论员，党内担任中共南方局重庆办事处文化组副组长，负责文化界的统一战线工作。这段时期，夏衍时常深夜从重庆市郊虎头岩下的《新华日报》社来到曾家岩五十号“周公馆”，开会直至黎明，听取周恩来同志对文化工作的指示，研究如何开展国统区的文艺工作。可以这样说，那时，徐冰、夏衍、冯乃超、阳翰笙等都是周恩来同志得力的左右手。

由于战争的原因，重庆的电影生产很困难，所以不少导演、编剧、演员都逐渐转到话剧方面来。周恩来同志根据当时的具体情况，认为应该利用国民党控制的文化机构，通过对剧作家、导演、演员做工作，把话剧这个武器夺过来，击败国民党对进步文艺的高压政策。夏衍遵照这一意见，在文艺界、戏剧界广泛地结识朋友，根据他们的专业、年龄、爱好等不同情况，与他们经常接触和交谈，做细致的思想工作，为他们讲解国共两党情况及抗日战争的形势，帮助他们，具体解决西南剧运中的困难和问题。当新中国剧社上演《再会吧，香港》遇到阻挠时，他为之多方奔走，与广西省主席黄旭初等频频交涉。以后，他又陪同剧社负责人杜宣会见周恩来同志，以解决救亡演剧团队的经费等问题。1942 年秋冬间，由应云卫、陈白尘和辛汉文主持的中华剧艺社在重庆处境艰险，被迫去川西南一带旅行公演后久驻成都。根据周恩来同志指示，夏衍召集半年来被湘北、浙西战火所阻滞，留在桂林的戏剧工作者于伶、章泯等到重庆，以“旅港剧人协会”为骨干，很快建立了中国艺术剧社，这既安置了一批进步文化人，又在国民党的心脏——重庆坚持了进步戏剧运动。为推动大后方抗战剧运，夏衍作了许多重要的努力与贡献。他还经常撰写有关戏剧的短论、散文、随感在《新华日报》《新蜀报》等副刊上发表，揭露国民党对进步戏剧的迫害，排除不利于剧运发展的消极因素。

在国民党统治下，进步剧运受到了多种限制。剧本要求经过重重审查，多方留难；在经济上，既要负担反动政府的苛捐杂税，又要遭受戏院商人的层层剥削。由于条件恶劣，抗战初期在前线和后方盛极一时的戏剧渐渐地衰退下来。在 1944 年 2 月西南戏剧展览会前后，夏衍发表了《我们在困难中行进》《被艳羡的另一面》等文章，揭发反动政府用“双重检查”、繁重捐税等手段摧残剧运的真相：“……很少有人设身处地的体会一下后方戏剧工作者的艰难。戏剧被当作后方‘繁荣’的点缀，被当作少数有钱人的娱乐，被当作募集捐款的手段，被当作增加税收的来源。要求于剧本的那一套义正辞严的道理，一百个‘不可’，一千个‘不得’，戏剧非有‘教育意义’不可，不得‘与抗战无关’，而另一面将营业税、娱乐捐、节约建国储蓄券、冬令救济捐款等等，一层一层地堆压上去的时候，戏剧又分明是纯营业的，纯娱乐性的捐税的对象。两层钢铁的夹板，而中间是渐续地发出不为人们所注意之悲鸣的戏剧运动！”[①] 夏

① 夏衍：《我们在困难中行进》，《夏衍杂文随笔集》第 234 页。

衍在文中为戏剧工作者的艰难处境呼吁与申诉，对他们的工作和斗争予以深深的同情和声援。

1943 年，著名话剧工作者应云卫四十生诞，夏衍以《新生的祝福》为题，在《新蜀报》著文致贺。文中赞扬了应云卫在话剧界“九死无悔地死守着这个荆棘中的岗位”的战斗精神。“我们今天祝福他，该不单是为了友情。剧运用贫困报酬了他，而他，今天还在更困难的环境中奋斗……我们的运动正走到一个严重关头，我们等待着再编成，再出发。”① 为了纪念应云卫的生辰，夏衍还与宋之的、于伶合写了五幕七场剧本《戏剧春秋》。故事开始于五四之后，结束于“八一三”抗战之前，沉痛地表现了二十年来中国剧运发展的过程和戏剧工作者“旷野独行”的战斗历史。剧中写到的剧本送审，东奔西跑接洽演出，苦心筹划演出垫款，应付人事纠纷等现象，在抗战时期的戏剧运动中仍然存在。因此，这个戏的上演，事实上也是别开生面地对反动派压迫剧运的抗议，引起了社会人士对剧运的广泛同情和理解，也坚定了进步的戏剧工作者继续奋斗的信心。

剧运的压力主要来自国民党反动派，而这种压力，对于剧运内部也产生了不良影响，诱致了一部分人的消沉与懈怠。有

① 韦彧（夏衍）:《新生的祝福——应云卫先生四十庆》，《新蜀报》1943 年 9 月 7 日。

些戏剧工作者逐渐滋长了市侩主义和粗制滥造的倾向，有的只讲“生意眼”，不顾对抗战是否有利，在剧中乱加噱头，庸俗低级，舞台工作马马虎虎。夏衍在《论正规化》《人、演员、剧团》《论“戏德”》等文中力加批评与诤戒：“只管自己不顾别人的利己主义必须革除，只演主角不演配角的‘英雄主义’必须休息，内心热望表面谦虚的虚伪世故必须清扫，侧面包抄，迂回战术，乃至一切用曹瞒、吴用式的计略来达到个人目的的‘权术’必须驱逐，……只有在自由融和的空气之中才能让每个人的才能自由发展，自由竞赛，只有相互尊重的自由竞赛才能使我们的戏剧园地百花竞放。”[①] 为了使演技水平提升到更高阶段，他要求建立一个对艺术的“起码的平均的技术水准”，在工作态度上克服“票友”传来的个人主义、极端民主化、散漫、敷衍、堕落的作风，提倡“对内合作、对人体谅、对事公正”的“戏德”。他认为，在成为一个诚实的艺术家之先，必须首先培养自己成为一个诚实的工作者。没有一个坚定的信心，没有一种诚朴的作风，一天天地和人民大众的生活游离而不感觉到危险，不从广大的观众群去学习讨教而沾沾自喜于“既得”的技巧，我们将会落伍于时代，被扬弃于人民的[②]。

---

① 夏衍：《人、演员、剧团》，《夏衍杂文随笔集》第226、227页。

② 夏衍：《不止于祝颂》，《夏衍杂文随笔集》第232页。

在创作方面，当政治低气压袭来的时候，一部分作者自动撤退了，有的醉心于写身边琐事，也有的只满足于写些浮浅地宣传抗战的公式化剧本。对这些脱离现实，迎合时尚的陋习，夏衍毫不放松应有的批评。在《关心的，熟悉的》一文中，他坚决抨击了那种从概念出发的弊病："剧中的人物正像肚子里装好了一部机器的傀儡，发条一开，走直线的老是直闯，绕圆圈老是回旋，光明一定胜利，黑暗一定失败，情节照着公式进展，性格依着主观决定，这不会使观众打呵欠么?"① 针对这种倾向，他特别强调作家不熟悉的不写，不关心的不写。"不关心而偏要写，那便是做作，虚伪，言之无物，为写作而写作，硬把无情作有情，结果是台上的眼泪只会使台下的观众哄笑而已。"② 这里，夏衍并不是反对剧作家描写时代的斗争的题材，相反，他是要求作者必须真正同伟大的时代相结合。他说："文艺工作者到今天还能埋怨没有题材么？整个世界在流血，在流泪，……问题是在我们的冷漠，漠不关心。换句话说，就是不能真实地去感觉，真实地去关心。"如果"不把自己放进这个生死的斗争里面，不感觉到自己的一呼一吸，一饮一喙都和这个苦难的世界社会人群相关联，不能与时代，社会，人群，同忧喜，同爱憎，共歌哭，站在斗争外面，'冷静'地旁

---

① 夏衍：《关心的，熟悉的》，《夏衍杂文随笔集》第236—237页。
② 夏衍：《关心的，熟悉的》，《夏衍杂文随笔集》第236—237页。

观，‘仔细’地描写，不论你主题如何‘正确’，构图如何雄大，结构如何巧妙，这是没有生命，没有血肉，没有热情，不能在时代的广大人群中激起共鸣的东西。”① 这些意见对于创作上主观主义的实质分析得十分中肯，鞭辟入里，对于纠正闭门杜撰、概念雷同等弊端，不啻是一副有效的药剂，直至今天对我们仍有指导意义。

在抗战剧的创作上，夏衍这段时期取得了更为显著的成绩，为我国抗战戏剧画廊增添了一出出佳作。到渝不久，他即写成四幕剧《水乡吟》，反映剧作家的家乡——浙西群众游击队英勇抗敌的英雄事迹，歌颂了江南人民“刑天舞干戚，猛志固常在”的不屈不挠的战斗精神。随后又写了抨击毁灭人类幸福的法西斯主义的五幕六场话剧《法西斯细菌》，描写东北义勇军抗日武装斗争的四幕话剧《离离草》，以抗战中知识分子如何正确处理婚姻恋爱问题为题材的四幕话剧《芳草天涯》，记录现代话剧运动战斗历程的五幕七场话剧《戏剧春秋》（与于伶、宋之的合作），反映太平洋战争后香港社会面貌的四幕话剧《再会吧，香港》（与田汉、洪深合作），表现上海孤岛人民与敌伪斗争的四幕话剧《草木皆兵》（与宋之的、于伶合作），此外，还将托尔斯泰的长篇小说《复活》改编为五幕六场话剧。这些剧本大多以娴熟的现实主义笔触，质朴、隽永的

① 夏衍：《真实的关心》，《夏衍杂文随笔集》第239页。

艺术风格，真实深刻地反映我国人民在侵略者的欺凌下所表现的大无畏英雄气概，渗透着浓烈的爱国主义精神。对于各类知识分子的艺术形象，剧本的刻画尤为成功，作者既发掘了他们身上的优点和主流，又满腔热情地剖析了他们的弱点和局限，指明了他们应走的道路和归宿。这些多幕剧的成就，是夏衍在中华人民共和国成立以前艺术生涯的高峰，为当时的人们交口称誉。其中《法西斯细菌》，是夏衍戏剧创作道路上的又一块里程碑。该剧作为1942年雾季演剧的第一炮在重庆演出，使山城继郭沫若的历史剧《屈原》之后又一次轰动起来，观众情绪“极为热烈，始终不懈”[①]，周恩来同志曾三次亲临剧场观看演出，并多次加以称许。老作家叶圣陶看了演出后作诗道：

法西细菌剧披猖，七号风球亦已扬。
此际谁复能独善，不为奋起即沦亡。
觉后象牙塔不存，于何淑世识其根。
妙传心象情如绘，异曲同工比马门。
夏衍文风朴且清，中华剧艺夙知名。
喜闻今日二难并，行见光辉动锦城[②]。

① 见《新华日报》1942年10月19日。
② 叶圣陶：《箧存集》第95页，作家出版社，1960年版。

“野草”在风雪中萌长
——杂文与政论

从“七七”事变直到全国解放前夕，夏衍一直活跃于新闻战线，在这期间虽也写过剧本，“但多半是在办报和统战工作的业余时间搞的‘自留地’”，而写得最多的，首先是“社论、每周时事述评”，其次是“偶有所感而写的杂文、散文、随笔”[①]。严格地说，政论、时评并非文艺性杂文，但夏衍这些文章从表现形式、语言笔调，都有着浓厚的文学意味，富有无可置疑的文学价值，是完全可以当作杂文来读的。在重庆的这段时间，他在杂文与政论的写作上，可说是一个丰收期。

1944年12月，在为杂文刊物《野草》创刊三周年写的《宿草颂》一文中，夏衍写道：

> 山羊和野火尽管凶狠，这一棵野草却居然生存了两年了，不仅在谷草枯索的时候，我们在未曾死绝的大地上点缀了一点有生气的绿彩，对那些志得意满的山羊们作了一

① 夏衍：《夏衍杂文随笔集·后记》，第816页。

> 个“我们还活着”的抗议，在不留意间，我们也居然开出过几朵奇花，使旅人们感到欢欣，使山羊们感到不快，韩康药店的故事，不是脍炙人口，使大家认清了西门庆们的面目，而预示了他们的结局了么？①

我们用这番话来看夏衍自己写的杂文不也很恰切么？他这段时间杂文的主要锋芒，也就是针对着这群“山羊们”的。他以鲜明的政治态度和凛然的气势，痛斥国际帝国主义者和国内汉奸的叛卖行径，揭露蒋介石假抗日、真反共的阴谋伎俩，使之无可遁形。

抗战期间，国民党反动派打着抗日招牌，对外谄媚屈膝，投降卖国；对内制造分裂，残酷打击进步力量。它发布《异党问题处理办法》《限制异党活动办法》等文件，妄图把喋血抗战的共产党诬为“妨碍”抗日的阻力加以剿灭，以维护法西斯统治。夏衍又在一系列杂感、漫话中力加排击。在《异》一文中，他从对“异”字的剖析，揭穿了蒋介石动辄以“异党活动”罪名陷害革命人民的险恶祸心：

---

① 见《宿草颂》，《夏衍杂文随笔集》第 347 页。按：桂林生活书店被查封后，《野草》曾刊登一篇杂文《韩康的药店》，对国民党封闭进步书刊、窒息人民舆论表示抗议。文章发表后引起强烈反响。

> 有贰心谓之异心，谋变谓之异志，邪说谓之异道，背乎正义者谓之异端，古语说：“非我族类，其心必异”，《论语》有云：“攻乎异端”，足见不论是什么人物，思想，一异，就不是好东西，也就是要“攻”的对象了。[①]

所谓“异”，其实是最高当局蓄意制造的一种借口，目的是翦除异己，扼杀民主。文章结尾处语含讥刺地写道：“抗战建国，人同此心，心同此理，中国今日除出汪逆的伪党之外，没有异党，只有互相尊重互相帮助的同志。”言外之意很清楚：那种将抗战“同志”，视作仇雠，必欲置于死地者，才是同汪伪汉奸一样对民族抱有“异志”的“贰臣”！这就把用以诬蔑革命人民的“异”字，掷还给了诬蔑者自己。

另一篇杂文《从“游走”到“大嚼”》，又以人体内致人死命的“大嚼细胞”作比喻，概括了国民党内的右派引狼入室，与反动势力勾结的本质，指出有识之士对这群危害民族的内奸不能不保持高度的警觉：

> 为了免于老衰，为了已进入老境的朋友们延长生命，我们希望多多注意内部的大嚼细胞，经常的用酸性剂来“刺激”“刺激”，当然外面乘机“游行”进来的恶菌，更

① 夏衍：《异》，《夏衍杂文随笔集》第341页。

须及早提付制裁，不能让它逍遥法外。

夏衍上述大胆的猛烈讨伐国内外反动势力的文字，直接命中敌人的要害，帮助人们看清了他们凶狠而又怯弱、狡诈而又愚蠢的丑态，收到了显著的政治效果。对于它们，敌人是十分忌恨的。1940 年夏，夏衍在《救亡日报》发表《资产阶级无祖国》《起来！法兰西人民》两篇短论，对于在希特勒闪电式进攻面前，法国统治阶级贝当、赖伐尔之流的无耻出卖导致法兰西帝国的迅速崩溃，表示了“无边的愤怒和无底的悲怆”。文章刊出后，那些“和贝当之流有着血缘亲谊的徒辈”——国民党文化特务竟然大打出手，进行种种罗织、攻讦，妄图禁压和封闭这张进步报纸[①]。对于由夏衍主持并常常发表杂文、政论的《新华日报》副刊，国民党中央 1943 年 7 月给新闻检查局的“快邮代电”称，“准中央秘书处函开：‘查新华日报副刊内容，每日多载煽动性之言论，描写公教人员，学生，工人等生活困苦情形，殊足以影响社会人心。为防微杜渐，实有设法加以限制必要’，关于此类言论，应予检扣”。夏衍的杂文在抨击破坏抗战的邪恶势力和推动群众走向团结和斗争中的强大战斗效能，于此是不难想见的。

杂文是一种强烈反映现实、战斗性很强的武器。然而如果

---

① 夏衍：《别桂林——〈愁城记〉代序》，《夏衍杂文随笔集》第 204 页。

将它单纯地理解为只是揭露黑暗的东西，以为“黑暗所在，杂文存焉；光明一闪，杂文逝矣”，那也是对杂文社会作用的误解。一个革命的杂文家，不是冷冰冰的玩世者，而是真理的追求者。他有所憎，必有所爱。现实中既有可憎的黑暗的一面，也有可爱的光明的一面。因此杂文作为思想理论战线上的一支劲旅，它的任务既是挖疮消毒，使人感觉到丑恶的可憎，又要指示光明的可爱，激励人们前进的勇气。

夏衍作为一名坚强的革命斗士，在杂文中鲜明地体现了对人民力量和革命事业不可动摇的信念。环境越是黑暗，斗争越是艰苦，他越是在杂文中表现着对人类、对祖国、对人民革命的热爱。犹如燧石，越是撞击，越是闪射出了明亮的火花。这在国统区的杂文作者群中显得异常突出，弥足珍贵。在他讴歌世界人民反对法西斯奴役的伟大斗争的篇什中就描述过，尽管法西斯肆虐逞狂，本国当权者苟且偷安，然而，“每个人都已经感到了地下火的热意，欧洲——从斯堪的那维亚到马其顿——已经在冒烟，黑暗大陆已经快黎明了”。在1942年反法西斯战争最艰苦的时刻，夏衍充满希望地写道：“欧洲，特别是民主自由之宗邦的法国，人民的沉默是不会永久的，……尽管多佛海峡的浓雾永不消散，尽管没有船从对岸开来，第二战场为什么不能用人民自己的力量，在自己的国土上开辟?”①

① 夏衍:《欧洲的地下火》,《夏衍杂文随笔集》第331—332页。

1943 年夏，传来斯大林格勒大捷的喜讯，夏衍立即著文欢呼这一胜利，指出这胜利，不是靠的神助和奇迹，而是“保卫祖国的人民战争这伟大的性质、苏伏洛夫和库杜卓夫的不朽的精神、加上列宁所创造、斯大林领导的红军立脚在‘现代化战争科学之基础上的’‘大胆而稳重’的战术的必然的归结”[①]。1944 年，在欧洲反希特勒战争将要决定胜负的重要时刻，波兰人民获得了新生。夏衍用诗一般的语言，由衷地赞美道：“太阳射过了普列培特沼地，阳光普照着波兰平原，束缚了的土地不再沉默，哺育了波兰古国——而使她产生了显克微支，萧邦和雷蒙德的维斯杜拉河开始讲话了！”[②]

对于在中国共产党领导下的亿万同胞在敌占区和大后方同敌伪顽斗争中的英勇顽强，坚贞不屈的宏伟气概，夏衍更是作了有声有色的描绘和激情洋溢的礼赞。“人民，是不朽的，人民，是善于抉择的，也只有人民的武装抵抗，是才能使侵略者的军队疾瘫的。”[③]“假如我们的斗志不被暂时起作用的乌云压倒，把视线放远一点，深一点，那么这半个黑暗的中国实际不过是黎明之前的一段浓黑，而那边占全中国人口三分之一的地方，不已经日丽天青，显现出一片光明的景象了么？暗了南

① 夏衍：《乌拉！不可击败的红军》，《夏衍杂文随笔集》第 355 页。
② 夏衍：《维斯杜拉河的声音》，《夏衍杂文随笔集》第 402 页。
③ 夏衍：《记〈离离草〉》，《夏衍杂文随笔集》第 413 页。

方，亮了北方，南方的暗云愈加低迷，北方的阳光就愈显得灿烂，清劲的风在吹扫，沉滞污浊的气团已经冲散，新中国的曙光，不已经清晰在望了么?”① 豪迈高昂的音调，开朗艳丽的图画，展示出人民革命的美好前景。这在鼓舞战斗热情，树立人民群众的必胜信心方面所起的作用是不可低估的。

杂文是以议论为主，凭借议论来发挥它的战斗性的。既然如此，杂文家就必须对社会现象，对他所议论和批评的对象，有明彻而深入的理解。夏衍写过一篇《靠》的短文，他抓住生活中常见的“靠关系”“靠机会”“靠运气”等现象，加以具体的剖析：

> 自然，在这变化剧烈的世界里，一个人的“靠”还不一定长久。“靠得住”的时候固然安逸，靠不住的时候就不免张惶。靠朋友吧，容易被朋友看穿底细，当你自己太没出息，靠人“靠狠了”的时候，朋友就会不给你靠，或者让你靠得不很安逸。靠机会，靠运气吧，一则好运不常，会有变化。二则即使一直好下去吧，太好了的时候就会“胜利逼人”，逼得你非自己起来担当一点责任不可。自己不肯振作，又要靠，又要做的时候，那只能靠虚势了，靠门第，靠父母，靠家谱，……

① 夏衍：《“五四”二十九周年》，《夏衍杂文随笔集》第436页。

> “靠”本来就是一种没出息的行径，等到靠无可靠而只能靠家谱门第来唬人的时候，那我只能替他杜撰一个名称：这只是没出息的“二世祖”在彻底“投靠”之前的一种最没出息的穷策而已①。

这篇杂文对社会上人们意识中各种错综复杂的矛盾，解剖得多么透辟入微，入骨三分！夏衍通过对事物变化辩证规律的把握，逐层论证了各种“靠”法的最终不能奏效，且还潜伏着彻底投靠别人以至出卖自己的危险，从而对这种一味依赖外力的“靠”的人生哲学作了鞭辟入里、发人深省的批判。对照今天的现实生活，文章所阐明的不正是活鲜鲜的真理么？

对于杂文家说来，他不应该浮在生活表面，就事论事，而要努力透过现象，窥探到隐藏在它后面的本质，从极平常、极普遍的事实中表达深刻的思想。夏衍还有一篇题为《从停电说起》的杂文，初看似乎是抨击都市供电不足却还大量浪费电力的弊端，实则不然。文章从这种“只要鸡蛋不管母鸡生命”的现象，联系到当政者对整个“民力”采取的“竭泽而渔”的政策，寓意深长地写道：

> 节约这已经不是一个新的口号了，他的范围，应该是

① 夏衍：《靠》，《夏衍杂文随笔集》第409页。

> 及于“民力”全般，当然不止于电气。有无限资源的美国，尚且在厉行节约呢。而我们中国，却还保守着“天坍不管”的态度，竭泽而渔的办法，尽管中国是一个农业国家，人民惯于忍受，“过负荷”的态度超出一般想象之外，但是人力物力的伸缩性和人民忍耐总还打个一定的限度！别以为今天没事就可以放胆安心，物理学告诉我们，物的弹性有一个特定的极限，到达了这个极限的时候，破裂是常常没有预先警告的。[①]

四大家族横征暴敛，贪污搜刮，吮吸人民膏血，以供少数人恣意享受，对此，人民群众是不会永远甘心忍受的，总有一天会爆发出炽烈的反抗的火焰！杂文完全越出节电的范围，而抓住了更重要的根本的社会问题，揭示出人民大众与统治阶级不可调和的矛盾，对于榨取人民的吸血鬼们发出严厉的警告。

如果说，在揭露性杂文中，需要作者思想敏锐、独具慧眼，才能探幽显隐，触及事物症结，那么，在主要是阐明某种正面道理的杂文里，就更需要作者有过人的眼力，善于从社会动态、实际斗争中提炼思想材料，经过去粗取精，去伪存真，由此及彼，由表及里的思维活动，形成新颖独到的观点。见人之所未见，发人之所未发，这是人们对杂文的一个极为重要的

---

① 夏衍：《从停电说起》，《夏衍杂文随笔集》第 340 页。

要求。夏衍的《乐水》，是这一方面的一个范例。文章认为，中国的文人虽具有正义感，但往往和现实社会分离，置身于大多数群众之外，养成孤僻的性格，因而使作品“失却了领导民众精神生活的作用”。基于这一点，夏衍借用孔子“仁者乐山，智者乐水”这句话，作了唯物主义的精辟的阐发。所谓“乐水”，就是要像水一样有很大的“可适应性”，“自宇宙之大，到苍蝇之微，何处何物里面，无不有水的存在，换句话说，就是它能够深入一切”，新时代的文艺工作者，“对于社会要像水一般的能够深入”，能够“应顺客观条件，适合环境”；“水可以适应任何环境，但他决不‘变质’，为清泉，为浊流，为有机物中的水分，乃至为结晶物中的结晶水，不论在任何形态，水可以普遍而深入地存在，但是水之为水，决不改变”。新时代的文艺工作者也要像水一样强固，“不论在怎么样的环境都可以处，可以耐，可以顶住，可以不受影响，富贵不能淫，贫贱不能移，威武不能屈，和水一样的维持本性，而作坚韧的奋斗”，非达一定目的不可；“水是最良的溶剂，换句话说，最大多数的元素和化合物，都能在水里溶解”，新时代的文艺工作者还要像水一样，富于“可溶性”，“吸收一切，容纳一切，而使自己不断地更新，不断地丰富”，而不致“硬化”与“腐化”①。这篇文章写于 1942 年文艺整风以前，它所提出的文化

① 夏衍：《乐水》，《夏衍杂文随笔集》第 116、117、118 页。

人必须深入社会充实自己，同时又要保持坚定立场的论点，同后来毛泽东同志倡导的革命知识分子同新时代的群众相结合及革命坚定性与灵活性相结合的思想，是基本吻合的。这就难怪当时即有人评论说："这一篇不单写文艺作品的人可以把它当做最好的参考品之一来看，也是青年修养的明鉴。"①

不只讲的道理如此，有些事例在别人的文章里举过了，已作了生动透彻的阐发，而当夏衍重新采用同样的题材时，他往往又能有自己的发现，讲出另一番新意和哲理来。如郭沫若当时写了《杜鹃》一文，指出这种鸟并不如古代作家笔下是那样富于诗意的美好的形象，而是一种"天生的侵略者"，是"欺世盗名者的标本"。他告诫像莺那样被欺骗而不自知的人们要认识人面杜鹃的丑恶残暴的本质。夏衍不久也写了一篇《从杜鹃想起隋那》。他却从隋那最早发现杜鹃的特殊生态着笔，年轻时代隋那发现并揭发了该鸟特殊残忍的性格，然而却不为正统派科学家所重视，以为是不值一笑的胡诌。但这却动摇不了隋那调查研究得出的科学结论，最后他的论点终于被人们所承认。由此文章得出结论：

> 主观主义的空想和科学精神的钻研，是永远不相容的

① 连宜：《民主、科学、人道主义——读夏衍著〈长途〉》，《新华日报》1943年3月1日。

> 南北两极。不清除主观的独断，不养成调查的风气，我想，“人们还是要吃苦”的。[①]

这就使原来的事例有了新的含义，在倡导实事求是的科学精神方面给了读者以新的启示。又如早在《野草·题辞》中，鲁迅就把自己的诗文比作野草，对“夺取它的生存”的反动势力表示无比憎恨，又显示出期待革命烈火火速到来，以烧尽一切“野草”，也即是和自己的过去彻底决裂的决心。夏衍在他写的《野草》中赋予了它以新的象征意义。他生动地叙述了野草不为人们所注意而实际上存在着无与伦比的力量。而它所以具有这种力量，是在于它有“一种长期抗战的力，有弹性，能屈能伸的力，有韧性，不达目的不止的力”。这就十分贴切地象征了正在坚持长期抗战的革命人民不屈不挠的意志和力量，预示了中华民族必将取得抗战最后胜利的光明前途。

杂文是一种战斗性的社会论文，但它又不同于一般的政治论文，而是文艺性的论文。因此，夏衍的杂文，在艺术形式上，尽量采用多种多样的表现形式：有政论，有时事述评，有抒情文，有叙事文，有时是一封通讯，一则对话，或一段序跋，不拘一格，文章自由灵活，生动活泼。尤其重要的，它的议论不是空洞的，干巴巴的，而是尽量包孕在生活现象的叙述

---

① 夏衍：《从杜鹃想起隋那》，《夏衍杂文随笔集》第 328 页。

和描写中。他善于利用丰富的日常生活体验和早年掌握的自然科学知识，利用形象化的语言说明复杂的道理，使所要表达的思想表现得更具体、真切，更有说服力，因而产生了亦情亦理，移情说理的功用。

《论“晚娘”作风》《糊裱及其他》便是政论性和形象性结合得十分精彩的杂文。夏衍用人们在生活中常见的后母虐待前妻子女的事例，狠狠鞭挞了国民党反动势力。请读一读这段生动的文字：

> 当然，晚娘也有她自己的想法，她一方面要弄死前妻的儿女，让她独占，他方面可仍旧要敷衍她的丈夫、邻居，而博得一点名誉。所以她主要的作风是“一面瞒，一面打”，——事实上历来晚娘惯用的方法，往往是阴性的虐待，譬如饿饭、虐使、暗毒，……等等。她不希望这些讨厌的小东西明明白白在她手下打死，而暗暗地计划着使他们慢慢地磨折而死。磨折死的没有杀人罪，尸身上没有外伤，手干脚净，丈夫和邻人看了没有闲话，也许当死的那一瞬间，晚娘还可以挤出一点眼泪，来点缀一下升平。
>
> 中国人懂得晚娘哲学，学会了“一面瞒，一面打”的方法。这种作风一经家传，奉行不悖，右手打人，左手按住被打者的嘴巴，你假如顽劣一点，从指缝里漏出一点喊声，那就打得更凶，或者简直处死因为这就构成了有罪，

“损害了晚娘的尊严”。①

读着这样的文字，人们很容易就会联想起抗战中间的现实：蒋介石一伙表面上对共产党表示团结亲善，背地里却进行着种种残忍的排挤、构陷、压制、捕杀等勾当。同时又千方百计钳制舆论，不让揭露国民党反动派暴行的正当言论发表，否则即施以更大的迫害。夏衍在杂文中虽然没有一句正面的直接揭露的文字，然而通过生动的比喻，却将国民党反动派的鬼蜮伎俩和阴险用心表现得淋漓尽致，激起人们极大的鄙视和憎恶。

在另一篇《糊裱及其他》杂文中，作者将重庆的房屋墙外面糊着一层水门汀——“木框水泥皮”的房子，与在战争中的军事伪装作了一番比较：

……同样的是一种欺骗手段，不过他们之间的差别是在，糊裱是用坚强漂亮的外形来伪装脆弱龌龊的内容，军事伪装是用和平柔弱的外形来伪装坚强有力的内容罢了。有钱人怕人向他借钱而故意的假作寒伧，破落户怕人不放心借钱给他而一定要维持一种豪阔的门面。这都是“伪装”的变形变态。心虚才要做作虚势，色厉常常是为了内

① 夏衍：《论“晚娘”作风》，《夏衍杂文随笔集》第74—75页。

> 荏，一个人到了异乎寻常地摆阔，装漂亮，讲门面话的时候，我们就得特别地留心他骨子里的可怕的虚空。[①]

国民党在政治上暴戾腐败到极点，表面上却打出各种好看的招牌，如什么“抗战建国”“抗战到底”“体恤民艰”“精诚团结”等等，借此粉饰装点门面，不正是这种“糊裱”的“变形变态”吗？杂文寓讥讽于形象，藏寸铁于绵里，从日常生活中随手拈来一些事例作为比喻，不仅把反动派自欺欺人、色厉内荏的本质剖露得入木三分，而且以辛辣的讽嘲，使得敌人啼笑皆非，人民拍手称快。

从语言风格来看，夏衍的杂文不尚虚饰，质朴自然，明快流畅。他的杂文用词造语，浅显明了，一切叙述、引用、描写、议论、抒情，都力求做到简明扼要。他很少引述生僻的古典和过于深奥的文句，也很少乱加形容词和堆砌辞藻，而是尽量把要讲的意思老老实实讲出来，写得平明易读，洒脱晓畅。如《宿草颂》最后两节：

> “经一事，长一智”，豢养山羊之风，一天天的进步，挂铃铎的山羊，也一匹匹的增加了，相克不可避，被吃也是不可免的，但是，野草是漫山遍野，生根在中国的大地

---

① 夏衍：《糊裱及其他》，《夏衍杂文随笔集》第 407 页。

> 上的，试问你有多少山羊，能吃尽全中国原野上的野草？
>
> 生存了两年的草，可以说是“宿草”了吧，白居易不是说过“野火烧不尽，春风吹又生”的话么？——而我们，可以自负是“冬莳”的草，我们是十一月出土，在风雪中萌长的。[①]

这些话平易而深刻，形象而概括，对山羊的蔑视和仇恨，对野草的自信和热爱，流转于字里行间，不由得不使人首肯，并产生感情上的共鸣。其他像《旧家的火葬》《谈自己》，述说个人经历，表白出身旧家的知识分子的革命立场和待人处世的民主态度；《“死而后已”的一个适例——忆聂耳》《悼念西苓》叙写战友生前事业及怀念之情，都是娓娓道来，朴实无华，显得亲切感人。在杂文中，运用典故、比喻是一个重要手段，可使文章活泼，富于机趣，然而如果不管有无必要，将一些古书上的典故生吞活剥地硬塞进文章，往往会造成文字晦涩与累赘，这是具有群众观点的写作者所不取的。

在夏衍杂文中，有时也常运用曲笔、反语、讽喻等手法，语多幽默诙谐。然而他不大夸张，更不故弄玄虚，而是比较直捷与简明，让人一看，不多费思索便能心领神会。如《人·畜·鬼》，抓住港报三条新闻，略加评点，港英当局欺压中国

① 夏衍：《宿草颂》，《夏衍杂文随笔集》第 347 页。

百姓、国民党当局阳奉阴违言行不一的面目便昭然若揭。再如，夏衍以司马牛署名所写《杂感》中不少篇什，对蒋记政府那种倒行逆施的揭发也是引人注目的。试看1945年的几则：

近见市区中心某花生小店铺门口用油漆写着一条广告："科学花生"。

在科学的大潮流中，即使花生还是昨天的花生，并且和几百年前的花生也没有差异之处，可是牌子却非加以科学之名不可。

一定还有"科学的算命"和"科学的相命"，而且还有挂"民主"的专制。

甲：这几天谁最悲惨？

乙：希特勒、希姆莱、戈林、贝当——

甲：不，我以为还是那些心里想哭，而脸不能不笑的家伙。

街头问答：

A：什么叫民主？

B：这就是"你是民，我是主"的意思。[①]

① 重庆《新华日报》1945年4月13日，5月2日，8月5日。

这些短剑式的杂感，泼辣、机智、凝炼，可谓匠心独运，他们格局短小，短的不过十来字，长的也只几百字，纯用日常普通口语，既朴素自然，又尖锐深刻，敌人种种欺诈、卑劣，清清楚楚呈现出来，读者会心，不禁莞尔而笑。

夏衍的杂文并非篇篇都是珠玉，没有可以訾议之处。由于这些文章是在紧张的战斗和繁忙工作间隙写成，不可能有充裕时间构思与琢磨，因而其中有些内容稍嫌冗杂，不那么精粹，也有些缺乏思想深度，不那么耐咀嚼。但瑕不掩瑜，其中大部分在内容和技巧上还是很见功力和富有特色的。特别值得珍惜的是，这些杂文"是从石块和水门汀隙缝中生长出来的"①，犹如作者所描绘的坚韧的野草那样，它们经受了严霜烈飙的残酷考验，表现出争取生存的顽强意志和不可征服的力量。今天读着这些战斗的篇什，一位可敬的革命战士的形象跃然纸上，仍能给我们以启示和激励。

---

① 夏衍：《过去的好日子》，《夏衍杂文随笔集》第 394 页。

第十一章
别具一格的抗战剧

《法西斯细菌》

夏衍的话剧《法西斯细菌》（1944 年题作《第七号风球》出版），是以知识分子在抗日战争时期所走的不同道路为题材的。剧作描写了几个有着不同性格的人物，表现了他们在抗战这一大动荡的时代所走的不同的生活道路，深刻地批判了法西斯主义扼杀科学、阻碍社会进步的反动本质，具有激动人心的魅力和强烈的时代意义。

一

细菌学家俞实夫是剧本的主人公。剧中突出地完整地描写了他从潜心研究科学而不问政治，后来在现实教育下逐渐觉醒过来的漫长而曲折的历程。

在文艺创作中，人物的性格是在复杂的环境因素长期影响下逐步发展形成的，有其相对的稳定性，但又有变化（尽管这种变化往往是极其细微、复杂而不容易把握的。）离开了运动和变化，形象的生命也就失去了依附。《法西斯细菌》在这方面的出色之处在于，一方面写出人物与环境的紧密联系，揭示出生活环境给予人物性格的丰富、复杂、直接或曲折的影响，另一方面又写出性格发展的内在依据，按照人物自身的逻辑发展人物的性格，从而塑造出真实可信的艺术典型，并显示出深刻的思想意义。

热爱科学，脚踏实地，不求名利，不慕虚荣，从一开始，俞实夫就给了人们这样一种亲切而真挚的印象。在留学期间，国内经常克扣留学生的“官费”，出身清寒的俞实夫生活困顿不堪，但他在研究工作上却专心致志，从不懈怠。他以全副精力从事细菌学研究，连星期例假也忘了。当他的妻子发现报上报道了日本文部省破格给予他医学博士的学位，并登出他的照片的时候，他却只是“淡淡地一笑”，一无所谓地说：“真正做学问的人，是不该把自己的名字在报上这样登出来的，何况自己的照片。”这句话对于理解主人公是很重要的一笔，它为人物的性格定下了基调。这表明，俞实夫从事科学研究不是为着个人的名位，而是为民族、为人类谋幸福的。尽管这个理想过于抽象，因而以后一再碰壁，但他那善良的愿望和诚挚的品质是不可抹煞的。这也正是他后来能够逐渐接近并接受真理的思想基础。

然而，由于深受资产阶级教育的影响，长期脱离社会实际，俞实夫对于科学研究与社会的依存关系是不明确的。他纯真地相信医学的“超然性”，在政治上患了典型的色盲症。他认为干政治的都是“卖野人头，跑江湖”的，一概表示厌恶，对于一切政治问题、社会问题，“一点也没有兴趣”。甚至对于日本正在酝酿发动的侵华战争，他也漠不关心。赵安涛忧虑时局的谈话，在他看来是“政治演说”，应该“到公园里去，到食堂里去”，否则就会扰乱他研究室平静的空气。这可见他不问政治的倾向达到了何等惊人的程度。俞实夫在抗战烽火到处燃烧的年月，辗转各地，希望能找到一处干净的土地，建筑起他的“科学之宫”，其实质不就是逃避残酷的现实斗争么？

剧本以俞实夫生活的小天地同当时国内外的政治风云加以对照，在一系列带有喜剧色彩的情节和细节中，衬托出主人公思想的迂阔乖谬。“九一八”事变把他从平静的实验室里赶了出来，带着妻女，开始了漂泊不定的生活，从此，这个不问政治的人，被政治推到了时代斗争的漩涡中。回国后，应日本人办的上海自然科学研究所的聘请，担任预防医学研究员。这说明他回到上海并不是为了抗日，一心思念的还是要继续他那斑疹伤寒菌的研究工作。在“八一三”的隆隆炮声中，俞实夫的家庭又摇晃起来。保姆因为他在日本研究机关“跟东洋人做事”，他妻子又是日本籍，因而出于爱国的热忱提出辞工。他的爱女也出于同样的原因而被邻家小孩奚落嘲骂。这些事情并不重大，却是这个“狂风暴雨的时代”给予主人公的无情冲击——连女佣和儿童都为抗日作出了自己的反应，俞还抱定“不干涉政治”的宗旨，更显得糊涂可笑了。辞掉研究所的职务，这标志着他的信念发生动摇，是他日后转变的先兆，但他的视线还没有能扩大到研究室外面，被群众的救亡浪潮所吸引。既不愿与日本人合作，又要避开政治的漩涡，继续他的研究，因而在离开上海以后便只得走向远离战争的香港。

这里，我们不能不注意到剧作家对现实的深刻洞察和艺术概括的魄力。俞实夫与《愁城记》里年轻幼稚的赵婉不同，他对政治的规避是同他那长期的人生阅历和教养分不开的。因此要改变它也就显得更为困难，需要花费更多的时间。夏衍没有写他在经受一两次打击后便轻易回过头来，而是让他在差不多十年的漫长跋涉里去经历更多的磨难，遍尝难以忍受的精神苦痛，而新的认识也就在这缓慢的过程里逐渐地取代了固有的偏见。

俞实夫到达香港不久，日本军阀又发动太平洋战争。这个和平静谧的海岛，也逃脱不了法西斯的魔爪。子弹在窗外呼啸，炸弹就在身边爆炸，他身穿白色实验服却不能坐到显微镜前工作。这时，俞实夫才不得不承认钱裕所说的法西斯这“抽象的细菌”是“世界上最厉害的细菌”。尽管他还在为自己寻找托词：“这种细菌，不是医生所能扑灭的”，但严酷的战争现实，终于使他把目光从科学研究高高的圣台上，投向自己的四周。不久，侵略者的皮靴旁若无人地闯入研究室，他亲眼目睹日本兵夺去了他“拼拼凑凑”买来的显微镜，捣毁了他的研究设备，热血青年钱裕被无辜枪杀，倒在血泊之中，而且连他自己和他的妻子都亲身受到法西斯匪徒不堪忍受的凌辱。现实的无情的铁锤终于彻底击破了他的幻想，使他领悟到不消灭法西斯细菌，就不可能消灭生物学上的细菌的真理。这时，俞实夫“宣告似”地说：“我们走，回去。”剧本在这里“宣告似”的三个字用得极为贴切传神。在历经痛苦磨难、坎坷曲折之后，俞实夫彻底醒悟过来，犹如在大海中飘荡的小船，终于找到前进的方向和目标：走向人民，走向抗战。在剧本最后，他毅然中断心爱的研究课题，决定到红十字会医院工作，由原来关在实验室里研究伤寒菌到走出实验室，去“从事扑灭法西斯细菌的实际工作”，也即投身到抗战行列，以自己的科学知识去服务于祖国人民的解放事业。

毛泽东同志说：“在一个半殖民地的、半封建的、分裂的中国里，要想发展工业，建设国防，福利人民，求得国家的富强，多少年来多少人做过这种梦，但是一概幻灭了。好多好心的教育家、科学家和学生们，他们埋头于自己的工作或学习，不问政治，自以为可以所学为国家服务，结果也化成了梦，一概幻灭了。”① 俞实夫性格的演变，生动地、富有说服力地展示

① 《毛泽东选集》（合订一卷本），人民出版社 1976 年，第 981 页。

了这个幻灭的过程。剧本巧妙地让俞实夫这样一个研究细菌的科学家，从认识研究医学上的细菌，逐步引申和深化，进而认识到在人类社会存在另一种特殊的细菌——“法西斯细菌”。这种细菌不消灭，自然界的细菌也不可能根本消灭，它对于人类的危害远远超出了医学意义上的细菌。俞实夫的转变，说明了这一部分知识分子在如何对待政治这一根本问题上的深刻变化。剧本对于人物性格成长的复杂道路刻画得细腻入微、合情合理，人物的每一个行为、决定都能找到内在的根据，同时代波澜又有着有机的联系，因此他转变的过程显得真实，令人信服，具有强烈的艺术感染力。

关于俞实夫最后的结局，在四十年代的重庆和五十年代的北京，都曾有人提出异议。有人认为让他走向抗战是“前线主义”[①]，也有人则持相反看法，认为作者要出发到国民党统治下的贵阳去是降低了人物的觉悟水平[②]。以我粗浅的看法，这些意见都不甚恰当，是违背剧本特定的主题和人物性格的特点的。我们知道，如何正确对待科学与政治的关系，是整个剧本的主题。从全剧来看，剧作者并不抹煞科学本身，更没有主张以政治来代替科学，似乎在反侵略战斗中就可以将科学全盘放弃；而只是强调科学不能脱离政治，学术研究必须有正确的政

① 黄芜茵：《谈夏衍的〈法西斯细菌〉》，《新华日报》1942年12月31日。

② 王瑶：《读〈夏衍剧作选〉》，《文艺报》1954年第5号。

治方向。尤其当民族危亡之秋，作为一名真正爱国的科学工作者，更不应该脱离祖国和民族的前途命运，一头扎进实验室里，而应该将自己的工作与民族解放斗争的伟大事业紧紧联系起来，共同担负起挽救民族危亡的重任。这个思想是贯串、渗透全剧的一条红线。剧本结束时俞实夫的归宿并不是别的，而是到“红十字会医院”去，运用他的专门知识去从事扑灭法西斯细菌的实际工作。仿佛是为了回答所谓“前线主义”的责难，当赵安涛问起俞实夫“你的研究……不是要功亏一篑”时，主人公回答道：“不，我打算在实际工作里研究，一方面说，我年纪还不算大，等这一次反法西斯战争完了之后，还有一大段时间。”显而易见，剧本并没有否定科学工作，而只是否定了那种脱离政治、科学至上的错误道路，以引导人们走出纯“科学之宫”，这同“前线主义”是不可同日而语的。

同时，还应指出，剧作者对人物的转变是写得恰如其分的。当时主人公只是认识到为科学而科学这条道路走不通，因而觉得要到大后方去为抗战作出积极的贡献。他的觉悟水平还达不到投奔共产党，同工农群众一道进行革命斗争的程度。他的“再出发”，也只能是从这里起步。如果要求俞实夫就此便走向共产党领导的抗日根据地，那是不现实，也是不必要的。在现实生活里，要求进步的各种类型的知识分子前进的道路，有共同的趋向，但每个人的具体途径、前进的步伐是很不相同的。作为现实主义的艺术作品，最重要的，是必须忠于生活，必须让人物按照自己的性格走完他自己的道路。夏衍说："我有这么一个经验，就是：最初是作者写角色，后来，当角色的性格形成了后，他就逼着作者按照他的性格去发展了，要勉强是很难的，勉强了就不真实。我认为不论是社会主义现实主义或者批判的现实主义，这一点是一样的。"[①] 剧本结束时，俞实夫的一生远远没有完结。他到大后方去了以后，在工作和生活中肯定会遇到新的矛盾和问题，也会出现新的烦恼和斗争。但是剧本塑造人物不是给人物作传记，因而只要真实地恰切地写出了在特定的时代和环境里人物的精神风貌，作品就完成了它的使命。离开人物性格发展的必然逻辑，硬给人物安上一个更加"光明"和"革命"的结局，这种任意拔高的做法只会破坏人物形象的统一和真实，是一个严肃的作者所不取的。

二

在戏剧创作上，对比并不是人物间尖锐的斗争形态，但鲜明的对比常常也带来戏剧性的效果。在《法西斯细菌》中，夏衍对俞实夫与他的朋友赵安涛、秦正谊的生活道路的刻画，尽量注意描写的质朴和真实，摒弃故弄玄虚或人为地追求戏剧效果的写法。剧本展开的是日常生活的图景，朋友之间的闲谈、争辩。这里没有巨大的波澜，也没有你死我活的角逐；然而人

① 夏衍：《谈〈上海屋檐下〉的创作》，《剧本》1957 年 4 月号。

物对于周围环境、事件的不同反应有着很大的差异，这便形成鲜明的对照。人物的思想、情操和个性，也就透过这种差异和对照呈现出来。

与俞实夫截然不同，赵安涛作为政经系的大学生，他对于社会政治经济问题异常关心和敏感，甚至可说是近乎狂热。他激烈地抨击封建军阀统治和帝国主义的侵略，主张改良中国政治。针对俞实夫的非政治倾向，他多次发表这一见解："政治决定一切，你不管政治，政治要管你。"俞"诡辩"说："你不理会微生物，微生物要来理会你!"赵进一步加以反驳："……微生物之外，还有一个更大更大的世界……一个国家的政治不弄好，科学就不会发达，科学不发达，即使出了一个两个专门的学者，有什么用?"在这场论辩中，剧本有力地揭示出俞实夫的固执己见，同时也表现出赵安涛的热情奋发。然而从另一方面来看，赵却又并不比俞高明。他富于热情，却不切实际，作风飘浮，缺乏脚踏实地和艰苦探求的精神。他之追求"钱八小姐"，就如同俞实夫与沉静朴实的静子的结合一样，是同他们思想性格的某些相似之处分不开的。他使我们想起了契诃夫剧本中的威尔什宁式的人物，他们的幻想、气魄同自身的荏弱之间有着明显的矛盾，具有一种"不成器"的特征。

"知识分子圈子的生活是精神失常的，神经过敏的；人们易于多愁善感，容易激动和偏执，但是他们的感情是不深沉的，不牢靠的，……他们像电灯泡那样燃得快，灭得快。”① 赵安涛自命为懂得政治，但是他不知道接近人民，不懂得政治的力量从哪里产生出来。他往往将事情看得太容易，但在现实中受到打击和挫折以后，便从热情愤激转变到幻灭绝望，以至自暴自弃。开头他抱着参加抗战的愿望回国，以为全面抗战一开始，国家总需要人，自己可以一显身手。然而在国民党统治下，正直热情的知识分子不可能施展自己的抱负和才干，相反却处处受压抑和摧残。他在政治舞台上很不得志，东碰西撞，“什么地方也呆不长”。在经历过一番坎坷之后，壮志付诸流水，干脆弃政从商，做起投机买卖，从“政治第一”一下变为“发财第一”，什么“改良政治”，什么国家的前途，都置诸脑后了。从赵安涛的浮躁、摇摆，我们更可看出俞实夫的执着、坚定。尽管俞也是昧于现实的，然而他却具有一种孜孜以求、刻苦顽强的探索精神，这正好是赵所缺乏的。由于性格的迥异，以后两人的发展道路也就判然有别。太平洋战事发生，日寇占领了香港。法西斯强盗把赵的财产洗劫一空，连他的房屋也侵占了。随着“第七号风球”而来的这场风暴，终于粉碎了他的发财美梦，留下来的是无限的空虚懊丧。自然，他最后还是在现实的教训下回头了；然而他是在几乎走上绝路之后才回过头来的。这与俞实夫又有不同。俞实夫起初虽然看不清方

① ［苏］沃罗夫斯基：《论文学》，人民文学出版社 1981 年版，第 402 页。

向，然而他还是抓住了一点实际的工作，而一旦认清了现实，把握了真理，他就坚定不移地奔向一个明确的、崇高的目标。赵安涛在为自己的错误付出了惨重的代价之后能做些什么呢？这是连他自己也说不清楚的。他所说的“做一点切实有用的事情”，固然表示了改弦易辙的愿望，但究竟从何着手，却很渺茫。这就预示着他今后的道路还将是异常曲折和崎岖不平的。

秦正谊是一个追求实惠的利己主义者。不能说他一无所长，他还是有几分才气的。他能说会道，又博学多闻，似乎“无所不晓”。然而他的聪明才智没有得到正当的发挥，反而由于受庸俗的市侩意识的熏染，养成一种逢迎讨好、世故圆滑的卑劣作风。“善于揣测别人的心思，讲话决不使人感到不快，”这是他的处世妙诀。他为什么要这样做呢？他曾对静子直言不讳地说过：“……说一句老实话，这几年要不是朋友帮忙，送这么一千五百的，实在也混不下去。”妙就妙在这个“混”字上。他既没有俞实夫那样高度的事业心和正直不阿的品质，也不像当初的赵安涛那样有志向和热情，而是一味靠投机取巧“混”饭吃。这就注定了他对人生的态度是极不严肃的。怎样对自己有利，他就怎么干，谁对自己有好处，就投靠谁。对他说来，是谈不上有什么信念和原则可言的。赵安涛生意得手时，他为之筹划奔走，不遗余力，一心想捞到仰光分行经理的位置。赵安涛失败了，汽车司机阿发搞投机“发迹”，他便又靠了过去，活现出一副奉承阿谀的丑态。秦正谊还不是一个十恶不赦的坏蛋，也不是损人利己的伪君子，而是一个庸俗自私、随波逐流的小市民。对于这个丑角，剧作者并没有吝惜他那讽刺的笔墨。在第四幕第二场香港沦陷后，秦正谊要求俞实夫劝静子，“要是日本兵来的话，让她出来用日本话说一说”，“乐得给大家方便”。在遭到拒绝后，他又向赵安涛提出。钱琴仙出来阻拦说：“他，他怎么行！……你自己，不也可以讲么?”这个回答一下便打中了要害，弄得他狼狈不堪，只好以“我全忘了，一句也不会讲了”加以搪塞。人物的怯弱、伪善和自私在此暴露无遗。

俞、赵、秦分别代表着旧社会上层知识分子的三种类型。他们在激荡的时代浪潮中对待民族、生活、友谊的不同态度，反映着不同的思想立场、生活理想和道德观念。剧作者没有站出来直接表露自己的褒贬好恶，而是从他们的相互对比中使观众得出应有的结论。“在这个戏里，俞实夫是主，其余的是副，赵安涛和秦正谊起的只是烘托与比较的作用。”① 赵安涛的步子是摇摆的，缓慢的。作者对他有所贬斥，又有所期待；而秦正谊只是停留在原地，几乎没有什么变化，作者对他的态度是严峻的，否定的，使用的是“漫画笔法”。俞实夫自然称不上是一个理想人物，然而他从一个盲目的不问世事的学者逐渐觉悟而走向抗战，成为反法西斯战斗的一员，是经历了不平凡的思

① 夏衍：《关于〈法西斯细菌〉》，见《夏衍戏剧研究资料》（上）第54页。

想斗争的。他能接受现实的教训，在实践中克服自己的偏见，以致最后毅然弃绝根深蒂固的落后观念，这个重大的转变，是他的那两个朋友所望尘莫及的。他那正直善良的性格，实事求是的态度和勇于改正错误服膺真理的精神，在秦、赵两人的烘托下显得更其鲜明突出，丰采独具。这样的三个知识分子在抗战时期的千百万知识分子中是有典型意义的。在他们身上反映了在抗战前后中国一部分知识分子的发展变化的道路。可以说，它是一面历史的镜子，是一面抗战年月知识分子成长和进步的镜子，是一面知识分子身上的弱点和弊病的镜子，对于人们特别对于广大知识分子，有着长远的警策的意义。

三

在表现主人公走向新生的同时，剧本还异常成功地刻画了他的妻子——静子在抗战年代所经历的精神转变。

在剧中，静子并不是一个主要人物，并不处于戏剧正面冲突中，因而剧本不可能赋予她更多的戏剧行动。但是她作为侵略国的一个善良纯朴的国民，面对日本帝国主义者发动的侵华战争，内心是异常矛盾的，感情是错综复杂的。要写活这个人物，就要着重于心理的刻画。作品表明，夏衍虽然着墨不多，但由于对她的心理剖析得十分精细、准确，因而她的思想发展的脉络十分清晰，人物性格显得很有深度。

第一幕中，静子从家庭生活到内心世界都是平静的。虽是三岁孩子的妈妈了，但她稚气未脱，在善感中又带着几分天真。她像丈夫一样不关心政治，喜欢安分守己。当听说日本军阀怕真要在东北干起来了，她忧心忡忡地说："真会打起来么?"总希望这不是现实。仗真的打起来了，作为一个侵略国的国民，她的情绪不能不受到猛烈的冲击。现在我们来看第二幕，当寿美子被弄堂里的儿童骂为"小东洋"跑回家以后的一个场面：

〔大家回转身来。寿美子看见她爸爸，便扑到他身上，啜泣。

赵安涛　(笑着)跟隔壁的孩子吵了架?

俞实夫　别哭。(抚慰她，低声地)有客，像什么。嗳，(亲她)好，乖孩子，爸抱你。

〔静子从后面登场，忧容满面，也似乎流了泪的样子。

〔大家愕然。

俞实夫　(回头来)干么?你也……

静　子　(默默地走到寿美子身边，意识到大家以惊异的眼光望着她，勉强地向大家)对不起。(打算去看一看寿美子身上有没有伤)

〔寿美子余怒未息，推开静子，一种异常激动的情绪冲击了她，茫然地站着，禁不住流下泪来。

俞实夫　（对寿美子）为什么？为什么？对妈妈这样？（仰望着他的妻子）为什么？她！

静　子　（差不多听不出声音）你问她。（旋转半个身体）

俞实夫　说呀，好孩子……

寿美子　（好容易抬起头来）他们骂我，打我……（抽噎）

俞实夫　不是从前跟你很好吗？一起念书。

寿美子　（用小手擦着泪）骂我小东洋，……还骂你。（向她爸爸，抽噎）

俞实夫　（面色严重起来）骂我？骂我什么？

寿美子　骂你跟东洋人做事……

静　子　（怕她伤害了父亲的尊严，回身拦住她，蹲下来给她擦干眼泪）别理他们，那些野孩子。

俞实夫　那，那，简直——岂有……

静　子　没有被他们打吗？

〔寿美子摇头

静　子　好啦，别哭，今后不跟他们玩……

寿美子　（提衣服）撕破了。

静　子　不要紧，妈给你缝，去洗手。

（欲下）

这段描写有着多么丰富的内心活动，多少难言的潜台词啊！孩子平白受到误解和不公正的对待，作为母亲的自然要去安慰她。谁料亲生的女儿也不能理解自己，竟当着客人的面拒绝母亲的爱抚，这是多么叫人委屈、难堪、伤心啊！然而，当孩子在父亲面前说出“骂你给东洋人做事”时，静子又担心孩子的话刺痛了丈夫的心，因而又不得不立即控制住自己的激动，把孩子抱到怀里，含泪带笑地安抚孩子。这里对于人物内心感情波澜的刻画极为真切传神。这个全身心地体贴丈夫，勇于承担起一切不幸和痛苦的妇人的委婉温柔的性格和高尚的灵魂在夏衍笔下得到了动人的体现。

作为一个淳朴、善良的日本知识妇女，静子爱自己的祖国，也爱中国；她既望日本好，也望中国好。然而，日本军国主义者破坏了中日人民的传统友谊，发动了侵略战争，开始她还天真地希望战争不至于发生。随着战火的蔓延，她的幻想破灭了，她越来越不满于这场不义的战争，对广大中国人民受到的深重灾难充满了同情。当秦正谊和静子在香港相遇，讲到战争还将扩大时，有如下的一段对话：

静　子　（低头）当真？

秦正谊　当然，希望他不，要是真的打起来，那就……（发觉了她的神色有异）为什么？嗳？

静　子　（低声地）我，觉得很难受。

秦正谊　那为什么？

静　子　（低着头，从睫毛下面看了正谊一眼）前天碰到赵先生和你，我忽然想起一句话来，在东京的时候，赵先生不是讲么？在东京街上走路，每一个日本人的眼光都像一根刺。……

秦正谊　对，他这么说过。

……

静　子　（微微的有点兴奋）。现在，我在这儿住，也觉得每个人的眼光，都像一根刺了。

秦正谊　（苦笑了一下）那，在这儿，谁也不知道你是一个日本人哪。

静　子　（依然低着头）可是，我是啊！

（不讲了）……

从这段对话中不难看出，一种强烈的愧疚情绪是怎样沉重地压在她身上，折磨着她的心灵！这里静子所感到的“刺”，与赵安涛所说的“刺”，意义其实是不一样的。赵安涛所发觉的“日本人的眼光都像一根刺”，是在日本军国主义分子所宣扬的侵略者的民族优越感的支配下对弱小民族的歧视；而静子所感到的“刺”，却是反映着被侵略者对于侵略者的强烈的仇恨。因而，对于善良的静子来说，面对这样的“刺”，她的痛苦是更实在、更深沉的。加上静子并不懂得阶级分析，她不可能将自己这样的普通日本人民同一小撮当权的统治者区别开来，这就使她对于自己的“同胞”破坏了和平更加感到痛心。

这种引咎自责的心情正是从本质上反映出日本广大人民对于法西斯战争的憎恶，和对于兄弟的中国人民反侵略斗争的理解和同情。

这一幕结束时，赵安涛为自己的货物抢在美国禁运令发布之前运出而兴高采烈之际，舞台上出现了这样的情景：

〔狂风，闪电，除静子外，大家集拢来。

赵安涛　不要怕，不要怕，有了钱，还怕什么，风也好，雨也好，把这屋子吹掉了也好！（举杯）实夫，有了钱，什么也不用怕，你的研究，（对正谊）你的仰光分行经理，（对钱裕）你的——你的音乐，一切都没有问题。来，干杯！我有办法！

赵安涛　（回头来看见了静子低头坐着不动，兴冲冲地拿杯子走到她身边）Okusan，来，为我干一杯，为什么？

〔俞实夫走近去，对安涛作了一个“别去强要她”的手势，轻轻地在她身边坐下来。

〔惊人的响雷声音，寿珍两手遮了耳朵。……

寿　珍　妈，我怕！

这里，静子没有开口说一句话，然而通过与赵安涛喜形于色的对照；通过狂风闪电的外部气氛，却烘托出了人物此时此地心中翻腾的感情和激动的情绪。可以明显看出，她已越来越清楚地认识到法西斯主义是和平生活的破坏者，而内心燃烧起不可遏止的愤怒的火焰。这里的沉默是一种无声的语言，她越是沉默不语，越可以看到她那内心深处郁结着的巨大的痛苦和炽烈的憎恨。

静子是善良的爱好和平的日本人民的典型。作为一个正直贤良的日本知识妇女，她从抱有幻想到最终认识到日本军国主义者的侵略本质，并进而仇恨和反对法西斯侵略战争的思想演变过程，对于体现和加深剧作反法西斯侵略的主题，起了特殊的、不可轻视的作用。这个形象深刻地表明，日本侵略者的不义战争是极其孤立的，“不但是损害世界人民的，也是损害其本国人民的”①，因而最终必将遭到连同本国人民在内的进步人类的谴责和反对。

恩格斯说：“现实主义的意思是，除细节的真实外，还要真实地再现典型环境中的典型人物。”② 再现典型环境中的典型人物，是艺术创作的最高目标。剧作家要从丰富的生活中提炼和概括出活生生的、有个性的人物，深刻地、真实地反映一定时代社会生活的本质。在《法西斯细菌》中，无论是俞实夫，赵安涛，秦正谊，静子，都带着那个特定历史时期的阶级的、

---

① 《毛泽东选集》（合订一卷本）第 486 页。

② 《马克思恩格斯选集》第 4 卷，第 476 页。

民族的、个人的精神面貌，出现在我们面前。比较作者以前剧本中的人物，他们的性格显得更加丰富与完整，具有更加鲜明的时代特征和深刻的思想内涵。在剧本里，人物的心灵世界，生活的矛盾冲突，都千丝万缕、毫无矫饰地联系着那规定情境里的具体生活，使人们感到，作家是在深切的生活感受中萌发出艺术形象的生命的。作品深邃的思想蕴寓在丰满的艺术形象之中，多方面地显示了时代的意义。正是这一点，使这个剧本成为夏衍剧作中思想艺术成就最高的一部，把他的现实主义戏剧艺术推向一个新的境地。

《水乡吟》与《离离草》

日本帝国主义的侵略凶焰并没有吓倒中国人民，在中国共产党的领导下，在广大敌占区，人民群众组织和武装起来，广泛地开展游击战，同敌寇展开一场短兵相接的搏斗。尽管武器简陋，环境恶劣，他们发扬中华民族大无畏的英雄气概，粉碎了敌人一次次的扫荡和清剿，有力地钳制和打击了日本侵略者，创造了可歌可泣的伟大业绩。夏衍身在西南大后方，但他十分关切处于水深火热之中的沦陷区同胞，对在敌后坚持战斗的英勇不屈的人民充满眷念和钦慕之情。《水乡吟》和《离离草》这两个剧本，便是他对敌占区人民游击斗争的热情赞歌。

从创作题材来说，剧作家抛开自己所熟悉的上海以及知识分子的生活内容，而将笔触伸向他所陌生的东北，伸向农村的武装斗争，正面去描写血与火的搏斗，这不能不说是新的开拓。

一

《水乡吟》是以作者家乡杭嘉湖平原为背景的。春天，新茧上市季节，我游击队长俞颂平深入敌我交界的一个村庄开展反掠夺的“经济战”，在战斗中负了伤，艰难地爬到中农何裕甫家门前，何将他救起并隐藏起来。由于何的侄女漱兰全力帮助治疗和护理，俞的伤口迅速恢复。在这中间，何的儿媳梅漪认出俞原来是她在上海时的情侣，企望与他重新结合，但俞坚决不同意，并多方开导。最后，梅克制了感情，并设法用钱贿赂当地保长取得特别通行证，让俞连同漱兰一同脱离险境。离开前，由于俞传递的情报，游击队赶到，焚烧了替敌人收茧的茧行。

在上述剧情中间，俞、梅的爱情纠葛占了相当重要的位置，然而剧作者的本意并不在这里。“但我为了不想再在沙上建塔，所以我有意地把真真想写的推到观众看不见的幕后，而使之成为无可诘究的后景与效果。”① 剧作真正所要展现的，是

① 夏衍：《忆江南》，《夏衍杂文随笔集》第 307 页。关于“沙上建塔”的话，在此文前面作者说过：“这几年来像孩子似的想把瓦石搭起一魔宝塔，不是一次又一次的在他人的一蹴之下就粉碎了么？”

江南人民与敌伪势力展开的不屈不挠斗争的图景。作者之所以这样安排剧情，是因为当时在国民党统治区，“此时此地不得不然”。

浙江西部是中国蚕丝的主要产地。沦陷期间，日寇对蚕丝收购实行统制，竭力压低茧价强行收买，然后运往上海加工，这是对中国人民的肆无忌惮的掠夺和榨取。为此，我游击队同敌伪展开激烈的争夺。这场斗争是打击侵略者的一条重要战线，具有战略意义。如同剧中人在对话中说的：“每年春天，养蚕的时候，就特别紧一点，意思就是说，两方面都要封锁一下，你不让我运到内地，我就不让你运到上海。”在这场斗争中，革命者俞颂平表现了坚毅顽强的斗争意志。他在战斗中负了重伤，住在群众家里，始终不忘自己的使命。在极其危险的处境中，他设法送出情报，有效地配合了游击队的战斗部署。何裕甫一家对游击队员的搭救和掩护，集中体现了普通群众的爱国主义感情。何漱兰这个纯朴的女学生，早就渴望投入抗日斗争，照顾俞颂平养伤，也就成了她新生活的起点。何裕甫原来是个安分守己，胆小怕事的忠厚老农，当他知道倒在自己门前的是从内地派来的“自家人”时，尽管有点胆寒，但还是接纳了他，吩咐家人收拾屋子，赶紧作了隐蔽的安排。新茧就要上市，原来他急于出手。当他了解到买主是“替上海方面收的”，便立即拒绝，并将预订的秋蚕种也取消了。他说：“利息薄，倒不要紧，大家辛辛苦苦，给他们东洋人做，有点不服气。”游击队烧毁了敌人的茧行以后，日军清乡队眼看就要报复。经过春天里的这场斗争，他不仅没有畏缩，而是变得坚强起来。在送别俞颂平时，他恳切地说：“你给大家带个信，也望你们快点打回来。”这个朴实农民的逐渐觉悟，从一个侧面表现了我党所领导的抗日武装斗争在人民群众中的巨大影响。

夏衍在谈到这个剧本的创作时说：“这一年（1941年——笔者）夏，敌人攻陷了金华。苟安的幻想在凶残的三光政策下面粉碎，金和铝在战火中判别了他们的坚实与脆弱了。眼看得见的是无可挽救的土堤般的溃决，眼看不见的却像是遇到阻力而更显出了它威力的春潮。要不是浙西人民武装和游击队伍一再的出击与阻挠，这一年夏季的法西斯洪水也许会冲得更远一点吧。”[①] 在抗战中，国民党之所以丢城失地，节节败退，原因就在于他们脱离人民，压迫人民。中国共产党依靠和发动群众，组织民众武装，因而能够排除困难，越战越强。这一点，作家为了争取剧本在国统区有发表和演出的可能，剧中不便作明白的申说。然而剧本对于在敌人占领下坚持抗战的革命志士和人民群众的揄扬，实际上也就是对国民党反动集团奉行投降溃逃路线的谴责。它不只是为了单单撩起人们的乡愁，而是要告诉人们：“你们的故乡在受难，你们的故乡也在斗争。”尽管敌人打算把田地毁坏，用炮火、毒气、疫病来使人类死亡，

① 夏衍：《忆江南》，《夏衍杂文随笔集》第306页。

"但是春天还是春天，故乡依旧活着，而且默默地在成长!"[①]

剧中正面展开的梅漪的爱情描写，原意也是为着表现抗战在有些女性生活中造成的波动和影响。梅漪原来是一个知识妇女，性格孤傲，任性使气，她曾热恋过俞颂平，抗战爆发后，两人的思想出现分歧。俞觉察到她"没有出息"的一面，因而抛开女友而投身革命。她为了"报复一个那样残忍地离开了我的男人"，竟然同一个自己并不爱的男子结了婚，过着悒郁的生活。这次在乡下无意中与旧日的情人邂逅，她觉得仿佛"得了救"，力图追回已失去的幸福，然而俞颂平已经有了新的生活理想，他在为一个崇高的目标战斗。如他所宣告的："你把恋爱看得太大，把生活看得太小。恋爱之外，还有更大更大的人生，还有更深更深的欢喜。"梅漪从俞颂平那里获得了振作自己的力量，她克制了自己感情上的痛苦，帮助俞、何脱险，正表明这个感情脆弱的青年女性已逐渐地从个人生活的小天地中挣脱出来，开始走向有意义的人生。关于这个问题，夏衍曾在《从迷雾中看一面镜子——几个现代剧中所反映的妇女问题》一文中指出："去年雾季上演剧本中，使我们很奇妙地发觉到举凡接触到抗战的剧本，'爱'已经不是唯一的不变的主题。是的，夏宛辉（《祖国在呼唤》），梅萼辉、史砚芬（《杏花春雨江南》），任兰多（《长夜行》）这些纤弱的知识分子女性都

① 《水乡吟》幕前朗诵词，《水乡吟》重庆群益出版社 1942 年版。

在为着恋爱问题而苦闷，但，不约而同，甚至连知识水准比较低一点的梅漪（《水乡吟》）——不都是为了更大的更崇高的对国家民族的爱，而牺牲了她们的自我么？……对于‘私人事件’的自我牺牲，克制，这种高度知性发展的表现正是我们现阶段知识分子女性的可贵的，——但也是富于悲剧性的一面。”[①] 从这里不难看出剧本刻画梅漪这个人物的用意所在。

然而，就实际效果来看，这段爱情的穿插却显得不够自然，有着明显的斧凿之痕。这个人物很容易让人联想起《雷雨》中的蘩漪。但是，如果说曹禺笔下的蘩漪追求的爱情，有着反对封建禁锢的进步内容，那么，梅漪对爱情的渴望，除了表现她的孤高、任性外很难说有多少积极意义，对这一点作品缺乏有力的批判，而在有些场面如月夜徘徊，雨中别离等，则过多地宣泄了缠绵、感伤的情绪。从剧本后半部分情节来看，促使人物转变的契机似乎仅仅是俞颂平对她的拒绝，使她感到了“绝望”，而不能让人看到她的思想同抗日民族解放斗争、同广大群众有了一定的联系，因此，作者通过这个形象表达爱情与革命、个人利益与民族利益的正确关系的意图便体现得比较勉强，人物性格的发展缺乏内在逻辑的必然性，从而削弱了作品的感染力和说服力。从这里，我们，确实可以感到剧作者

---

① 夏衍：《从迷雾中看一面镜子——几个现代剧中所反映的妇女问题》，《夏衍杂文随笔集》第282—283页。

本人对于小资产阶级知识分子身上的弱点的某种温情主义。“我们只要反省一下就可以察觉：当我们的笔尖接触到小有产者纤细、优美、温情、洗练、诡谲、高傲，乃至避忌实际斗争的所谓‘洁癖’‘孤独’的时候，我们不是不仅一点也不带着憎恶和反感，而且还毫不掩饰地抱着同情，赞叹和欣赏的态度么?”① 过于夸大这方面的问题是不符合实际的；但从这个剧本来看，作者的这段自我批评确是中肯的。

二

《离离草》取材于在日寇铁蹄下的东北人民进行武装抗日活动的事迹。是什么触发了作者的创作灵感的呢？一个偶然的机会，夏衍读到了一些日本的武装移民所写的关于“满洲”的报告和笔记。这些由敌人所记录的材料，透露了“九一八”以后东北人民对日本军国主义者的无比仇恨和顽强抵抗，广大农民袭击日寇的英雄行为，使侵略者谈虎色变，闻风丧胆。这勾起了夏衍无限的感慨：“被束缚的大地在悲叹，在哀诉，在哭泣，被割开了的伤口在排脓，在流血，但，尽管是出于敌人的笔下，这一切对于‘满洲’的报告不也表示了这块苦难深重的地方在生长着新肌与新血么！血在灌溉新芽，他们沉默的战斗以心传心地在激励着整个的民族，我相信，每个有血性的中国

① 《夏衍选集·代序》，《夏衍选集》人民文学出版社 1959 年版。

人，谁也不会忘记将我们引导到全民抗战的这‘最初投掷的一石’和‘一粒死了的麦子’的。”[①]《离离草》用戏剧的形式反映了剧作家这一深切的感受。

剧本是以日寇武装移民和东北人民武装反移民作为矛盾线索，以马顺一家为中心展开剧情的。马顺是一个曾在东北军“干过差使”的农民，为人刚直忠厚，具有强烈的民族意识。日本移民要强占他的房子，辟为开拓团本部，还要求他出面组织自卫团，反对义勇军，但遭到了他的坚决拒绝。他的倔强，使日寇黑田班长感到头痛，黑田愤愤地说：“我就是消灭倔强!”黑田捉住了义勇军队长张文西和从关内派来领导义勇军的革命者“我”，要马顺当场作证。他随机应变，将张认作自己的外甥，搭救了下来，并安排十五岁的朝鲜少年崔大吉，用运木柴的大车机智地掩护张文西进入义勇军驻地。事后黑田追查，发现大吉的皮靴，残酷地将大吉杀害。正当敌人接着就要处决马顺和他的养女苏嘉时，张文西带领游击队赶到，一举歼灭了开拓团。剧终时，马顺要带着苏嘉回南方去，张文西动情地告别说：“南风给我们带来了温暖，你也给我们送个信去!告诉南边的口外人：我们还在干，有很多人还在干……要他们放心，东北人的灵魂，没有被消灭，他们死得漂亮，活得光辉。”剧本通过这个带有传奇色彩的故事，表现了不愿当亡国

① 夏衍：《记〈离离草〉》，《夏衍杂文随笔集》第413页。

奴的东北人民前赴后继，忠贞不屈的战斗精神。

这个剧本中塑造得较为生动的一个人物是崔大叔。这个朝鲜大叔是个笃信宗教的旧式农民。他心地善良，热心助人，但由于受基督教的影响，他不分敌友，事事妥协忍让。在他看来，“大伙儿都是主的儿女，中国人，日本人，韩国人还不都是邻居，都是兄弟”，因此，对于日本的开拓团，他开始抱着幻想，以为他们“还客气”，并劝马顺不要有成见。当黑田强迫马顺腾房子发生冲突时，他热心地从中调解，希望化敌为友。日本侵略者骄横不可一世，他却以“人还不总是个人，有时候难免发发脾气，使使威风”加以解释。他还对在爱情上不如意的六平俊吉十分同情，甚至为之牵线，要求苏嘉“给一个冷透了的人一点暖和”。然而现实是严酷无情的。侵略者并不如他所想象的“你客气待他，他就客气待你”。当他唯一的心爱的儿子大吉帮助抗日游击队员脱险后，敌人毫不客气地将大吉抓走了。他苦苦哀求，得到的却是辱骂和毒打，他绝望，茫然，他向神祈祷，可是这一切都救不了他的儿子，大吉还是给残忍地枪杀了，他自己也受株连锒铛入狱。这给他心灵以极大震撼，这时他才认识到敌人不是人，而喊出“我不能饶恕”的痛苦和仇恨的呼声。在关键时刻，他夺过敌人手上的火把，投出地牢窗外，向游击队报信。随着枪声，这位善良的老人倒下了。他的性格发展至此，闪出了动人的光彩。这个人物的转变过程是描写得异常真实和有说服力的。他十分平常，是中国农村中常可遇见的左邻右舍，叔叔大爷，然而这个平凡的人的觉醒，却有力地说明了在侵略者皮鞭下被压迫民族必将奋起的真理。

《离离草》一剧以它在题材和主题上强烈的指涉性、战斗性，在当时抓住了观众的情绪，激起了强烈的反响。1944 年，抗战进入后期，国民党蒋介石集团偏安一隅，在后方过着纸醉金迷的生活。他们不仅不作收复失地的打算，反大做放弃东北以换取苟安局面的南朝美梦。如剧作者所说："在今天，我们之中也许已经有人淡忘了争取到'七七'这一天的经过是如何的九曲三回，千山万水了吧。但，作为一个和东北这块土地这些人民有过爱情的人，将永远不会忘记：即便在战争的日子中，也曾有人一再而三，企图以东北三千万人民的身家性命作为少数人苟安和平的代价。"① 《离离草》的创作和演出，对于激励抗日军民争取最后胜利，提醒人们警惕国民党对抗战的新叛卖有着不容忽视的政治意义。剧作者对东北人民是有深挚的感情的。早在抗战爆发以前，夏衍在他的第一个话剧《都会的一角》中，便借一个孩子之口，喊出了"东北是我们的"的声音，当时受到帝国主义的压制，剧本被迫停演。而在抗战临近胜利的前夜，他又在《离离草》中，提醒人们不能忘记东北处于日寇长期奴役下的三千万同胞，挞伐国民党阴谋出卖东北的

① 夏衍：《记〈离离草〉》，《夏衍杂文随笔集》第 413 页。

罪恶行径。剧作家的这种政治敏感和爱国热情，是很可贵的。还必须指出，当时在国统区，正是所谓剧运的低潮时节，真正反映现实题材的剧目为数寥寥。《离离草》虽然在艺术上比较粗糙，但像这样充满生气的战斗的话剧的出现，在政治上无疑是对反动派的一种示威和抗议，对人民的一种鞭策和鼓舞。无怪当时大后方的报纸对之发出欢呼，以为“是一个可欣喜的现象”，是“剧坛的转捩性演出”。作家李广田也撰文评述道：“《离离草》里的马大叔在悲痛中呼道：‘八年了，关里的人们早就把我们忘记啦！’最后又悲愤地喊道：‘南边的人们，我们在等你们啊！’谁听了这呼声而不颤栗？谁听了这呼声而不掩泣呢？让那些穿了古装而说现代话的脚色们在舞台上赚人们的眼泪，让那些古代的英雄们去鼓舞人们的义愤吧，那固然也好，然而，那些古人的千言万语，那些洒不尽的血和泪，比较起马大叔这几句简单的呼声来，那实在太显得无力了，为什么呢？就因为，《离离草》的题材是现实的，而在这一现实的题材中，作者又提供了那最适合于现阶段的积极主题。”①

毋庸讳言，夏衍在《离离草》中对人物是充满了炽热情感的，但由于他对东北农民的斗争生活缺乏深入体验，因而剧中主要人物缺乏血肉和性格光彩。马顺这个人物身上更多的是旧军队副官的气质，而缺少当地农民的特色。他的养女苏嘉也很

① 李广田：《看〈离离草〉》，见《文学枝叶》，益智出版社，1947年版。

少像是从农村中长大的姑娘（尽管她是一位团长的女儿），张文西更不像是农民游击队中生龙活虎的英雄，而像是一个一般的救亡青年。剧中某些情节的安排也比较牵强，不尽合情理，如黑田将张交给马顺，随后并没有看到他有什么布置，张的脱逃过于轻易，很不可信。最后张给“我”带的口信也没有显出什么作用，等等。

三

《水乡吟》和《离离草》，在夏衍的抗战剧作中算不得是成功的作品。尽管作品题材都涉及时代的重大斗争，刻画了革命的英雄人物，剧本在当时演出也收到过一定的效果，但从整体上看，它们是缺乏艺术生命力的。比起《上海屋檐下》《法西斯细菌》，乃至后来的《芳草天涯》来要逊色得多。《上海屋檐下》等几部剧作写的多是小市民和知识阶层，看上去题材并不很重大，很少具体地配合某一政治任务，然而，它们在艺术上要细致、完整得多，也更能体现夏衍一贯的艺术风格。这其中的道理是容易明白的。我们说，成功的艺术总是植根于丰厚的生活土壤中的，如果对于描写对象缺乏具体深入的观察与体验，即便是有才能的作家，也是断断不能创造出成功的艺术形象和艺术作品来的。夏衍写《离离草》《水乡吟》，在这方面不能不说是一个深刻的教训。大河奔腾，没有一点回流浅滩，那是不可能的。《水乡吟》的缺陷还向我们表明，一位经受过长期斗争锻炼的革命战士，在他身上，小资产阶级感情的杂质也不是一下便能涤除净尽的，特别在创作实践中，那种非无产阶级的思想感情，有时会情不自禁地流露出来，从而妨碍了作品发挥更大的教育作用。这说明，对于一个无产阶级革命作家说来，仍有一个不断改造自己，提高自己精神境界的任务。只有这样，才能扎实地走在革命现实主义的大道上，不断创作出蕴含着深刻的思想意义的激动人心的作品。

《芳草天涯》

一

当日寇的铁蹄践踏着中华民族的大好河山，亿万民众发出悲愤的呼号的时候，夏衍却在他的艺术舞台上向人们拉开了一幕与民族解放浪潮似乎相去甚远的恋爱悲剧。在大后方一间战时的简陋住室内，楚楚有致地布置着书桌、书架，壁上挂着字画、对联，窗外夕阳斜照，竹影摇曳，室内围着那张“供着一瓶杜鹃花”的小圆桌，朋友之间闲话家常，情意绵绵……这就是夏衍在抗战胜利前夕创作的四幕话剧《芳草天涯》。

该剧作于1945年春，同年秋由“中国艺术剧社”于重庆公演后，在进步文艺界曾引起一场论争。其中大部分评论认为，剧本把恋爱这样“没有什么政治意义的小事情”当作“很大的问题”来表现，并且把问题的解决求之于某种恋爱的道德伦理观念，这是创作上的一种“非政治倾向”，是作者在反动统治强大压力下丧失了战斗勇气的反映①。以后的现代文学史著作，即大多沿袭了这种看法，因而似乎成为一种定论。

这个结论是否合乎作品的实际呢？

中外文学史表明，作家在艺术创造过程中总是自觉不自觉地为一定的时代社会观念与文化意识所指引和伴随。在某一时代，生活中的每一具体事物都是社会生活整体的组成部分，都要受社会生活总趋势的制约和影响。换言之，每个具体事物的存在、发展、变化，如一个人的荣辱浮沉，一个家庭的悲欢离合，都打着时代的印记，反映着时代生活的轨迹。因此，一个作品虽不能通过艺术概括去反映另一些具体事物的本质，但却可以通过这种艺术概括对社会生活的本质、总趋势有所反映。《芳草天涯》以未加讳饰的生活画面把读者带入抗日战争那个急遽变革着的时代，展示了“在这么一个可悲的大时代中”的一个“小小的悲剧”。不错，这一“小小的悲剧”的人物主角都是知识分子，并且剧情所表现的是他们的爱情和家庭生活，但是，谁能以此来否认其中所透射着的强烈的时代折光呢？

① 见《〈清明前后〉与〈芳草天涯〉两个话剧的座谈》，《新华日报》1945年11月28日。

"民族解放战争，正是我们这个时代的'心灵的地震'的震源所在"①。这是作者卓然独步的发现。他在民族解放战争血与火的巨大背景上所表现的那个时代的知识分子由于家国之愁所引起的情绪，并非如有的同志所理解的"是一种芳草天涯，藕断丝连的软弱的情绪"，而是发生在人类情感领域里的"一场比铁火相搏的战争更惨壮的灵魂的战斗"②。我认为，《芳草天涯》并不是一个单纯的"恋爱剧"，对于生活的敏锐观察，夏衍看到了那个时代中知识分子所共有的思想忧郁，于是寻微索幽地描画出一个特定历史时期的知识分子生活、思索、挣扎的场景，在这背后，却隐伏着时代和社会的主流。

抗日战争时期，民族矛盾的尖锐化，整个中华民族经受着一场巨大的民族灾难，每个人都在经受一场"心灵的地震"，每个家庭的悲欢离合都足以感触到变幻动荡的时代脉搏，尤其是人的真面目于急遽的动乱之中加速显露出来。心理学教授尚志恢与妻子石咏芬的感情破裂正是反映了国统区知识分子思想波动的一斑。剧本冲突的主线是尚志恢与他妻子的矛盾。尚志恢是一位中年的大学教授，留过洋，有才学，"瘦弱清秀，修眉巨眼，穿着一件半新旧的直贡呢长袍，朴质中露出一种有教养的风度"（舞台指示）。人物出场的年龄是 42 岁，作为一个

---

① 夏衍：《从迷雾中看一面镜子》，《边鼓集》1944 年版。

② 夏衍：《从迷雾中看一面镜子》，《边鼓集》1944 年版。

学者这正是个创造性最强的最佳年龄。然而，在剧中登场时，他却已是一个饱经战乱忧患，被国事家事搅得垂头丧气、心情暗淡的人了。从孟家夫妇的谈话中可以知道，他与妻子石咏芬的结合并不是出于什么封建包办婚姻。“一·二八”事变那年，尚留学归来，与石咏芬一见钟情，“毫无蹉折地”在半年之间结成了当时为朋辈所羡慕的姻缘。而且婚后一直过得“很好”。后来何以恶化的呢？尚在向孟文秀说明了出走的真相后说过这样一句话：“谁也不会相信，谁也想不到一个人在几年之间会变得这样厉害。”他这是说妻子，其实他自己何尝不是如此？尚在结婚不久，国运艰危，他按捺不住地参加了当时风起云涌的救国运动。接着，便是抗战爆发，移居内地。上海沦陷，又转赴广州。一年后广州陷落，当初有点朝气的军事机关这时也不需要文化人“点缀”了，为生活所逼，他便来到粤北一小城恢复了教书生涯。这几年间社会政治的巨大变迁，在这个从书斋生活中惊醒过来的知识分子心上投下了重重暗影；他满腔热情地投入民族解放运动，但国民党统治机构昏聩腐败，摧残正气，他“碰遍了钉子，受厌了留难”，越来越感到压抑、苦闷、孤独、焦躁。人生地不熟，生活又不安定，加上在广州两年所受的“闲气”无处发泄，便把憎恨环境的感情投掷到可怜的伴侣身上，对妻子的轻慢和漠视，蚕食着他对家庭的热情、耐力与忠诚，以致发展到家庭关系濒于破裂的地步。由此可见，尚、石的矛盾不仅是一般夫妻之间的不和，而是反映了主要人物由于报国无门、请缨无路而受到的深重的精神磨难，以及在严酷现实面前的惶惑、规避的心理。对于黑暗社会，他空有一腔牢骚，却不知道何处去寻求光明，因而消沉、忧郁，陷进生活的泥淖而不能自拔。

但是，尚志恢毕竟是一个相当活跃的知识分子，他是不甘心就这样消沉下去的。在痛苦彷徨中他还在挣扎，在逃避现实中他又有重新振作的决心。所以当他结识了孟小云这个充满生气和富有进取心的新时代的女性的时候，他那快要冷却的心就像感受到春风的吹拂那样复苏过来。他开始参加桂林爱国青年的集会，议论时事，商讨救亡工作，筹办进步刊物。这不应仅仅看作是他对于爱情的追求，从中可以看出，大后方的革命形势，青年们的爱国热情还是激励了他，使他看到了光明与希望。自然，毋庸讳言，他那新萌发的爱情又恰恰是他意志薄弱、听凭感情行事的弱点的充分暴露。这场恋爱不仅使他们自己陷于深深的痛苦之中，无法认真地从事工作，还拖进旁人，使得他们不得不为这种事情分心和浪费精力。原来热恋孟小云的许乃辰受到连累而工作难以开展。尚太太原来要求改变那种被目为落后的生活；然而国难带来的生活的困顿，丈夫与孟小云的恋爱关系，使她又卷入更严重的家庭冲突之中。那种一直为环境和生活压抑着的想做点工作的想望，刚一燃起便又熄灭了。

“莎士比亚有过一句名言:‘弱者啊，你的名字叫做女人’……

我现在倒要改一改，‘弱者啊，你的名字叫做知识分子’。”剧作者借孟文秀之口，发出了这样深沉的感慨。我们读《芳草天涯》，不能不叹服夏衍对于知识分子生活和性格深刻的洞悉与把握。透过眼前这出悲剧，他使我们看到了动荡的时代风云和知识分子由国恨家愁所引起的复杂情绪。剧作者以冷静的笔调，含着眼泪，解剖了在国难当头、国运艰危的年代里知识分子那种种的“愚蠢和悲愁”。这些人物都有民主要求，也曾高喊过自由平等的口号，参加过进步的社会运动。但由于他们没有离开小资产阶级立场，真正走向人民大众，因而他们的民主思想是狭隘的，脆弱的，他们奋斗的热情是短暂的。在碰了几次壁后，在遇到具体问题时，便锐气消尽，或者明哲保身，无所用心；或者逃避时代斗争，而陷进家庭、爱情纠纷。总之，他们成了囿于家庭这个小圈子里的庸人，对民族的生死存亡则漠然置之了。《芳草天涯》剧中的爱情冲突，正是使人们强烈地感受到，这种小圈子非挣脱不可，这种环境非改变不可，否则一个人便只有沉沦和毁灭。

值得庆幸的是，《芳草天涯》剧中的人物并没有沉沦下去。时代的风雨冲击着他们，他们开始认识到生活的真谛，找到了光明的道路。许乃辰最早抛开了缠绵悱恻的温情，下了“伟大的决心，到人民中间去”了，而且还“干得不错”；孟小云也跳出所谓“文化人的圈子”，勇敢地走向社会，去探索新的人生；乐天知命、生活的 Tolerance（宽容）主义者孟文秀也喊出了基督的话："到受难的地方，再去死一次。"加入战地服务队而不愿再逃难了；整天为家务事张罗、爱纠缠小事情的孟太太，也终于抱着见不到儿子的决心，与丈夫一道留下。在这场悲剧中陷得最深、处于矛盾焦点的尚志恢，也从孟小云、孟文秀身上受到了启迪，决心斩断个人感情的葛藤，勇敢地说出了："我不会使你失望，我会坚强起来的。"就连石咏芬也同样变得开朗、善良而且振作起来了。人物思想的这些转机并不是偶然的，更不是如有的评论所指出的，是"无可奈何的逃避"。剧本第三幕有如下一段对话：

云　电气不是也会发热、发光？（她歪着头问）

志　（脸上露出赞叹的神色，很快地接过了她的问题）对，它可以发热、发光，但是那一定要有两个必要的条件，就是第一要有一种强大的压力，推动着它，第二是要环境逼着它不能不走这条困难的道路。

这个比喻是意味深长的。存在决定意识，意识指导行动。人们最后改变生活，抉择新的道路，就是环境"压""逼"出来的。这是完全符合现实生活发展的逻辑的。"弱者啊，你的名字叫做知识分子。"不！他们正在坚强起来，在时代的凄风苦雨中坚强起来。"枝上柳绵吹又少，天涯何处无芳草"（苏轼诗）。"芳草天涯"这个剧名，如同整个剧本一样，带着一丝淡淡的哀愁；但也象征着对坎坷人生的积极、乐观的态度，寄寓着对一群知识分子走向广阔天地的热切期待。

在剧本前记中，作者说这是他第一个以恋爱为题材的戏。在引述托尔斯泰的一段话后，说他同意“把‘现今的’恋爱定义为人类生活中最苦痛的悲剧”。作者“望天痴想：要是普天下每一对男女能够把消费乃至浪费在这一件事上的精力节约到最小限度，恋爱和家庭变成工作的正号而不再是负号，那世界也许不会停留在今日这个阶段吧。”评论家对作者的“痴想”提出了质疑并作了否定的回答。理由是世界的进步，“总是千百万群众觉悟与组织起来，并去进行多次曲折复杂的斗争的结果。”同时，在恋爱和家庭问题上消费乃至浪费最大限度的精力者又“不过是知识分子”，而对于他们来说，“最重要的问题是认识自己的思想还需要经过一番改造，并从理论学习与社会实践去实行这种改造”[①]。这里的意思很清楚，知识分子的问题，特别是他们的家庭恋爱问题，是无关紧要的，不值得作家去关心和反映。

毋庸置疑，人民群众是历史的主人，一个民族乃至整个世界的进步，是千百万群众奋斗的结果。但在这千百万群众中就包括了知识分子。他们虽不是主力军，却在这一斗争中发挥着

① 何其芳：《评〈芳草天涯〉》，重庆《联合特刊》1945 年 11 月第 1 期，后收入《关于现实主义》，上海文艺出版社 1959 年版。

伟大的作用。没有知识分子的参加，革命不可能获得胜利，这难道不是为世界及我国近代革命历史所一再证明了的真理么！至于说到表现知识分子的改造过程，诚然可以有许多方面，恋爱算不上是最重要的方面，但这不等于说就没有必要去描写。知识分子天性较为软弱，感情缠绵，恋爱对于他们生活、思想的影响是不能小看的。何况在他们走向革命的过程中，感情的转变恰好是一个显著的标志。像剧本所写到的尚志恢这样处于迷惘之中的知识分子，那种哀怨缠绵的感情纠葛，狭隘的个人悲欢，往往就成为他们前进途中的羁绊。在这种情况下，要求他们把眼光放远一点，把消费乃至浪费在爱情上的精力节约到最小限度，使爱情、家庭变成工作的正号而不是负号，就决不是什么微不足道的小问题，而是有着强烈的现实意义的。尚志恢这个形象对于当时生活在大后方的知识界的人们，以至今天社会主义时代的知识分子，不还是一面值得借鉴的镜子么！那种要求文学仅仅只限于无条件地、直接地反映工农大众的生活，反映重大政治题材的片面观点，否定了文艺反映生活的多样性，对于文学创作与批评是有害的。

二

婚姻家庭问题是社会问题，它的根本解决有赖于社会现实的变革。因此，夏衍在《芳草天涯》中描写尚志恢、孟小云等最终走向社会是完全必要的，但仅仅这样还是不够全面的。对待爱情本身应该树立怎样的道德观念，这也是不应回避的问题。与社会政治命题相关联，《芳草天涯》对于解决恋爱纠纷还侧重从道德伦理的角度作了有意义的探索。应该说，这是剧本在处理爱情这个特定题材方面的一大特色。

剧本在这方面的观点，主要是通过孟文秀这个人物来体现的。孟文秀在回答侄女提出的男子对女性“爱之欲其生，恶之欲其死”时说：“那是相互的问题，因为我们没有生活上的民主，每个人都不够容忍，……因为 Tolerance，这个字是欧美民主主义的精神”。在尚、孟间的恋爱明朗化后，孟文秀对尚又说了这样的话：“要是你不觉得我讲的话太重，那么我说，踏过旁人的痛苦而走向自己的幸福，这是犯罪的行为。”“容忍”这个思想，在尚志恢、孟小云身上终于发生了积极影响，促使了矛盾的解决。这一点自然又招来了物议。有的评论指出：“这种尊重别人的爱情或者幸福，不惜牺牲自己的观点，本身到底教育了人什么呢？其最后的实质不过是宣传个人的爱情或者幸福是很神圣很重要而已。”[①] 也有人认为，尚志恢应该毫不留情地抛弃石咏芬，否则便是让“一对错鸳鸯厮守到白头”[②]，是不合理的。

这些看法是很难苟同的。普列汉诺夫在谈到俄国革命民主

---

① 何其芳：《评〈芳草天涯〉》，重庆《联合特刊》1945 年 11 月第 1 期。

② 乐少文：《五个战时剧本》，《文艺复兴》第 2 卷第 4 期。

主义先驱车尔尼雪夫斯基的利他主义时说的话对我们很有启迪意义："假如某一个'自我'把他人的幸福看成自己的幸福，假如他具有对这种幸福的'爱好'，那末这样的'自我'就叫做利他主义者，而不是利己主义者。仅仅根据人们的利他主义行动必然伴随着'自我'的意识这一点，就企图抹煞利己主义和利他主义之间的深刻区别——这就意味着想把逻辑的含糊带到绝对必须十分明晰地方去。"① 我们讨论"容忍"，不能离开作品特定的时代背景、人物关系及矛盾冲突。人物为什么作出这样而不是那样的选择，是有着深刻的社会的、伦理的诸方面原因的。问题首先在这里：尚志恢与妻子不和的根源是什么？这种"超过地震和瘟疫的恐怖"，是石咏芬造成的么？这在前面已从尚志恢一边作过分析，这里有必要再从石咏芬这一边来看一看。她进过大学，办过补习学校，参加过救亡运动，与出国留过学的尚志恢原是很相匹配的，被友人看作是一位"合乎现代化标准的文化工作者的太太"。战乱，使她找不到工作，时局的不稳，物价的飞涨，使她不得不为每天的柴米油盐这些琐事操心。几年来一直生活在社会斗争漩涡中的丈夫，在时代潮流的冲击下前进了，而作为妻子的她被束缚在家里，狭隘的生活圈子磨损了她昔日的朝气。庸俗、落伍、目光短浅，她成

① 普列汉诺夫：《尼·加·车尔尼雪夫斯基》，上海译文出版社 1984 年版，第 98 页。

了生活的弱者，精神的侏儒，沉重的自卑感压迫着她的并未麻木的心。当她出于本能企图反抗时，便不能不显得有几分变态的蛮横和不近情理了。无谓的争吵，不可遏止的暴怒，冷漠尖厉的唇枪舌剑，掩饰不了她内心的寂寞和痛楚。

不难看出，作者在写到石咏芬时，是带着更多的同情的眼泪的。孟文秀对尚既严肃又怜悯地劝导说："在这个社会里，因为女人受了双重压迫，所以当她们犯了错误的时候，她们应该受到双倍的宽容。"这绝非息事宁人的劝解之词，而是道出了对妇女的苦难生活的深刻同情。在半封建半殖民地的中国，由于社会政治、经济及思想等原因，女子往往处于无法独立生活而只能依赖丈夫的弱者地位。比起男性来，她们更加受到社会的排挤和家庭生活的羁绊，是双重的弱者。尚太太、孟太太本来也是受过教育的知识分子，然而婚后不久，她们已经觉醒和发展了的精神和才能，很快就因为被挤离社会陷入家庭的狭小天地里而枯萎。她们的空虚苦闷，较之一般家庭妇女更为深重。这是旧中国知识女性的不幸。"前一辈女人，结婚就是生活。"她"不单是为了怕强盗夺她们的爱，而是怕抢夺了她们的生活"。所以，孟文秀要求他的侄女："你得容忍，容忍之外，你还得对你千千万万个同性原谅，同情。"可以看得很清楚，剧作者所要表现的"容忍"，其本意是要求在婚姻家庭问题上，对于饱受压迫、奴役和精神创伤的广大妇女应该特别加以谅解与同情。而这，在政治上，道义上，都是合理的，无可指责的。

列宁指出："为了用科学眼光观察问题，最可靠、最必需、最重要的就是不要忘记基本的历史联系。"[①] 一切道德，归根到底都是当时社会经济状况的产物，它不能超越一定的历史发展阶段。婚姻和家庭，它的产生、发展和变化都要受到现实生活的制约。恩格斯曾经指出："结婚的充分自由，只有在消灭了资本主义生产和它造成的财产关系，从而把今日对选择配偶还有巨大影响的一切派生的经济考虑消除以后，才能普遍实现。到那时候，除了相互的爱慕以外，就再也不会有别的动机了。"只有在未来的理想社会里，夫妻之间"如果感情已经消失或者已经被新的热烈的爱情所排挤，那就会使离婚无论对于双方或对于社会都成为幸事"。[②] 在四十年代的旧中国，在妇女毫无地位和权利的情况下，离异必然给她们造成不可挽回的损害，离异给她们造成的痛苦和灾难，无论在经济还是精神方面，都要比男子来得深重。一个进步的知识分子，如果将别人的不幸置之不顾，而一味寻求个人的幸福，那在道德操守上能说是高尚的吗？如果由于自己的行为造成别人的不幸，别人"将成为一个影子，一直站在前面"，自己的幸福也会蒙上阴影。夏衍在

① 列宁：《论国家》，《列宁全集》第 29 卷，第 430 页。

② 恩格斯：《家庭、私有制和国家的起源》，《马克思恩格斯选集》第 4 卷，第 78 页。

剧本中让孟小云、尚志恢克制了对新的爱情的渴望，这是符合情理的，表现了剧作家对于现实生活的清醒而深刻的认知。

剧中男女主人翁对待恋爱所持的容忍的态度，完全是在那个时代，那一范围中的人们不得不作出的选择。如果不是苛求的话，应当承认这种伦理道德观是以一种进步的世界观为基础的，“守住一个进步知识分子的本分，要有为人而不为我的决心，最少，要有不为自己的幸福而让旁人痛苦的决心”（第三幕）。“为人而不为我”是与极端利己主义截然相反的一种进步的人生观，反对“踏过旁人的痛苦而走向自己的幸福”这不是一种消极的伦理道德观，而是和作者在抗战期间发表的几个作品一以贯穿的恋爱观相吻合的，这就是“生命诚可贵，爱情价更高，若为自由故，两者皆可抛!”作者所要暗示的无非也就是何其芳同志所强调的“欲解决恋爱工作的矛盾，只有把工作的意义强烈地找出来，用这有力的巨大的一面去克服那软弱的细小的一面”①。在此以“容忍”来摆脱一种“踏过旁人的痛苦而走向自己的幸福”的精神枷锁，不失为解决矛盾的一种方法。应当看到，这一解决问题的方法须有一个前提，即男女主人翁思想上的觉悟和道德上的崇高，容忍即理智，理智则来自于一定的信仰。当感情与理智产生矛盾时，理解感情，应该首先顾及道义。作者紧紧抓住了情感与理智，个人恋爱与抗日救

---

① 何其芳：《评〈芳草天涯〉》，重庆《联合特刊》1945年11月第1期。

亡的对立统一关系，所以，当男女主人翁作出容忍的抉择时，他们可敬的形象便树立起来了。从某种意义上来说，这是一场恋爱悲剧，但从另一种意义上看，却是男女主角的精神境界的一种升华。

马克思说："人与人之间直接的、自然的、必然的关系就是男女之间的关系。……因而，从这种关系就可以判断人的整个教养程度。"① 爱情、婚姻、家庭，需要有对性格、气质、习惯的相互了解，更需要彼此的尊重、谅解、友谊和信念的一致。利他主义的品质，宽容的性格，民主的精神，克制自己成全别人的德操，这是人类文明和进步的标志，它同无产阶级的道德伦理观是有相通之处的。把提倡尊重别人的幸福说成是宣传个人幸福高于一切，断定为资产阶级恋爱观，笼统地加以反对，我以为是不客观、不科学的。还应该指出，《芳草天涯》只是就恋爱这个问题表达了"宽容"的思想，"宽容"，并不是作为政治思想和伦理道德的普遍原则提出的。在我们社会生活中，自然不应该容忍一切，对于压迫者、侵略者，对于人民的敌人，应该提倡不妥协的战斗到底的精神。从剧本看，作者的界限是明确的。在婚姻问题上，自然也不能只讲宽容，而不讲原则，真正是在政治方向、生活目标上发生严重的、不可克服

---

① 马克思：《1844年经济学哲学手稿》，《马克思恩格斯全集》第42卷，人民出版社1979年版，第119页。

的分歧时，那就不能消极地迁就调和。对这一点，剧本没有表达得很清楚，显得不够全面，这是作品的不足之处。但这毕竟不是剧作的主要方面。如果仅仅抓住这一点，便断定作者是在政治上鼓吹容忍一切（包括反动势力）的哲学，那显然是脱离了作品实际的过火的批评，是缺乏说服力的。在革命内部，在人民中间，尤其是同处于被压迫的亲人之间，讲同情谅解，提倡设身处地为别人着想，这对加强革命队伍的团结是有益的。《芳草天涯》在这方面的认识意义，笔者以为，也是不可抹煞的。

三

《芳草天涯》所选取的题材平凡普通，描写的几乎是人们日常生活中随处可见的事件，然而读起来却那么牵人情思，耐人寻味。这除了剧作家在再现生活时，通过艺术形象凝结起来的对生活的独特发现给人以启发之外，很大程度上得力于作者所特有的艺术才能。

《芳草天涯》充盈着深厚的生活气息，渗透着浓郁的人情味。作者并不故意制造曲折离奇的戏剧情节，整个剧本完全是现实生活的真实写照。它是那样的生动、逼真，使人感到亲切、可信，读着剧本，仿佛就与剧中人生活在一起，与他们一同品味着生活中的悲苦与欢欣。我们来看看第一幕对孟家的描写：

太　(端了茶盘进来，给志恢酌了杯茶，用感慨的调子说) 没有佣人，什么都得自己动手，我们这位先生嘛，又是天生的穷人贵相，茶到手里，饭到嘴里，什么事情都懒得沾手。

孟　嗳嗳，一见面就暴露；可是老尚，我只要一句话就可以反证一切。太太，这泡茶的水是哪儿来的？不是我一桶桶地从河边提来的？

太　提水又算得什么？别的事呢？(不自觉笑了出来) ……

太　这件衣服，还是那时候你太太送的 (感叹)，唉，真是一位好太太，好客，心眼儿好，看见旁人没有，什么东西都拿出来。

孟　(一半是捉弄) 所以呀，看着旁人的榜样，也做点榜样给旁人看。

太　(火辣辣地) 什么？你说我……什么？

孟　(连忙退却) 没有没有，随便开开玩笑，哈哈，志恢，你看我这个脾气。

在习焉不察的对话和细节中间，孟太太在丈夫面前表现的自得、泼辣，孟文秀对太太有意的捉弄、嘲讽，以及他在客人面前又要竭力维护自己的尊严的样子，这一切都显得自然、真切，生活情趣在台词中随时涌溢。再来看看另一对年青恋人对话的场面：

云　啊哟，你呀，干吗来跟我找别扭呀?

许　我?我跟你别扭?你还是我啊?

云　好啦，好啦，算我不是，好么?给我走一趟，下午还有一个会呢，约老李和小郭，好么?……

许　我不是你的听差。

云　（歪着头笑，然后哚着嘴低声地）你是!

许　我——?

云　你说过的。

许　不跟你胡诌。

云　好好，好孩子，这算什么，瞧你，汗也急出来。

一听就知道这是一对密友的谈话。内容是平淡的，但给人的感觉是清新的，别有一番风趣和情味。这里人物之间性格、思想的差别是明显的：一个大方开朗，又撒娇任性；另一个平庸狭隘，却又憨直淳朴。剧作家总是从日常生活现象中寻找戏剧性。他是从生活出发来写戏，而不是从编戏出发来虚构生活。因而人物的对话、动作、表情丝毫看不出雕琢的痕迹。剧中没有大开大阖、悬念横生的情节，也没有翻云覆雨、呼天抢地的场面，却能于平实处生情，琐屑处寓意，织成一张经纬细密的人物感情的网，荡漾着特有的生活诗意，如我国传统的水墨画那样，轻纱如烟，平凡而深远，素淡而隽永。

夏衍的剧作善于从多方面刻画人物，深化主题。他注意富有性格的细节描写，像剥笋一样，层层深入人物的心灵深处。尤为突出的是他洞悉人情，经常以细腻的笔触探索人物心灵的堂奥，发掘人物的感情潜流，给我们展现一群人真实的内心世界。《芳草天涯》在这方面尤其出色。剧中的人物都是知识分子，他们有对高尚情操的追求，有在恶浊的政治环境里刚直不阿的骨气，但在个人的小天地里，又感情纤细荏弱，易于被生活的泥淖陷住，这种精神与现实的矛盾所造成的身心二者的折磨，虽不惊心动魄，却也令人扼腕。拿尚志恢来说吧，他可以不受什么委员的威胁和利诱，拒绝当训导长，可是在小家庭里，却又"苦得这么深，苦得这么没有代价"。这里夏衍的笔触精细入微，他撷取人物的特征，将人物脸部的阴影，心灵的皱褶都一起刻画出来。例如，孟文秀对着尚志恢分析女人的弱点，在他不经意中：

志　（在他脸上掠过一阵阴影，搓了搓手，然后慢慢抬起头来）老孟，你，还跟以前一样的是一个 feminist?

孟　（意外）为什么不？难道你——

志　假如你还跟以前一样，那么你很幸福（他的调子已经很悲怆了）。

孟　（感觉到他的悲怆，更觉话中有音了，追问）你，你难道已经变了？你不是说过，女性是人类的太阳，是人生的花朵，是……

志 （连忙拦住了他）那时候太年轻，太愚蠢。

尚志恢的情绪是压抑的、痛苦的。但又要竭力加以掩饰，哪怕是当着自己相知有素的老友。听着老孟夫妇夸奖自己的妻子，那股难受的滋味可想而知。在欲盖弥彰的情况下，愈加可见其内心的痛苦。他不正面回答朋友的提问，而称自己以前“太年轻，太愚蠢”，这样既道出了自己生活的悲剧，又轻轻地为自己感情的变化作了辩解。

这里，剧作家运用语言的功夫也是很值得称道的。夏衍剧作的台词很朴素，是人们生活中听惯的本色语言，它很少抽象的议论，高亢的语调，脱离人物性格、脱离剧情的冗长独白。浅显明白的三言两语，却浓缩了人物鲜明的个性和强烈的感情，淡中有味，浅中寓深。第二幕开始，尚家夫妇有这样两句对话：

尚 （补充未完的话）不记得了？今天是你自己的生日。

芬 （显得有点意外，用低哑的嗓子问）你还记得？

一句反问，这里有欣喜、惊讶，有娇弱女子对于爱的渴望，有虚荣心、自尊心的满足。这是一颗心的微微的颤抖，反映出在易怒、冷漠的外表下女性柔弱的天性，用笔干净、含蓄，毫不拖泥带水，而人物的内在情感细切、丰盈。随后，为做生日，两人矛盾逐渐激化。石满腹牢骚，语中带刺，尚忍耐中见淡漠，苦闷中含激愤，这些精彩的对话，声口毕肖地刻画了人物的性格。末尾孟小云拜寿一节更是令人击节赞赏。小云与叔叔一场争论刚刚过去，尽管她已作了准备离开的痛苦抉择，但在宴席上却装得谈笑自若，她那几句貌似兴高采烈的台词，掩饰不住内心的慌乱苦楚："各位，让我们干杯，庆祝这一家子月圆花好，尚太太长寿。"这是一句平常的生日祝词，却让人感到沉重的分量，其间既有女主人公感情的压抑，又有一种理性的自豪，情绪是复杂而难以言宣的。

我们常说，语言是心灵的直接现实。事实并不尽然。在某种情况下，常可见到有些人把他真实的思想隐藏在心底，而用不相干的话来支吾掩饰。《芳草天涯》也不乏这类例子。如第二幕尚志恢与孟小云在孟家寓所交谈正洽时，小许闯了进来。他"用不平静的眼光看了他们一眼"，小云倒茶去了，尚局促不安，勉自镇定地问许："这几天外面有什么消息?"许轻微一愣，答："没有听说啊，……你看，第二战场的问题?"于是一场令人发笑、混乱含糊的对话开始了。特别是对敏感机灵的文化人来说，对这类问题决不会毫无察觉。一个是明知故问，一个是一愣之后顺水推舟，两人都想借此掩饰自己纷乱不宁的心情，排除这意外的沉默尴尬的局面，因此对话便言不由衷，正好反衬出他们惶遽不安的心理状态，像这等台词异常精练含蓄，意蕴深厚。

《芳草天涯》仅有六个人物，情节简约单纯，但全剧跌宕起伏，具有一种不断上升的情绪力量。每一幕都使矛盾急剧推进，每一幕都在不断地加快节奏。剧本的特色并不是情节的扑朔迷离，而在于人物情感的起伏波动，情节的高潮，也就是人物感情的沸点，这样，表面上的平静，往往反衬出内心的不平静，人物情感的波澜推动着观众心情的起伏。第一幕戏一开头，在孟家和谐热烈的气氛中，尚一直神不守舍，经过一番礼貌寒暄之后，忍不住吐出出走的原委，情感的堤防由此一下溃决，情节的河流便奔腾起来。孟小云翩然而至，使他从苦闷的深渊中抬起头来，尚的心境急剧变化，但又孕育着新的矛盾。妻子的电报使主人公顿时清醒，旧的矛盾又在眼前出现，极度的紧张混乱，使新旧矛盾纵横交错，终于达到第一幕情绪的最高点。第二幕人物感情更加复杂：孟小云在无忧无虑下掩藏着无名的痛苦，许乃辰的离开，尚志恢的窘困，都给她以精神上的压力。孟文秀看出矛盾的潜在危险，于是左右变换着面孔，息事宁人。孟太太依着性子要大叫几声，但看到石咏芬露出的笑容又强忍下去；石咏芬此时正陶醉于工作的梦想。这几个人的心理活动都牵动着尚志恢的神经，使他时而辛酸，时而宽慰，时而清醒，时而昏乱。这些复杂变幻的感情活动，使得表面平静的情节犹如辗转山谷的溪流，不断涌起腾跃的浪花。

读《芳草天涯》，人们还强烈地感到那笼盖全剧的一种浓郁的情调与氛围。它似乎有点感伤，带点苦涩，然而感伤之余并不使人消沉，清苦之中又使人有所希冀。这主要得力于对人物心理的刻画，剧作者对环境时序的精心布置也起了有力的烘托作用。笔者觉得饶有兴味的是，剧本对每一幕故事发生的时序安排得十分精当巧妙。全剧四幕，作者把它们分别安排在春天、初夏、盛夏和秋天。第一幕是和暖的三月，正当杜鹃盛开。在这样美好的季节，尚志恢懊丧地来到孟家，与孟小云相遇。后者如春天一般充满生命的活力，使他“踏进了一个从来不曾涉足过的青春绚烂的花园”，他“仿佛又回到大学里课余和学生们谈话的情绪了”。第二幕，描写尚家夫妇、争吵的生活重演时，作者特意把时间安排在初夏的傍晚。燥热的天气，渐渐昏暗下去的天色，都暗示着这对夫妻心境的暗淡，增添了不少悲剧色彩。随着炎热的盛夏的到来，敌机轰炸，人心惶惶，一切都令人窒息、焦躁。而在这个火热的夏天，男女主人公的爱情也急速上升，终于引起尚家一场大风波。最后一幕，尚、孟两家夫妇流落柳州，时局万分危急，人们欲进不能，欲退不得，充满国破家败的兴亡之感。这时已临秋天，凄风苦雨，景象萧索，而作者又特意将这场戏放在黑夜。车站上燃烧着大火，天空飘浮着浓烟，受惊的夜鸟掠过长空，发出凄厉的鸣声。剧本于黑夜这个特定的时间，渲染了悲凉的气氛，衬托出此时此地人们的心境。进入尾声，人们的心志明朗起来，表示要到抗战中去经受考验时，已经斗换星移，时间已被推到黎明。“东方已经升起了一朵红云，这仿佛告诉上路的人，等待着他们的将是一个爽朗的晴天。”读者与剧中人物一样感到欣慰和振奋。由此可见，剧作者对时序的选择，不单纯为了交代故事发生的时间，而是当作表现人物遭遇、心情的有机组成部分，它有助于创造一种特定的环境气氛，使人物的悲欢离合、喜怒哀乐，具有更其感人的艺术魅力。

《芳草天涯》重庆美学出版社 1945 年 10 月初版；《法西斯细菌》1949 年第 3 版版本

《芳草天涯》诚然是一部现实主义的杰作，它以真切自然的生活画面把人们带入抗日战争那个急遽变革着的时代，栩栩如生地描画了一个特定历史时期知识分子的精神脉搏和心理趋向，在这背后却隐伏着时代和社会的主潮。但我们也很容易感受其中许多理想主义气息，如今读来，依旧光彩闪烁。现实中能找到这样超凡脱俗的完美少女孟小云吗？剧本也许是一个夏衍在自己的精神家园里布置的玫瑰花园，我们不能指责他过于唯美，夏衍不懈奋斗的一生，同中国革命紧密联系在一起，他用自己的话剧艺术拾起了人的生命历程中最光辉的历史，也为我们留下了一部生动的革命年代的人的历史。今日时代已经大大前进了，新的一代知识群体以何种方式来处理、调整个人与社会之间的关系，仍然是我们这个时代最具症候性的命题。在社会急剧改变之时，任何个体的解放只能是有限度的。对新一代人来说，很重要的是，是否存在一种克服孤独、软弱的翻转小资情绪的崭新生活？这种崭新生活是什么样生活？由此我们可以开辟新的历史现场和想象空间么？

夏衍说过："公式，概念，面谱，是艺术工作者的不能妥协的敌人。我们必须挣脱这些东西，而创造出清新丰富，使人感动的作品。"[①]《芳草天涯》就是一部冲破了陈套和窠臼，而至今仍然没有得到公正评价的好作品。夏衍不回避现实的复杂性、多样性，以他敏锐的观察力和独特匠心，揭示了特定历史阶段社会生活的深刻矛盾和知识分子纷繁错综的思想情绪，在戏剧艺术领域作出了与众独异，令人瞩目的贡献。

质朴洗练，独具芬芳
——夏衍剧作的艺术风格

"'每个人都应该说自己的话'！让留声机来摆布我们的文学，摆布我们人类的命运是可怕的事情。"[②] 这是夏衍 1944 年在一篇戏

---

① 夏衍：《戏剧与人生》，《夏衍杂文随笔集》第 257 页。

② 夏衍：《柴霍夫为什么讨厌留声机》，《夏衍杂文随笔集》第 246 页。

剧短论中说过的话，从中可以看出他对艺术独创性的重视。

一个优秀的作家，对于客观事物的真实面貌及蕴含的本质意义，总是有与众不同的感受和思考，总是力求使他的作品在题材、主题、结构、语言等方面独放异彩，别具一格。夏衍在话剧创作的道路上，作了执着的追求和不懈的探索，逐渐形成了自己独特的艺术风格和艺术特色，从而使他的剧作在中国现代戏剧创作发展史上有着自己的地位和价值。当我们将夏衍三十、四十年代的话剧——作了评述之后，有必要再从总的方面，对他剧作的风格特色作一番较为系统的考察和总结。

马克思引用过十八世纪法国作家布封的一句名言："风格就是人。"① 艺术作品的风格是艺术家在其作品中的自我表现。夏衍说过："这个两结合（指现实主义和浪漫主义相结合——笔者）的方法对我这样的也算文艺工作者的人来说，简直没有办法结合起来。因为从我写的东西到我的为人，一点浪漫主义都没有。让我写浪漫主义的东西就不行。这是郭沫若、田汉的事情。"② 这番话既是夏衍对自己剧本的现实主义风格的简要说明，也道出了之所以形成这一特色的主要原因。由于早年"僻处乡间，不懂社交"，加上家庭凋落，接触下层社会，因而他

---

① 马克思：《评普鲁士最近的书报检查令》，《马克思恩格斯全集》第1卷，第6页。

② 夏衍：《在电影导演会议上的讲话》，《电影艺术》1979年第10期。

很早便养成质朴恬淡、不求闻达的个性。“和我熟悉的人，都知道我有一个小小的信条：那就是宴会不猜拳，开会不讲演。不猜拳的原因，是由于自己不会喝酒，别人耳热酒酣的时候，自己老是静静地旁观，……而不讲演的原因，除出不曾学过‘讲演术’，而又没有即席措词的才能之外，主要的还是害怕那百十双一时集注到自己身上的眼睛。”① 现实主义要求客观地忠实地反映现实，不臆造，不夸张，按照事物本来的样子，揭示出典型环境中的典型性格。夏衍从小即形成的沉静地观察生活，不喜多谈及自己的习性，与他后来创作偏于写实的风格倾向，有着明显的因果联系。更其不能忽略的，在求学时代，夏衍从中学到大学，又都是读的工科，自然科学对于求实精神的严格要求，使他厌恶空虚和浮华，不爱作非非之想，较为注重实际。在成为革命者之后，长期从事白区地下斗争，更磨炼了他的思想和意志，赋予他睿智、机敏、沉稳、从容的气质。这些个人的素质和作风，反映到他的戏剧创作上，自然便倾向于理性的剖析，冷静的刻画，力求真实确切地对生活和人物作深入的解剖和描绘。自然，这里不可能不渗透着作家自己炽热的理想和激情，然而就作品的基调来说，夏衍无疑属于严谨的现实主义作家之列。他的剧作风格质朴而恬淡。这种风格的特点在于作品不是一览无余，而是如同橄榄一样，需要慢慢品尝。

① 夏衍：《谈自己》，《夏衍杂文随笔集》第 35 页。

在细细的品味之中，我们就会发现余味无穷。我们仿佛不仅是在欣赏一个剧本，而且在端详玩味一幅我国传统的水墨画。它不像油画那样浓艳强烈、光彩照人，然而它那自然、朴素、清新、隽永的气息却扑面而来。读了他的作品，只觉得有一缕幽兰的清香不时飘过心头，迫使你循着这清香去回味和思索，从而对人生、对社会有了一层新的认识、新的感受。

具体说来，大致有以下几个方面：

一

取材于平凡的生活事件，从平凡的生活事件中发掘深刻的思想内蕴，是夏衍剧作风格的首先一个特点。

作为一位革命作家，夏衍的戏剧活动是随时随地与政治斗争、人民的命运和无产阶级政党的革命事业密切联系着的。舞台对于他就是讲坛。他写每一部剧作都是为着抨击黑暗势力，传播革命真理，有着明确的现实目的，同伟大的革命时代息息相通。对于这一点，评论界都充分予以肯定。然而，我们不应忽视，夏衍在反映与民族、与大众生死攸关的时代主题时，在剧本的选材上，有他自己的角度和特点。夏衍在当时所写的《论剧本荒》一文中要求剧作者，“从许多复杂错综的现象中去创作一种人物的典型，在广泛而琐碎的题材中去寻求良好的主题”[①]。他

① 夏衍：《论剧本荒》，《夏衍杂文随笔集》第93页。

确是很少正面地去表现重大的历史事变和斗争场面，也不大在狂风暴雨一样的斗争中去展示人物的性格。他更多的是从日常生活现象中去寻找戏剧性，围绕着家庭、友谊、爱情、职业、科学等一般问题，揭示生活的真谛和人生的进程。由于它们不是离开社会生活孤立抽取出来的，因而透过一些平凡乃至琐细的生活侧面，我们能够由小见大，窥见现实社会的巨大冲突，阶级关系的曲折变化，触摸到大时代跳动的脉搏。

《上海屋檐下》看上去只是写了一些里弄家庭中司空见惯的感情摩擦和人事纠纷，如为每日的油盐柴米而发生口角，向前来探望的亲人掩饰家境的清寒，为生活的逼迫不得不忍受流氓的凌辱，成天酗酒以麻痹对死去的孩子的思念，妻子在前夫与后夫之间进退两难……这些故事孤立起来看，似乎都是微不足道的，然而当它们交织在一起构成一幅阴郁的世俗画呈现到舞台上的时候，却收到了怵目惊心的效果。如果说，同时代的剧作家田汉抓住现实中的重大事件，通过失业工人和爱国学生的斗争，直接抨击反动政府的卖国政策，反映出广大群众抗日情绪的高涨；曹禺通过一批体面的大人物的伪善、残忍，暴露了上流社会的糜烂堕落，揭开了这个社会仔细掩盖起来的脓疮；那么，夏衍的《上海屋檐下》则展现出一群都市小市民可怜亦复可叹的生活图景。这些生活现象委琐细屑，然而从中却透视出半殖民地社会中多少家庭、多少善良无辜的人的深重磨难。高尔基对契诃夫表现平凡生活的剧本说过这样的话：“这个剧本在我心中所激起的东西，是说不好也说不清楚的，但是我一边看着剧中的人物，一边觉得自己被一把钝的锯子锯着似的。锯齿直接锯到心上，心就在锯齿下收缩、呻吟、撕裂了。”① 读《上海屋檐下》，我们不是也有类似的感受么？

生活不可能一直是死水一潭、凝固不动的。社会在变革，时代在前进。对于历史变革进程中的艰苦和复杂情形，夏衍有着较为清醒和深刻的认识。他善于从周围比较熟悉的人民生活中间去观察社会变革的真实状貌，了解人们意识的种种矛盾和细微变化，从这些方面去达到典型创造的境界。抗战爆发以后，他尽管很少写到那些创造可歌可泣的英雄业绩的人物，但他让我们从社会上那些平凡的人物身上，看到了汹涌澎湃的民族伟力的洪流。像《一年间》中的乡绅刘爱庐、刘绣笙兄妹，《愁城记》中那一对刚从学校毕业的青年赵婉、林孟平，以及《法西斯细菌》中的科学家俞实夫等，他们起初有的只知有家，不知有国，不愿让儿女走上抗日疆场；有的对世事隔膜，沉醉于爱情的温柔乡中，以为可以脱离社会而求得一己的幸福；有的则抱着科学至上主义，一心要寻觅一块干净土，建筑自己的科学之宫。随着反法西斯斗争的深入，他们的理想同现实越来越相抵触。这种矛盾渗透到日常生活的各个层面，成为难以觉察的股股潜流，推动着、敦促着人物突破各种思想的拘囿，而

① 高尔基：《文学书简》（上），人民文学出版社 1962 年版，第 15 页。

走向大众，走向抗战。他们思想性格的微妙而又不可避免的演变，生动地体现了在国事危急的情势下，各阶层群众民族意识的普遍觉醒。夏衍说：“我们不能单看浪潮的顶点。有些地方有些人，受到的怕只是这时代巨浪所能辗转传到的一线涟漪，一脉微动。但，谁能说微动就等于静止？”① 他的戏剧虽然没有伟大的场面，伟大的人物，但透过这些生活海洋中的涟漪微波，是可以使人看到时代的掀天巨澜的。当舞台上出现了真正的人，当深刻的生活冲突真正成为剧本的基础的时候，那些初看起来好像是毫无舞台冲突的平凡生活，就会成为异常动人的戏剧。

这里，关键的一点还是在于作家必须站在时代的高度，必须熟悉自己的描写对象。一般来说，选取重大的斗争事件作题材，矛盾斗争比较剧烈，容易收到强烈的戏剧效果。然而如果驾驭不当，也可能流于粗疏空泛、生硬造作，尤其是当作家对这方面的斗争生活并不熟悉的时候，那就往往只能乞灵于编造。夏衍非常注重文艺的真实性，他着重写自己真正熟悉的生活，写有切身感受的东西。因此虽然他写的不是那种辉煌壮丽的史诗题材，但由于他从自己周围熟悉的生活中间，深切地感受了人民的爱和憎，欢悦和愤怒，从习以为常的生活场面观察了社会上新生力量和腐朽力量的消长过程，因而这些作品饱和

① 夏衍：《从迷雾中看一面镜子》，《夏衍杂文随笔集》第 283 页。

着生活的血肉。他对俞实夫的性格把握得很准确，是为多数论者所承认的。在揭示他性格的正直淳朴的一面时，作者没有掩盖人物思想上严重的缺陷，在批判他身上的弱点时，作者又发掘了他性格中潜在的可以转化的积极因素。在这方面，剧本丝毫没有简单化，没有任意地对剧中人贬抑或拔高。俞实夫思想发展的道路并不是径情直遂的，剧本对此刻画得精细入微，合情合理。人物的每个决定和行动都能找到内在的依据，同时又打着时代的鲜明钤记，因此人物的思想脉络和精神面貌非常清晰，真切，令人信服。显然，这同剧作家的生活经历、经验有着密切的关系。据作者自述，他从香港到达桂林，就打算写一个以港战为题材的喜剧。然而当时究竟写什么还没有确定。后来在桂林遇到了阔别十年的医务界的一些朋友，这些善良的相信医学超然性的科学家，被日本法西斯强盗从科学之宫驱逐到战乱的现实中来了。他们幻想的破灭，使作者深有感触，便萌长了创作《法西斯细菌》的意念①。不只是剧本的题材是生活所提供，同时作者又是以自己丰富的生活经验作基础的。早在年轻时代，夏衍便曾怀着科学救国的宏愿到日本学习电机工程。不久便在现实的教育下抛弃了科学与政治无关的观念。因

---

① 《法西斯细菌》（开明书店 1946 年 1 月初版）一书扉页上曾用英文写着："谨以此剧献给 C. Tin 教授和 T. T. Wu 博士，以表示我对他们的友情和谢意。"据夏衍最近告诉笔者，前者为研究精神学的丁赞教授；后者为一位姓吴的著名外科医生，他们对写此剧本有过帮忙。

此，对于像俞实夫那样的科学家，他是了解得特别深刻的，这样才有上述形象塑造上的成功。事实上，在夏衍创造的人物画廊里，比较具有生命力的也还是一些知识分子的形象，这决不是偶然的。如《心防》里的刘浩如，《愁城记》里的赵婉，《上海屋檐下》里的赵振宇、黄家楣，《芳草天涯》里的孟文秀、尚志恢等，各有各的面貌、特征，成为抗战前后在时代浪潮中挣扎或奋斗的小资产阶级知识分子的生动写照。相比之下，那少数以武装斗争为题材的剧本便比较浮泛，人物形象也显得苍白无力。

二

注重内在的心理活动的再现，是夏衍剧作风格上的又一特点。

在三十年代的戏剧舞台上，曹禺的戏以情节紧张、动作强烈而著称。他善于通过复杂的纠葛和曲折的出人意料的情节，刻画出鲜明的人物形象。这些冲突自然不是与人物性格思想相游离的，人物的精神状态是这些冲突和情节的动力；但就表现手段来说，它主要是以强烈的外在动作为特色的。像周朴园与侍萍重逢，蘩漪、周萍、四凤、周冲之间藤蔓缠绕的爱情纠葛所引起的走与留、追与躲的冲突，确实充满转折突变，以巨大的力量冲击着观众，产生了惊心动魄的艺术效果。这都是为人们所熟知的。夏衍却不同。由于他侧重于表现现实的日常生活，因此剧中的行动往往并不那样紧张、剧烈和表露。它们情节一般较为简单，好像只是几个生活片断联缀到一起，戏剧性不很强烈。剧本刻画的重点不在人物外在的行为，而是他们的内心世界。他的戏的精髓，可以说是建筑在心理描写上。革命青年匡复在入狱八年之后被释放回来，妻子因受不住生活的压迫，早已同他的朋友同居了。这三个人物的重逢，该是多么富于戏剧性的场面！然而剧作丝毫没有去渲染不平常的气氛。夏衍只是以细致的笔触开掘人物在这种特定情况下的心灵的奥秘，展示出人物在精神上所蒙受的重重苦难和创伤。林志成的惊恐和愧疚，杨彩玉的委屈和怨愤，匡复的震惊和自惭，这一切都在相逢的最初时刻被委婉细腻地表现出来。可以说，这是从外在的冲突转移到一种内在的、潜藏着的心理节奏里，让人物在感情的泥沼中打滚，发出灵魂的悲诉，由此揭示出人物同现实环境的尖锐冲突，使观众对制造这幕悲剧的罪恶的渊薮——吃人的旧社会从心头燃起强烈的憎恨。《法西斯细菌》第二幕，在发生寿美子被弄堂儿童殴打的事件后，表面上也没有掀起什么轩然大波，然而从俞实夫猛然站起又颓然坐下的细节中，从静子含泪带笑地安抚孩子的表情中，完全可以察觉到人物此时在心灵中所激起的感情的波涛和思想的震动是多么尖锐、剧烈。剧作者拉开了剧中人感情的帷幕，由对人物灵魂的探索和表现，造成了剧情的内在的紧张性，从而产生了对读者和观众的艺术魅惑力。

英国戏剧家亨利·阿瑟·琼斯认为，“一个戏从头至尾展览着一连串人们意志的冲突，用行动来表演，从开幕到闭幕，一点安静的场面也没有，这就成为粗糙猛烈的情节剧，结果牺牲了人物塑造。……而这样的戏就失去了它的主要目的——给生活一个真实的反映。对生活显然不真实，虚假，就使我们失去兴趣”[①]。这里对冲突与动作在戏剧中的意义显然估计不足，但去掉其中的片面性，那么，指出不能一味强调外在的冲突和动作这一点还是有可取之处的。在文艺作品中，人们不仅要知道人物在做什么，更主要的是要让人们知道他怎样做，在做的过程中他的精神状态和心理活动。夏衍剧作表明，戏剧对人物内心世界、感情领域的隐微之点，展现得越充分，越细腻，它的感染力便越强烈，越深刻，越容易引起人们的共鸣。

心理活动再现的方式是多种多样的，不应当千篇一律。有的剧作家着重于人物的主观感受，通过人物对于现实世界的内心感受，以奔放的诗一般的台词直接抒发他们的感觉和感情，而不拘泥于生活和性格的细节。如郭沫若、田汉的剧作便是这样。另一种方式是以生活的本来面目出现，利用合乎人物个性的细节语言加以准确的刻画，表现得比较含蓄真实，给人以回味，发人深省。夏衍的剧作便是这样。

---

① ［英］亨利·阿瑟·琼斯：《布轮退耳〈戏剧的规律〉英译本序言》，转引自顾仲彝《编剧理论与技巧》，中国戏剧出版社 1981 年版，第 72—73 页。

同是改编托尔斯泰的《复活》，田汉和夏衍的两个本子在这方面便迥然不同。试看“探监”这一幕，在田汉的本子里，涅赫留朵夫与玛丝洛娃相见时，女主人公诉说着曾经有过的对于幸福的美好憧憬，搜寻着逝去的梦痕。对于遗弃、饥饿、冷酷、歧视，以至最后的堕落的过程，叙述得十分真切、沉痛。这长达五六页的幽婉的自白，字字句句浸透着她的泪水，倾吐着她那满怀冤屈无处申诉的悲哀和愤慨，就像一首哀切动人的诗篇，令人泪下。而涅赫留朵夫也在对话中回顾了他从追求光明而后被环境麻痹了正义感以至堕落为罪人，表明了他企求赎罪、恢复失去的灵魂的强烈愿望。在夏衍笔下，同样一幕戏却是另外一番情景。剧中的对话十分简短，而更多的是在对话过程中描述人物的各种动作、表情的细节。玛丝洛娃吸烟、踹灭烟头、狂饮酒精、媚笑、冷笑，以及公爵战栗、摇头，绝不顾及对方的侮慢而一味恳求等等，这些细节将人物强烈、丰富的内心活动活生生地勾画出来，加深了剧本揭露和控诉的力量。两种手法，显示出两位剧作家各自的不可替代的风格。

没有长篇大论的独白、对话，看不到一点人为的戏剧性的安排，只是轻淡的几笔，然而却是那样素洁、真实、自然，这就是夏衍刻画形象与众不同的特色。在他的剧本中精湛的细节和场景随处可见。诸如，绣干娘对侄辈上前方打仗忧惧交并，因而见到烛花掉落便吓得脸色丕变（《一年间》）；桂芬为了隐瞒真情，在楼梯边见到老爹狼狈地改换笑容（《上海屋檐下》）；

杨爱棠抚琴吟咏，拂去刘浩如心上的暗影（《心防》）；尚志恢不愿在客人面前表露夫妻不和，随手拿起报纸加以掩饰（《芳草天涯》）……这些地方都避免了说明介绍的乏味词句或生硬说教，有着多少丰富的内心动作，丰富的潜台词！剧作家的笔调是那样冷静，委婉，含而不露，他仿佛躲在背后，竭力掩藏自己对人物和事件的评价似的，然而它们却像一块沉重的石头投入你的心中，激起你情感的波澜，长久地给人以沉思和回味。在《法西斯细菌》公演后，一位剧评家指出，夏衍的剧作，“对演员是一个痛苦而又愉快的难题”，它的风格，它的人物，它的奔流在里面的生活……“俱顽强的拒绝演员们的浮光掠影，五花八门的外在技巧”；它强迫演员们深入角色的核心，与角色的灵魂相拥抱，要在清淡中表现浓艳，嬉笑中表现严肃，沉静中表现激动，平凡中表现伟大。“假使演员不了解或了解不够的话，无疑的在他（或她）们的创造上，不会获得大的成就的。”[①] 著名演员张瑞芳也回忆说：“通过《芳草天涯》的演出，使我在表演上接触了一个新的领域，在如何表达更丰富的心理状态，在表面的台词外传达出没有说出的思想等等方面，有了深一步的领会。”[②] 这两个例子是夏衍剧作内心活动丰

---

① 方滨：《论〈法西斯细菌〉的演员们怎样创造人物》，《天下文章》，1943 年 6 月第 3 期。

② 张瑞芳：《舞台银幕生活回顾》，《戏剧艺术》1980 年 3 期。

厚的一个佐证。

剧作家不仅要忠实于他所描绘的生活真实，同时要熟悉舞台的假定性，充分利用布景、道具、灯光、音响效果等，使环境的外部的真实，为剧中人物声情的内在真实服务。在细致地创造舞台气氛、背景方面，夏衍也是高手。鸽子笼似的狭小拥挤的阁楼，陡窄的楼梯，零乱的天井，一眼就可以看出这儿人们的普遍的贫困。黄梅时节滴滴嗒嗒的屋漏声，雨停后不时在云隙漏射出不爽朗的阳光，这幅景象自然地渲染出一种烦躁、抑郁、捉摸不定的情绪。另一处，在沙发、花篮、银盾的旁边，布置着红红绿绿的棉被、枕头、锡蜡烛台和明亮地燃烧着的大红烛。在新与旧的鲜明对照中间，人们精神生活的某种特征便不言自明。在戏的进行中间，有时对话常常停顿下来，台上悄无声响，然而周围的声音却提示着人物的处境和心情。在《愁城记》第二幕，当女主人公不愿接受好友李彦云到根据地去的劝告以后，有这样一个场面：

李彦云　（看穿了，早在意料之中，但也不能掩饰内心的失望，站起来）我早说，说了还等于白费！（突然，楼上梅芬禁抑不住而迸发出来的哭声，接着，清脆的披频声两下，终于号哭了出来的梅芬哭声）

（大家耸听）

李彦云　（慢慢地走过去把门推开）听一听……这是世界！

赵　婉　（痛苦地低下头来，终于，伏桌而泣）

李彦云　（走近赵婉，怜悯地注视着她）

〔风声，泣声。

自幼不曾经历过磨难的赵婉，喜欢编织不切实际的幻想，一心经营着小夫妻的“爱巢”，然而，叔父的威逼日益加紧，从梅芬的突然降临的不幸使她预感到前景的黯淡；但她这时又不愿将褊狭的意识和侥幸的心理一下抛却，因而内心充满矛盾和痛苦。这里，看上去悄无声息，舞台似乎被沉默控制住了；然而，泣声和着风声，却渲染着人物心中的积郁、苦恼和忧惧，构成了舞台上的语言所无法表达的潜台词，从而使人物复杂隐蔽的心理状态得到更深入、细致而逼真的反映。

《复活》第四幕闭幕时，可以读到这样的提示：

〔远远地苍凉的歌声又作。

〔歌声：

想望望天边的云树，

奈眼前是万丈高墙，

手扶在铁栏杆上，

痴痴地想我的家乡。

〔涅赫留朵夫若有所思，典狱长怒形于色。

〔夕阳斜射进来，钟声，……

悲怆的歌声，淡淡的夕阳的余晖，远处教堂的钟声，烘托着舞台上主人公内心痛苦、深沉的思绪、气氛和感情，外界环境和内心世界，在这里融成了一幅完整的图画。在这样的气氛中，幕布慢悠悠地像是沉思般地落下，该是怎样一个动人心魂的场面！

人们常说夏衍剧本中弥漫着一种独特的抒情气息和诗一般的情愫，这是不错的。在以上场面中，人物形象的抒情的心理内容，被非常朴素而富有诗意地揭示了出来，带有鲜明的契诃夫韵味。关于戏剧的诗意问题，在某种剧本里主要表现为剧中人物对美好理想的向往，但是，“还有一种诗意，作成它的不是幻想而是真实，而是向生活深处掘发的成就。它是高度的现实主义精神的果实”①。夏衍剧中的诗意，应该说便属于这一类。它朴实无华，却跳动着抒情的音符，让人们从中领略到生活和情感的真谛。

三

悲剧性和喜剧性的有机融合，是夏衍剧作风格的第三个特点。

---

① 李健吾：《于伶剧作并及〈七月流火〉》，《戏剧新天》第95页。

悲剧和喜剧是根据不同主题内容而运用的两种不同的戏剧形式。前者因为有价值的东西被毁灭而使人感到哀痛，使美的事物更得到人们的欣赏；后者则由于无价值的东西被揭露而使人从这种艺术讽刺中感到审美的愉悦。然而，在现实生活里，喜剧性和悲剧性有时又是相互联系和渗透的，在某些剧作家那里，严肃与滑稽，崇高与卑微，悲剧与喜剧交融在一起。夏衍曾几次表白，他“对喜剧有兴趣”[①]，他“欢喜用这种形式”[②]。从处女作《都会的一角》，到新中国成立前所写的最后一个剧本《芳草天涯》，我们可以看到其中广泛运用了喜剧的手法，包含着许多喜剧的因素。它们既不同于陈白尘那种辛辣而尖锐的讽刺作品，又不同于丁西林那样机智温和的幽默喜剧，而是寓悲剧于喜剧之中，用轻松幽默的手法表现了严肃深广的主题。我以为，这类悲喜剧在夏衍剧作中占了多数，而且是其中最为成功的。

在《上海屋檐下》里，人们在没完没了、毫无价值的情感摩擦中浪费生命，消磨精力，剧本通过各种令人发笑的日常生活细节，有力地鞭挞了那个畸形社会的矛盾和不合理。比如，黄家楣想尽一切办法弄钱，要让父亲过几天舒心日子，他要妻子把孩子的锁片也拿出来变卖，可是桂芬早就把它卖掉了。正

---

① 夏衍:《谈〈上海屋檐下〉的创作》,《剧本》1957 年第 4 期。
② 夏衍:《关于〈法西斯细菌〉》,《新观察》1954 年第 15 期。

当二人黯然无语时，后门哑然推开，黄父兴冲冲抱着咪咪进来，咪咪一只手拿着蛋糕，一只手拿着一串荸荠，后面阿香手里也拿着荸荠，这些显然都是老人刚买来的。这个场面不能不使观众从祖孙的温馨之情中同时感到无限辛酸。又如阿牛向妈妈问算题的情节也是极为生动风趣的。阿牛的题目是："某甲每月存银六十五元，三年八个月后，共存银多少？"这个问题对于每天只靠丈夫教书的微薄收入糊口的赵家来说，无异是一个辛辣的嘲弄，无怪赵师母要感到不耐烦，气冲冲地回答："存钱？谁？不负债就好啦，还有钱，每个月六十五块，做梦！"这里观众会禁不住发出哄笑，却又不得不与剧中人一样感受到生活的不平。再如出场很少的报贩，儿子早已阵亡，却还做着儿子当上司令的好梦，成天向人们打听他何时回来的消息。人们奚落嘲笑他，他居然还要摆出一副"老太爷"的姿态加以分辩。在这可笑的深处，即透露出现实的残酷、凄惨，隐藏着作家沉痛的泪水。旧时代生活的极度可悲，往往表现为极度可笑。夏衍真实地揭示了个人以及社会这种喜剧的表象掩盖着的悲剧实质，以此提醒那些并不了解自己悲剧命运的不幸的人们：假如人人都清楚自己的生活是一场悲剧，这悲剧还能这样持久地日复一日，甚至一代又一代地串演下去么？

喜剧因素不只否定生活，也还有对生活肯定的效能。夏衍说："《上海屋檐下》最初也想写成喜剧，后来却写成悲喜剧了。我想，悲剧的格调太喜剧化了不好，反过来只写黄梅天气的愁云惨雾也不好。”[①] 在这里有叹息，有牢骚，有哭泣，但也时而传来爽朗的笑声。赵家夫妇尽管不时发生口角，但又常常使人感到这个贫贱家庭的和谐和乐趣。黄父因耳聋时常答非所问，闹出种种笑话，却掩盖不住他那温厚的心灵和坚韧的意志。这些人物调节着舞台上的气氛，在灰黯的生活中显出了亮色。剧本最后用赵振宇的话暗示出来：天总会放晴的，一阵大雷大雨之后，爽朗的天气就要到来。夏衍毕竟是一位革命作家，对于社会历史规律的把握，使他在剧中重视和强调现实生活中健全的积极的精神的嫩芽，他正是透过污浊卑下的表面现象发掘出清新美好的内在素质，让当时那些像在牢笼中生活一样感到窒息的广大群众获得启示，受到鼓舞。这不禁使我们想起了高尔基同样描写小人物的痛苦灵魂的剧本《底层》，剧本通过沙金关于“人就是真理”的呼唤，赞美了底层人们潜在的社会创造力，发出了人民起义的信号。我们自然不能把《上海屋檐下》比作《底层》，但在悲愤凄凉的曲调里渗入乐观主义精神这一点上，它们难道没有相通之处么？

别林斯基写道：“幽默存在于对真实生活的认识的矛盾中——亦即生活理想和生活现实的矛盾中。”[②] 如果说，在《上海屋檐下》，喜剧因素侧重于刻画人物的悲剧命运，谴责罪恶

① 夏衍：《谈〈上海屋檐下〉的创作》，《夏衍杂文随笔集》第 603 页。

② 《别林斯基论文学》，上海文艺出版社 1959 年版，第 46 页。

的社会制度，那么，在《愁城记》《法西斯细菌》《芳草天涯》等作品中，喜剧因素则主要表现为自我否定，也即用来揭示人物的思想行为与现实的矛盾，从而对人物的缺陷进行含蓄的讽刺与批评。我以为，这几个剧本不应看作为“正剧”，喜剧性是它们共同的主要特征。剧中的主人公们在抗战中颠沛流离，迭遭痛苦，有的被迫不能从事自己喜爱的科学研究，有的希望得到美满的爱情和安定的生活而不得，这本来是可悲的，但作者却深刻揭示出了他们的痛苦与不幸之中的可笑处。在俞实夫看来，只有科学是拯救人类的上帝，只要抱着献身科学的理想便能立足于社会，他的善良达到了天真的程度。形势急剧变化，抗战浪潮席卷各地，但他还是一味逃避、忍耐，希冀从科学的王国求得心理的平衡，不甘心放弃他那一小块“领地”卷入这场风暴，这种种表现令人啼笑皆非。我们有时同情他，为他的善良真诚感动，有时又嘲笑他，为他的闭塞糊涂而痛惜。赵婉这对年轻夫妇也有相似的情形。他们梦想在这个龌龊痛苦的世界之外独善其身，建立一个小小的和平、天真、纯洁的小圈子，虽然已身在涸辙之中，却还没有涸辙之感，更不必说向往那浩荡的江湖了。对于这几个中年或青年的知识分子来说，与他们发生尖锐矛盾的并不仅仅是某个具体的人，而是整个狂风暴雨的时代。可以说，他们是不自量力地以自己个人的信念同时代颉颃，结果自然不能不步步被动，以至撞得焦头烂额。最后，他们在一次次现实的打击下，终于挣脱了小圈子主义、科学至上主义等等桎梏，走上新的生活道路。这个结局的喜剧性的意义，便在于它令人信服地表明，作者牢牢地把握住时代精神和生活自身发展的内在逻辑，引导着那些曾经怀有各种落后偏见的人们微笑着向昨天告别。笔者以为，对于《法西斯细菌》等剧作的喜剧风格，有必要认真地深入地探讨和研究。只有准确地把握这一点，才能深入夏衍戏剧美学的独特境界，真正理解作者是如何站在时代的高度，开掘并表现了含蓄深邃的思想主题。

四

结构的简约谨严，是夏衍剧作风格的第四个特点。

话剧是一种受时间和舞台限制很严的艺术形式，需要时间、空间上的高度集中。夏衍的剧作虽然不以情节的丰富曲折见长，缺乏大起大落，飞空腾跃的气势，然而他的剧本结构紧凑、严密，具有简括而不空泛、明朗而不单调的优点。

在戏剧创作中，经常可以见到枝节横生、喧宾夺主的现象。造成这种弊病的原因往往在于作者意图含混，方向不明。夏衍剧作的主题一般都很具体和明确。他说过："戏的主题，我喜欢'单打一'，即一个戏谈一个问题，一服药治一种病。我不相信真有一种'能治百病'的膏丹。"① 剧本的情节结构是

① 夏衍：《关于〈法西斯细菌〉》，《夏衍戏剧研究资料》（上）第55页。

在主题思想的指导下形成，并受其制约的。明确而毫不含糊的主题，对于剧作者运用高度压缩、凝炼的戏剧结构去提炼和表现生活，起着极为重要的作用。夏衍的剧作不随意堆砌情节和人物，以至使剧本“如断线之珠，无梁之屋”。剧中的情节线索异常单纯，也没有藤萝纠葛、复杂错综的人物关系，因而剧作的主旨十分明晰、突出。《愁城记》旨在表现“小圈子主义”的破灭，因而全部冲突就在赵婉夫妇与其叔父母赵福泉夫妇之间，围绕遗产继承权而展开。李彦平、何晋芳只是两个陪衬角色，一正一反，配合主要事件而行动。《芳草天涯》要求在夫妻关系上互相宽容，基本冲突就在尚志恢、石咏芬、孟小云之间，孟文秀夫妇及许乃辰则起着缓冲或强化主要冲突的作用。《心防》是要表现抗日战争中文化战线上反投降斗争的，全剧便以刘浩如与文化界内奸倪邦贤的破坏活动的斗争贯串始终，杨爱棠、沈一沧、施小琳等则处于从属位置。由于线索单一，故事情节集中在较短的时间、较小的领域之内，穿插的情节与主题有着密切的联系，因而整个故事结构相当紧凑。自然，不能将主题的鲜明与情节的单纯划上等号；有的剧本故事复杂多变，主题也很突出。但一般说，情节线索的简约有助于集中观众的注意力，突出作者的主要意图，可以集中精力更好地刻画人物性格，揭示其内心世界，而不致忙于铺陈纷杂的故事，照应众多的人物，结果淹没了主要人物。正如别林斯基所说：“动作的单纯、简要和一致（指基本思想的一致），应当是戏剧的最主要的条件之一，戏剧中一切都应当追求一个目的，一个意图。戏剧的兴趣应当集中在主要人物身上，戏剧的基本思想是在这个主要人物的命运中表现出来的。”①

强调主题和主要情节的明确，不是说可以排斥其他的人物、其他的事件，而是要求人物、情节线索之间，必须有主次之分，正副之别，并综合为一个有机的整体。犹如一株大树，既要枝叶扶疏，摇曳多姿，又要疏密得当，枝干分明。《法西斯细菌》描写的是一个科学家在抗战前后的急风暴雨的岁月里思想发展的历程。主人公思想变化的线索自然是表达剧本内容的主轴，但如果不写出他思想矛盾冲突的环境、气氛和其他生活背景，那么，剧本就不可能写得更有深度，具有更大的表现力。夏衍对此没有采取简单、直捷的方法。剧本五幕六场，时间前后达十年之久，其间发生了一系列重大政治事变，人物由东京而上海，而香港，以至到桂林，地域转换多处，出场人物有十多人。戏中没有贯串前后的突出事件，作者似乎是随手从现实生活中俯拾几桩日常小事，对有的人物甚至采取招之即来挥之即去的手法，似乎犯了编剧法的大忌。其实这正是作者力求以更为广阔的空间、更宽广的社会生活为背景，尽可能真实地刻画人物的思想性格，夏衍始终以俞实夫思想变迁的道路为轴心，以他与另外两个人物——赵安涛、秦正谊

① ［俄］别林斯基：《诗的分类》，见《西方文论选》（下卷）第382页。

之间的关系为脉络，展现出各种人物和丰富多彩的场面。像张妈辞工、寿美子受辱、钱裕被害，这些自然直接牵动着主人公的神经，有利于多角度地表现其性格；就像在赵安涛投机事业中出现的金老板、叶先生等的活动，不仅真实地再现了抗战中港澳一带动荡的社会面貌，而且由于他们同后来赵安涛的幻想的破灭有关，因而也就间接地推动和映照了俞实夫思想的急剧发展，成为情节主干的有机组成部分，保持了全剧动作的统一。

在戏剧结构问题上，夏衍一向反对矫揉造作，故弄玄虚，追求人为的浅露的戏剧效果。他坚持从生活出发，从剧情和人物性格出发，因而他采用某些戏剧结构手段和技巧，能够不露痕迹，一切显得自然、合理，往往使你觉察不到他那独特的安排和匠心。而这，正是夏衍的真正本领。《法西斯细菌》第三幕欲抑先扬，先大写赵安涛的胜利和得意，到第四幕的失败和痛苦便显得更加沉重；《一年间》第三幕于明扬病逝时的凄惨沉闷，与第四幕得到刘瑞春消息后的欢快场面形成鲜明对照；《水乡吟》中梅漪身边藏着的那张双人合照，在戏里曾一再重复出现；《心防》第一幕由友人送别一变而为送别友人的突然转折，等等。所有这些手法，不仅适应了戏剧结构的需要，并且符合生活实际，因而读夏衍剧本，往往使人很快便置身到那个真实的生活天地里去，不由自主地与剧中人一起欢欣，一起叹息。

五

一位卓越的剧作家的艺术风格的形成，不能不继承和借鉴前辈大师及同时代杰出作家的艺术经验，从中吸收有益的养分。在夏衍的创作道路上，俄国的托尔斯泰、契诃夫、高尔基，英国的史蒂文生、狄更斯，都曾给他以一定的熏陶和影响。就具体作品而论，他的有些剧作，也明显地借鉴过外国作家某些作品的技巧和方法。如他的《赛金花》，表现形式便受到了日本作家改编的果戈理《两个伊凡吵架的故事》的启示。《上海屋檐下》也受到过日本左翼作家藤森成吉的《光明与黑暗》一剧的直接影响。而《都会的一角》及《上海屋檐下》中的小学教员，性格就很像狄更斯笔下的乐天主义者密考伯。然而，所有这些借鉴，其目的只是为了更生动、饱满地塑造特定的人物性格，反映中国社会的生活风貌，并创造他自己的风格，而决不是简单地照搬和模仿。

对于一位真正的艺术家来说，他必须努力“找到自己，找到自己对生活，对人们，对既定事实的主观态度，把这种态度体现在自己的形式中，自己的字句中”[①]。前面提到过夏衍的剧本有一种契诃夫的味道。契诃夫反映的是小市民平淡乏味的生

① ［苏］高尔基：《文学书简》（上），人民文学出版社 1962 年版，第 426 页。

活，写来全然不动声色，调子沉静悠远。他不依靠外部光怪陆离的效果，新奇动人的情节变幻，而是依靠对于生活意义的发掘和对人物精神世界的揭示来激动人们的心灵。在夏衍的剧作中，特别是《上海屋檐下》《法西斯细菌》这样的代表作品中，往往使我们感受到契诃夫含蓄、清峻、深刻、隽永的气息，然而作为一位革命的作家，夏衍对于人物并不像契诃夫那样冷峻，调子也开朗得多。他对刘爱庐、刘绣笙的态度，和契诃夫对待加耶夫和他的妹妹郎涅夫斯卡耶（《樱桃园》）的态度就有显著差异。后者带着尖锐的嘲讽，甚至是轻蔑的色彩；而前者虽也有幽默的批评，但要温厚得多，怀着深深的谅解与同情。

更加明显的一点是，像契诃夫一样，夏衍把知识分子作为他们描写的主要对象，特别是那种忧郁型的知识分子。契诃夫成功地塑造了在俄国大革命前夕，一种只有幻想，缺乏行动，终日在怨声载道、犹豫叹息中折磨自己的被称作“威尔什宁”式的知识分子形象，这些人大都在生活的重压下自我毁灭了。首先是意志的毁灭，而后是自我肉体的毁灭——他们往往以自杀作为自己的最终归宿，而到死都未能回答“怎么办”的问题。夏衍笔下也不乏这类犹豫彷徨的知识分子，但不同的是，他们只是一度的“威尔什宁”，夏衍不轻易让他的人物毁灭。诚然，这首先是他所处的时代不允许这些对生活负有更多实际责任的人们走向毁灭。他含泪鞭挞他们，同时不忘引导他们前进。所以，我们欣慰地看到他笔下出现了在犹豫彷徨中崛起的人物。很显然，契诃夫本人也憧憬未来，寄希望于既有理想又有行动的人，但他不能不受其思想和时代生活的局限。他剧中人物的痛苦往往是不可摆脱的，假如从社会原因来考察，那是因为黑暗的生活压力太大，所以他们往往在叹息中上场，在叹息中下场，剧终也往往是人物的生命的结束，整个舞台弥漫着契诃夫式的忧郁。然而夏衍却绝不这样——历史毕竟推进了近半个世纪，黑暗的王国毕竟射入了光明。而夏衍作为一位热情洋溢的革命作家，如他自己所说，“契诃夫看人看事是那样的冷静，我是很主观，很不平静——我的心是很不平静的。这也许是我三十年来一直卷进在政治斗争中的缘故”[①]。所以，夏衍剧中的知识分子在经历了更其痛苦的磨难之后，往往宣示一种新生活的真正开始。比如，同样是一声枪响，契诃夫的伊万诺夫开枪结束了自己，在人生的战场上最终承认自己是一个败北者，而夏衍笔下的俞实夫却在侵略者杀害同胞的罪恶枪声中看清了“自然科学可以征服疾病，但是人类的愚蠢和野蛮，……法西斯侵略战争，阻碍了科学的进步”——进而在人生的征途上“再出发”。《芳草天涯》中的尚志恢在经过一度迷茫与痛苦之后，看到了自己身上的弱点，看到了更为严肃神圣的人生目标，懂得受苦受难的不只是自己一个人，因而终于没有倒下，而是振作起来了。夏衍在这过程中特别强调实际斗争生活中产

① 夏衍：《关于〈法西斯细菌〉》，《夏衍戏剧研究资料》（上）第55页。

生了敦促他崛起的力量——民众的斗争。他让尚志恢走向人民，尽管在尚志恢的面前还有很长一段路。由此可见，夏衍发展了契诃夫笔下的人物，使他们在一个新的时代、另外一个国度里找到了“怎么办”的答案。

以上我们所谈的夏衍剧本大多数写在抗战前后。这一时期的戏剧园地是比较繁荣的，获得了丰硕的果实；但其中多数剧本都程度不同地存在着概念化、雷同化的弊病。后期又一度出现过追求热闹离奇情节、卖弄噱头的不良倾向。夏衍的剧本从看似平凡琐碎的日常生活中，以诗意的抒情的笔触，发掘人物丰富的内心生活，体现深刻而耐人寻味的严肃的主题与情思，因而每当在舞台上演出时往往给人以耳目一新之感。著名导演焦菊隐生前说过：“我一向偏爱契诃夫、高尔基和夏衍等作家的剧本，因为他们是那么简朴、厚实、清爽、明朗；而通过这种简单朴实的风格所表现出来的，却又是那么现实的生活，那么透彻的真理和那么明确的道路。”① 这个评价是很有见地的。夏衍质朴、自然、清新、素淡的艺术风格已经丰富了而且必将继续有益于现实主义戏剧创作的发展。

---

① 焦菊隐：《我怎样导演〈龙须沟〉》，《人民戏剧》第三卷第二期，1951年6月。

第十二章

为民主和自由而战

重返沪滨

1945 年 9 月，日本宣布无条件投降不久，国民党一批官员准备乘飞机到南京去办理受降事宜。周恩来同志得悉后便通过张治中将军，以新华社特派记者的名义，订了两个座位，派遣夏衍和徐迈进二人同机赴南京。按照周副主席事先的布置，夏衍随即又赶往上海，重建《救亡日报》。在上海地下党的领导和支持下，这份进步的日刊改名为《建国日报》，于 10 月 10 日复刊。

在暌别八年之后，郭沫若、夏衍等反对法西斯暴政，呼吁民主的犀利言论，又立即激起上海社会各阶层特别是知识分子的巨大反响，也引起了反动当局的恐慌和不安。夏衍当时以雪慧、契尔、巴客等化名，写了许多补白之类的杂感，其中有一篇题为《两种……》，针对国民党在日本投降后利用“接收”敌产名义，对沦陷区人民实行空前掠夺的怪现象，写了这样两段话：

> 上海人最怕两种人，一种是从天上飞下来的，一种是从地下钻出来的。
>
> 要在上海找房子，必须要有两种“条子”，一种是金条，另一种是封条。①

这篇总共才五十来字的短文，在当时的上海很快便传开了。由于得罪了蒋介石的“劫收”大员，国民党当局借口“手续不合”，违反“收复区”的出版法，下令《建国日报》禁止发行。于是，这份出版仅半个月的进步报纸便被蛮不讲理地扼杀了。

然而，正如以往多次实践所表明的，夏衍是决不会放弃自己的职责与阵地的。为了实现党所托付的使命，他又以罕见的勇毅和魄力，利用多种刊物，不屈不挠地进行战斗。他在《周报》《文萃》《清明》《消息》《时代》等杂志上，连连发表文章，宣传党在抗战胜利后对时局的主张，与美蒋反动派展开持

---

① 刊于《建国日报》副刊《春风》第五期，1945 年 10 月 14 日。夏衍在《报告文学的几个要求》（载《新闻业务》1963 年第五、六期）中说这篇杂感发表于“蚯蚓眼”（《世界晨报》专栏），记忆有误。

续的针锋相对的斗争。

国统区在这段时期笼罩着一片政治暗云。抗战十四年胜利了，人们的脸上刚刚绽开笑容，但法西斯的阴魂又在胜利后的中国游荡。日本强盗被打跑了，美帝国主义跟着进来，扶植国民党反动势力，力图使中国变为它独占的殖民地。蒋介石则梦想把战后的中国拉回到抗战前的老路上去，在全国范围内恢复大地主大资产阶级的统治。美蒋互相勾结，狼狈为奸，演出了一幕“和谈”“调处”的双簧剧。一个以“调解人”姿态出现到处伸出魔爪，一个则打着“和平、统一”的旗号，背地里在紧张地部署再打一场内战，妄图一举扑灭人民革命力量。随着抗日战争的胜利结束，中国又面临着两种命运、两种前途的大决战。

在《时代》杂志上，夏衍以余伯约的笔名，在长达半年的时间里，几乎每周发表一篇长文，对国际问题进行评述。只要看一看这些文章的标题就清楚了：《美国为什么要发动内战》《一个主题，多种花样》《威胁利诱之间》《法西斯在这里》……这些时事述评，对第二次世界大战后美国走着德日法西斯老路，扩军备战，造成对和平、自由和各国人民民族独立的威胁，对美帝国主义在战后渗入中国，妄图控制中国的罪恶用心等都作了深刻的揭露、具体的论述和尖锐的抨击。“一年以来，美国把太平洋看作内湖，把中国看作菲律宾第二，美国军队在中国领土上耀武扬威，自由来去，而美国‘转移’给国民党政府的飞机炸弹，竟和马歇尔、司徒雷登的‘调停工作’并列”[①]。这就一针见血地揭示了美国在战后中国所玩弄的罪恶阴谋的实质。延安《解放日报》发表《驳蒋介石》一文后，国民党御用新闻界叫嚣要“对中共立即采取有效制裁”，夏衍立即发表了措辞愤激的评论，揭露道：“说‘有效制裁’事实上就等于剿共内战，那么东北遍地这种内战不是已经大规模开始了么？今天的问题不在‘制裁’，而在是否‘有效’，换言之，在某些人心目中直到今天为止，还是认为枪杆的声音依然要比协定声音还要响亮，打是已经决定了的前提，是否从打到谈，还要看结果如何而定。他们的心事，是打了再说，假如一打而胜，当然可以不用再谈，打而不胜，再谈也未为晚。”[②] 夏衍以洞若观火的深邃眼力，看穿了反动派施展“谈谈打打”的反革命策略的险恶居心，抓住“有效制裁”这条狐狸尾巴，揭露了敌人的真面目。

中国的顽固势力有“山姆大叔”的袒护，在军队数量、武器装备、给养交通等方面又占着强大优势，因而气焰嚣张，不可一世。夏衍不为这些表面现象所迷惑，他在文章中一再表示了人民力量是不可战胜的。“希特勒迷信他的武力，东条迷信他的武力，这些眼睛永远看不见人民力量的枭雄都已经倒下去

① 余伯约（夏衍）：《被损害了的纪念日》，《时代》第6卷第32期。

② 黎纬北（夏衍）：《中国还没有春天》，《文萃》第26期，1946年4月。

了，今天历史的悲剧正重复在某些迷信武力的反动分子身上，他们以为有了原子弹，人民的力量就可不必再顾虑了，那么看吧，地球还要存在下去，究竟胜利该属于原子弹呢还是属于人民，明年后年的历史，会教训这些好战黩武的徒辈的。”① “中国今天还没有春天，但是春天不属于反动的顽固分子而属于人民世纪的人民，却早已经命定的了。”② ……读着这些雄辩滔滔的文字，人们会感到作者的视野多么开阔，观察多么锐利，感情多么炽烈。他那明辨是非，伸张正义的立场，给人以强烈的震撼和深刻的启示。它们有助于人们清除对于反动势力的幻想和恐惧，不受国民党的麻痹和欺骗，这对于争取中间势力站到人民一边来有着很大的推动作用。

在准备进行反人民内战的同时，蒋家朝廷疯狂推行法西斯独裁政策，大肆搜刮，榨取人民血汗，中国的官僚资本发展到顶点，广大群众的处境更加恶化。1946 年初，《世界晨报》上出现了一个标题新奇的专栏：《蚯蚓眼》，署名东风。从 1 月 10 日至 7 月 10 日，这个专栏从未间断过一天。它的作者就是夏衍。比起《时代》杂志上的文章，它们短小得多，却锋利无比。这里略举数例，以窥一斑：

① 余伯约（夏衍）：《被损害了的纪念日》，《时代》第 6 卷，第 32 期。

② 黎纬北（夏衍）：《中国还没有春天》，《文萃》第 26 期，1946 年 4 月。

> 四项民主诺言宣布到今天，已经整整一个月了，在这期间，昆明封了四个杂志，上海捉了十九个工人代表，昨天报载，信件迟缓，是由于邮政检查之故……
>
> 自由为什么不回来，从冬望到春，难道要从春望到夏么？[①]

> 政府宣布尊重人民自由的四项诺言之日，重庆街头宪警捕了衣服欠整的市民千余人去当兵。我提议协商会，今后要追加：人民有穿破衣服在街头走路的自由。[②]

蒋介石惺惺作态，许诺给人民以自由权利，取消限制言论自由的法令。事实上，人民的出版、言论、通信、甚至穿衣行路的自由也被剥夺了。夏衍在这里以具体生动的事例表明，在封建法西斯专政下，人民大众是决不会有真正的自由的。

> 军政部突然借调西南联大民主派教授曾昭伦、华罗庚教授赴美研究国防科学，有人说是调虎离山，省得他们在国内闹事，我看大概是请他们到美国去研究原子弹吧。[③]

---

① 《世界晨报》1946年1月30日。
② 《世界晨报》1946年1月21日。
③ 《世界晨报》1946年1月15日。

沧白堂事件无下文，较场口事件的暴徒竟然还要反噬，我劝前几天太乐观了一点的人们冷静一点，下文将是洪宪时代的再现了。

*　　*　　*

美国新发明了玻璃防弹马甲，我劝民主主义者每人预备一件。

*　　*　　*

陪都有人通电要惩办较场口惨案“祸首”李公朴等，在较场口，李公朴等被打破了头，故“祸首”者，祸延脑壳之谓也。①

反动政府煞有介事地宣布从此“结束训政，开放民主”，这又是一张不会兑现的空头支票。到处制造暴行，扼杀人民民主的不正是国民党自己么？对于人民如此残虐凶狠，对于那些出卖民族利益的汉奸卖国贼的态度又怎样呢？抗战胜利后，对于沦陷时期认贼作父的无耻败类，反动当局任其逍遥法外，不加惩治，有的巨奸大憝竟摇身一变，成了“爱国志士”。

重庆某报登了一个灯谜，各地报纸纷纷转载，谜面是“接收以后”，打画家名一，谜底是“封若无”，我只怪这

① 《世界晨报》1946年2月12日。

位封先生的名儿取得太怪，取得太巧。[①]

听说张善琨已经以一个“地下工作者”的姿态而自由了。我们希望各党各派（特别是国共两党）赶快宣布他们的地下工作者名单，一，今后不得随便增补，二，每个“工作者”都须有真正的“工作报告”。[②]

蒋介石之流与汪伪原来就是一丘之貉，今天要推行法西斯主义，对于日本法西斯的余孽自然要加意抚慰了。此外，反动政府为了打内战，以通货膨胀，征税、征粮的办法掠夺人民财富；煽动部分青年举行反苏“示威游行”；国民党内各派系为猎取官位，大吵大哄；贪污受贿，颟顸无能，腐化堕落，道德沦丧……，抗战胜利后反动政府种种倒行逆施，丑行秽闻，我们都可从《蚯蚓眼》中找到。这些文字多半由报上消息、日常见闻引出，略加评点，旁敲侧击，借题发挥，成为戳穿假面的尖利的武器。加上形式短小活泼，亦庄亦谐，言正若反，因而当时广大读者非常爱读，而反动派对之抓耳挠腮，暴跳如雷，却又无可奈何。

从抗战胜利到 1946 年 7 月国民党大举进犯延安，内战全

① 《世界晨报》1946 年 2 月 23 日。
② 《世界晨报》1946 年 2 月 24 日。

面爆发，夏衍在上海停留不到一年。在这个繁忙的大都市，特务军警处处布下陷阱，夏衍从容不迫，应付自如。当时的工作任务十分繁重，他不仅要伏案写作，而且为了加强与各方面的联络，向党外民主人士宣传党的方针，他还要不分昼夜地在街头奔走。如一位友人所形容的，他的时间是以一分一秒计算的。他懂得如何节省时间，使每一分钟为党做更多的工作。每当到公共汽车站的时候，他总是首先站在车门朝前进方向的后端挨着门框的地方，因为下车的人大都向着前进的方向下去，从这个地位可以少遇到阻碍，甚至下车的人还没下完便上了车。有时，奔走得疲乏了，他会找到一处合适的地方稍事休息。剧作家吴祖光当时在编《清明》杂志，他那个小小的编辑部地处闹市而又十分隐蔽，因此，夏衍常常会在他们工作的时候突然推门而入。他不愿打扰别人，只低声说了一句："不打搅你们，我要睡十分钟。"于是便坐到吴的书桌对面，伏在桌上，把头埋在两支臂弯里，一下就睡着了。到了十分钟，真比闹钟还准确，他果真醒来，从座位上站起，略微整整衣裳，就推门出去，然后脚步轻捷地走上熙熙攘攘的街道，消失在如潮的人流中……

"水具有一种不怕任何阻碍而非达到一定目的不可的特性。……在可以奔放的时候它会变成千钧之势的瀑布和海潮，但在不容许他畅流的时候，它也可以默默地成为地下水，不为人注意地向东流去，这种适应性，这种贯彻力，这种韧性作风，也是一个文艺工作者所该‘乐’的事情。”[①] 看一看夏衍的生活和战斗，他自己不就是这样一个真有高度“适应性”“贯彻力”和“韧性作风”的斗士么？

转战香港和南洋

1946 年 7 月，蒋介石反动集团撕毁了停战协定与政协决议，在美帝国主义唆使支持下，向我中原苏皖解放区发动大规模进攻，把中国再度投入内战的血海。中国共产党领导全国人民，为着保卫国家的独立和人民民主政权，为建立独立和平民主的新中国而开展了人民解放战争。在国统区，在党的统一战线方针推动下，掀起了广泛的爱国民主运动，各大城市以工人学生为主，包括各阶层人民参加的反饥饿、反内战、反迫害斗争不断高涨，逐步形成了反对国民党统治的第二条战线。

在中原的炮声打响之后，夏衍由周恩来同志派遣，赶赴新加坡，去了解在战争中流散在东南亚一带的文化工作者的情况，向陈嘉庚等爱国侨领转达党中央的关怀，并向他们通报国共谈判破裂后我党的方针。他于 10 月间从上海飞到香港，为办理去新加坡的入境证，在香港耽误了四个多月。这时在香港

① 夏衍：《乐水》，《夏衍杂文随笔集》第 117 页。

除了《华商报》之外，还办了一张小型的《正报》，由方方负责。章汉夫、胡绳编的《群众》，乔冠华、龚澎负责的英文半月刊《今日中国》，都已陆续出版。这时期的《华商报》比五年前更正规化了，有了一个阵容整齐的社论委员会。夏衍路经香港时，也参加了进来。这时内战尚未全面展开，港英当局的态度还比较“友好”，但《华商报》是“中共喉舌”，已是众所周知的事了，因此在香港，它的销量一直徘徊于一万份左右，加上广告费收入少，经济上十分拮据。当夏衍动身去新加坡前夕，便又接受了为香港进步文化事业筹款的任务。

1947 年 3 月，夏衍抵星洲后参加了《南侨日报》工作，同时便给《华商报》等募集经费。由于抗战时期国内有不少团体到南洋向侨领募捐，有些人没有把捐款用途向陈嘉庚先生报告，侨领们很有意见，所以，夏衍这次筹款不向侨领们伸手，而面向广大侨胞，并且把筹得的经费数目逐日在《南侨日报》和《华商报》上公布。由于坚持群众路线，这项工作完成得很顺利，共筹得了三万多元（叻币）。关注祖国命运的侨胞们，几个或十几个——有橡胶工人、司机、小学教员，乃至清洁工人，来到《南侨日报》经理部，将他们一元、五毛以至三分五分的小数目累积起来的捐款，送交到夏衍等手里，华侨群众节衣缩食地为革命事业献出几个“斗零”的义举，使夏衍等接受捐款的工作人员往往禁不住感动得落下眼泪。

8 月下旬，新加坡当局察觉夏衍化名进行革命活动，决定对他“礼送出境”。夏衍在此逗留半年后重回香港，担任中共华南分局委员、香港工委委员，并参加《华商报》工作。《华商报》先后出过《热风》和《茶亭》这两个副刊。其中的政论几乎都是由夏衍撰写的。他善于利用多种文体配合形势发表政见，有力地打击反动势力。每日报纸上的补白，便是其中的一种。这里略举两例。他在《那是毛泽东自己写的啊》一文中写道：

> ……
>
> 据说，有一次蒋看了《论联合政府》，便对陈布雷说，“你看！人家写的东西多么好，我们为什么……？”言外颇有点激励陈布雷的意思，希望他以后多替自己写一点像样的文章，使人要看。
>
> 谁知陈听了以后，却不慌不忙地答道：“那是毛泽东自己写的啊！”蒋闻之哑然。

对于蒋介石的卑劣无能的揭露，这样短小的补白，实际上比有些长篇大论还有力。

夏衍又写过《一副挽联和一个歌》：

> 这次北平学生为于子三而起的反迫害运动中，在青年群里，产生了两个真正的人民文艺作品！

一个是“燕京读书生活社”和“现实读书会”悼于子三的挽联：

烈士你死了，据说是“畏罪自杀”！

我们还活着，决不怕“奸匪嫌疑”。

另一个是在大会中群众自己创造出来的一个歌，这歌出来以后，立刻传遍平津！

反动政府，反动政府，要垮台，要垮台，马上就要垮台，马上就要垮台，要垮台，要垮台！（仿《打倒列强》调）

这不仅凝结了今天全国人民的愤怒和仇恨，更重要的是今天最明确的政治口号。

邵荃麟为这一补白，曾在《热风》撰文倍加推崇，认为“这是艺术！群众的艺术！”

在解放战争中，民族资产阶级中有些人幻想走第三条道路。他们不满意国民党的一党专政，但也不满意工人阶级领导的人民民主革命事业，企图在中国建立起资产阶级专政的“民主”国家。对于这股思潮，在《华商报》副刊上，夏衍以“东风”的署名写了《第四种人》等文章，对于一些民主个人主义者作了恳切的批评。尤其是他写的《此地无银三百两》，对以第三势力作号召的“中国社会经济研究会”加以揭露，争取被蒙骗者。文章发表后，正直的人纷纷退出，团体垮台，刊物也死在胎腹中，有好些人不久来香港转入解放区。

特别值得一提的，夏衍在1947年11月30日以“杨琪”的笔名，写了一篇祝贺朱德同志生日的文章:《祝福，朱总司令》。这是一篇情真意挚的优美散文，充分表达了对这位伟大革命统帅的敬佩和爱戴之情：

> 今天这好日子，南中国晴朗得好像三春，你呢，也许依旧戴起眼镜在地图上画红蓝铅笔，也许依旧在跟弟兄们玩篮球，也许烤着太阳，在和乡下佬村妇们讲家常吧！但是，你组织起来，训练起来的军队，却已经围保定，攻徐州，临川边，胁武汉，准备解放更多的人民和城市，来作为对你的贺礼！我想起了你的笑容，对，老百姓笑的日子到了。
>
> 祝福你，“朱老总”（让我们也这样称呼你吧），为人民珍重。明年今日，让我们能在北平、南京，或者广州，听到你爽朗的笑声吧。

夏衍又很擅长写文艺通讯。1947年11月21日和12月16日，在《热风》上便连续发表了两篇“特约上海通讯”。一篇题为《冬眠了的上海文化》，另一篇为《寒流中的上海》，它们反映了当时上海文化界在政治的寒流中“战栗”的景况，对国民党窒息进步文化的暴行提出了抗议。

为了发展抗战文化运动，夏衍充分利用副刊阵地，发挥电影批评的斗争威力。战后进步电影运动的基地——昆仑影业公司，在上海摄制了《八千里路云和月》《一江春水向东流》《万家灯火》《关不住的春光》等优秀的进步影片，它们站在人民的立场，揭露与控诉国民党反动派的罪恶和在这种统治下广大人民所受的迫害与痛苦，是蒋管区社会生活的生动写照。夏衍先在《南侨日报》副刊《星期俱乐部》发表《八年的苦白吃了么？——致东山及诸友》一文，对《八千里路云和月》的上映表示祝贺。后又在《茶亭》副刊采用集体影评的方式，对这些影片几乎无一例外地予以推荐和评论。夏衍以梓甫的笔名，与友人叶以群、孟超、瞿白音等开辟了“七人影评”专栏，写了《三绝——推荐〈万家灯火〉》《评〈关不住的春光〉》《惑与不惑——评〈艳阳天〉》等，赞许了这些影片的艺术成就，对于进步电影工作者在极为恶劣的政治环境下，顶住反动派政治经济的种种迫害所做出的成绩给予热情的鼓励。在《一江春水向东流》映出后，夏衍和文艺界的朋友曾联名写信给蔡楚生及全体创作人员，赞扬了这种为进步电影事业艰苦奋斗的精神。信中说：“要是中国有更多一点的自由，要是中国有更好一些的设备，我们相信你们的成就必然会十倍百倍于今天，但，同时也就因为你们能在这样的束缚之下产生这样伟大的作品，我们就更想念起你们的劳苦，更感觉到这部影片的成功。”①

---

①　引自李村：《〈一江春水向东流〉旧话》，刊于1956年10月4日《新民晚报》。

夏衍利用副刊不只宣传了中国的进步电影和在港放映的苏联《乡村教师》等优秀影片，而且还抨击、批判了反动影片及美国出品的坏影片，尤其是发动了反对国民党解禁发行敌伪影片的运动。在《反对伪片倾销运动的认识》一文中，“七人影评”揭发了反动派倾销伪片的本质，指出其“目的是筹措经费，建立反动文化的新阵地；目的是散布毒素，糜烂海内外的中国人；目的是搜刮一笔钱财，以饱私囊；目的是以伪片充塞市场，扼杀生机绝续的中国电影事业”。夏衍在这段时期所进行的电影评论工作，是他在左翼时期的电影活动的继续。它为有力地打击电影界的反动逆流，教育电影工作者和广大观众，推动香港进步电影事业的发展做出了贡献。1949 年初，为了支持香港进步的南群影业公司，夏衍还利用战斗的间隙编写了电影剧本《恋爱之道》。剧本以夏衍特有的含蓄、洗炼的手法，以从北伐革命到抗战胜利这漫长的历史时期为背景，生动地刻画了一个正直的小资产阶级知识分子所走过的曲折和艰苦的历程。通过主人公凭着个人孤军奋斗而在时代潮流中几度浮沉的事实，提出了知识分子必须与工农群众相结合的主题。这部影片的放映，以及《野火春风》《结亲》等进步国语片和《珠江泪》等进步粤语片的出现，大大扩展了进步电影在香港电影业的阵地。

《野草》于 1942 年被勒令停刊，过了四年，原来的五位创办人又适逢其会地都到了香港，于是在 1946 年冬又重新办起了刊物。碍于香港的法令，《野草》采用丛刊的形式出现，在香港印了十二期，时间达两年之久。夏衍为复刊后的第一号写了《复刊私语》，以后又连续为丛刊撰文。当时国内形势发展很快，国民党反动派在进攻解放区之后，召开了伪国大会议。不久，人民解放军粉碎了国民党军队的进犯，开始战略反攻。解放区实行土地改革，中国革命的新高潮即将到来，知识分子何去何从，面临着重大的抉择和考验。夏衍在《野草》丛刊发表了《改造与转变》《从〈樱桃园〉说起》《坐电车跑野马》等文，针对知识分子的思想现状，首先帮助他们认清时代的巨大变化：在蒋介石集团依靠美帝国主义的援助而疯狂迫害人民，放手实行独裁的时候，“过去要求的争取的只是温和而安份的交租交息和减租减息，但是，当反动派连一点起码的要求也吝啬而不与的时候，当反动派决心要置几万万人民于死地的时候，于是时代变了，世界变了，历史的列车急速度地转了一个大弯，以惊天动地的速度和力量向前猛进”①。在这历史大转折的关头，知识分子怎么办？唯一的立场就是“站在人民这一边”，站在“千百年来受尽了大地主封建剥削的痛苦，而对于这个吃人阶级怀抱了海样深仇的农民大众”一边，斩断与没落的封建剥削阶级感情上的联系。“这是质变的问题，这是最严肃的意味的自我改造的问题，这是一个境界，这是一个关隘，

① 夏衍：《坐电车跑野马》，《夏衍杂文随笔集》第384页。

这是最后的一‘难’，这是小有产者的知识分子能不能改造成为从思想到感情浑然一致，甘心情愿，心安理得地为人民服务的革命者的基本问题。”① 这些文章运用毛泽东同志《在延安文艺座谈会上的讲话》中的观点，对知识分子问题分析得十分透彻，对于鞭策和推动国统区知识分子走向人民发生了广泛的影响，起了很好的教育作用。

在办报的同时，夏衍在港澳、南洋一带广泛地接触了华侨界、工商界、文化界、影剧界各方面人士，向他们宣传革命形势和党的正确政策，帮助协调各方面的关系，团结一切反对内战的积极力量，以争取到人民民主事业中来。在这方面，夏衍作了大量的细致的工作，作出了特殊的贡献。如他对现代文学史上一位富有大众化特色的作家黄谷柳的帮助，就成为现代文学史上的一段佳话。黄谷柳在十年内战时期曾任广东军阀陈济棠军队的中校盟员，参加过反共战争。皖南事变后，因不满国民党反共而离开。抗战胜利后，一家五口流落香港，生计十分困难。夏衍在街头与他偶然相遇，约他到报社商谈写作小说。黄不久即将写好的长篇小说《虾球传》交夏衍在《华商报》连载，以此解决了生计问题。在与夏衍等共产党人的频繁接触中，他对共产党、对中国革命有了一定的认识，思想觉悟迅速提升，一年多以后便由夏衍、周而复介绍入党。夏衍在当时的

① 夏衍：《改造与转变》，《夏衍杂文随笔集》第 370 页。

环境条件下，坚定不移地贯彻党的统战政策，积极团结争取文化界人士，帮助知识分子进步，这是显著的一例。

1948 年冬，解放战争势如破竹地迅猛发展，蒋家王朝面临覆灭的前夕。时局瞬息万变，统战工作十分紧张。为了筹备新的政治协商会议，大批民主党派领导人、工商业家、文化界人士，都要从西南、西北、华中、上海等地转到香港，再由我党租船把他们送往大沽、大连，然后进入我解放区。在潘汉年同志领导下，夏衍参加了转送民主人士去华北的这项十分繁剧的工作。为了掩护李济深先生离港北上，他同许涤新、饶彰凤等同志作了各种缜密细致的安排，终于突破国民党特务和港英当局的重重阻挠，使这项重大的政治任务圆满完成。不久，我解放大军胜利渡过长江天堑，占领国民党统治老巢南京。这一消息传到香港，在英皇道的“哥罗士打”饭店，由中共香港办事处首次正式出面举行了大规模的招待会。这时夏衍接到了党中央要他与潘汉年、许涤新一起回北平接受新任务的电报。于是，庆祝酒会后的第三天早晨，他们三人连同夏衍的女儿阿咪(沈宁)，悄悄地上了开赴天津的“东方号”，经过七昼夜的航行，抵达塘沽。

1949 年 5 月 5 日，夏衍到了北京。在中南海，他受到了毛泽东、朱德同志的接见，特别是见到了阔别多年的领导者——周恩来副主席，领受了负责接管上海宣传文化机构的使命。随后他立即南下，5 月底随陈毅司令员及第三野战军进驻上海。

这样，从抗战爆发随《救亡日报》撤出，度过漫长的危难岁月，夏衍终于回到这个被他视作“第二故乡”的都市。悲惨的耻辱的时代宣告结束，盼望已久的新中国诞生了。作为长时期为埋葬旧中国而喋血苦战，又目睹人民大众获得自由幸福的无产阶级的文化斗士，夏衍内心感到多么的幸福和欣慰，是难以言述的。

第十三章

“最真实的幸福”

面对新时代的《考验》

开国以后，在党的领导下，亿万人民在新中国广阔无垠的大地上展开了轰轰烈烈的社会主义建设和改造事业，胜利地实现了一系列巨大的社会变革。时代的发展日新月异，令人鼓舞。“假如世界上有真正幸福的人，那么能够遭际到这样的时代，能够在这个大时代中贡献出一份力量，才够得上说享受了最真实的幸福。”① 夏衍从新时代的光辉中汲取力量，怀着对未来的热烈瞻望，投身到现实中去，为着开拓和发展社会主义文化艺术而坚持不懈地努力。他先后肩负了上海市委宣传部长，上海市文化局长，文化部副部长，全国文联副主席等重任，工

① 夏衍：《向黄河祝福》，《夏衍杂文随笔集》第581页。

作十分繁忙。在紧张的公务之余，却没有一天放松过文艺方面的著述活动。他写话剧剧本，写电影剧本，写杂文，写政论，写文艺论文，始终精力充沛，目光敏锐，以惊人的工作效率，做出了大量引人注目的成果。当时他已年过半百，然而如同当时戏剧家吴祖光所说，“他是许多年高德劭的长者中的年青人，几乎可以说是永远年青的”①。

作于1953年的五幕六场话剧《考验》，是中华人民共和国戏剧最早反映工业建设生活的优秀剧目之一。

从1953年起，随着国民经济的恢复和民主改革的完成，中华人民共和国进入了大规模经济建设的新的历史时期。为了建设强大的社会主义工业化的国家，在党的过渡时期总路线的鼓舞下，广大群众在工农业及各条战线上以国家主人翁的姿态，热情百倍地为实现梦寐以求的革命理想而奋进。然而，在领导阶层中，有些人却看不到这种一日千里飞快发展的形势，他们满足于以往的功劳，以功臣自居，用官僚主义的态度对待群众、对待新事物，成为社会主义建设顺利前进的障碍。夏衍在总路线的学习和“新三反”运动中，较多地参加了基层的活动，接触了一些工业战线的骨干，敏锐地发觉在新的历史条件下，一部分领导干部在领导思想作风上已经露头的严重问题。责任感驱使他在搁笔十年后又重新开始话剧的创作。

---

① 吴祖光:《作家和战士——记夏衍同志》,《剧本》1957年4月号。

作为一位现实主义剧作家，与现实生活保持密切的联系，这原来就是夏衍创作的一贯特色。在民主革命时期，他的剧本总是结合各个历史阶段的现实矛盾来揭示人物的命运和性格，引导人们去掌握历史和自己的命运。在《考验》中，这种现实主义的创作精神在新的历史条件下得到了进一步的发展。

剧本所选择的是执政党内部领导干部之间的尖锐冲突。主人公杨仲安在战争年代，经受过战火的严峻考验，在皖南事变中他曾经冒死背起战友突围，以后又打过游击，参加过解放战争，这表明当年他曾经是一个英雄。新中国成立后，走上工业战线，他参加了一系列民主改革和生产改革。当接管时，电机厂还是一个破破烂烂的工厂，现在确实变了样，这中间自然有他的一份贡献。“对党忠心，对生活严肃”，厂党委书记方克的这个评价是不错的。但是生活在发展，人也在变化。短短三四年里，他却背上了骄傲自满的包袱停滞起来。在新厂长、他的老战友就要到厂上任时，他表现出一副自以为是、洋洋自得的神情：“你放心，有我，——厂里的事，你放心，我摸了三年，差不离了，已经有了底儿。”工厂经过接管整顿后，必须抓住技术革新这一环节，努力提高质量，降低成本，以挑起更大的建设重担；但杨仲安却无视这一新情况新任务，一味陶醉在革命胜利的局面里，陶醉在个人的成绩、功劳上，这样便同日益发展的形势和党的路线产生了越来越严重的抵触。这首先表现在他盲目夸大个人的作用，而轻视和脱离工人群众这一点上。

他迷信自己“训话”“做大报告”式的“说服教育”的本领，以此当作完成任务的唯一领导方法，实际上采取变相的强迫命令的手段。他听不得不同意见，搞一言堂。工人群众的批评，他视为“讲怪话”，甚至公然叫嚷：“咬碎牙齿也得干，不能太民主！”完全是一套封建家长式的领导方式。其次，他缺乏对新鲜事物的敏感。社会主义建设需要他钻研业务，变外行为内行，但他对科学的管理和生产毫无兴趣，反给人家随便戴上单纯技术观点的帽子。这样势必造成厂内生产一片混乱，事故层出不穷，质量下降。再次，这种骄傲情绪的发展，导致个人主义恶性膨胀，使干部的革命良知被个人欲望蒙蔽起来。当青年技术员徐达民向党报揭发他的错误时，他感到自己的威严受到触犯，便老羞成怒，不择手段地加以打击报复。他从掩饰错误，抵制批评，一步步走上与党闹对立的地步。

杨仲安这个人物形象，突出地显示了一个盲目自满的官僚主义者的特征，表现了一个革命者的蜕变过程。这就给当时犯有同样错误的人们敲起了警钟，具有深刻的教育意义。剧本向人们表明，在反帝反封建的斗争中曾经作出过辉煌业绩的共产党员，当革命进入社会主义阶段以后，如果被胜利冲昏了头脑，滋长起一种极端危险的骄傲自满情绪，严重脱离群众，成了辛辛苦苦的盲目的官僚主义者，就会成为革命道路上的绊脚石。列宁曾将毒害苏维埃政权的“官僚主义的毒草”当作社会主义三种主要危险之一。一个忠诚于党、忠诚于社会主义事业的革命作家，对于危害社会主义事业的官僚主义是不能保持缄默、袖手旁观的。夏衍在剧本中对杨仲安的刻画和鞭挞，正表现出他对生活的深刻观察与严肃思考。该剧初稿完成后征求意见时，在上海就曾有领导干部对于如此描写“老干部”表示困惑甚至不快，以为是给党的干部脸上抹了灰，这种看法显然是悖谬的，这正好表明了剧作家敢于正视现实生活，敢于揭露社会尖锐矛盾的勇气和魄力。

剧中另一个重要人物是丁纬。这是一个具有社会主义革命觉悟的党的领导干部的艺术形象，在他身上，剧作家努力体现无产阶级先进战士的风貌。在战争年代，与杨仲安一样，他也曾经流过血，差点在战场上牺牲了性命；国家进入建设的新时期以后，他到了工厂，一方面对沸腾的建设事业满怀憧憬和希望，一方面更感到新形势下任务的复杂艰巨。因而他肯学习，肯钻研，他不懂科学技术，便虚心地向工人群众、向技术人员请教，甚至还向他十五岁的女儿学习代数。他作风民主，善于深入群众，进行细致的调查，倾听各方面的意见。更可贵的，他不满足于只看书面材料，而且喜欢“到厂里各处看看，听听，随便跟同志们谈谈”。对留用人员、总工程师钱沛之，他不仅毫无歧视，而且表现出甘当小学生的热情诚恳的态度，因而使对方消除了戒心，在新来的厂长面前讲出了真心话。丁纬的另一个重要特点，是他对新事物的敏感和高度的原则性。第二幕，他第一天进工厂，对杨仲安的那一套工作方式即感到诧异。技术员徐达民批评领导受压制的事件发生后，丁纬积极支持群众性的技术革新运动，对于老战友压制技术人员的错误行为，他决不敷衍容忍，而是坚决站在党的立场上，批判并纠正其错误。“要是个人问题，我决不坚持，我一定退让……可是原则的问题，连一分一寸也不能。”为了社会主义事业的利益，也是为了对战友的爱护，他同官僚主义开展了义无反顾的斗争，终于帮助杨仲安从错误的道路上回过头来。这个人物的高尚品质和他的质朴、风趣的个性，给观众留下深刻的印象。

在夏衍过去的剧作中，塑造得较多而且较为成功的是小资产阶级知识分子的形象，其中也包括正面的英雄人物，如《心防》中的刘浩如，《一年间》中的喻志华，《愁城记》中的李彦平，但那些是属于民族民主革命中的先进分子。《考验》中的丁纬则体现了新的时代特征。他属于各条战线上涌现出来的大批具有时代特点的社会主义新人之一，在他们身上体现着强烈的时代精神和崇高的生活理想。通过对他们的描写，可以为人们树立投身社会主义建设的值得仿效的榜样，发挥社会主义文艺的鼓舞力量。因此，丁纬这个人物尽管还显得较为单薄，缺乏更丰满的血肉，然而在解放初，作家在塑造社会主义新人形象方面就作了大胆的尝试和初步的探索，还是难能可贵的。

以简洁、含蓄的笔墨勾勒生活的真实图景，这是夏衍剧作固有的风格，这一特点在《考验》中保持了下来。中华人民共和国成立初期写工业题材的剧本，往往见物不见人，只是在生产过程中兜圈子，人物性格湮没在技术问题的争执之中。《考验》在一定程度上突破了这种公式。剧本让矛盾冲突在两个有生死之交的老战友之间展开，将工厂生活与家庭生活交织联结起来，因而洋溢着生活气息，避免了抽象说教。比如第一幕丁纬父女学习数学的场面就很生动，尤其是这幕戏结束时，当丁纬与妻子谈着到工厂去的任务时，女儿丁松突然大叫一声，把他俩吓了一跳，不知出了什么事，原来是：“求出来了，X等于三分之一，你来看。”这对烘托主要人物家庭的和睦、向上，以及他的精神境界，是非常有力的一笔。三幕二场，杨仲安在对待积极分子徐达民问题上与妻子王蕙发生冲突，正在这时，一味谄媚上级的薛为德兴冲冲地提了一大块猪肉和肘子推门进来，这一尴尬的场面不只是对这个卑微小人的鞭挞，也是对喜欢奉承的杨仲安的讽刺。在人物对话方面，剧本很注重性格的刻画。像丁纬的语言风趣又包含着哲理，杨仲安的对话直率、急躁，钱总工程师说话谨慎、圆到，这些都富有表现力地传达出人物各自不同的个性和音容笑貌。

然而，整个说来，剧本在艺术上并不能说是成功的。剧本撷取了富有时代意义的新主题，力图歌颂新的人物。但对于变革现代中国的这场斗争和站在斗争前列的先进人物，作者反映得还不够丰富与深刻。党委书记方克游离于斗争之外，显得无用武之地；徐达民显得狭隘，态度过分生硬；对主要人物丁纬、杨仲安两个老战友应有的内心冲突也缺乏具体细致剔骨见髓的刻画。既然安排了他们以往生死相共的关系，那么，在当前矛盾冲突中就会掀起内心更大的波澜，彼此在坚持自己的看法时不可能是那样平静。特别是后来两个人的关系发展到几乎决裂，这时丁纬仍表现得很冷静、理智，剧本未能找到更多的动作，以表现他此时内心的沉重和对战友由衷的关切和焦灼，这就影响了剧作反映生活的真实性及其深度。

出现这样的情形并不是偶然的。从根本上来说，还是剧作家对今天新生活的观察、理解，远不如对以往的生活那样真切，对于我国由剧烈的阶级斗争进入大规模经济建设的过程中，整个社会，特别是党的干部在这一伟大转折中的丰富深刻的精神世界的特点，体验和把握还不够深入。阿·托尔斯泰在总结十月革命以后自己的创作时说过："政治上的理解和掌握，并不意味着就是艺术上的掌握……艺术的掌握还是经常落后于当代的生活，或者，也只能表面地、浮光掠影地触到当代的生活。"① 要在作品中反映当代的冲突和正确处理冲突的方式，特别是描绘在创造新世界的斗争中社会主义新人的诞生过程，剧作家必须长期深入到变革现实的斗争中去，丰富自己的生活感受，加深对生活矛盾的认识，否则就可能单凭某些抽象的概念对生活加以图解，而这样的作品便会显得肤浅和枯燥。由于夏衍投入新生活不久，特别是缺乏充裕的时间深入到基层广大人

① ［苏］阿·托尔斯泰：《论文学》，人民文学出版社1980年版，第35页。

民群众的斗争生活中去，因而对新时期矛盾的表现不可能得心应手，这是完全可以理解的。

其次，在如何塑造正面形象的问题上，作者的认识也似乎存在某种片面性。我们知道，在四十、五十年代之交，在《夏衍选集》的“后记”及其他有关文章中，他对自己以往剧本中流露的某种小资产阶级情绪作过认真的自我检查，这自然是很必要的。然而，将这些作品都看作是小资产阶级感情的发泄显然也是过分了，这种认识是不全面的。后来，在反映新时代两种思想的冲突时，为了强调正面人物的党性，夏衍有时对于人物复杂的感情世界便有意无意地加以回避。像这样塑造出来的“理想化”的性格，往往很难揭示人物丰富的内心变动，使形象立体化。事实上，一个党的工作者，一个无产阶级先进战士，在尖锐的思想斗争中，不仅限于对问题进行冷静的辨析与思考，他们同样具有丰富微妙的内心感情，对事业、爱情、友谊也是很珍重的。表现这些，不仅不会削弱人物的党性，而且会使人物形象更加真实可信，具有更明亮的光泽。那种作茧自缚的做法，对新时期的文艺创作不能不产生消极的影响。对于这个问题的重新认识，对于社会主义文艺创作的进一步发展和提高也许是颇有意义的。

影论与时评

夏衍在中华人民共和国成立后勤劬地从事电影的创作实

践，在改编上取得了卓越的成绩，同时努力钻研马列主义文艺理论和电影艺术理论，在电影的理论和批评方面有了重要的建树。在五十年代和六十年代初，他关于文艺方面的主要是电影方面的著作、文章、讲话数量是很多的。1963 年，中国电影出版社曾选辑了二十多篇，编印成《电影论文集》。从这些文字中，我们大致可以窥见这样几个特点：

一是阐明并坚持电影为工农兵服务，为社会主义事业服务的正确方向。作为一位电影战线的老战士，夏衍对于解放后在党的坚强领导下，在不长的时间里，中华人民共和国电影事业所取得的每一个新成就，表示由衷的喜悦。他热情洋溢地赞许了这些影片真实地再现了我国人民英勇斗争的光辉事迹，歌颂了正义的革命战争和经过战争的锻炼与考验而坚强地站起来了的人民。尤其是那些反映新时代的影片，歌颂了新的思想感情，新的道德品质，对亿万群众进行社会主义、共产主义教育发挥了极为重要的作用。夏衍认为“主题思想和创作方法的革命性，和它独特的具有强烈战斗性的风格”，是中国电影“值得自豪的，可贵的传统”①。

二是贯彻党的“百花齐放，百家争鸣”的方针，强调电影艺术的多样性和丰富性。譬如 1959 年在故事片厂长会议上，

---

① 夏衍：《在银幕上反映我们的时代》，《电影论文集》中国电影出版社 1963 年版，第 20 页。

针对要求作家一律都要表现重大现实斗争题材的片面观点，他提出必须“贯彻百花齐放，增加新品种”，包括“从孙中山到新民主主义革命”的历史题材都可以表现，并尖锐地指出，不能老一套的“革命经”“战争道”，否则“新品种”是搞不出来的。这便是后来被指责为所谓鼓吹“离经叛道”的论点。1961年在《把我国电影艺术提高到一个更新的水平》一文中，他进一步提出电影的题材、品种、形式必须多样化的主张。他认为，对作家来说，“在共同立场的前提下，应保证个人的创造性，尊重个人的风格、特点”，而对观众来说，也“应根据不同的需要和爱好，通过多种途径来满足他们的要求”。[①]

三是阐明艺术的特殊功能和真实性的原则。他在一系列论文中辩证地指出：“我们既要有思想性，又要有艺术性，学好技巧，是很重要的。这就是说：政治挂了帅之后，艺术、技术就必须跟上去。”[②] 在他看来，片面重文，文压倒一切，这是艺术至上主义；片面重道，以为有了道，文的工拙可以不问，这就是标语口号式的倾向。[③] 艺术有自己的特殊的规律，作家只

---

① 夏衍：《把我国电影艺术提高到一个更新的水平》，《电影论文集》第37页。

② 夏衍：《把我国电影艺术提高到一个更新的水平》，《电影论文集》第61页。

③ 夏衍：《把我国电影艺术提高到一个更新的水平》，《电影论文集》第47页。

有遵循和充分地掌握运用艺术规律，才能达到艺术家所企图达到的目的。夏衍还根据他多年的艺术实践经验，将电影的主要弊病概括为“直、露、浅、多、粗”这五个字，给予了深刻的解剖与有力的针砭。同时他又强调说明“真实性是一切艺术的重要的原则”。在《生活·题材·创作》文中，针对刻画正面人物必须“完美无缺”的形而上学观点，他特别指出创作必须掌握“情理”与“分寸”，“写作品一定要有真实的感情”，作家塑造人物一定要描写得合情合理。作家为了要写好英雄人物，假如太刻意求全了，就常常会不知不觉地“理性当头”，小心谨慎，“不能遐想联翩”，那么“必然的这个人物就会公式概念，或者‘似伪’‘近妖’了”①。

四是提倡作家长期深入生活，丰富知识。夏衍对“知识就是力量”这个口号非常赞同。他认为不能把“生活”这个词理解得太狭窄。毫无疑问我们要大大鼓励年轻作家深入工农兵生活，参加到火热的斗争中去，力求丰富生活知识；但是，除去亲身体验得来的知识之外，也决不能忽视直接知识之外的间接知识。因此，他多次告诫青年作家要努力做到“读万卷书，行万里路”，既要参加实际斗争，又要“多读、多听、多观察”，积累和丰富自己的历史知识，社会知识，科学知识，以至风

① 夏衍：《生活·题材·创作》，《电影论文集》第216页，第207页。

俗、习惯等等方面的知识①。

上述这些关于文艺、电影方面的论点，符合电影创作的艺术规律，冲破了那些唯心论、形而上学的框框和禁忌，在一定程度上抵制了文艺界从五十年代末逐渐发展起来的“左”的文艺思潮，澄清了文艺界创作思想上的某些混乱，对于提高电影创作的水平与质量，更好地发挥电影艺术的教育效能，产生了良好的影响。自然，作为文艺战线上的领导者之一，在这段时间里也不可能不受到某些“左”的理论的影响，如他在反右斗争扩大化和党内大刮浮夸风期间的有关文章，讲话，也存在一些偏颇和错误，这是可以理解的。此外，还必须提到的是，《写电影剧本的几个问题》是夏衍的一部阐述电影编剧技巧的专著。这本书一方面深入浅出地阐明了电影编剧的基本知识，一方面又汲取了中外电影大师理论遗产中的精华，联系创作实际和他本人多年的经验，探讨了电影艺术特点和规律方面的理论问题。这不仅对学习写作剧本的人提供了一把入门的钥匙，而且为我国电影艺术理论的建设作出了贡献，开拓了道路。

密切配合社会的需要，随时为报纸写作富于战斗性和启发性的杂文、随笔，夏衍的这个习惯在解放后也一直没有中断过。

1949 年下半年，《新民报》晚刊创办不久，夏衍即为该报

---

① 夏衍：《生活·题材·创作》，《电影论文集》第 216 页，第 207 页。

《灯下闲话》专栏撰写了大量小品文。从 8 月 1 日起到次年 6 月 29 日止，近一年的时间里，这个专栏绝大多数文章都是夏衍写的。所用笔名有黄贲、东峰、钟培、佩芝、一芹等等，有的化名仅用一两次就不再见。这些三五百字的短文，内容十分广泛，涉及刚刚回到人民手中不久的上海社会生活的各方面，几乎可以当作解放初这个大都市的编年史来读。

比之作者解放前的杂文，这些小品是有明显的变化的。它们以无比欣喜的感情，反映和颂扬了新的时代、新的人民和新的道德风尚。开国之初，上海的革命秩序尚未稳定，反革命残余势力还相当猖獗，美蒋又实行经济封锁，我国财政经济面临严重困难。帝国主义者预言：中国的解放战争虽然胜利，经济困难无法克服，非向他们求援不可。全国人民在党的领导下依靠无产阶级专政和正确的经济政策，打退了资产阶级的进攻，扭转了经济混乱局面，人民生活初步得到稳定和改善。夏衍在《刮目相看》中，以确凿的事实历数上海在解放四个月以后的重大成就，回击了敌人的诬蔑："三个月前，我们听见过'不出三个月内，上海经济总崩溃'的谣言，如今这一谣言和'蒋介石回上海过中秋'谣言的下场一样，昔日要看人民政府笑话的，今日被当作笑话来说，六月债，还得快。"[①] 在《冷面孔》中，作者说他在解放前最怕看的面孔莫过于银行行员的面孔，

① 夏衍：《刮目相看》，《新民报》晚刊，1949 年 10 月 21 日。

邮局职员的面孔，车站售票员的面孔，因为他们仿佛是你的“债权人”，你要低声下气，婢颜妾色，才能存一笔钱，寄一封信，买一张票。解放后却不同了，职工们建立了新的劳动纪律，对顾客态度和颜悦色，满面春风，“解放区风气改革如斯之速，这是谁领导之功呢?”① 文化工作者的精神面貌也在发生深刻的变化。在《梅兰芳改装》《艺术家的路》等文中，他从京剧艺术家梅兰芳改穿灰布中山装，从话剧名演员舒绣文到部队深入生活，和著名电影演员白杨谢绝两家私营电影公司高价聘请，决定参加待遇很低的公营上海电影制片厂等事例，说明了文艺界在思想感情上正在抛弃旧的包袱，决心和旧势力（包括生活方式，习惯兴趣等）决裂，准备贡献他们的才能心力，为人民大众服务。这些从正面推崇新人新风的文章，鼓舞着人们克服困难、建设社会主义的信心，在提倡人们以社会主义思想原则指导自己的生活和工作方面，起着积极的作用。

《灯下闲话》对落后事物的揭露和抨击也是尖锐的，但它们多数是属于人民内部的批评，因此作者的态度是诚恳的，语气是和婉的。例如，在《给远行者》中，某些工商业者经不住当时困难的考验而去国的消息使作者为之惘然、沉思，他分析了这种“分分合合”的现象并不奇怪，“士各有志，原难相强”，然而，对这些人他还抱着期待：“从这一去就永无回头之

---

① 夏衍：《冷面孔》，《新民报》晚刊，1949 年 10 月 29 日。

日么？我看，未必。明年杂花生树，群莺乱飞的时节，恐怕就是铩羽知还的日子了。会回来的，当他遭受更大的失意与落拓时，就是彻底觉悟的时候。”[①] 在《一丝一缕》中，他借着中纺公司霉布案宣判一事，对那些浪费国家资财的官僚主义者发出了警戒：“这一千多匹布不是从天上掉下来的，更不是反动派送给我们的礼品，而是劳动人民胼手胝足的结晶，而是解放军转战千里从反动派手中夺回来的。这一千匹布有工人的汗，有战士的血，更重要的，现在的每一匹布都是建设的资本，涓涓而成江河，没有今天的一点一滴，不会汇成将来的巨流的。”[②] 这些语重心长的批评，表明作者履行了一个革命作家的职责，显示着他对社会主义事业的高度责任感和可贵的政治热情。当时社会上流行过“杂文时代已经过去”的论调，夏衍对此是很不以为然的。但他以为，新时代杂文的写法也不能简单地与鲁迅一样，“即使鲁迅的杂文中，也不完全是一味的辛辣讽刺，他是最知道怎样对待敌人和怎样爱护朋友的，他的杂文中也有不少对朋友的充满热爱的作品”。要学习鲁迅写杂文，根本上必须学习他那革命的政治立场和分明的爱憎，否则只会舍本逐末，而不会写出真正为新时代所需要的杂文[③]。夏衍的这一观

① 夏衍：《给远行者》，《新民报》晚刊，1950 年 3 月 30 日。

② 夏衍：《一丝一缕》，《新民报》晚刊，1949 年 10 月 27 日。

③ 夏衍：《谈杂文》，《新民报》晚刊，1950 年 4 月 11 日。

点，今天对我们仍有很大的启示。

1956年、1957年，夏衍又以司马牛、子布等笔名，在《人民日报》副刊经常发表杂感。而影响更为广泛的，则是后来被当作“三家村”“分号”批判的《长短录》。1962年，《人民日报》以提倡读书、丰富知识、开阔眼界、振奋精神为宗旨，约集夏衍、吴晗、廖沫沙、孟超、唐弢等著名杂文家，开辟了《长短录》的杂文专栏，一年之间，共发表了三十余篇文情并茂的杂文，在社会上产生了重大反响，对于恢复党的实事求是的传统和民主集中制，产生了积极的作用。

夏衍以黄似的笔名为这个专栏撰文九篇，其中有谈草木虫鱼，以阐发从实际观察出发的科学态度；有谈毛泽东同志的文艺讲话，以推动知识分子自我改造；有谈戏剧语言必须“说一人肖一人”，剧作家要设身处地为人物着想；有谈对下一代教育，强调要让孩子养成克勤克俭、发奋图强的思想作风；有谈习艺必先勤修苦练而后才熟能生巧……。这些短小的杂感，讲的是自然界和文化思想界的小事，然而却让读者领会到很多重要的深刻的哲理，有利于匡正时弊，活跃思想，扩大人们的视野，提高人们的精神境界。其中特别精彩的一篇是《从点戏说起》。它借军阀韩复榘的老太爷和《红楼梦》中贾元春各自点戏的故事，一正一反，对当时的文坛作了巧妙的讽喻。韩老太爷不懂历史，不懂文艺，自作聪明，点了《秦琼打关公》这一出篡乱历史年代的戏，结果“不仅使演戏者受罪”，而就点戏者这一方面说，“也适足以暴露出他的狭窄、专横和无知而已”。元春有权力，但她不强人所难，让人充分发挥自己的才能，她是真懂得艺术，而且爱护和尊重艺术家。龄官有自己的主见，而且敢于坚持，敢于在皇帝的宠妃面前执意不作非本角之戏。文章抓住这个十分恰切的事例，针砭了那种在文艺上不懂装懂瞎指挥的领导干部，提倡人们必须按艺术规律办事。这对当时及至今天的文坛，都是殷切的忠告，因而一直为人们所乐于引用。

生命之火不灭

从 1964 年开始，一场摧残社会主义文化的“文化革命”已经处于酝酿阶段。林彪、江青一伙经过密谋策划，首先向文艺战线开刀。文艺战线上的一批老战士、老前辈首当其冲，成了最早被打击的对象。在批判电影《早春二月》《北国江南》时，夏衍便被当作电影界“文艺黑线”的“总头目”、“三十年代文艺”的“祖师爷”而受到了重点批判，不久即被解除文化部的职务。1966 年，史无前例的灾难风暴袭来，夏衍在遭到游街、批斗以后即被投入监狱。在被监禁长达八年的岁月中，他受到了非人的虐待和凌辱，右腿折断，眼睛几乎失明，健康受到了严重损伤。然而，这位坚强的文化斗士的精神意志是打不垮的。在邪恶与暴虐面前，他坚定自若，永不低头，始终怀着对党、对共产主义事业的不可动摇的信念，表现出他一如既往的坚韧不拔、临危不变的顽强毅力。正如他后来在给友人的信中所说：“在‘招待所’八年有半，备经艰险，但我自信清白，对横逆之来一直以止水明镜之心，坦然处之。”①

“四人帮”被翦除后，夏衍重新回到了文化战线和对外友好工作的领导岗位。不顾年迈身残，他又拿起了那支曾经与阶级敌人、民族敌人作过长期殊死搏斗的笔，为讨伐“四人帮”的法西斯文化专制主义，为“十年浩劫”后戏剧电影事业的复苏和发展进行新的斗争。

在1980年、1981年这两年内，他就发表了四五十篇文章。在这些文章中，他不遗余力地赞助解放思想，抨击“凡是派”对马列经典著作的歪曲。“他们只会把马列主义经典著作中的个别字句看成现成的灵丹妙药，写文章照抄照转，作报告照本宣科。”然而，世界在不断变化，新的事物层出不穷，马克思主义要根据新的情况而发展，毛泽东思想也要根据新的情况而发展。他明确地指出，“在这个重要的历史时期，思想不解放，上层建筑就会阻碍生产力的发展”②。全国解放后，在文艺领域中较少强调反封建的任务。夏衍认为，过去我们往往把“百家

① 夏衍致李颢的信，1977年9月。

② 夏衍：《杂谈思想解放》，《夏衍近作》第16页。

争鸣”实际上只归结为无产阶级和资产阶级两家的争鸣，但三十年来的实践证明，“这两家之外的封建主义这一家，却一直在顽固地妨碍着我国社会的前进”，因此，为实现四个现代化扫清道路，“就必须反对一切形式的封建主义，如家长制，特殊化，一言堂，裙带风，官僚主义等等，同反对资产阶级个人主义、无政府主义和形形色色的派性一样，都应该归入我们文艺创作的重要任务之列。”① 从三十年代，特别是中华人民共和国成立以来，在文艺、戏剧、电影的工作中遗留下来的问题，夏衍指出，一是未能准确地完整地掌握马列主义、毛泽东思想，头脑里既有教条主义、本本主义，又有奴隶主义，因此，顶不住来自右的，特别是“左”的干扰；二是在掌握政治与艺术的关系，数量与质量的关系等方面片面性严重。② 他认真回顾了六十年来革命文艺运动的正反面历史经验，提出了推进新时期文艺工作健全发展的剀切之见。

在揭露和批判文艺工作中的“左”的干扰的过程中，在创作上又有一些资产阶级自由化的倾向露头。夏衍对这些现象作了严肃而又耐心的批评。对作品的社会效果，他给予了高度的重视。他谆谆告诫作家们不要沉湎于历史上的灾难和悲伤，而

① 夏衍：《中国文学艺术工作者第四次代表大会闭幕词》，《夏衍近作》第45页。

② 夏衍：《前事不忘，后事之师》，《夏衍近作》第74页。

要向前看，以高度的社会责任感创作有益于振奋人们革命精神、提高人们道德和审美水平的优秀作品。他认为“我们希望的是写‘伤痕文学’的目的在于愈合伤痕，而不是展览‘伤痕’，或使‘伤痕’扩大”[①]。党中央号召作家注意作品的社会效果而有人加以曲解时，夏衍指出，解放三十年来，文艺领导上从来没有这样放手过，“如果把这样耐心地，平等地用自由讨论的方法来探讨创作问题，也还看作是‘变相禁戏’，那就未免太过分了”[②]。他还多次严肃地批评了创作中的“虚假”，即脱离现实生活，生编硬造，如描写中日、中美友好和爱情题材的“一窝蜂”，追求奇巧、故弄玄虚，以及不加选择地照搬外国的技巧手法等现象。

克服这些现象，提高创作水平的根本关键在哪里呢？夏衍反复地申述生活、思想、知识、技巧这四个要素在创作中的意义。他说，单有雄心而无实力是不行的，“文艺工作者的实力，就是丰富的生活、思想、知识、技巧”[③]。他以鲁迅、茅盾、巴金等作家为例，指出他们的作品之所以博大精深，首先是由于他们有丰富的社会阅历和生活经验，对于伟大变革的时代有着精辟独到的认识和富于独创性的艺术表现。因此，他要求年轻

---

① 夏衍：《为提高影片质量而奋斗》，《文艺报》1981年第6期。

② 夏衍：《为提高影片质量而奋斗》，《文艺报》1981年第6期。

③ 夏衍：《给一位青年作者的信》，《夏衍近作》四川人民出版社1980年版，第35页。

作者珍惜安定团结的大好时期，深入生活，认真学习，尽可能广泛地积累知识。这里，特别令人感动的是，夏衍对年轻的文学后辈的热情关怀和细心扶植。单从1978年下半年到1979年夏天的一年中间，他即看了不下五十部以上的电影文学剧本，将其中的十五部推荐给了文化部，其中有七部，都是他亲自动手修改了的。《梅岭星火》《柳暗花明》《一盘没有下完的棋》《沧桑大地》等等作品都倾注了这位老艺术家的汗水和心血。当时，他刚刚“解放”，眼力不济，常常踡局在窗前的暮霭中，眼睛贴近稿本，为青年作者一个字一个字地看剧本，而后还要写意见或找作者商谈。此情此景，诚如一位著名影评家所说，“思之便令人心地沉重”[①]，它表现出老一辈的党的电影工作者不图名，不为利，全心全意对待革命文艺事业的赤诚之心，是很值得广大文艺工作者学习的。

“老骥不伏枥，余热可传人。”[②] 夏衍虽已过八旬之年，但在他那瘦小的身躯内，却燃烧着永不熄灭的生命之火！他不停地工作着，顽强地思考着，不知疲倦地写着，决不放下他的笔，决不停止工作和战斗。

我们要求着“工作”

① 钟惦棐：《启事：我有失之，未敢忘之》，《文汇报》1982年7月11日。

② 夏衍：《〈于伶戏剧散论〉代序》。

我们热爱着“工作”
需要诗
我们才写诗
需要生命
就交出
我们的生命。①

这是夏衍非常热爱的诗句。对于工作，对于创造无产阶级的崭新的文艺，他确实做到了“理性的要求”和“感性的热爱”浑然一致的境地。他如同一个普通的劳动者那样需要工作，同时爱工作，紧紧地和党在一起，和人民在一起，永远以他那支犀利的笔激励人民群众为美好的未来战斗，用他的生命之火去点燃人们的心灵。这，就是我们在这位为革命文化事业奋战半个多世纪的文坛老将身上所看到的崇高思想品质的闪光，一位属于新世纪的无产阶级文艺家令人倾慕的精神境界！

① 何达：《我们不是诗人》，见夏衍：《光和热是怎样发出来的》，《夏衍杂文随笔集》第448页。

第十四章

电影改编的卓越范例

历史唯物主义的光耀

在中外文学史上，曾经出现过许许多多优秀的文学作品，尤其是小说，在人民中间世代流传，成为他们精神生活中一个不可或缺的部分。但是，要看懂小说，需要有一定的文化修养和欣赏水平，因此，它只能局限在一般知识阶层的圈子里。当戏剧，特别是电影这种具有更丰富的形象性和普及性、最大众化的艺术形式出现时，小说的这种局限就开始得到弥补了。一批电影工作者尝试着把古今小说名著搬上舞台、银幕，并且取得了很大的成果，使这些名著普及于人民大众。

在我国，较多地从事这种改编工作并取得成就的，夏衍是佼佼者。夏衍说："一部小说看的人最多不过几百万，一出舞台剧演一年也不过几十万观众，一部电影首轮上映，就可以有上千万观众，改编好一部作品，让一部名著普及化，让更多的人接受爱国主义、社会主义教育，这是十分光荣的任务。”① 出于对电影艺术的社会功能的深刻了解，以及对革命文艺的高度责任感，夏衍一直非常重视电影的改编工作。早在 1933 年，还在茅盾的著名短篇小说《春蚕》发表不久，他便将作品改编成电影。在五十年代后期，六十年代初，他又接连改编了鲁迅的《祝福》，茅盾的《林家铺子》，陶承的回忆录《我的一家》，罗广斌、杨益言的长篇小说《红岩》。将这许多脍炙人口的作品搬上银幕，成功地体现了原著的精神，使更多的人能够欣赏、理解这些作品，这是夏衍对我国文艺事业杰出的贡献。其中特别是《祝福》和《林家铺子》这两部影片，为中华人民共和国的社会主义电影赢得了世界的声誉。

从夏衍改编的这些作品，我们可以看出，他总是力图站在当今时代的思想水平上，运用历史唯物主义观点，对原作的人物、情节加以分析与提炼，忠实地体现原作的主题思想，并尽量做到有所提高和丰富，以便对今天的观众有更大的教育意义。

艺术家在改编一部文学作品的时候，不可能纯客观地、分毫不差地去再现原著。在改编中间选择什么，突出什么，舍弃什么，忽略什么，都渗透着改编者自己的思想和艺术的再思

① 夏衍：《对改编问题答客问》，见《电影论文集》263 页。

考。他必然会依据自己的政治观点和美学理想，对原作的思想作出新的解释。进步的电影剧作家改编过去时代的作品，总是为了利用这些作品来提高今天的观众的思想和精神境界。依照当前流行的政治概念任意割裂作品当然是不可取的。但是，在不违背原作意图的前提下，按照电影的特性，用马克思主义的观点来指导文学作品的改编，却是可能而且应当的。夏衍说："每一个改编者必然有他自己的世界观。这种世界观不管有意或无意，它总是要反映到改编的作品中去的。"而"今天我们有明确的阶级立场和阶级分析的方法，能够用历史唯物主义的观点来解释社会现象，从前的作者没有看出的问题，我们可以看出来，所以改编前人的作品，肯定应该力图通过阶级分析，使改编后的电影思想性有所提高"①。这番话体现了夏衍对于改编的一个重要原则。

在《祝福》的原作中，写贺老六的笔墨不多。当柳妈问祥林嫂被抢亲到贺家坳后"怎么后来竟依了"时，祥林嫂的回答是："你不知道他力气多么大呀。"电影剧本不仅大大丰富了这个人物的性格，并把他塑造成了一个淳朴敦厚的劳动人民的可爱形象。祥林嫂被捆绑着从轿内拖出来以后，贺老六见了便一直惴惴不安。拜堂时祥林嫂情急撞香案受伤，他又表现出了惶惑与不忍。他好容易东凑西借，娶了一个老婆，没有想到她拼

① 夏衍：《对改编问题答客问》，见《电影论文集》251页。

命不肯依从，这不免使他感到沮丧，然而他对祥林嫂却没有丝毫怨怼、不满，相反地，却主动提出送她“回去”，表现了对不幸者的出于阶级本性的同情。正是由于贺老六是那样纯厚诚恳，才唤醒了祥林嫂蛰伏在心灵深处的爱。剧本的这一改动，并不像有的评论所说的，是违背了鲁迅先生的原意。因为小说在后来的情节中便写到，祥林嫂在贺家坳的一段生活是“交了好运”，“他们娘儿俩，母亲也胖，儿子也胖”，可见他们婚后夫妻相处是好的，而贺老六为人也还和善。改编者更为明朗地、集中地突出了人物性格中美好的品质，让人物朴实地、真挚地一步步敞开了自己淳朴的心怀，人物形象也就产生了动人的魅力。对贺老六这一形象的补充，不但与整个故事没有冲突，而且对人物的性格有所丰富和加强。以全剧来说，祥林嫂这段短促的“幸福”生活，为她后来更大的不幸作了铺垫，增强了对残害劳动人民的不合理的旧制度的控拆力量。

如果说，电影剧本把贺老六从一个普通的山里人改为一个形象鲜明朴质善良的猎户，人们一般还能接受的话，那么剧本对于祥林嫂反抗性的表现——这主要表现为后来的到土地庙砍门槛的情节，则招来了更多的物议。有些评论认为这是“不真实”的，损害了祥林嫂这个人物完整的悲剧性格。这里有两个问题值得讨论。首先是鲁迅笔下的祥林嫂性格中有没有反抗性？祥林嫂是一个弱者，是一个被封建势力活活扼杀的善良无辜的灵魂。小说通过这个人物，主要是概括了旧社会被压迫、被践踏、被侮辱的妇女的一生，由此揭发了封建礼教吃人的本质，这是不错的。在她身上，封建伦理、迷信观念对她精神上的奴役、威胁、毒害是深重的。这只要看她在听了柳妈所谓妇女再嫁死后要遭受锯成两半的酷刑之后的那种莫名的恐惧就可以明白。然而，在现实主义大师鲁迅笔下，祥林嫂的性格又有其矛盾复杂的一面，这就是她一方面极度地忍受苦难，一方面又常常不甘心向命运屈服。她在丈夫死后不久，不愿承受被出卖的命运，毅然决然地逃出去帮工，用自己的劳力来维持自己起码的生活。在被卖到山里时，更是作了“出格”的拼死的挣扎。这不肯再嫁的意念，虽然掺杂着“从一而终”的封建道德的成分，但同时也不可否认地包含着她不愿任人摆布，不肯向强力低头，以及害怕被卖到不好的人家，自己将会陷入更加痛苦的深渊因而拼死反抗等等复杂的因素。最后，在经历了一系列惨苦的折磨之后，她又提出了“灵魂有无”的疑问。鲁迅在原作中的下面一段话，曾引起了改编者的极大注意：

> 但在此刻，怎样回答她好呢？我在极短期的踌躕中，想，这里的人照例相信鬼，然而她，却疑惑了，——或者不如说希望；希望其有，又希望其无……。

从这段话可以窥视到原作对祥林嫂怀疑魂灵、地狱、鬼神的存在的意识是有所肯定的。正如夏衍所说，这是一个在现实社会失掉了一切希望之后的、对于不可知的未来的一点点希望。就是说，希望死后有灵魂，她可以和她失去的阿毛见面；她又希望死后没有灵魂，于是也就没有地狱，她死后还会进地狱受锯刑的事也就不可信了。不管是哪一种，显然，她已经不疑人间社会给她安排的这个命运了。由此可见，尽管祥林嫂性格有逆来顺受的一面，但反抗的因素也是存在的。因此，电影的改编在一定程度上对此作适当的而不是过分的强调与渲染，与原作是并不相悖的，甚至可说是对祥林嫂性格的合乎逻辑的发展。

第二个问题，是对电影剧本增加的砍门槛这一情节如何估价？祥林嫂听了柳妈的劝告，怀抱着一线希望，忍受着别人的奚落、嘲笑，默默地跑街、扫地、洗菜、淘米，以辛勤劳动所得的工钱去土地庙捐了门槛赎罪。她满以为从此可以摆脱受人鄙视的地位，获得重新做人的权利了。然而与她的愿望相反，捐了门槛之后她仍然不能沾手祭祀，依旧受鲁家的歧视。这时的祥林嫂：

> 呆坐着，像个偶人，眼珠直盯着，一动又不动。
>
> 少顷，她嘴唇动了一下，低声地："我真傻！门……门槛白捐了，""连菩萨……也不能救我……"
>
> 忽然，一个意念浮上心来，她站起来，想定了，她拿起一把切肉的厨刀，向外跑。

从这许多刻画人物内心活动的动作中可以看到，祥林嫂去砍门槛，是发泄她对于那个自己曾抱有幻想的菩萨的一时的忿懑，对于自己遭受的愚弄的一种报复，对于不公平的命运的绝望的抗议。应该说，这是她逃亡、抗婚等反抗行动的继续与发展。但这并不像有人所讽刺的那样，是“她对宗教传统观念的决裂”。不，这只是一种本能的带有盲目性的报复。这种感情的突发行动并不等于理性上的彻底认知。事实上，向木偶神像表示抗议这一行为本身说明宗教迷信思想在她身上并没有彻底泯灭，就像她以撞案角寻死来表示反抗混合着封建伦理观念的成分在内一样。祥林嫂在电影中始终是一个受压迫的不幸者的形象，而不是一个觉醒者的典型。砍门槛这一行动对人物的反抗性有所加强，使它变得更加鲜明了，但并未超出人物本身的觉悟程度。这个情节是电影中女主人公在自己所处的特定环境下所能够作出的反应，与原作中的“魂灵的有无”很难说有多少实质性的差异。如果说，因为有了这一鲜明的动作（在电影中这是十分需要的），因而，祥林嫂关于“灵魂”的自言自语式的独白就不很必要了，这个意见是可以考虑的。但如果认为这样便是对祥林嫂形象的“拔高”和“歪曲”，这看法就不尽符合实际了。

如所周知，鲁迅前期是一位伟大的民主主义革命战士。在他包括《祝福》在内的描写农民题材的小说里，一方面对封建宗法制度和思想作了猛烈的抨击，另一方面也沉痛地批判了农民的落后性。几千年来，农民身受封建的经济剥削和政治压迫，被宗法制度、封建伦理观念及各种保守落后习惯层层束缚，在鲁迅看来，不改变这种状态，农民是不能彻底翻身的。他在小说中，对于群众的麻木和愚弱痛心疾首地作了深刻的解剖。在《祝福》里，他在描写祥林嫂一生悲惨的遭遇中，并不着重描写她在肉体上所遭受的折磨和痛苦，而是集中于她灵魂深处所受到的鄙视与蹂躏，写出她终于在这种精神的奴役下毁灭的悲剧。祥林嫂这个人物形象的深刻性也就在这里。然而，毋庸讳言，当时鲁迅还不是马克思主义者，他还不可能站在人民群众创造历史这样一个历史唯物主义的思想高度，因而在人物描写中较为偏重于农民的愚昧和落后的一面，而对他们中间蕴藏着的革命的积极的一面则估计不足，有时甚至流露出某些悲观情绪。夏衍在改编过程中，在注意发掘祥林嫂悲剧的社会根源，从中显示鲜明的阶级关系的同时，比较注重于在历史条件许可的范围内，突出了主要人物祥林嫂、贺老六性格中的积极因素和他们心灵的美，这是符合历史唯物主义精神的，同时这样也便更加尖锐地指出了封建社会制度的极端不合理，把全部的抨击与批判投向了那个罪恶滔天的社会制度。这部影片作为一份生动的阶级斗争教材，在帮助人们特别是今天青少年了解什么是封建礼教，什么是阶级压迫方面所起的重大作用，就是作品社会效果的一个明证。

在如何处理比较复杂的属于剥削阶级的人物形象方面，夏衍在电影改编中也作了有意义的探索。《林家铺子》就是一个例子。

林老板是特定的三十年代环境中的城镇小商业者，他当然受到帝国主义、封建主义的压迫。这在作品中具体表现在他受到国民党老爷们的欺压、勒索，高利贷者、上海的大商号以及同业的压迫、倾轧，因而使他不得不忍辱奉承，在强陪笑脸的同时，暗咽辛酸之泪。另一方面，他到底还是个商人，资本家的本性就是剥削别人，对于比他更弱小的人，能够吃得下卡得住的人，就少不了露出剥削阶级投机取巧、唯利是图、损人利己等等特性来。随着剧情的发展可以看到，他对朱三太、张寡妇等城市贫民毫无同情心，而是千方百计在他们赖以生存的那几个钱上打主意，软磨硬拖，直至最后不顾他们的死活一逃了之。他平时安分守己，谨小慎微，但在自己晦气时却又毫不留情地迁怒于更弱的小业主。如对他的债户陈老七，他就毫不客气，凶狠地向他追索欠款。为做一元货生意，他连夜赶到陈家，将货物拿个精光，逼得对方买卖关门，一家老小生活无着。“自己都顾不上，还管别人！”这就是林老板的生活逻辑和处世哲学。夏衍在改编中发展了林老板的性格，这是必要的。如果缺少了这方面的揭露与鞭挞，就整个作品来说不能不说是一种较大的缺陷。正如夏衍说的那样：“他对豺狼是绵羊，但是他对绵羊则是野狗，‘大鱼吃小鱼，小鱼吃虾米’是当时的社会现实。”[①]

也许有人要问，茅盾在小说中为什么要让林老板主要作为一个安分的老好人的形象出现，从而使人们读了小说对林老板的处境和命运产生相当大的同情呢？这里我们不能撇开小说的写作年代和创作意图。“九一八”事变后，我国民族矛盾逐步上升为主要矛盾。当时，为了要实现“抗日救国”统一战线，对民族资产阶级——特别是受到压迫较重的中小工商业者，主要还是要引导他们走上反帝反封建的斗争，而不能把锋芒集中到民族内部的阶级矛盾上。到了影片改编的年代，情况发生了根本的变化。中国社会已由新民主主义革命阶段转入社会主义阶段，当时已对资本主义工商业实行了社会主义改造。在这样的时候，要把反映过去时代描写中小资本家的作品搬上银幕，使我们从银幕上重新认识当时社会的真实面貌，我们便不能不要求改编者在真实地揭示特定时代环境特点的基础上，尽可能更全面地展示当时的社会现实和阶级关系。如果还是照搬原作，给中小资本家以过多的同情，就会引起反效果。显然，夏衍的做法正符合了今天时代的要求。

然而，必须指出，运用阶级分析方法表现主要人物的两面性，必须恰如其分，不能超越历史阶段和具体的社会环境去进行主观臆测，任意图解，否则就会犯反历史主义的错误。我们

---

① 夏衍：《谈〈林家铺子〉的改编》，《电影论文集》第 247 页。

在肯定夏衍对林老板这种两重性格发展的必要性的同时，还应看到他在表现这种双重性格的分寸上，也是十分准确和有说服力的。夏衍在给影片创作人员的信中指出，不把林老板写成一个十足的老好人，不让今天的观众对林老板有太多的同情，应该说是完全必要的。但“一般说来，在当时的情况下，林老板受到压力的分量比较大一些，他可以压迫人的分量要小一些，……既不能把林老板表演为十足的反派，也不能让观众完全同情他”①。由此可见，夏衍在把握林老板的性格时，首先想到的是原著所赋予的思想意义，“一·二八”前后的动荡时代，那种外有帝国主义侵略，内有封建主义、官僚资本主义的压迫和剥削，以至城市工商业，特别是中小工商业纷纷倒闭，农村经济破产，民不聊生的社会现实，很大程度上是通过林老板这样一个悲剧性的人物加以表现的。所以要真正体会原作的思想意图，改编好这部作品，就要既写好林老板受压迫的一面，又写好他压迫人的一面，很好地掌握分寸。剧本的主要锋芒指向了三座大山，同时也捎带揭露了林老板如何压迫、剥削弱者的一面，斗争的目标是主次分明的，而两者的性质也不相同。前者是对敌斗争，后者是统一战线内部的阶级矛盾。经过改编者的精心处理，影片中的林老板比之原作，性格是更加丰满生动了。影片正是通过这种复杂、多面的性格的再创造，更深入地

---

① 夏衍：《给谢添同志的一封信》，见《电影论文集》第 273 页。

反映了旧中国那种“大鱼吃小鱼，小鱼吃虾米”的血泪斑斑的阶级社会悲惨的图景，从而产生了比原著更为深广的思想涵义与艺术效果。

在文艺创作和电影改编中，确实出现过一种庸俗社会学的倾向，即根据某种政治概念，给人物贴阶级标签，搞政治图解，而置人物性格与特定的环境于不顾。如改编后的芭蕾舞剧《白毛女》中让杨白劳对黄世仁打上三扁担，便是其中的一个典型事例。这种廉价的“拔高”，违反了人物性格发展的逻辑和整个剧作的完整构思，自然遭到了人们的厌弃。当然，这样说，并不是反对在改编中运用历史唯物主义观点和阶级分析方法，准确地表现阶级关系，鲜明生动地体现各种人物形象的本质。影片的改编者应当既是艺术家，又是评论家，又是原作的阐释者。改编者对原作所进行的选择、提炼和集中，本身总是反映着他对原作的思想评价和艺术解释。鲁迅看了根据普希金小说《杜勃洛夫斯基》改编的电影《复仇艳遇》，影片中“农奴最后给地主的一击”，使他非常“快意”，“高兴良久”。[①] 这一枪是改编者的再创造，它使鲁迅感到“快意”，是因为它既符合原作人物性格的逻辑发展，又为被压迫的奴隶申了冤。如果我们现在来改编托尔斯泰的作品，那么，对于他在原作中所

① 许广平：《鲁迅的生活之二》，《许广平忆鲁迅》，广东人民出版社 1979 年版，第 443 页。

宣扬的勿抗恶、道德自我完善等唯心说教，就不应成为侧重点，相反，更重要的应当是根据这位杰出的艺术家所创造的现实主义形象，来揭示他那种对于沙俄贵族社会和资本主义的愤怒抗议的倾向。这难道不是理所当然的吗？由此，我们有充分的理由可以肯定，夏衍在改编中对原著所进行的变动是成功的和富于创造性的。

从第一部大型话剧《赛金花》，到电影《祝福》《林家铺子》，我们可以发现，剧作家的创作发生了多么巨大而深刻的变化。这一变化的主要标志，便是以历史唯物主义这一科学的世界观为指针，用正确的立场、观点，观察、分析和描写生活，从而使他的作品具有了更大的教育意义和鼓舞力量。不论在思想和艺术方面，剧作家都有了飞跃的发展。

深厚的艺术魅力

小说与电影是两种不同的艺术形式，它们以不同的媒介来向人们传达思想；媒介的功用不同，其传达方式也不同。真正的电影改编应该更多地考虑电影艺术的特点。改编者必须努力探索最富有表现力的处理电影剧本的方法与技巧，以求创作出现实主义的影片，使之既保持原作的主题、中心人物和主要事件，同时又要有所创造和发展，成为一部出色的富有独创性的电影艺术作品。

总的来看，夏衍的改编态度是很严谨的。严谨，体现在他严格忠实于原著精神的态度上。他在《杂谈改编》一文中说过："假如要改编的原著是经典著作，……那么我想，改编者无论如何总得力求忠实于原著，即便是细节的增删，改作，也不该越出以至损伤原作的主题思想和它们的独特风格。"[①] 因此，由夏衍改编拍摄的影片，能够较多地保持原作的韵味，而较少走样，使人们在银幕上看到的是原作的映象，而很少或几乎没有掺入什么不和谐的东西，这是夏衍的改编艺术成功的、为人称道的地方。然而这并不是说似乎改编者只是将小说分一分镜头而已。夏衍是一位熟悉电影表现技巧而又具有独特风格的剧作家。他的改编在忠实原著的基础上，从题材处理到结构布局，从环境气氛到人物刻画，从对话到细节，都充分发挥了电影艺术的特点，达到了倾向性和真实性、哲理和诗情的较为完美的结合。小说的思想、风格是从字里行间流露出来的，而夏衍则把这一字一行都变成了生动的银幕形象，从一个个镜头中间体现出原作的神情和精粹。如同他的话剧一样，他的电影剧作简洁、朴素、清新、淡远。然而简洁不是简单，朴素更非苍白。借用古人的话来说是"外枯而中膏，似淡而实美"，在质朴、淡雅的艺术风格中往往透射出深邃的思想锋芒，在沉静

① 夏衍：《杂谈改编》，《电影论文集》第222页。

悠然的调子中包蕴着浓烈的革命激情，它们形象鲜明，又含蓄隽永，具有真切感人的艺术力量。

一、浓郁的时代气氛和鲜明的地方色彩

夏衍的电影改编非常注意真实地揭示作品的典型环境。夏衍说："影片一开始一定要向观众清楚地介绍出这个故事的时代脉搏、政治气氛。""在影片中不把时代气氛和政治气候写出来，人物就脱离实际，脱离政治了。"[①] 在他的创作中，充分利用了电影视觉艺术的特点，借助场景、画面的功能，鲜明地传达出故事的时代脉搏和政治气氛。小说《春蚕》的开端，写的是老通宝在塘路边面对着两岸桑地和河里的轮船沉思。作为小说，这段心理描写是很成功的，它既交代了故事的背景，更刻画出主人公的性格特点，但对于场景开阔、富于变化的电影来说就不合适了。夏衍在改编时增添了这样一段"序曲"：在小学教室里，教师用教鞭指着黑板上所画的蚕茧略图，对学生讲解。这时镜头移至一学生的课本，书上写着："我国江浙等省，产丝最丰，为我国输出之大宗。近年日、意等国，亦……"随后便映出黄浦江里吃水很深的外国商船，码头上堆积如山的人造丝，停了工的丝厂，不冒烟的烟囱，大群的失业工人……这些镜头，加上一组新闻纪事的动画设计，便形象而概括地给观

① 夏衍：《电影论文集》第118页，第117页。

众显示了那个在帝国主义列强压迫下，政治和经济都面临窘境的旧中国的缩影，表明了作为输出大宗蚕丝的中国，怎样经过帝国主义经济侵略，“已经使这过去的光荣变成无常的春梦”的惨痛历史。茅盾原著字里行间显示出来的三十年代民族经济日益萧条的社会背景，在改编后被集中而又简括地用可视镜头强调出来，使观众对时代有一个清晰的概念，加深了对作品主题的理解。又如《革命家庭》，原著第一章全部是叙述从“我”出嫁到婚后操持家务的情景。这对于刻画女主人公的思想经历尤其是后来的转变是必要的。而电影一开始则突出了故事的时代特征。在陶珍讲故事不久，影片出现了“穿着短衣，卷着裤腿的拿梭标的农民”，“散传单的‘鸭尾巴’头发的女兵”，“背着斗笠，穿着短裤的士兵”，以及唱着“打倒列强”歌的儿童，这些镜头形象地渲染出北伐前后的时代气氛。这种描绘不仅揭示了故事的特定的时代背景，而且把改编本中的人物的不同的生活道路和命运与时代紧密联系起来，这就使人物思想的变化、性格的形成有了更充分的依据，并透过人物的生活和命运看到了鲜明的时代投影。

在一部影片里，时代气氛、政治脉搏不是孤立的、抽象的，而往往是同地方特色、自然风光交织在一起的。《林家铺子》在这方面表现得最为出色。影片开始以一组水乡的移动长镜头，把一个典型的襟山带水的杭嘉湖小镇呈现在我们面前：小桥、流水，两岸稻田，临河的街道，河边的乌篷船，然后又摇向岸边，从岸上泼下一盆污水……荡漾着浓郁的生活意趣的镜头，生动鲜明地揭示了江南风光和污浊的社会空气。其中，特别是对小镇的景色，剧本先用鸟瞰式的远景，接着又用中景写了这样的景物：

> 街道尽头的一座石拱桥，稀落的几个行人冒着寒风走过。
>
> 风吹落叶在他们身边扫过。

这淡淡一笔，十分简练含蓄，令人玩味。“见一叶而知天下秋”。这风吹落叶的景象，不但点出了自然气候，也是政治气候的象征。当时中华民族面临存亡关头，时局危急，形势严酷，犹如这严寒的冬季。它使人们自然地联想到全中国在这寒冬腊月“无边落木萧萧下”的凄凉景象。夏衍强调说：“每一个典型环境、典型时代都有典型情景，你要抓住它。”[①] 他主张电影编导要留心风物、建筑、名胜等的特征，包括各种陈设、道具。在《林家铺子》里，那无精打采的褪了色的布招，年终大拍卖的彩色广告，荒岁凋年的市容，上海来的携儿带女的难民群，宣传抵制日货的学生手里的小旗，墙上依稀可见的“实行对日经济绝交”“东北同胞……”等被风刮烂的标语，国民

---

① 夏衍：《写电影剧本的几个问题》，《电影论文集》第112页。

党士兵用假银元到铺子里强买东西等等，这许多细节都深印着动荡时代的烙痕，衬托出江南农村政治黑暗、经济凋敝，以及外侮日深的时代气氛，紧紧压迫着观众的心。

在一部影片里，再现原作的自然环境、风土人情，对于加强影片的生活气息与真实性，对于形成影片鲜明的民族风格是不可缺少的。正如鲁迅所说："现在的文学也一样，有地方色彩的，倒容易成为世界的，即为别国所注意。"① 像《林家铺子》表现水乡风光的镜头，便富有浓郁的地方色调，无怪乎国外有的评论赞美说，影片一开始，杭嘉湖一带秀丽的江南水乡就使人着迷了，银幕上的画面，使人联想到威尼斯的水乡和曼谷的湄公河，但是它却又是地道的中国江南的风光。在《春蚕》中，蚕房脚下那"预兆命运"的大蒜头，作为一个命运的捉弄者在影片中反复出现，并一改原作结尾，以多多将大蒜头掷入溪中作结，使这个无足轻重的小道具起了更大的作用，不仅显示了蚕乡的风俗习惯，而且点出了影片的主旨。诸如此类的细节，在夏衍改编的电影中俯拾即是。《祝福》中祥林嫂砍柴，她的婆婆勒乌桕，鲁四老爷的抽水烟，四婶的折银锭，年节祝福前的煮福礼、擦锡器、点檀香；《春蚕》里那迎接"乌娘"的庄严仪式，河边洗蚕具的欢快妇女等等，这一切构成了

① 鲁迅致陈烟桥信，《鲁迅全集》第 12 卷第 391 页，人民文学出版社 1981 年版。

一幅江南农村的风俗画，很自然地提供了故事发生的确切背景，加强了作品的生活气氛与地方情调，给人们以浓郁、强烈的生活感受，加深观众对作品主题的理解。当然，这些小道具、小细节，粗粗一看，似乎无关宏旨，其实对于表现环境和人物却起着不容忽略的作用。这都说明，环境风俗的描写，细节的选择和安排，与人物性格的刻画有着密切的关系。对此，艺术家不可等闲视之。

环境气氛的描写，有赖于改编者对规定的题材的熟悉程度；成功的改编，需要改编者有足够丰富的生活知识、社会知识和历史知识。夏衍曾多次说到，他之改编《祝福》《林家铺子》较为顺利，一个重要原因是他出身于浙江，小说所描写的规定情景，前者在绍兴，后者在乌镇，这些地方的山山水水，人情风俗，衣着穿戴，以至过年过节、结婚丧葬等等，他从小就很熟悉，小说所叙述的那个时代，他都亲身经历过，所以“不仅下笔没有什么困难，必要的地方还可以做一点增补，而所有这些生活细节，不是我临时去采访，而是早已积累在记忆中的”①。即使这样，由于所描写的是过去的年代，有些事情记忆已不很鲜明，因而他还是认真地查阅了旧的报章杂志和其他有关材料，仔细加以考校，对照。夏衍这种从生活出发，重视实际体验和尊重历史的创作态度，对坚持严谨的现实主义风格

① 夏衍：《写电影剧本的几个问题》，《电影论文集》第 112 页。

是大有好处的。

二、生动的性格刻画和细腻的心理描写

在一部影片中，最重要的还是人物形象。时代气氛、地方色彩，主要是为影片里的人物服务的，而剧本的主题思想也主要通过人物体现出来。因此，运用电影的表现手段，刻画各种不同人物的性格，就成了夏衍在改编上注意的核心。正如他所说："通过人物性格来表达作者的思想，不外是两种方法，一种是恩格斯所称赞的'莎士比亚式'的方法，——要求人物性格的生动性和丰富性。另一种是马克思所不赞成的'席勒式'的方法——'把个人作为时代精神的单纯号筒'。艺术要通过形象——通过人物来传达思想，而且，作家必须刻画出真实可信的、有血有肉的人物来感染读者（观众），达到教育人民、鼓舞人民的目的，而不能把人物当作单纯的传达作家思想的号筒，……不这样做，就不能感动人，就不能很自然地打动读者或观众的心，不能使人看了之后'萦绕于怀而久久不能忘却'。"①

电影与小说刻画人物性格和心理的方法是不尽相同的。小说这种形式有它较大的自由，允许作者直接描述人物性格，分析人物心理。电影虽然有时也可用内心独白，但主要得通过人

① 夏衍：《把我国电影艺术提高到更新的水平》，《电影论文集》第39页。

物动作，用观众视觉所能感受到的真实生动的细节来表现。在影片《祝福》中，我们不能不惊叹于剧作家的笔触是那样精细入微，对人物个性的刻画是那样入木三分。祥林嫂到鲁家做工不久，剧本有这样一段描写：

> 小河边，早春时节，祥林嫂正在淘米洗菜，一群鸭子游近她淘米的地方，她难得露出一点笑容，泼水将鸭子赶开。

这一细节，生动地表现出人物在生活稍有着落以后那种心满意足的神情，表现了这个只想依靠诚实的劳动来过活的农村妇女善良勤谨的个性。祥林嫂在失去儿子后重新回到鲁家，在四婶面前呜咽着摸出一只小鞋，那情景又多么真切动人地道出了祥林嫂的不幸，她的无所凭依的孤独和内心无可告白的悲哀。而这种表达感情的方式，又深刻地体现了她那由于长期封建礼教的桎梏而形成的沉默内向的性格特点，这与前面难得露出的“一点笑容”更是相得益彰。特别值得一提的是，剧本对祥林嫂与贺老六成亲这场戏，匠心独运，精采感人，在电影剧本人物塑造上堪称范例。花烛之夜，客散人走后，贺老六起先凝视着不省人事的新娘出神。祥林嫂惊醒后啜泣，贺老六欲走近床前安慰，祥林嫂却恐惧地惊叫，躲闪，要他“走开”。贺老六给她盖好被子后，不知所措地走开，独自在后屋靠卧在稻草堆上，发出不知如何是好的轻轻的叹息。祥林嫂这个地位卑微、一生被人轻蔑的女人，在贺老六看来，居然变得如此凛然不可侵犯，这恰好表明贺老六的善良和他对祥林嫂作为人的尊重与同情。第二天一早，剧本这样写道：

> 天亮了。鸡啼。祥林嫂躺着。
>
> 贺老六显然一夜没有睡，提了一壶热水，手旦拿了两个烤熟的山芋进来。
>
> 祥林嫂听见门响，惊醒，茫然地看了一眼贺老六，反射地坐起来，想避开他。
>
> 贺老六轻声地："别怕。（停一下）饿了，喝点热水，这是……"
>
> 林嫂用一种哀求的声音："求求你，让我回去，让我……"
>
> 贺老六似乎已经想了好久了。说："你一定要回去，也好。（停了一下）吃了东西洗洗脸……我送你回去。"
>
> 出乎祥林嫂的意外，将信将疑："真的让我回去？"
>
> 贺老六点头，显然，他是失望而痛苦的。"你，先喝点水……"（给她倒了一碗热开水）
>
> 祥林嫂呆住了，半晌，忽然哭起来。
>
> 贺老六走近她，站在她身边，几秒钟，才说："头上还痛么？"

祥林嫂抬起头来望他。

（特写）贺老六的老实而又有点惶惑的表情。

贺老六把一碗水递上去，祥林嫂迟疑了一下，伸手去接。

这一段描写将贺老六善良、忠厚、纯朴的个性，可说是发挥到了极致。祥林嫂要求离开，这对他不啻一个沉重的打击，他的内心是“失望而痛苦”的。然而这时他却为对方的不幸深深地震动了，于是他虽然痛苦还是决定送她回去。这甚至也出乎祥林嫂的意外，开始她“将信将疑”，而当她从贺的表情中证实之后，呆住了，悲喜交集，她哭了。多么简洁，多么酣畅！人物的性格、精神状态，通过内心的冲突和细小的动作，十分准确、生动地表现出来，扣人心弦。

杜勃罗留波夫这样评论过莎士比亚，说“他的剧本中有许多东西，可以叫作人类心灵方面的新发现”①，这是极为精辟的见解。人的内心世界是非常丰富的，思想感情是很复杂的。艺术家的才能，就在于他善于透视和发掘人的灵魂世界，把人本来的复杂性表现出来。电影作为视觉艺术，要求通过手势、举止、眼睛的微笑、背部的颤动等，来表达人物心灵深处的激

① ［俄］杜勃罗留波夫：《黑暗王国的一线光明》，《杜勃罗留波夫选集》第2卷361页。

荡，微妙复杂的感情变化，这比长篇对话表现性格，往往更有深度，更能打动观众的心。在《革命家庭》中，敌人为了弄清陶珍的身份，有意安排了一次她与儿子理安在狱中的见面。当被折磨得很惨的理安被押上时，“陶珍差一点要叫出来，忍住了，脸上的肌肉在抽搐”。面对久别的亲人，而且是在阴森的牢房里，陶珍心里有多少话要对儿子说呀，但是环境不允许她开口，甚至不能有任何相识的表示。然而，她脸上抽搐的肌肉却向观众显示了她内心起伏的波涛。特务问理安：“你认识她?”这时，陶珍“面无表情”。当法警欲押走理安，特务还不死心，指着理安对陶珍说：“要救他，也很容易，只要你把你们和江西匪区的关系讲出来。”“陶珍紧张了一下，终于镇定，无言。”这时，

> 理安安心地看了母亲一眼，脸上带着微笑转身走了。陶珍手一动，差不多想叫他停下，再看他一眼，可是她克制住了。另一法警一把拉起陶珍，叫她走，她慢慢地回身，母子两人一步一步地分开了。
>
> 陶珍的特写，一颗眼泪滴了下来。

在这相见的短暂的一刻，陶珍克制了自己感情的冲动，表现出高度的革命责任感。然而深沉的母爱，却又透过那面部的细微表情，欲举而又没举起的手，终于忍不住而滴下的一颗晶

莹的泪珠传达出来，甚至“面无表情”也藏不住内心极为复杂丰富的感情。这里没有豪言壮语，更没有激烈的大幅度动作，可是几乎难以觉察的细微表情，却道出了人物此时此境心中隐秘的一切。随着这些表情动作的导引，我们充分认识到人物崇高的人格，理解了他们圣洁的感情。

电影可以对时空作比较自由的转换，这就为它刻画人物的内心世界提供了有利的条件。例如，《林家铺子》写到林老板被上海客人逼得走投无路时，便充分利用了电影的特殊手段，把原小说中林老板从恒源钱庄出来“几乎想纵身一跳完事”时的心情，用了叠印的手法加以表现：林先生走出钱庄门口，心烦意乱，七高八低地走到望仙桥上。在他困惑焦急的表情上，随即叠印出了上海客人声色俱厉的面容，商会会长的狞笑，爱国学生喊着“抵制日货”，林大娘在观音菩萨前面叩头，……这些叠印的画面，同人物上桥时踉踉跄跄的脚步，以及他望着桥下浑水的神情，相互交织融汇在一起，使我们完全可以窥视到林老板此时心中激烈的矛盾斗争，感觉到他那颓唐绝望的内心感情。

电影是动态的艺术。电影与戏剧的区别之一，即在于无声的、非对话的成分在影片中具有重大的意义。有的电影剧作者时常忘记了这一点，表现人物和制造气氛，过多地借用对话，这是导致许多影片失败的重要原因之一。然而这样说，决不是认为电影里的对话可有可无。事实上，动作不是任何场合都能代替说话的。过多的依靠对话，容易使影片沉闷，浮浅；但如运用得当，富有性格特点，对话便同样具有表现力。夏衍电影剧作的对话的简洁一向为人们所称道。像《祝福》的对话之少，在放映时就曾被评论者认为在中华人民共和国成立以来的电影中是“破了纪录”的。他的对话如他自己所要求的，做到了“话如其人”。例如卫老二与祥林嫂婆婆有这样的对话：

> 老太婆鬼鬼祟祟地：“要是讲定了她不肯……”
> “不肯？那就抢亲。老规矩，（拍拍胸）有我。”

短短两句话，毕现了卫老二这个人贩子的老谋深算、残忍成性的嘴脸，也勾勒出婆婆的精明和卑吝。

清代戏剧家李渔说：“言者，心之声也。”作言，“务使心曲隐微，随口唾出”。剧作中对话必须表现规定情景中的人物感情，传达出人物内心的奥秘。在《林家铺子》中，上海客人向林老板讨账时的对话是这样的：

> “林老板，你真是开玩笑，一早等到现在，旱班船就要开了，我还得转火车，你……”
>
> 林先生还是要面子，生怕他在伙计面前讲出不好听的话来，连连陪笑，低声地：“对不起，的确在想办法，请你原谅。”

上海客人态度变了，把手在桌子上一放，毫无商量余地："请你快点！"

林老板支吾地解释："因为打仗，钱庄不通，所以……"

"所以，所以叫我空手回去么？"

"这断乎不会，我们的寿生一回来，有多少付多少，留半个钱，我就不够朋友……"林先生颤着声音，忍住了滚到眼眶边的眼泪。

上海客人白了他一眼，坐着不动。

于是林先生又上去陪小心："寿生今天一定回来，你，请里面坐，好不好，这里冷……"（讲时又看了看柜台上正在做生意的伙计）

"不，这儿好……"

这段对话活现了林老板这个市镇小商人在强者面前可怜的地位和软弱的性格特点。他的低声下气，小心赔罪，披露了他此时委屈、焦急，却又要竭力维持面子，希图得到同情等复杂心理。而讨账客人寸寸逼进，盛气凌人，完全是一副凶狠冷酷而又世故狡诈的上海大商家伙计的面孔。

再看林老板与镇上的朱三太前来讨账时的对话，就是另一番情形了：

> ……林先生有意缓和空气："朱三太，出来买年货？对啊，今天'年念三'……（对大娘）泡杯茶。"
>
> 老婆子没有回答，郑重地打开她的蓝布手巾，里面拿出一扣折子，抖抖索索地送到林先生眼前，瘪嘴扭了几扭，正想说话，林先生完全懂得她的来意了。一手接过折子，抢先说：
>
> "我晓得了，这笔利息，明天一准送到府上。"
>
> "林老板（屈着手指算）十月、十一月、十二月，一共三个月，三三得九，是九块吧，过年等着用，不用送，让我带回去吧。"
>
> 林先生抓着头皮不作声。
>
> "林老板，你不在乎这个小数目，要送灶，连买元宝的钱也没有……"

在这段对话里，并不像是朱三太向林老板讨债，倒像是她在乞求施舍。这就贴切地表明了老太婆的身份、地位。但过细揣摩，在恳求的语调里又包含着一种决心。由于对方多次诺言不能兑现，因而这次她是不准备让步了！林老板在朱三太这样的贫苦的老太婆面前，一改他在上海客人面前的卑微窘态，而显得轻松自如，他装得若无其事，实际上是要手腕稳住对方。这里又清晰地呈现了林老板性格中机诈伪善的一面。

以上表明，同是讨账，两种人就有两种不同的方式和语言，而被讨账者，对付这两种人也有截然不同的态度和语气。这样才能显出不同人物的鲜明个性，使人物形象栩栩欲活，神形兼备。夏衍认为我国电影最显著的弱点即在“对话”。银幕上的人物讲话讲得太多，太啰嗦，太呆板，太爱讲大道理，——更重要的是，电影剧本作者写对话时，太不注意到人物的性格，太不考虑到特定人物的特定情境。剧作者要努力寻找人物所特有的、与众不同的、带有个性特点的语言，才能塑造出姿态各异的感染力很强的典型性格，以丰富我们银幕的形象画廊。

三、流畅的叙述和严谨的结构

电影是“一次过”的艺术，在欣赏习惯上不像小说，不清楚可以翻回来重读，如果在结构上脉络不清，情节不合逻辑，便会使观众如坠五里雾中，使影片的艺术效果受到破坏。夏衍多次指出，“电影是外来的，五十年前中国还没有电影，因此编剧与导演在影片的处理上，在叙事方法上就特别要注意到民族特点和中国人对艺术的欣赏习惯。中国的诗歌，小说、戏剧都有一个共同的特点，就是有头有尾，叙述清楚，层次分明。这是中国文学艺术的优良传统之一”①。夏衍的电影剧作特别注意发扬这一优良传统，做到情节贯通，脉络分明，针线绵密，

① 夏衍：《写电影剧本的几个问题》，《电影论文集》第104页。

结构严谨。

在结构上要做到叙事清楚，首先就得写好剧本的开头。所谓“千头万绪从何说起”，这个“说起”很重要。影片开始的时候，整个故事以及人物、时间、地点，观众都很陌生，一开始就要把这些简练地向观众交代清楚，同时要尽可能迅速入戏，即揭开全剧矛盾冲突，把观众的注意力吸引到画面上来。要做到这一点，影片的开端，就要费一番斟酌，下一番功夫。《祝福》原著用的是第一人称回忆的方式，以后由小说中的“我”根据自己所见所闻，把祥林嫂大半生事迹连贯地叙述出来。这一方法适合于小说，对于电影来说就不一定适宜了。如果机械地搬用原著的描写顺序和散文式的叙述方式，在银幕上依次出现原著中的“我”、鲁镇、鲁四老爷，再出现祥林嫂等，这不仅不利于表达主题，而且显得累赘，不能吸引观众。夏衍在改编中大胆作了变动，采用了符合电影特征和观众视觉的方法——直接从祥林嫂丧夫写起。影片一开始，在一段旁白之后，祥林嫂背柴沉思地走入画面，随后山坳里转出了卫老二：

“祥林嫂。”

祥林嫂回过头来。

“打柴?”

“嗳，”祥林嫂低声回答：“二哥。”

卫老二赶上了她，边走边说：

“你婆婆在家?”

“在。”依旧是低声回答。

走了几步。卫老二从背后看到祥林嫂发髻上的白头绳，用同情的调子说：

“还给祥林带孝？唉，人死了，算啦，想开一点。”

祥林嫂低下了头。

在这个场面里，从卫老二与祥林嫂的问答中间，我们了解到祥林嫂丈夫死了，处境孤独，心情忧郁。卫老二问长问短，心怀叵测，他要见祥林嫂的婆婆，看来不怀好意，这就使观众一下子便预感到将要发生什么事件。这短短一场戏，介绍了故事背景和主要人物，抓住了即将发生的情节矛盾主线，一下便牵动了观众的同情与悬念。这儿没有多余的对话，也没有繁琐的细节，又充分利用了电影的可见性的特点，非常清楚，简练。国外有一种说法，以为“在电影剧本中省去了叙述者，祥林嫂成了意识的中心”，这便“缺少间接性，而一旦失去了间接性，也就失去了小说中那种表现力”①。以我之见，这是将电影与小说两种不同的艺术形式混为一谈；殊不知，“失去了小

① ［美］帕特里克·哈南：《鲁迅小说的技巧》，见乐黛云编：《国外鲁迅研究论集》，北京大学出版社 1981 年版，第 325 页。

说中那种表现力”，却获得了银幕直接诉诸观众视觉的表现力，这对一部影片来说不是更合适么？

故事开始后，结构上面临的一个重要课题，是要把人物、情节的线索处理得明白顺畅，把情节与人物性格的发展安排得有层次，有起伏，眉目清楚，而又引人入胜。夏衍比较强调分场不能太多、太碎。场景变换太多，戏就容易零乱松散，他要求结构必须集中，简洁，严谨。《林家铺子》从林小姐学校放学回家开始，她带来了抗敌会给林家铺子抵制日货的信件，林老板被迫找商会向党部贿赂，这就引出了剧本矛盾的主线。这是第一章。第二章是林老板得到党部特许，将东洋货贴上国货商标，以年节大廉价招徕顾客，然而生意清淡不说，当日卖下来的现钱都如数交给了上门讨利息的朱三太，而且商会会长已上门提醒要向卜局长“点缀”。林老板于此已经显得左右支绌，腹背受攻，潜伏的危机开始明显起来。上海客人到店，便使冲突进一步激化。第三章围绕着上海客人坐索欠款，寿生收账不归，林老板极度紧张纷乱，促使矛盾向着更尖锐复杂的方向发展。第四章林老板听了寿生的倡议，向难民兜售一元货，忍痛挖肉补疮，一时生意兴隆，似有东山再起之势，但这只不过是临近覆灭前的回光反照，商会长为卜局长说媒，此刻不仅旧的矛盾在加剧，而且新的矛盾接踵而来，以至矛盾冲突急遽发展，达到全剧高潮。第五章寿生将店盘出，赎出林老板，铺子已空无所有，林老板只得携女潜逃，最终自然地走向大崩决的悲剧结局。从《林家铺子》的情节发展可以看到夏衍剧作结构的基本特点，从整体着眼，全剧五章，基本上是矛盾、上升、次高潮、高潮、结局，情节链索似地一环紧扣一环，具有紧密的逻辑联系；从细部剖析，每一章又蕴藏着发展和起伏，因而全剧始终保持紧张气氛，一波未平，一波又起，使看来似乎寻常的生活事件，却产生了扣人心弦的效果。

在这里，同时也就接触到剧情结构上的所谓针线问题。“针线者，把故事情节和人物性格前后贯穿起来之意也。”[①] 按照夏衍的说法，写电影剧本时，写一大段，一方面必须照顾到前面的几大段，另一方面，又必须照顾到后面的几大段。“瞻前”是为了要使它有照应，“顾后”是为了要使它有伏线。针线绵密，情节的发展才能自然、合理，观众也才不至于对情节的演变感到突然而困惑不解。如《祝福》在安排祥林嫂砍门槛这个事件时，在情节上便作了细心的铺垫。当祥林嫂捐了门槛回来以后，影片尽力渲染了她那种如释重负的开朗神情。她逢人便高兴地说：“捐了，门槛捐了……”特别是她告诉柳妈后，脸上带着笑容问：“今年过节，我可以摆供了吗?”柳妈毫不迟疑地回答：“那当然咯，太太不会说你不干净了，你死了之后，也不会……”这时，祥林嫂不自觉地看看自己的手，摸摸自己的头发，好像重新获得了生命。这段描写是十分必要的。这样

① 夏衍：《写电影剧本的几个问题》，《电影论文集》第155页。

就把捐门槛对于女主人公的命运是怎样生死攸关这一点强调出来了。当后来鲁家祭祀时仍不许她沾手，事实表明连菩萨也不能救她时，她就像头踏入陷阱而又无法挣脱的猛兽似地感到愤怒，由不得疯狂地拿起了厨刀奔向土地庙。这样，砍门槛的情节，观众也就不太感到突兀了。此外，写贺老六婚前借债，因而婚后为了还债，不得不舍命打猎、干活，以至最后一病不起。写贺老六在村口打死过一只狼，说明附近常有狼出没，从而为阿毛被狼叼走埋下了伏笔。阿毛的小鞋在影片中更是反复出现多次。先是贺老六卧病在床，阿毛扇扇子煎药，祥林嫂为阿毛做鞋；卫老二逼债时，祥林嫂领阿毛到外面剥豆，特地还给孩子系上鞋带，并关照他“别走开，地上湿，当心鞋子”。要是没有这些具体描写，当祥林嫂从草丛中发现小鞋后的痛苦就不会那样感人了。

影片的结尾也是结构的一个有机组成部分。它不能离开整体而独立存在，但它的好坏却会影响整部作品。好的结尾，能使观众印象深刻，回味无穷，反之，若草草收场，或冲突已经解决，仍旧拖泥带水，那就会冲淡整部作品的效果。夏衍说：“‘起’要起得经济、精炼，不能冗长拖沓，拖沓冗长就是人物不入戏，矛盾不发展，结尾更是如此，一定要收得有力，留有余味。”① 影片《祝福》的结尾处理是很含蓄而又细腻的。它利

① 夏衍：《写电影剧本的几个问题》，《电影论文集》第151页。

用了景物的烘托，以鲜明的对比表现了女主人公被黑暗社会吞噬的悲惨结局，给观众以强烈的感染：祥林嫂在寒冷阴沉的除夕夜，又来到鲁家门前。孩子们在燃放爆竹，鲁家弥漫着祝福气氛，而祥林嫂蜷缩在桥栏边，伴随着她的只有呼啸的风雪。随后便接连出现了三个“脚的特写”，写她拄着开裂的竹竿，踉踉跄跄地走在茫茫的风雪中，最后又在纷飘的雪花中无声地倒在雪地上。这时画外响着一个饱经世故的人低沉顿挫的话声。“这是四十年以前的事情，应该庆幸的是这样的时代终于过去了，终于一去不复返了。”这些画面和声音照应了前面所有的情节并加强了观众对吃人旧社会的仇恨感。影片《林家铺子》的结尾更是众口交誉。它简洁、明净而又寓意深长：随船而过，是江南水乡如画的景色。林老板在抱头沉思，对来日大难感到惶恐忧虑。这时岸上有七八个国民党士兵走过，手里提着抢来的鸡鸭。这与整个恬静幽美的画面看上去十分不调和，但恰好在这里影片进一步点明了故事的时代，收到了悲剧的效果。目送小船消失于遥远的天际，观众不能不从心底升起一股无法抑制的悲愤，一种丧家辱国的难言的创痛。

电影剧本结尾常见的弊病是不利落、不含蓄，缺乏“余音袅袅，不绝如缕”的韵味。不少作品高潮过去了，问题结束了，可是剧作者还要耳提面命，还要长篇大论，或是画蛇添足，来上一串集锦式的画面。“我以为这种不能割爱，也是一种主观主义。矛盾解决了，事情结束了，观众已经站起来了，你再大讲特讲，有谁能安静地听下去，看下去呢。”①

对于夏衍电影剧本的结构形式，评论界是有争议的。有些同志觉得，这种严谨的戏剧化的结构“太老式”，不很符合电影艺术的蒙太奇的特点。近年来有些电影尽力摆脱剧式结构和平铺直叙的场次安排，使电影场景变得更自由、广阔，人物活动与情节发展更加曲折，多变。不少剧本抓住人物思维的流动、跳跃和联想等特点，更多采用回叙、插叙、倒叙、幻觉等手段，增强了视觉形象和艺术感染力。这种探索是值得欢迎的；它标志着我国电影艺术的新发展。其中自然也有些电影剧本由于缺乏戏剧冲突和严整构思，因而结构显得过于松散，而镜头过多的跳动、转换，使很大一部分观众感到不很适应。夏衍说：“我有一个偏见，以为我们中国电影的蒙太奇宁可平易一点，更多一点群众观点为好，应该以大多数人能完全看得懂、看得顺为原则。……电影艺术家在没有充分掌握技巧以前，手法总还是老实朴实一点的好。”② 夏衍改编的某些影片，如《烈火中永生》《革命家庭》，在根据电影结构的特性进行再创造方面似乎略嫌拘谨，发挥电影艺术的特长还可以更充分一些。然而他较多地注意群众的欣赏习惯，剧本的情节结构谨严流畅，层次分明，这是可取的。应当看到，这正是我国从三十年代以来电影

① 夏衍：《写电影剧本的几个问题》，《电影论文集》第 151 页。

② 夏衍：《写电影剧本的几个问题》，《电影论文集》第 162—163 页。

艺术的一个重要特点。如同一评论者指出的，“从《马路天使》到中国电影顶峰之作的《林家铺子》，我们没有发现除了技巧以外的更大的不同，一切都是地地道道的是中国的。”[①] 这一点，对今天我国电影的民族化、群众化仍然有着借鉴的意义。

电影的改编是一种富于创造性的工作，须要付出艰巨的劳动和进行辛勤的探索。认为一部好的小说决不可能改编成好的影片，从而否定成功的改编的可能性是没有根据的；但如果以为改编是轻而易举，只要把原作的情节搬上银幕就行了，也是过于天真的想法。夏衍的电影改编所获得的成就，有许多可以启发我们思考的地方。在认真地研究和接受了前辈作家的经验之后，相信我们的电影改编在思想上和艺术上会达到一个新的水平，产生出更多的更为广大人民群众所喜爱的超越前人的影片来。

---

① 列孚：《中国电影在国际益受重视——从意大利举办“中国电影五十年回顾展”谈起》，香港《文汇报》1982 年 2 月 27 日。

结　束　语

五四以后，随着无产阶级登上政治舞台，中国的文化运动进入一个新的历史时期，产生了一支共产主义思想指导的文化新军。这支文化生力军以新的装束和新的武器，联合一切可能的同盟军，摆开了自己的阵势，向着帝国主义文化和封建主义文化展开了英勇的进攻。毛泽东同志充分肯定了这支战斗在文化战线上的新军所取得的辉煌战绩，指出："这支生力军在社会科学领域和文学艺术领域中，不论在哲学方面，在经济学方面，在政治学方面，在军事学方面，在历史学方面，在文学方面，在艺术方面（又不论是戏剧，是电影，是音乐，是雕刻，是绘画）都有了极大的发展。"①

在这支以鲁迅为旗手的文化新军中，夏衍是以左翼文艺运动的活动家，新的戏剧、电影运动的先驱者而著称的。从二十年代末叶登上文坛，沈端先——夏衍的名字便与无产阶级文学，特别是革命戏剧、电影联系在一起。半个世纪以来，他积

① 《毛泽东选集》（合订一卷本），人民出版社 1976 年版，第 658 页。

极参与左翼进步文艺组织的建立及其一系列活动，始终不渝地致力于党所领导的文艺事业，广泛地团结、联合一切进步的作家、艺术家，为建立和发展无产阶级文艺事业而不懈地努力。同时，夏衍又是长期从事革命文艺创作实践并取得丰硕成果的无产阶级作家之一。在戏剧、电影、报告文学、杂文、小品、文艺理论及翻译等多种领域，他都有过出色的成就，以大量的优秀作品给革命文艺增添了光彩，受到广大读者和观众的热爱。

夏衍在文艺战线的长期奋战和优异贡献，使我们认识了一个半封建半殖民地国家的革命文艺家，在残酷的内战与日本帝国主义武装入侵时期，如何在党的领导下，坚持无产阶级在文艺这个阵地上的战斗。踏入文艺领域，夏衍已是一名誓愿为无产阶级解放而奋斗终身的共产主义战士，因此，他把自己的文艺活动看作是党所领导下的整个革命事业的一部分，怀着充沛的政治热情，自觉地、全身心地服务于无产阶级和劳动人民的伟大事业。无论是在笼罩着白色恐怖的白区，还是在硝烟弥漫的民族革命战争中间，他坚决地服从党的调遣，在文学、电影、戏剧、新闻各条战线上英勇战斗，默默地播种和耕耘，用他无穷的精力和卓越的才华，去揭露和摧毁一切危害人民利益的邪恶势力，将新的斗争的力量灌注到整个民族和人民中间去。事实雄辩地表明，只有反映中国劳苦大众的革命要求与根本利益，为无产阶级和全体人民的伟大革命斗争服务，文学艺术才能够在中国这块灾难深重的土地上扎下根株，开出绚丽的花朵。

无产阶级文艺发展的历程，不是一帆风顺的，而是充满了尖锐剧烈、复杂曲折的殊死搏斗。三十年代，是现代中国历史的重要转折时期，也是反动统治最凶残的时期。在现代文艺运动史上，这也是一段极其艰苦的时刻。夏衍处于国内外反动势力的残酷“围剿”和迫害之中，斗争环境极为险恶。然而，通缉、查禁、监视、恐吓，种种迫害吓不倒他，造谣、诽谤、挑拨、利诱，种种阴谋也压不垮他。面对着现实环境中的不断的颠踬和生活的艰困，他从不动摇捍卫真理的意志，对于时代赋予自己的使命从不懈怠，而是艰辛负重，穷干苦斗，锲而不舍，百折不回。他不断地让新的困难和障碍来砥砺自己，披荆斩棘，勇猛无畏地在困难中行进，表现出一位勇敢无畏而又脚踏实地的革命家的本色。同时，他又善于团结朋友，依靠群众，充分地发挥革命集体、革命统一战线的威力。毋庸置疑，如果不是忠实地执行党的方针政策，不把进步力量团结在党的周围，要将革命文艺运动推向前进，是难以设想的。

在创作上，与大多数左翼作家一样，夏衍有过一段曲折的摸索过程。对于文艺与政治关系理解上的简单化，一度给创作带来某种不良影响。然而，经历了成功与失败的磨练，夏衍不久即发觉，作为一个革命作家，不仅要经受政治斗争的锻炼，并且还必须不断提高自己在文学上的才能。因此，他努力向中外文学艺术大师学习，努力去把握现实主义表现技巧，逐渐形成了他自己的朴实清新、冲淡幽远的现实主义的独特风格。他尊重客观，正视现实，严格地从现实出发，从现实生活的汪洋大海中汲取创作灵感，进而迅速地反映当代社会生活和政治风云，传达广大群众生活中真实的悲伤、愤怒和喜悦，对人们深切关注的社会问题作出富有说服力的回答。在他的话剧、电影剧本乃至报告、杂文中间，都可以看到现实社会中错综多样的矛盾，鲜明逼真的生活画面。他不愿浮光掠影地反映生活，反对对生活作简单的政治图解，而要求自己笔下的人物具有鲜明的个性特征和丰富的内心生活，有血有肉，洋溢着生活的气息。因此他的作品律动着时代的脉搏，反映着生活的色彩，与生活本身一样生动、真实、可信，夏衍的现实主义作品中所特有的艺术风格，往往不是别的杰出戏剧家、作家所能替代的。

历史是不能割断的，革命的传统必须在新的时代得到发扬。老一辈革命文艺家所开创的道路，他们所取得的成就，是我们今天创造繁荣昌盛的社会主义新文艺的起点。从夏衍这位与世纪同龄的革命作家一生奋斗的经历及他的作品里，从他艰苦战斗过来的道路上留下来的足印中，我们可以获得许多珍贵的教益和启示。

夏衍著译系年
(1919—1981年)

一九一九年

评杭州的四家日报

载《双十》1919年10月创刊号，署名宰白。

印刷物也要管理的么

载《浙江新潮》1919年11月第1号，署名宰白。

你没有看见么

载《浙江新潮》1919年11月第1号，署名宰白。

一九二〇年

泰兴染坊的调查

载《浙江甲种工业学校校友会会刊》1920年7月，署名沈乃熙。

染色理论（日，武荣之进著）

载《浙江甲种工业学校校友会会刊》1920年7月，沈乃熙、毛文麟译。

一九二一年

晚上的火车（日，金子洋文著）

1921 年 4 月 7 日译。

载《地狱》，1928 年 7 月 15 日上海春野书店初版，署名端先。

一九二二年

地狱（日，金子洋文著）

1922 年 7 月 28 日译。

载《地狱》，1928 年 7 月 15 日上海春野书店初版，署名端先。

一九二三年

船上

载《创造日汇刊》1923 年合订本，署名沈宰白。

残樱

载《平民》1923 年第 143 期，署名宰白。

被杀了的火鸡（日，金子洋文著）

1923 年 4 月 30 日译。

载《地狱》，1928 年 7 月 15 日上海春野书店初版，署名端先。

一九二六年

从日本来的消息（通信）

载《洪水》1926 年 6 月第 2 卷第 9 期，署名沈宰白。

关于“狂言”及其他

载《语丝》1926年10月第102期，署名沈宰白。

从死老鼠说到日本的路政

载《语丝》1926年12月6日第112期，署名沈宰白。

一九二七年

田中内阁与立宪民政党（通讯）

——阮成政党没落期的狂奔

载《东方杂志》1927年6月第24卷第11期，署名宰白。

芥川龙之介的绝笔（日，芥川龙之介著）

载《一般》1927年9月第3卷第1期，署名沈宰白译。

诗与散文的境界（日，木村毅著）

载《一般》1927年11月第3卷第3期，署名沈宰白译。

妇人与性欲（德，倍倍尔著）

载《新女性》1927年11月第2卷第11号，署名端先译。

妇人与社会主义（即《妇女与社会主义》，德，倍倍尔著）

1927年12月开明书店出版，署名沈端先译。

一九二八年

富美子的脚（日，谷崎润一郎著）

载《小说月报》1928年3月第11卷3期，署名沈端先译。

日本第一次普选的战绩

载《贡献》1928年3月第2卷第2期，署名沈端先。

说翻译之难

载《一般》1928 年 4 月第 4 卷第 4 期，署名沈端先。

女（日，金子洋文著）

载《地狱》，1928 年 7 月 15 日上海春野书店初版，署名端先译。

梦（日，金子洋文著）

载《地狱》，1928 年 7 月 15 日上海春野书店初版，署名端先译。

地狱（日，金子洋文小说集）

1928 年 7 月 15 日上海春野书店出版，署名沈端先译。

欧洲近代文艺思潮论（日，本间久雄著）

1928 年 8 月开明书店出版，署名沈端先译。

恋爱之路（包括两个中篇《三代的恋爱》《姐妹》。俄，柯伦泰夫人著）

1928 年 10 月作新书社出版，署名沈端先译。

茶话数则

载《大江月刊》1928 年 11 月 3 日第 11 月号，署名沈端先。

齿轮（日，芥川龙之介著）

载《东方杂志》1928 年 11 月第 25 卷第 21、22 期，署名沈端先译。

零碎感想

载《大江月刊》1928 年 12 月 23 日第 12 月号，署名沈端先。

一九二九年

关于金子洋文

载《海风周报》1929 年 1 月第 5 期，署名沈端先。

我们的文艺

裁《海风周报》1929 年 3 月第 9、10、11、12 期，署名若沁。

露莎的短简（通信）

载《海风周报》1929 年 3 月第 13 期，署名若沁译。

抛弃（日，平林泰子著）

载《新流月报》1929 年 3 月创刊号，署名沈端先译。

在施医室里（日，平林泰子著）

载《新流月报》1929 年 4 月第 2 期，署名沈端先译。

北美印象记（日，厨川白村著）

1929 年 4 月上海金屋书店出版，署名沈端先译。

油印机的奇迹（日，林房雄著）

载《新流月报》1929 年 5 月第 3 期，署名沈端先译。

新妇人（俄，柯伦泰著）

载《新女性》1929 年 6 月新 6 号，署名沈端先译。

恋爱与新道德（俄，柯伦泰著）

1929 年 6 月北新书局出版，署名沈端先、汪馥泉译。

牺牲（日，藤森成吉著）

1919 年 6 月北新书局出版，署名沈端先译。

初春的风（新写实派小说集）

1929 年 9 月大江书铺出版，署名沈端先译。

母亲（第一部　苏，高尔基著）

1929 年 10 月大江书铺出版，署名沈端先译。

高尔基的时代（国内外文坛消息）

载《新文艺》1929 年 11 月 15 日第 1 卷第 3 号。署名沈端先。

新兴文学论（苏，柯根著）

1929 年 11 月南强书局出版，署名沈端先译。

戏剧研究（日，菊池宽著）

1929 年 11 月上海良友图书公司出版，署名沈宰白译。

橇（日，黑岛传治著）

载《新流月报》1929 年 12 月第 4 期，署名沈端先译。

金融资本的一断面（日，桥木焚吉著）

载《现代小说》1929 年 12 月第 3 卷第 3 期，署名沈端先译。

别离（日，叶山嘉树著）

载《现代小说》汇刊 1929 年 12 月第 2 卷，署名沈端先译。

莫斯科印象记（苏，高尔基著）

载《新流月报》1929 年 12 月第 4 期，署名沈端先译。

什么是“报告文学”

载《文学百题》，1935 年 7 月生活书店出版，署名沈端先。

一九三〇年

俄罗斯文学观[①]（德，罗莎·卢森堡著）

载《拓荒者》1930 年 1 月第 1 卷第 1 期，署名沈端先。

---

① 该书中仅存题目，原文被抽去。

叶永榛的《小小十年》

载《拓荒者》1930 年 1 月第 1 卷第 1 期，署名沈端先。

小林多喜二的《蟹工船》

载《拓荒者》1930 年 1 月第 1 卷第 1 期，署名若沁。

死的列车（俄，N · V · N—V 著）

载《拓荒者》1930 年 1 月第 1 卷第 1 期，署名沈端先译。

特别快车（日，藤森成吉著）

载《现代小说》1930 年 1 月第 3 卷第 4 期，署名沈端先译。

伊里几的艺术观（苏，列裘耐夫著）

载《拓荒者》1930 年 2 月第 1 卷第 2 期，署名沈端先译。

小林多喜二的《一九二八年三月十五日》

载《拓荒者》1930 年 2 月第 1 卷第 2 期，署名沈端先。

乱婚裁判（苏，台米陀伊基著）

1930 年 2 月上海水沫书店出版，署名沈端先译。

沉醉的太阳（苏，革拉特珂夫著）

载《萌芽月刊》1930 年 2 月第 1 卷第 2、3 期，署名沈端先译。

文学运动的几个重要问题

载《拓荒者》1930 年 3 月第 1 卷第 3 期，署名沈端先。

革命的三月

载《拓荒者》1930 年 3 月第 1 卷第 3 期，署名若沁。

一九二九年的日本文坛

载《大众文艺》1930 年 3 月第 2 卷第 3 期，署名沈端先。

革命十二年间的苏俄文学（日，茂森唯士著）

载《大众文艺》1930 年 3 月第 2 卷第 3 期，署名沈端先译。

Sound Picture 的时代（有声电影的前途）

载《艺术月刊》1930 年 3 月第 1 卷第 1 期，署名沈端先译。

艺术剧社第一次座谈会速记

载《艺术月刊》1930 年 10 月第 1 卷第 1 期，署名沈端先等。

所谓大众化的问题

载《大众文艺》1930 年 3 月第 2 卷第 3 期，署名沈端先。

《恋爱之路》《华茜丽沙》及其他

——所谓“苏联的性文学”问题

载《文艺讲座》第 1 册，1930 年 4 月上海神州国光社出版，署名沈端先。

败北（日，芥川龙之介等著）

1930 年 4 月上海神州国光社出版，署名沈端先译。

到集团艺术的路

载《拓荒者》1930 年 4 月第 1 卷第 4、5 期合刊，署名沈端先。

《艺术论》《艺术与社会生活》

——蒲列哈诺夫与艺术

载《文艺讲座》1930 年 4 月第 1 册，署名沈端先。

我希望于大众文艺的

载《大众文艺》1930 年 5 月第 2 卷第 4 期，署名沈端先等 26 人。

奸细（即《没用人的一生》　苏，高尔基著）

1930 年 5 月北新书局出版，署名沈端先译。

关于游艺会的几个实际的指示

载《沙仑》1930年6月第1卷第1期，署名沈端先译。

看了《哥萨克》的印象

载《沙仑》1930年6月第1卷第1期，署名沈端先。

我的文艺生活

载《大众文艺》1930年6月第2卷第5、6期，署名沈端先。

日本关于艺术价值的论战

1930年6月光华书局出版，署名沈端先。

戈理基文录

1930年8月光华书局出版，署名雪峰、柔石、鲁迅、沈端先译。

伟大十年间文学（《新兴文学论》续编　苏，柯根著）

1930年9月南强书局出版，署名沈端先译。

母亲（第二部　苏，高尔基著）

1930年11月大江书店出版，署名沈端先译。

俘虏（日，金子洋文著）

载《现代文学》1930年创刊号，署名沈端先译。

一九三一年

战后（上卷　法，雷马克著）

1931年3月开明书店出版，署名沈端先译。

战后（下卷　法，雷马克著）

1931年8月开明书店出版，署名沈端先译。

一九三二年

报告文学论（日，川口浩著）

载《北斗》1932 年 1 月第 2 卷第 1 期，署名沈端先译。

电影导演论（苏，普多夫金著）

1932 年 1 月 28 日起连载《晨报·每日电影》，署名黄子布译。

参加工作者之自己批判与告白

载《文艺新闻》1932 年 5 月 2 日第 53 号，署名沈端先等。

我们的陈诉，今后的批判

载 1932 年 6 月 18 日上海《晨报·每日电影》，署名蔡叔声、张凤吾等。

创作月评

载《北斗》1932 年 7 月第 2 卷第 3、4 期，署名沈端先。

两个不能遗忘的印象

载《文学月报》1932 年 7 月第 1 卷第 2 期，署名沈端先。

高尔基传

1932 年 9 月上海良友图书公司出版，署名沈端先。

《火山情血》评

载 1932 年 9 月 16 日《晨报·每日电影》，署名黄子布、席耐芳。

九一八战后的日本文坛

载《文学月报》1932 年 9 月第 1 卷第 3 期，署名沈端先。

高尔基年谱

载《文学月报》1932 年 10 月第 1 卷第 4 期，署名沈端先。

在第聂泊洛水电厂（苏，倍拉·乌列希著）

载《文学月报》1932年12月第1卷第5、6期，署名沈端先译。

中国作家为中苏复交致苏联电

载《文学月报》1932年12月第1卷第5、6期，署名鲁迅、周扬、沈端先等。

一九三三年

上海（电影剧本）

载《舞台与银幕》1933年第1期，署名蔡叔声。

戏剧与电影交流

载《舞台与银幕》1933年第1期，署名蔡叔声。

《生路》述评

载1933年2月16日《晨报·每日电影》，署名黄子布。

《重逢》详评

载1933年2月26日《晨报·每日电影》，署名黄子布。

狂流（电影剧本）

载《电影脚本论》单行本，1933年12月初刊，署名丁一之。

读了诸家的批评之后

载1933年3月8日《晨报，每日电影》，署名丁谦平。

从莫斯科到上海（苏，高尔基著）

载《东方杂志》1933年4月第30卷第8期，署名沈端先译。

时间的"特写"（苏，普多夫金著）

载《明星月报》1933年5月创刊号，署名黄子布译。

关于《脂粉市场》之结尾

载 1933 年 5 月 15 日《晨报·每日电影》，署名丁谦平、蔡叔声。

《铁骑红泪》评

载 1933 年 6 月 15 日《晨报·每日电影》，署名蔡叔声。

《女性》评

载 1933 年 6 月 23 日《晨报·每日电影》，署名蔡叔声。

生路（摄制台本　苏，尼古拉爱克著）

载《明星》1933 年 6—9 月第 1 卷第 2—4 期，署名丁谦平译。

春蚕（摄制台本　茅盾原著）

载《明星》1933 年 9—10 月第 1 卷第 5、6 期，署名蔡叔声。

屠格涅夫

载《现代》1933 年 10 月第 3 卷第 6 期，署名沈端先。

看了《小玩艺》致孙瑜先生

载 1933 年 10 月 10 日《申报·电影专刊》，署名蔡叔声。

上海廿四小时（电影剧本）

载《五四以来电影剧本选集（上卷）》，署名丁一之。

平林泰子集

1933 年现代书局出版，署名沈端先译。

一九三四年

"循环"及其他

载《现代演剧》1934 年 2 月创刊号，署名韦彧。

同仇（电影剧本）

1933 年 4 月明星影片公司拍摄，署名黄子布。(剧本未发表)

脂粉市场（电影剧本）

1934 年 5 月明星影片公司拍摄，署名丁谦平。(剧本未发表)

软性的硬论

载 1934 年 6 月 13 日《晨报·每日电影》，署名罗浮。

告诉你吧——所谓软性电影的正体

载 1934 年 6 月 21 日《大晚报》，署名罗浮。

玻璃屋中的投石者

载 1934 年 6 月 29 日《晨报·每日电影》，署名罗浮。

白障了的“生意眼”

载 1934 年 7 月 3 日《晨报·每日电影》，署名罗浮。

美国电影艺术的动向

载《世界知识》1934 年 9 月第 1 卷第 1 期，署名韦彧。

外国话与本国话（法，巴比塞著）

载《社会月报》1934 年 10 月第 1 卷第 5 期，署名沈端先译。

金维多论

载《电影评论》1934 年第 1 期，署名黄子布。

“自由万岁”

载 1934 年 10 月 14 日《大晚报》，署名韦彧。

辣的材料与甜的烹调

——《惨红惨绿》的原作影片

载 1934 年 10 月 21 日《大晚报》，署名韦彧。

苏联电影十七年（上）

载 1934 年 11 月 11 日《大晚报》，署名韦彧。

苏联电影十七年（下）

载 1934 年 11 月 15 日《大晚报》，署名韦彧。

电影批评的机能

——电影批评夜谈之一

载 1934 年 11 月 18 日《大晚报》，署名韦彧。

电影批评的机能

——电影批评夜谈之二

载 1934 年 11 月 25 日，署名韦彧。

一九三五年

风云儿女（电影剧本）

1935 年 5 月电通影片公司拍摄，根据田汉提纲改编。（剧本未发表）

都会的一角（独幕剧）

载《文学》1935 年 12 月第 5 卷第 6 号，署名徐佩韦。

有岛武郎集

1935 年中华书局出版，署名沈端先译。

旅东杂记（通讯）

载《世界知识》1935 年 12 月第 3 卷第 7 期，署名韦彧。

一九三六年

泡

载《文学》1936年2月第6卷第2号，署名夏衍。

赛金花（七场话剧）

载《文学》1936年4月第6卷第4号，生活书店1936年初版，署名夏衍。

包身工

载《光明》1936年6月创刊号，署名夏衍。

历史与讽喻

——给演出者的一封私信

载《文学界》1936年6月创刊号，署名夏衍。

黑夜行尸（又名《黑夜》）

载《光明》1938年7月第1卷第4期，署名夏衍。

《赛金花》余谈

载《女子月刊》1936年9月第4卷第9期，署名夏衍。

到自然去

载《电影·戏剧》1936年10月创刊号，署名韦彧。

鲁迅与电影

载《电影·戏剧》1936年11月第2期，署名韦彧。

剧作者言

载1936年11月24日《大晚报》，署名夏衍。

在大的悲哀里

载《光明》1936 年 11 月 25 日第 1 卷第 10 号，1937 年《鲁迅先生纪念集》，署名夏衍。

《包身工》余话

载《妇女生活》1936 年 12 月第 3 卷第 6 期，署名夏衍。

自由魂（即《秋瑾传》，三幕四场话剧）

载《光明》1936 年 12 月第 2 卷第 1 号，1937 年 11 月生活书店出版，署名夏衍。

压岁钱（电影剧本）

1936 年底明星电影公司拍摄。（剧本未发表）

一九三七年

新婚（日，平林泰予著）

1937 年 1 月文光书店出版，署名沈端先译。

从冬到春的戏剧

载《舞台与银幕》1937 年 3 月第 1 卷第 1 期，署名韦春亩。

《十字街头》座谈记录

载 1937 年 4 月 18 日《大晚报》，署名韦彧。

中日战争与国际①

1937 年 5 月抗战出版社出版，署名夏衍编辑。

---

① 经作者确定是书局自行用剪刀浆糊编集出版图利的。

俘虏的供词[①]

1937年5月大时代出版社出版，署名夏衍编。

库里琴如此说

载《戏剧时代》1937年5月创刊号，署名韦春亩。

对于春季联合公演的一些杂感

载《光明》1937年5月第2卷第12号，署名韦春亩。

你能忍受这耻辱么

载《国民周报》1937年7月第1卷第12期，署名夏衍。

移动演剧座谈会

载《光明》1937年7月第3卷第3期，署名夏衍等。

保卫卢沟桥（话剧）

1937年8月时代出版社出版，阿英等著，夏衍整理。

“七二八”的那一天（电播剧）

载《新学识》1937年8月第2卷第1期，署名夏衍。

历史剧的语言问题

载《语文》1937年8月第2卷第2期，署名夏衍、张庚等。

艺术与人生——车尔尼雪夫斯基论艺术与现实的关系

载《希望》1937年9月创刊号，署名夏衍。

“始信人间有铁军”

——张向华将军会见记（特写）

---

① 经作者确定是书局自行用剪刀浆糊编集出版图利的。

载 1937 年 10 月 6 日《救亡日报》，署名夏衍。

咱们要反攻（独幕剧）

载 1937 年 10 月 10 日《救亡日报》，署名夏衍。

哀悼之辞

载 1937 年 10 月 14 日《救亡日报》，署名夏衍。

保卫大上海，上海市民要有大的自信！

载 1937 年 10 月 27 日《救亡日报》，与田汉合署。

战斗日志表的一页

载《文学》1937 年 10 月第 9 卷第 4 号，署名夏衍。

士无斗志的日本

——整理俘获品所得到的一个结论

载 1937 年 11 月 3 日《救亡日报》，署名夏衍。

失去了太阳的都市——上海

载 1937 年 11 月 13 日《救亡日报》，署名夏衍。

日兵的信札

载《国闻周报》1937 年 11 月第 14 卷第 44 期，署名夏衍。

上海屋檐下（三幕话剧）

1937 年 11 月戏剧时代出版社出版，署名夏衍。

日本的悲剧（包括《日本在过阴天》等六篇文章）

1937 年上海大时代出版社出版，署名夏衍。

中秋月（又名《相似》，独幕剧）

载《妇女生活》1937 年第 1 卷第 6 期，署名徐至。

一九三八年

上海还在战斗

载1938年1月6日广州《救亡日报》，署名夏衍。

不愁没有工作

载《文摘》战时旬刊1938年1月8日第8号，署名夏衍。

华南文化界团结起来

载《大路》1938年1月第1卷第9期，署名夏衍。

推荐《王老五》

载1938年2月6日广州《救亡日报》，署名夏衍。

这岗位要大家来补填

——悼钱亦石先生

载1938年2月7日广州《救亡日报》，署名夏衍。

现实的正义

——“日本文化在牢狱中”（日，鹿地亘著）

载1938年2月8日广州《救亡日报》，署名夏衍。

反对“不求甚解”

载1938年2月9日广州《救亡日报》，署名夏衍。

关于刊物

载1938年2月17日广州《救亡日报》，署名夏衍。

先讲几句

载1938年2月17日广州《救亡日报》，署名夏衍。

勇敢的广东兵（报告）

载 1938 年 2 月 24 日广州《救亡日报》，署名夏衍。

让我们向新的飞将军欢呼！

载 1938 年 2 月 27 日广州《救亡日报》，署名夏衍。

如何才能强化统一战线

载广州《新战线》1938 年 3 月期，署名夏衍。

血写的故事（散文、报告集）

1938 年 3 月黎明书局出版，署名夏衍。

我要算旧帐（为《血溅宝山城》献映而作），署名夏衍。

载 1938 年 3 月 27 日广州《救亡日报》，署名夏衍。

可胜和必胜之道

载《狂潮》1938 年 3 月第 3 期，署名夏衍。

大家干（一）

载《民族之路》1938 年 3 月第 2 卷第 1 期，署名夏衍。

包身工（内包括《黑夜》《泡》《包身工》等六篇）①

1938 年 4 月广州《离骚》出版社出版，署名夏衍。

我们是民族的新芽

——致“艺协”的小朋友们

载 1938 年 4 月 4 日广州《救亡日报》，署名夏衍。

我怀念着前方和后方的友人

载 1938 年 4 月 25 日，广州《救亡日报》，署名夏衍。

---

① 经作者确定，此书系书商自行编集出版图利的“盗版书”。

粤汉途中（手简之一）

载1938年5月2日广州《救亡日报》，署名夏衍。

粤汉途中（手简之二）

载1938年5月5日广州《救亡日报》，署名夏衍。

抗战以来文艺的展望

载《自由中国》1938年5月第2期，《抗战文艺》第1卷第4期，署名郭沫若、夏衍等。

不单是为了“慈善”

载1938年5月17日广州《救亡日报》，署名夏衍。

给周作人的一封公开信

载《抗战文艺》1938年5月第1卷第4期，署名茅盾、夏衍等。

活用“死钱”

载1938年5月27日广州《救亡日报》，署名夏衍。

论近卫内阁的改造

载1938年5月29日广州《救亡日报》，署名夏衍。

关于宣传

载1938年6月2日广州《救亡日报》，署名夏衍。

对全世界人士的一个急迫的呼吁

载1938年6月4日广州《救亡日报》，署名夏衍。

把这旷史上的惨剧记录下来

载1938年6月10日广州《救亡日报》，署名夏衍。

广州在轰炸中

载1938年6月12日重庆《新华日报》，署名夏衍。

在轰炸中生活

载《新新新闻》1938 年 6 月《每日增刊》创刊号，署名夏衍。

有钱出钱，有力出力，从肃清贪污做起

载 1938 年 7 月 15 日广州《救亡日报》，署名衍。

使人哭泣

载《华美》1938 年 7 月第 1 卷第 14 期，署名夏衍。

反对轰炸，需要切实的制裁!

载 1938 年 7 月 23 日广州《救亡日报》，署名夏衍。

关于电影的偶感

载 1938 年 7 月 26 日广州《救亡日报》，署名夏衍。

“死而不已”的一个适例（忆聂耳）

载 1938 年 7 月 29 日重庆《新华日报》，署名夏衍。

追忆与自励

载 1938 年 8 月 1 日广州《救亡日报》，署名夏衍。

现阶段文艺的展望

载《文艺》1938 年 8 月第 1 卷第 4 期，署名夏衍。

赎罪（独幕剧）

载《文艺阵地》1938 年 9 月第 1 卷第 1 期，署名夏衍。

未死的兵（日，石川达三著）

1938 年广州南方出版社出版，署名夏衍译。

敌阵中的日记

1938 年广州《离骚》出版社出版，署名夏衍、田汉译。

一九三九年

一年间（四幕话剧）

1939年1月生活书店出版，署名夏衍。

桂林怎样抵抗轰炸

载1939年2月3日重庆《新华日报》，署名夏衍。

过去一年间的戏剧战线

载《戏剧杂志》1939年2月第2卷第2期，署名夏衍。

论当前的文化工作

载《杂志》1939年4月第4卷第2期，署名夏衍。

论“此时此地”的剧运

——复于伶

载《剧场艺术》1939年5月第7期，署名夏衍。

娼妇（独幕剧）

载《星岛周报》1939年5月第1、2期，署名夏衍。

粤北之行

载《战地知识》1939年6月第1卷第1期，署名夏衍。

论剧本荒的救济

载1939年6月17日《中国艺坛画报》，署名夏衍。

从切实的工作做起

载1939年10月2日桂林《救亡日报》，署名夏衍。

侮辱与施与

载1939年10月3日桂林《救亡日报》，署名丰。

惶悚与感谢

载 1939 年 10 月 6 日桂林《救亡日报》，署名夏衍。

忆鲁迅先生

载 1939 年 10 月 19 日桂林《救亡日报》，署名夏衍。

需要消化

载 1939 年 10 月 20 日桂林《救亡日报》，署名夏衍。

救报屹立着

——寄友人

载 1939 年 10 月 21 日广州《救亡日报》，署名夏衍。

国贼汪精卫的穷途一策

载《国民公论》1939 年 12 月第 2 卷第 12 期，署名夏衍。

请看日寇掠夺安南野心

——暴露日本军阀的重大罪恶（日，圻见圣策著）

载 1939 年 12 月 28 日重庆《新华日报》，署名夏衍译。

白云故乡（电影剧本）

1939 年大地出版社出版，署名夏衍。

一九四〇年

乐水

载《中学生战时半月刊》1940 年 1 月第 15 期，署名夏衍。

事态真相并不如表面所示

载 1940 年 1 月 19 日桂林《救亡日报》，署名丰。

当心文化毒药

载1940年1月23日桂林《救亡日报》，署名丰。

哀王开疆

载1940年2月19日桂林《救亡日报》，署名丰。

感谢德莱塞

载1940年2月27日桂林《救亡日报》，署名宁。

欧战东移与中国

载1940年3月10、11日桂林《救亡日报》，署名夏衍。

谈杀汪连锁

——暗杀解决不了问题

载1940年3月12日桂林《救亡日报》，署名丰。

要表示我们民族的意志

载1940年4月6日重庆《新华日报》，署名夏衍。

三月桂林的戏剧节

载1940年4月16日《大美晚报》，署名夏衍。

两个伊凡的吵架（剧本　俄，果戈里著）

1940年4月上海旦社出版，署名夏衍译。

三兄弟（剧本　日，鹿地亘著）

1940年7月上海戏剧书店出版，署名夏衍译。

资产阶级无祖国

载1940年7月桂林《救亡日报》，署名夏衍。

小市民（收入《重逢》《中秋月》《都会的一角》《赎罪》《娼妇》）

1940年7月新知书店出版，署名夏衍。

起来，法兰西的人民

载 1940 年 7 月桂林《救亡日报》，署名夏衍。

旧家的火葬

载《野草》1940 年 8 月创刊号，署名夏衍。

自力与他力

载《中学生战时半月刊》1940 年 8 月第 29 期，署名衍。

作剧偶谈

——一九四〇年夏在广西省立艺术馆讲话

载《阳光》，1943 年桂林集美书店出版。

关于学习的一二偶感

载《中学生战时半月刊》1940 年 9 月第 30 期，署名夏衍。

《心防》后记

载《野草》1940 年 9 月第 1 卷第 2 号，署名夏衍。

剧本的创作

载《青年戏剧》1940 年 9 月第 1 卷第 1 期，署名夏衍。

戏剧的抗战三年间

——祝三届戏剧节并答苏联友人

载《戏剧春秋》1940 年 11 月创刊号，署名夏衍。

上演税问题

载《戏剧春秋》1940 年 11 月创刊号，署名子布。

关于《国家至上》《包得行》的演出

载《戏剧春秋》1940 年 11 月创刊号，署名夏衍。

一个比喻

载《文艺》1940 年 10 月第 1 期，署名夏衍。

自然科学界的两条战线——杀人的与活人的

载 1940 年 12 月 17 日重庆《新华日报》，署名夏衍。

一九四一年

冬夜（独幕剧）

载《戏剧春秋》1941 年 1 月第 1 卷第 3 期，署名夏衍。

谈自己

载《野草》1941 年 1 月第 5 期，署名夏衍。

愁城记（四幕话剧）

载《小剧场》1941 年 3 月第 6 期，署名夏衍；1941 年 5 月剧场艺术社初版。

悼念西苓

载 1941 年 4 月 5 日上海《神州日报》副刊《神皋杂俎》署名夏衍。

人与奴的界限

载香港《大众文粹》1941 年 6 月第 1 辑，署名任晦。

人权运动

载《大众文粹》1941 年 6 月第 1 辑，署名任晦。

出走与回都

载《大众文粹》1941 年 6 月第 1 辑，署名任晦。

陪都空气

载《大众文粹》1941 年 6 月第 2 辑，署名任晦。

新“唯武器论”

载《大众文粹》1941 年 6 月第 3 辑，署名任晦。

人性的号召

载《大众文粹》1941 年 6 月第 4 辑，署名任晦。

如此“瞩望”

载《大众文粹》1941 年 9 月 27 日第 20 辑，署名任晦。

苏德战争鳞爪（美，嘉特威著）

载 1941 年 9 月 28 日重庆《新华日报》，署名夏衍译。

乳母与教师

——关于俄罗斯文学

载《时代文学》1941 年 9 月第 4 卷第 79 期，署名夏衍。

论前线归来的作家（美，嘉特威著）

载 1941 年 10 月 6 日重庆《新华日报》，署名夏衍。

为郭沫若 50 诞辰创作生活 25 周年电贺词

载 1941 年 11 月 17 日重庆《新华日报》，署名夏衍及留港同人。

不高明的复药

载《大众生活》1941 年 10 月 18 日第 23 号，署名任晦。

此时此地集（杂文集）

1941 年桂林文献出版，署名夏衍。

心防（四幕话剧）

1941 年新知书店出版，署名夏衍。

春寒（长篇小说）

《大众生活》1941年10月4日—12月6日连载，署名夏衍。

1949年广州人间书屋出版。

更热诚的呼吁

载《大众生活》1941年新3号，署名夏衍。

被激情烧灼的日子

载《大众生活》1941年新8号，署名夏衍。

一九四二年

香港沦陷前后

载1942年2月11、12日重庆《新华日报》，署名夏衍。

走险记

载《野草》1942年3月第3卷第6期，署名夏衍。

新形势与新艺术（座谈）

载《文艺生活》1942年4月第2卷第6期，署名夏衍。

我不能平静

——*六二二致苏联友人*

载1942年6月22日重庆《新华日报》，署名夏衍。

真实的关心

载《学习生活》1942年7月第3卷第2期，署名夏衍。

下江人语

载《文风》1942年7月第1卷第3期，署名夏衍。

默念——“九·一八”十一周年纪念

载 1942 年 9 月 18 日重庆《新华日报》，署名余伯约。

治病不是可耻的事情

载 1942 年 9 月 24 日重庆《新华日报》，署名夏衍。

从杜鹃想起隋那

载 1942 年 9 月 25 日重庆《新华日报》，署名余伯约。

望穿了西方的地平线

载 1942 年 10 月 3 日重庆《新华日报》，署名伯约。

这习惯不坏

载 1942 年 10 月 5 日重庆《新华日报》，署名姜添。

科学与民主不可分

载 1942 年 10 月 7 重庆《新华日报》，署名姜添。

欧洲的地下火

载 1942 年 10 月 12 日重庆《新华日报》，署名姜添。

老鼠·虱子和历史

——《法西斯细菌》后记

载 1942 年 10 月 18 日桂林《大公报》副刊，署名夏衍。

从“游走”到“大嚼”

载 1942 年 10 月 24 日重庆《新华日报》，署名伯约。

水乡吟（四幕话剧）

1942 年 10 月桂林群益出版社出版，载《戏剧月报》1943 年第 1、2 期，署名夏衍。

纯

载1942年11月6日重庆《新华日报》，署名姜添，

光从北方来

载1942年11月7日重庆《新华日报》，署名余伯约。

硬蛋

载1942年11月13日重庆《新华日报》，署名姜添。

从停电说起

载1942年11月16日重庆《新华日报》，署名姜添。

造梦和破梦

——关于电影《大独裁者》

载1942年11月23日重庆《新华日报》，署名姜添。

“异”

载1942年11月30日重庆《新华日报》，署名姜添。

战争与民主

载1942年12月1日重庆《新华日报》，署名余伯约。

周末漫谈

载1942年12月12日重庆《新华日报》，署名司马牛。

法西斯细菌（又名《第七号风球》，五幕六场话剧）

载《文艺生活》1942年12月第3卷第3期，1944年9月重庆文聿出版社出版，署名夏衍。

对自己的估价

载1942年12月20日重庆《新华日报》，署名姜添。

宿草颂

载《野草》1942 年 12 月第 5 卷第 1 期，署名夏衍。

胭脂·油画与习作

载《野草》1942 年 12 月第 5 卷第 1 期，署名夏衍。

长途（杂文集）

1942 年 12 月桂林集美书店出版，署名夏衍。

周末漫谈

载 1942 年 12 月 26 日重庆《新华日报》，署名司马牛。

风雨归舟（又名《再会吧，香港》，四幕话剧）

1942 年桂林集美书店初版，署名夏衍、洪深、田汉合作。

一九四三年

更艰巨的战斗

——迎 1943 年元旦

载 1943 年 1 月 1 日《新蜀报·元旦增刊》，署名夏衍。

新年琐语

载 1943 年 1 月 3 日重庆《新华日报》，署名司马牛。

沈衡山先生七十寿辰

载 1943 年 1 月 3 日重庆《新华日报》，署名夏衍等。

兴奋之后

载 1943 年 1 月 7 日重庆《新华日报》，署名姜添。

新约与新人

载 1943 年 1 月 13 日重庆《新华日报》，署名姜添。

我们信任人民的力量

载1943年1月17日重庆《新华日报》，署名伯约。

画梦（新年杂谈）

载《学习生活》1943年1月第4卷第1期，署名夏衍。

笨法子

载《戏剧月报》1943年1月第1卷第1期，署名夏衍。

尊重这第一章第一页

载1943年2月6日重庆《新华日报》，署名姜添。

英国的事象

载1943年2月13日重庆《新华日报》，署名姜添。

乌拉，不可击败的红军

载1943年2月23日重庆《新华日报》，署名姜添。

公道与良心

——响应戏剧作者联谊会宣言

载《戏剧月报》1943年3月第3期，署名韦彧。

被艳羡的另一面

载《戏剧月报》1943年3月第3期，署名夏衍。

中国戏剧中的小丑

载《文风杂志》1943年4月创刊号，署名夏衍。

我冒了一次大险

载《中苏文化》1943年4月第13卷第7、8期，署名夏衍。

历史·历史剧·闹剧

载《群众》1943年4月第8卷第6、7期合刊，署名余伯约。

改编《复活》后记

载 1913 年 4 月 28 日重庆《新华日报》，署名夏衍。

复活（六幕七场话剧　托尔斯泰原著）

1943 年重庆美学出版社出版，署名夏衍改编。

奇迹的形成

——纪念“六二二”二周年

载 1943 年 6 月 22 日重庆《新华日报》，署名余伯约。

“之子于归”及其他

载 1943 年 7 月 12 日重庆《新华日报》，署名春亩。

祝福人类抬头的日子

载 1943 年 7 月 14 日重庆《新华日报》，署名伯约。

公式·符咒与“批评”

——《法西斯细菌》代跋

载 1943 年 7 月 24 日重庆《新华日报》，署名夏衍。

新生的祝福

——应云卫先生四十之庆

载 1942 年 9 月 7 日《新蜀报》，署名韦彧。

文学与广告

载 1943 年 9 月 27 日重庆《新华日报》，署名姜添。

过去的好日子

载 1945 年 9 月 20 日重庆《新华日报》，署名姜添。

漫谈

载 1943 年 10 月 14 日重庆《新华日报》，署名司马牛。

一木一石的精神

载1943年10月17日重庆《新华日报》，署名夏衍。

戏剧春秋（五幕七场话剧）

1942年10月重庆未林出版社出版，署名夏衍，宋之的、于伶编剧。

我用感谢代替欢呼

载1943年11月7日重庆《新华日报》，署名姜添。

论正规化

——现阶段剧运答客问

载《戏剧时代》1943年11月创刊号，署名夏衍。

补白

载1943年11月14日重庆《新华日报》，署名司马牛。

日曜漫笔

载1943年11月21日重庆《新华日报》，署名司马牛。

漫笔

载1943年4月20日重庆《新华日报》，署名司马牛。

一九四四年

人·演员·剧团

载《天下文章》1944年1月第2卷第1期，署名夏衍。

不只于祝颂

载《戏剧时代》1944年2月创刊号，署名夏衍。

我们在困难中行进

载 1944 年 2 月 15 日重庆《新华日报》，署名夏衍。

草木皆兵（四幕话剧）

1944 年 4 月 23 日重庆新知书店、1944 年未林出版社出版，署名夏衍、于伶、宋之的编剧。

前进吧！时间

载 1944 年 6 月 3 日重庆《新华日报》，署名余伯约。

震撼世界二周间

载 1944 年 6 月 17 日重庆《新华日报》，署名余伯约。

人民战争颂

载 1944 年 6 月 22 日重庆《新华日报》，署名夏衍。

青年教育与思想问题（特辑）

载 1944 年 6 月 25 日重庆《新华日报》，署名郭沫若、茅盾、夏衍等。

向法西斯的巢穴进军

载 1944 年 7 月 2 日重庆《新华日报》，署名余伯约。

第二战场一个月

载 1944 年 7 月 6 日重庆《新华日报》，署名余伯约。

向着自由民主的方向

载 1944 年 7 月 16 日重庆《新华日报》，署名余伯约。

维斯杜拉河的声音

载 1944 年 7 月 29 日重庆《新华日报》，署名余伯约。

黎明之前的设计

载1944年8月13日重庆《新华日报》，署名余伯约。

解放了巴黎之后

载1944年8月27日重庆《新华日报》，署名余伯约。

偶感

载1944年8月29日重庆《新华日报》，署名司马牛。

如何做大众的牛

——谈文艺问题“札记”之一

载《群众》1944年9月第9卷第18期，署名余伯约。

论“戏德”

载《天下文章》1944年9月创刊号，署名夏衍。

杂感

载1944年9月10日重庆《新华日报》，署名司马牛。

在胜利的激动中

载1944年9月11日重庆《新华日报》，署名余伯约。

偶记

载1944年9月16日重庆《新华日报》，署名司马牛。

漫谈

载1944年9月23日重庆《新华日报》，署名司马牛。

糊裱及其它

载1944年9月24日重庆《新华日报》，署名姜添。

靠

载1944年9月30日重庆《新华日报》，署名姜添。

漫谈

载1944年9月30日重庆《新华日报》，署名司马牛。

漫谈

载1944年10月7日重庆《新华日报》，署名司马牛。

漫谈

载1944年10月14日重庆《新华日报》，署名司马牛。

译此存照集（富人心理，穷人心理）

载1944年10月28日重庆《新华日报》，署名余伯约。

边鼓集（杂文集）

1944年10月重庆美学出版社出版，署名夏衍。

离离草（四幕话剧）

1944年12月辽东建国书社出版，署名夏衍。

新与旧，明与暗

载《剧本》1944年第2期，《天下文章》2号，署名夏衍。

为中国剧坛祝福

——祝洪深先生五十生辰

载1944年12月31日重庆《新华日报》，署名韦彧。

一九四五年

记《离离草》

载《艺文志》1945年1月创刊号，署名夏衍。

戏剧节的独白

载《文联》第1卷第2期，1945年2月15日重庆《新华日报》，署名司马牛。

戏剧到农民大众中去

——戏剧节答一个朋友的信

载1945年2月15日重庆《新华日报》，署名姜添。

杂感

载1945年2月16日重庆《新华日报》，署名司马牛。

杂感

载1945年2月18日重庆《新华日报》，署名司马牛。

杂感

载1945年2月20重庆《新华日报》，署名司马牛。

杂感

载1945年2月24日重庆《新华日报》，署名用马牛。

一笑不能置之

载1945年2月27日重庆《新华日报》，署名姜添。

杂感二则

载1945年2月28重庆《新华日报》，署名司马牛。

花生，缺少的字

载1945年3月3日重庆《新华日报》，署名司马牛。

杂感

载1945年3月4日重庆《新华日报》，署名司马牛。

杂感

载1945年3月7日重庆《新华日报》，署名司马牛。

翻译的妙用

载1945年3月9日重庆《新华日报》，署名司马牛。

再纠正一则翻译

载1945年3月7日重庆《新华日报》，署名司马牛。

悼振黄

载1945年4月1日重庆《新华日报》，署名夏衍。

市闻小识

载1945年4月9日重庆《新华日报》，署名司马牛。

当心“政治地雷”

载1945年4月21日重庆《新华日报》，署名司马牛。

杂感

载1945年5月2日重庆《新华日报》，署名司马牛。

杂感

载1945年5月6日重庆《新华日报》，署名司马牛。

杂感

载1945年5月10日重庆《新华日报》，署名司马牛。

杂感

载1945年5月14日重庆《新华日报》，署名司马牛。

杂感

载1945年5月24日重庆《新华日报》，署名司马牛。

笔的方向

载《文哨》1945年5月第1卷第1期，署名夏衍。

杂感

载 1945 年 6 月 12 日重庆《新华日报》，署名司马牛。

杂感

载 1945 年 7 月 2 日重庆《新华日报》，署名司马牛。

杂感

载 1945 年 7 月 5 日重庆《新华日报》，署名司马牛。

杂感

载 1945 年 7 月 10 日重庆《新华日报》，署名司马牛。

杂感

载 1945 年 7 月 12 日重庆《新华日报》，署名司马牛。

杂感

载 1945 年 7 月 13 日重庆《新华日报》，署名司马牛。

杂感

载 1945 年 7 月 16 日重庆《新华日报》，署名司马牛。

杂感

载 1945 年 7 月 20 日重庆《新华日报》，署名司马牛。

杂感

载 1945 年 7 月 29 日重庆《新华日报》，署名司马牛。

杂感

载 1945 年 8 月 1 日重庆《新华日报》，署名司马牛。

杂感

载 1945 年 8 月 5 日重庆《新华日报》，署名司马牛。

幸福的设计（苏，爱伦堡著）

载 1945 年 8 月 8 日重庆《新华日报》，署名余伯约译。

杂感

载 1945 年 9 月 8 日重庆《新华日报》，署名司马牛。

杂感

载 1945 年 9 月 16 日重庆《新华日报》，署名司马牛。

九一八杂记

载《中学生杂志》1945 年 9 月第 91 期，署名夏衍。

芳草天涯（四幕话剧）

1945 年 10 月重庆美学出版社出版，署名夏衍。

漫画二题

载 1945 年 10 月 11 日上海《建国日报》，署名东风。

四季发财

载 1945 年 10 月 12 日上海《建国日报》，署名契尔。

两种……

载 1945 年 10 月 14 日上海《建国日报》，署名巴客。

禅机

载 1945 年 10 月 21 日上海《建国日报》，署名契。

双十所感

载《周报》1945 年 10 月第 6 期，署名夏衍。

时代前进的步伐

载《民主》1945 年 10 月 13 日创刊号，署名余伯约。

《芳草天涯》前记

载《文萃》1945年11月第1卷第7期，署名夏衍。

《夜店》回忆

载《周报》1945年11月第11期，署名夏衍。

一九四六年

蚯蚓眼

载《世界晨报》，从1946年1月10日起至7月10日止，署名东风。

梦与现实

载《新文化》1946年1月第1卷第6期，署名夏衍。

我们要新闻自由

载《周报》1946年1月第20期，署名黎纬北。

长夜行

载《新文学》1948年1月第1卷第2期，署名夏衍。

《新华文摘》1946年5月第10期，署名夏衍。

哭杨潮

载1946年2月3日重庆《新华日报》，署名夏衍。

《文艺生活》1946年3月第2期，署名夏衍。

日本民主阵线的胎动

载《周报》1946年2月第21、22期合刊，署名余伯约。

载1946年2月3日重庆《新华日报》，署名余伯约。

乐观尚早论

载《新文化》1948 年 2 月第 1 卷第 9 期，署名黎纬北。

论中苏关系

载《周报》1946 年 2 月第 25 期，署名夏衍。

再论中苏关系

载《周报》1946 年 3 月第 27、28 期合刊，署名夏衍。

当心铤而走险的阴谋

载《新文化》1946 年 3 月第 1 卷第 10 期，署名黎纬北。

偶感

载《人民世纪》1946 年 3 月第 2 期，署名夏衍。

答客问

载《文萃》1946 年 3 月第 1 卷第 21 期，署名黎纬北。

《母亲》在中国的命运

载《时代》1946 年 3 月第 6 卷第 12 期，署名夏衍。

历史剧所感

载《文章》1946 年 3 月第 2 期，署名夏衍。

中国还没有春天

载《文萃》1946 年 4 月第 26 期，署名黎纬北。

对于当前国际危机的看法——国际现势座谈记录

载《世界知识》1946 年 4 月第 13 卷第 7 期，署名夏衍等。

为了罗斯福的理想

载《时代》1948 年 4 月 13 日第 6 卷第 14 期，署名余伯约。

这是美国人民的声誉

载《周报》1946 年 4 月第 34 期，署名黎纬北。

爱憎好恶之间

载《时代》1946 年 4 月 20 日第 6 卷第 15 期，署名余伯约。

击退逆流的信心

载《时代》1949 年 4 月 27 日第 6 卷第 18 期，署名余伯约。

劳动人民应有的警惕

载《时代》1946 年 5 月 4 日第 6 卷第 17 期，署名余伯约。

“五四”琐感

载《人民世纪》1949 年 5 月第 10 期，署名夏衍。

归来琐记

载《文艺生活》1946 年 5 月复刊第 5 号，署名夏衍。

送鹿地荣归

载《清明》1946 年 5 月创刊号，署名夏衍。

仲夏夜的噩梦

载《周报》1946 年 5 月第 37 期，署名黎纬北。

时局依然严重

载《周报》1946 年 5 月第 39 期，署名黎纬北。

胜利一定属于人民

载《时代》1946 年 5 月 11 日第 6 卷第 18 期，署名余伯约。

一个主题，多种花样

载《时代》1946 年 5 月 18 日第 6 卷第 19 期，署名余伯约。

论美国的所谓外交攻势

载《时代》1946 年 5 月 25 日第 6 卷第 20 期，署名余伯约。

威胁利诱之间

载《时代》1946 年 6 月 1 日第 6 卷第 21 期，署名余伯约。

局势严重的十日间

载《时代》1946 年 6 月 8 日第 6 卷第 22 期，署名余伯约。

怎样的艺术品顶好

载《时代》1946 年 6 月 15 日第 6 卷第 23 期，署名余伯约。

法西斯在这里

载《时代》1946 年 6 月 22 日第 6 卷第 24 期，署名余伯约。

让法西斯匪徒看看力量

载《时代》1948 年 6 月 29 日第 6 卷第 25 期，署名余伯约。

原子弹示威之后

载《时代》1946 年 7 月 1 日第 6 卷第 26 期，署名余伯约。

时局在拖拖打打之间

载《周报》1946 年 7 月第 44 期，署名黎纬北。

战时战后文艺检讨座谈会

载《上海文化》1946 年 9 月第 6 期，署名夏衍等。

拖下去怎么办

载《周报》1946 年 7 月第 47 期，署名黎纬北。

科学与政治

载《清明》1946 年 7 月第 3 期，署名夏衍。

美国的悲剧

载《清明》1946 年 7 月第 3 期，署名韦彧。

寄期待于日本人民

载《文艺春秋》1946 年 7 月第 3 卷第 1 期，署名夏衍等。

谁纵容了法西斯

载《时代》1946 年 7 月 20 日第 6 卷第 28 期，署名余伯约。

美国为什么要培植内战

载《时代》1946 年 7 月 27 日第 6 卷第 29 期，署名余伯约。

两次巴黎和会之间

载《时代》1946 年 8 月 3 日第 6 卷第 30 期，署名余伯约。

苏联为和平而斗争

载《时代》1946 年 8 月 10 日第 6 卷第 31 期，署名余伯约。

被损害了的纪念日

载《时代》1946 年 8 月 17 日第 6 卷第 32 期，署名余伯约。

有驻军的地方就有战争

载《时代》1946 年 8 月 24 日第 6 卷第 33 期，署名余伯约。

美国对日政策

载《世界知识》1946 年 9 月第 14 卷第 5 期，署名黎纬北。

垂钓之道

载 1946 年 9 月 20 日香港《华商报》，署名姜添。

本末之辨

载 1946 年 9 月 21 日香港《华商报》，署名姜添。

“国体明征”

载 1946 年 9 月 23 日香港《华商报》，署名姜添。

论骗术

载 1946 年 9 月 26 日香港《华商报》，署名姜添。

论战局

载《青年知识》1946 年新 11 期，署名余伯约。

一个历史的错误扩大了

载《文章》1946 年第 1 卷第 4 期，署名余伯约。

中华民族一定胜利的

载《文萃》1946 年 10 月第 51 期，署名夏衍。

原子弹战争会爆发么

载《自由世界》1946 年第 2 卷第 8 期，署名黎纬北。

复刊私语

载《野草》1946 年 10 月复刊号，署名夏衍。

杨潮译《我的爸爸》前记

载 1946 年 10 月 8 日香港《华商报》，署名夏衍。

童年回忆

载 1946 年 10 月 12 日香港《华商报》，署名姜添。

胜利以后的各地剧运

载《学习文丛》1946 年 10 月第 2 期，署名夏衍。

一九四七年

一年来的文化

载1947年1月1日香港《华商报》，署名夏衍。

《群众》1947年1月第14卷第1期，署名夏衍。

超负荷论

载《野草》1947年1月复刊第3号，署名夏衍。

书愤

载1947年1月9日香港《华商报》，署名夏衍。

八年的苦白吃了么

——致东山及诸友

载1947年4月27日新加坡《南侨日报》，署名夏衍。

剧作上的几个问题

载《青年知识》1947年10月第26期，署名夏衍。

蚓眼小集

载《自由丛刊》1947年10月、1月第7、9期，署名司马牛。

鲁迅论新闻记者（鲁迅逝世十一周年纪念）

载《文艺生活》1947年10月新17期，署名夏衍。

改造与转变

载《野草》1947年10月复刊第5号，署名夏衍。

做厨子不易

载1947年11月14日香港《华商报·热风》，署名编者。

爽快跪下来吧

载 1947 年 11 月 17 日香港《华商报》，署名姜添。

冬眠了的上海文化

载 1947 年 11 月 21 日香港《华商报·热风》，署名姜添。

“牛”的教训

载 1947 年 11 月 24 日香港《华商报》，署名姜添。

祝福，朱总司令

载 1947 年 11 月 30 日香港《华商报·热风》，署名杨琪。

寒流中的上海

载 1947 年 12 月 16 日香港《华商报·热风》，署名姜添。

岁暮致读者

载 1947 年 12 月 31 日香港《华商报，热风》，署名编者。

从《樱桃园》想起

载《野草》1947 年 12 月复刊第 6 号，署名夏衍。

美国布置着更大的欺骗

载香港《群众》1947 年创刊号，署名余伯约。

一九四八年

坐电车跑野马

载《野草》1948 年 1 月复刊第 7 号，署名夏衍。

必要的准备

载《自由丛刊》1948 年 1 月第 15 辑，署名夏衍。

悼宋千金

载《文艺生活》1948年1月第18期，署名夏衍。

两种作风

载1948年1月4日香港《华商报，热风》，署名东风。

王芸生的愤语

载1948年1月9日香港《华商报，热风》，署名东风。

第四种人

载1948年1月10日香港《华商报·热风》，署名东风。

美国电影与鬼

载1942年1月12日香港《华商报·热风》，署名洁可。

港九不致收回论

载1943年1月13日香港《华商报·热风》，署名洁可。

造谣者自毙矣

载1948年1月14日香港《华商报，热风》，署名洁可。

破绽与奇闻

载1948年1月19日香港《华商报·热风》，署名洁可。

放火烧身

载1948年1月22日香港《华商报·热风》，署名东风。

徐继庄案

载1948年1月25日香港《华商报·热风》，署名洁可。

可怜的两张文牌

载1948年1月27日香港《华裔报·热风》，署名东风。

管夫人在南京唱“老天爷”

载 1948 年 1 月 27 日香港《华商报·热风》，署名振。

人民的预感

载 1948 年 1 月 28 日香港《华商报·热风》，署名东风。

“自由主义者”自供

载 1948 年 1 月 29 日香港《华商报·热风》，署名洁可。

关于批评检讨

载 1948 年 1 月 30 日香港《华商报·热风》，署名编者。

张君劢的狼狈

载 1948 年 2 月 1 日香港《华商报·热风》，署名洁可。

如此美国文明

载 1948 年 2 月 3 日香港《华商报·热风》，署名东风。

中国事，类如此

载 1948 年 2 月 4 日香港《华商报·热风》，署名洁可。

声援上海“一·二九”学生民主斗争

载 1948 年 2 月 4 日香港《华商报》，署名夏衍、孟超等。

谁最蠢

载 1948 年 2 月 5 日香港《华商报·热风》，署名东风。

鼠年谈年

载 1948 年 2 月 12 日香港《华商报·热风》，署名东风。

聪明人讲傻话

载 1948 年 2 月 17 日香港《华商报·热风》，署名洁可。

“起用宿将”

载1948年2月20日香港《华商报，热风》，署名洁可。

发疯与做梦

载1948年2月29日香港《华商报，热风》，署名洁可。

啊，这一百年

载《野草》1948年2月复刊第8号，署名夏衍。

春天的设计

载《正报》1948年2月第76、77期，署名夏衍。

新年笔谈

载《正报》1948年2月第76、77期，署名夏衍，以群等。

美国的“新闻自由”

载1948年3月1日香港《华商报·热风》，署名东风。

战争那一年结束的?

载1948年3月3日香港《华商报，热风》，署名洁可。

强者啊，你的名字叫做女人

载1948年3月7日香港《华商报·热风》，署名朱蕙。

假牙与硬果

载1948年3月14日香港《华商报·热风》，署名东风。

碰上了“黑日”

载1948年3月17日香港《华商报·热风》，署名王穆。

干吼是没有用的

——论杜鲁门挑战演说得到的效果

载 1948 年 3 月 21 日香港《华商报》，署名夏衍。

“官匪”

载 1948 年 3 月 22 日香港《华商报·热风》，署名洁可。

马华文艺试论

载《文艺生活》1948 年 3 月总 38 期，署名夏衍。

劫余随笔（杂文集）

1948 年 3 月香港海洋书屋出版，署名夏衍。

为了下一代

载 1948 年 4 月 4 日香港《华商报·热风》，署名东风。

化妆师的技穷

载 1948 年 4 月 5 日香港《华商报·热风》，署名洁可。

“家伙们”醒了没有?

载 1948 年 4 月 6 日香港《华商报，热风》，署名东风。

论“上洋当”

载 1948 年 4 月 19 日香港《华商报，热风》，署名东劲。

今《桃花扇》

载 1948 年 4 月 24 日香港《华商报，热风》，署名洁可。

推荐《丹娘》

载 1948 年 4 月 24 日香港《华商报，热风》，署名夏衍。

“异想天开”?

载 1948 年 4 月 25 日香港《华商报·热风》，署名某甲。

疯狂

载 1948 年 4 月 26 日香港《华商报·热凤》，署名某甲。

史坦倍克与史密斯

载《野草》1948年4月复刊第9号，署名夏衍。

祝五一节

载1948年5月1日香港《华商报，热风》，署名俞蔚。

想起了一些“五四”人物

载1948年5月4日香港《华商报，热风》，署名夏衍。

“国大”盖棺

载1948年5月7日香港《华商报，热风》，署名陈楠。

胡说一例

载1948年5月12日香港《华商报·热风》，署名史复。

拆穿了的“真象”

载1948年5月19日香港《华商报·热风》，署名洁可。

耸人听闻的标题

载1948年5月20日香港《华商报·热风》，署名某甲。

曹聚仁的真心话

载1948年5月25日香港《华商报·热风》，署名余伯约。

宁国府的气数

载1948年5月29日香港《华商报·热风》，署名洁可。

奇文共赏

载1948年5月29日香港《华商报，热风》，署名魏勃。

《一千个美国人》

载1948年5月29日香港《华商报》，署名黄馥。

读文协入选的两个独幕剧

载《文艺生活》1948 年 5 月总 39 号，署名夏衍。

谈做文章

载《正报》1948 年 5 月总 87 期，署名夏衍。

偶谈《侵略》这个剧本

载《正报》1948 年 5 月总 90 期，署名夏衍。

“五四”廿九周年

载《大众文艺丛刊》1948 年 5 月第 2 辑，署名夏衍。

白俄见习

载 1948 年 6 月 3 日香港《华商报·热风》，署名黄侃。

也谈知识分子

载 1948 年 6 月 17 日香港《华商报·热风》，署名廉庐。

“收买灵魂”的失败

载 1948 年 6 月 25 日香港《华商报·热风》，署名魏勃。

拆字及其他

载 1948 年 6 月 27 日香港《华商报·热风》，署名丁依。

中国电影复员以来座谈讲话

载 1948 年 6 月 27 日香港《电影论坛》，署名夏衍。

三句话就可以垮台

载 1948 年 6 月 20 日香港《华商报·热风》，署名冯策。

“法”与“无法”

载 1948 年 6 月 30 日香港《华商报·热风》，署名应之群。

光和热是怎样发出来的

载《群众》1948 年 6 月第 2 卷第 23 期，署名夏衍。

论“三四年的时间”

载《野草文丛》1948 年 8 月第 11 集，署名夏衍。

写文章的群众观点

载《正报》1948 年 8 月总 100 期，署名夏衍。

请大家来歇脚

载 1948 年 8 月 25 日香港《华商报 · 茶亭》，署名亭长。

为了人民向黑暗搏斗

载 1948 年 9 月 1 日香港《华商报 · 茶亭》，署名张雨。

为虎作伥

载 1948 年 9 月 12 日香港《华商报 · 茶亭》，署名闻苍。

“打虎英雄”

载 1948 年 9 月 14 日香港《华商报 · 茶亭》，署名东方未明。

长春丸

载 1948 年 9 月 15 日香港《华商报 · 茶亭》，署名无端。

中秋前夜杂话

载 1948 年 9 月 16 日香港《华商报 · 茶亭》，署名张雨。

农民老李（美，史特朗著）

载《小说月刊》1940 年 9 月第 1 卷第 3 期，署名夏衍译。

写“方生”重于写“未死”

——答石牌 HF 先生

载《文艺生活》1948年9月总41期，署名夏衍。

回答两个问题

载《青年生活丛刊》1948年第1辑，署名黎纬北。

茶亭杂话

载《群众》1948年第1、2、11期，署名汪老吉。

三绝——推荐《万家灯火》

载1948年10月1日香港《华商报》，署名梓甫。

评《此恨绵绵》

载1948年11月7日香港《华商报》，署名梓甫。

论"肚子问题"

载《野草新集》1948年11月，署名夏衍。

蜗楼随笔（杂文集）

《群众》1948年6月28日—11月25日第2卷第24期至34期，41、43、44、46期连载，署名任晦之。

一九四九年

为《文萃》事件控告蒋党特务凶徒

载1949年3月17日香港《华商报》，署名夏衍等。

论建国时期的艰难

载1949年4月10日香港《华商报》，署名夏衍。

谨防恶鬼的眼泪

载1949年4月10日香港《华商报》，署名伯约。

三种人的下场

——蜗楼杂记（一）

载1949年4月24日香港《华商报》，署名任晦之。

对黄色书籍音乐电影问题的谈话

载1949年7月3日《大公报》（沪版），署名夏衍。

在新演员会师会上讲话

载1949年7月13日《大公报》（沪版），署名夏衍。

追念与告慰

载1949年8月9日《解放日报》，署名夏衍。

怎样突破困难

——在上海影剧演员座谈会上的报告总结

载《影剧天地》1949年8月第1期，署名夏衍。

论知识分子《真自由书》

载1949年9月17日《亦报》

有步骤有计划（灯下闲话）

载1949年9月26日《新民报·晚刊》，署名黄洁。①

一九五〇年

面包与鸦片之分

载1950年3月1日《解放日报》，署名夏衍。

---

① 《新民报·晚刊》"灯下闲话"一栏从1949年8月1日至1959年6月30日，其中绝大多数为夏衍化名所作。

在影院座谈会上的谈话

载 1950 年 4 月 10 日《文汇报》，署名夏衍。

我怎样写《法西斯细菌》

载 1950 年 5 月 6 日《文汇报》，署名夏衍。

新上海的阵痛

载 1950 年 5 月 26 日《人民日报》，1950 年 6 月《新华月报》，署名余伯约。

推荐《斯大林格勒血战》

载《大众电影》1950 年 7 月第 1 卷第 3 期，署名夏衍。

更紧密的团结，更勇敢的战斗

载 1950 年 7 月 26 日《解放日报》，署名夏衍。

1950 年 7 月 27 日《文汇报》，署名夏衍。

在上海电影制片厂摄制组大会上的讲话

载《上影通讯》1950 年第 4 期，署名夏衍。

推荐《中国人民的胜利》

载《大众电影》1950 年 10 月第 1 卷第 8 期，署名夏衍。

上海文教工作概况与今后的工作任务

载 1950 年 10 月 19 日《文汇报》，署名夏衍。

鼓舞起爱国主义的热情，描画出新中国人民的形象

——在文联创作委员会的发言

载《文艺新地》1950 年创刊号，署名夏衍。

报告文学的几个要求

载《新闻业务》1963年第5、6期合刊，署名夏衍。

在第二届“百花奖”授奖大会上的讲话

载《大众电影》1963年第5、6期，署名夏衍。

对改编问题答客问

——在改编训练班的讲话

载《电影创作》1963年第6期，署名夏衍。

文艺与体育的姻缘

——《礼物》代序

载1963年6月27日《新体育》第6期，署名夏衍。

给本刊的一封信

载《新闻业务》1963年第8期，署名夏衍。

一九六四年

再接再厉，乘胜前进

——在文化部举行1963年优秀新闻纪录片和优秀摄影师授奖大会上的讲话

载《电影艺术》1964年1月号，署名夏衍。

《南方来信》读后

载《文艺报》1964年第6期，署名夏衍。

一九七八年

新春答客问

——答《人民电影》编者的提问

载《人民电影》1978 年第 2、3 期，署名夏衍。

巨星永放光芒

——纪念周恩来同志诞辰八十周年

载 1978 年 3 月 2 日《人民日报》，署名夏衍。

周总理对演剧队的关怀

——关于演剧队的一些史实

载《人民戏剧》1978 年第 3 期，署名夏衍。

关于改编的若干问题

载《人民电影》1978 年第 4 期，署名夏衍。

生活、知识、技巧

——在中国文联全委会扩大会上的发言

载 1978 年 6 月 17 日《光明日报》，署名夏衍。

关于《李自成》的一封信

载 1978 年 6 月 23 日《文汇报》，署名夏衍。

忆阿英同志

载《战地丛刊》1978 年第 2 期，署名夏衍。

从广州会议谈起

——在全国戏剧创作座谈会上的发言

载《人民戏剧》1978 年第 8 期，署名夏衍。

杂谈思想解放

载《人民文学》1978 年第 11 期，署名夏衍。

悼念应云卫同志

载 1978 年 11 月 19 日《文汇报》，署名夏衍。

一九七九年

一定要提高电影艺术的质量

载《电影创作》1979 年第 1 期，署名夏衍。

前事不忘，后事之师

——祝《电影艺术》复刊并从中国电影的过去展望未来

载《电影艺术》1979 年第 1 期，署名夏衍。

在电影界春节茶话会上的讲话

载《电影艺术参考资料》1979 年第 3 期，署名夏衍。

从《忠臣藏》想起黄遵宪

载《世界知识》1979 年第 4 期，署名夏衍。

烈火中永生（电影剧本　根据罗广斌、杨益言《红岩》改编）

1979 年 4 月中国电影出版社出版，署名夏衍。

从心底里怀念我们的好市长

——纪念上海解放三十周年

载 1979 年 5 月 27 日《解放日报》，署名夏衍。

忆谷柳

——重印《虾球传》代序

载《新文学史料》1979 年 5 月第 3 辑，署名夏衍。

悼念田汉同志

载《收获》1979 年第 4 期，署名夏衍。

培养电影创作干部是当务之急

载《电影通讯》1979 年第 4 期，署名夏衍。

多读书，勤练笔

——与青年电影剧作者的谈话

载《电影艺术》1979 年第 4 期，署名夏衍。

文艺上也要搞点法律

载《文艺报》1979 年第 8 期，署名夏衍。

解放思想，勤学苦练

载《北京文艺》1979 年第 9 期，署名夏衍。

“五四”杂忆

载《文艺论丛》1979 年 9 月第 8 期，署名夏衍。

关于《柳暗花明》剧本的通信

载《电影创作》1979 年第 9 期，署名夏衍。

祝愿与期望

载《大众电影》1979 年第 10 期，署名夏衍。

给一位青年作者的信

载 1979 年 11 月 5 日《人民日报》，署名夏衍。

《电影新作》1979 年第 5 期，署名夏衍。

中国文学艺术工作者第四次代表大会闭幕词

载 1979 年 11 月 17 日《人民日报》，署名夏衍。

关于电影的几个问题

载《红旗》1979 年第 12 期，署名夏衍。

我的期望

——在中国剧协第三次会员代表大会上的讲话

载《人民戏剧》1979 年第 12 期，署名夏衍。

秋瑾不朽

载 1979 年 12 月 5 日《人民日报》，署名夏衍。

历史的回顾

——在文学艺术研究院的讲话

载《文艺研究》1979 年第 4 期，署名夏衍。

一九八〇年

在中国电影工作者协会第二次代表大会上的讲话

载《电影艺术》1980 年第 1 期，署名夏衍。

谈文化遗产的重要性

载 1980 年 1 月《古籍整理出版情况简报》。

一些早该忘却而未能忘却的往事

载《文学评论》1980 年第 1 期，署名夏衍。

从事左翼电影工作的一些回忆

载《电影文化》1980 年第 1、2 期，署名夏衍。

在电影导演会议上的讲话

载《电影艺术》1980 年第 2 期，署名夏衍。

“左联”成立前后

载《文学评论》1980 年第 2 期，署名夏衍。

左联杂忆

载 1980 年 3 月 1 日《人民日报》，署名夏衍。

故乡之忆

载 1980 年 6 月 22 日《浙江日报》，署名夏衍。

记者生涯的回忆

——记《救亡日报》

载《新闻研究资料》1980 年 5 月第 3 辑，署名夏衍。

夏衍近作

1980 年 8 月四川人民出版社出版。

夏衍杂文随笔集

1980 年 8 月生活 · 读书 · 新知三联书店出版。

也谈“深入生活”

载《上海文学》1980 年 9 月号，署名夏衍。

解放思想，改革体制

载《文艺报》1980 年第 10 期，署名夏衍。

关于左翼“剧联”的几个特点

载《戏剧艺术论丛》1980 年 10 月第 3 辑，署名夏衍。

《文坛繁星谱》序

载《文坛繁星谱》，1980 年 8 月中国社会科学出版社出版。

重读《创新独白》

——悼念翟白音同志逝世一周年

载《电影新作》1980 年第 6 期，署名夏衍。

劫后影谈

1980 年 12 月中国电影出版社出版，署名夏衍。

一九八一年

《中国现代戏剧电影艺术家传》序

载《大地》1981 年第 1 期，署名夏衍。

希望有独特风格的好影片

载 1981 年 1 月 14 日《人民日报》，署名夏衍。

关于“往事”的一点说明

载《文学评论》1981 年第 1 期，署名夏衍。

以影评为武器，提高电影艺术质量

——在影评学会成立会上的讲话

载《电影艺术》1981 年第 3 期，署名夏衍。

为提高影片质量而奋斗

载《文艺报》1981 年第 6 期，署名夏衍。

应该重视电视这一传播工具

载 1981 年 4 月 15 日《人民日报》，署名夏衍。

赞颂我们“老大姐”

载《花城》1981 年第 4 期，署名夏衍。

关于文艺创作的几次谈话

载《戏文》1981 年 6 月创刊号，署名夏衍。

记者生涯的回忆

——记《救亡日报》在桂林

1981 年 7 月 6 日至 12 日《羊城晚报》连载，署名夏衍。

从五百九十八枚金牌想到电影的质量问题

载 1981 年 7 月 22 日《人民日报》，署名王一诚。

补遗和更正

载 1981 年 8 月 4 日《羊城晚报》，署名夏衍。

怀念杨贤江同志

载 1981 年 8 月 13 日《人民日报》，署名夏衍。

剧本创作座谈会上的讲话

载《剧本创作座谈会文集》，1981 年四川人民出版社出版，署名夏衍。

附录一

读《夏衍的生活和文学道路》

赵康太

陈坚同志的《夏衍的生活和文学道路》（浙江文艺出版社1984年出版），是我国目前最早的一本夏衍研究专著。

这本书的最大特点，是从作品的实际出发，重视作家的个性化研究。在现代文学史上，夏衍的作品曾引起过多次争论。这些争论中的多数问题，前人不是缺乏明确的结论，就是没有公允的评价。对这些历史遗留下来的问题，陈坚都能本着实事求是的精神和一分为二的态度重新进行探讨，提出自己的新见解。《赛金花》招来的毁誉之多，就是罕见的。如果说以前对它的评价倾向于否定，那么近几年则有一种局部否定、整体肯定的趋势。陈坚没有随波逐流，他既适当地肯定了作品在讽刺反动政府的卖国投降行径和塑造某些人物等方面的成功之处，也尖锐地批评了作品在赛金花形象和义和团运动描写上的严重失误。他没有把失误的原因简单地完全归于社会条件和生活圈子等客观因素，而是从个性化的角度，在作家自身内部寻找解释。他明确地指出，作品所以失败，主要是作家还没有真正把握历史唯物主义，过多地从抽象的人性来处理题材、塑造形象，结果美化了赛金花，歪曲了义和团。《芳草天涯》引起的现实主义问题讨论，在四十年代的国统区也曾产生过较大影响。当时的评论认为，这部剧作体现的是一种“非政治倾向”，是在用没有政治意义的小问题宣扬欧美资产阶级的“容忍”精神。针对这种长期沿袭下来的观点，陈坚提出了与此截然相反的意见。他认为，该剧反映的并不只是单纯的恋爱问题，而是人们的思想感情与国统区黑暗环境的冲突，在微不足道的生活琐事中隐伏着重大的社会主题。这一命题还被他放在当时的社会条件和时代背景下进行了分析，认为作家从道德伦理角度探索恋爱问题时提出的方案，是与无产阶级的道德伦理观念相通的利他主义和民主精神，决不是什么资产阶级的“容忍”！这种敢于突破前人旧说、大胆探求真理的精神，对于廓清历史的迷雾、恢复夏衍作品的本来面目，是起到了积极作用的。

立足于社会的和时代的文学环境，在夏衍与现代戏剧电影发展的联系中，研究夏衍作品的独创性及其对现代文学的贡献，这是本书的又一特点。在分析作品时，陈坚通过比较，显示了夏衍在现代文学史上的独特地位。透过书中精细、严密的分析，人们可以看到当时的整个文学发展状况，同时也令人信服地展现了夏衍在现实主义道路上艰苦探索的过程，拓宽了话剧的研究视野。

史料丰富、翔实，是本书的一个特点。陈坚在史料的搜求和整理方面所做的大量工作，一些史料的新发现，其意义超出了夏衍研究本身，从而使这本书在现代革命史和报刊史的研究中具有了一定价值。

这本书的文字朴实，语言优美，许多叙述夏衍生活的章节实际就是很好的散文。既有一种哲理的思辨，又有一种内在的抒情性。

略感不足的是，本书从戏剧的特性方面研究夏衍还嫌不够，用的仍是一般的文学作品分析法。书中对夏衍戏剧中的人物形象分析，深入、细致、中肯，但对夏衍戏剧的冲突特点、长时间多空间的结构方式等则缺乏更深入的探究。

（1985 年 6 月）

（此文《文艺报》已排出校样，后因故未能刊出）

附录二

《查证时代的关键》(节译)

（日）阿部幸夫

……总之，此人的作品并没有读过，即使“文革”风暴过去了，在没有读过作家作品的青年头脑里，照样甩不掉仍旧是“四条汉子”之一的帽子，因此，正是现在，作者想要正确地传授，就把《夏衍的生活和文学道路》出版了。在中国现代文学里，这是否可以说是应时之需的文章？阅读这一著作，能感到夏衍其人的率直、真挚、谦和的风度，而且温和慈祥地注目关心后辈的青年。其优点是这部作品道出了夏衍创作的本质。这是一部按照时间顺序，以平易通畅而又优美的文笔写出的经得起时间验证的力作，是了解夏衍的不可或缺的文献。

（阿部幸夫系日本东京实践女子大学教授，原载《东方》（日）1985 年第 4 期，晨虹译）

后　记

1978年夏天，在昆明的现代文学史讨论会上，遇到了一位从北京来的同行，他向我谈起前不久在一次座谈会上见到夏衍时的情景：当这位被十年内乱折磨得瘦骨嶙峋的老人，扶着手杖，穿着特大的皮鞋，一瘸一拐地走进会议室的时候，会场上顿时一片寂静，人们几乎都呆住了，许多人发出低低的唏嘘声……

听着这位朋友的叙述，当时我的心也不由地感到一阵震颤和痛楚。夏衍是我国无产阶级文艺运动，特别是革命戏剧电影的披荆斩棘的前驱者之一。在那狂风暴雨的年月，他所翻译的《母亲》，他写的《包身工》《上海屋檐下》《法西斯细菌》……，就像暗夜中的篝火，照亮了人们的心扉，他用他的全副生命同人民的敌人进行了长期英勇的搏击；然而，在无产阶级获得了政权以后的时代，却遭受到如此惨酷非人的待遇，这是令人难以置信的，是多大的历史的颠倒啊！

清除了“四人帮”，拨乱反正，历史的迷雾逐渐廓清，但是在人妖颠倒的年代所散布的各种谰言的影响，却不是短时期内就能消除净尽的。记得在报上最初报道夏衍在文艺界的活动时，有的大学生竟然对此惊愕不解，在那里说什么“那不是四条汉子么!”……这一切曾引起我无限感触，因而促使我开始较为系统地研读起夏衍的作品，并对他的生平事迹作了初步的粗略的收集与整理——作为这一研习的收获，就是现在呈献于读者面前的这本试作。我力求在书中实事求是地较为全面地勾划出这位老战士半个世纪以来所经过的战斗和创作的历程，对他这几十年文艺活动中的贡献，以及他在现实主义创作道路上的探索和成就，进行分析和探讨，力求作出比较正确、公允的评价。

由于思想、学识水平的限制，这项工作对我说来是力难胜任的。幸运的是，在写作过程中，得到了来自各方面的关切和帮助。我曾多次访问夏衍同志，对于我这无名后辈他是那样坦率而又谦逊，他不厌其烦地为我答疑解惑，同时又从不肯将自己的看法强加于人，他那种对待革命文艺事业的高度负责的精神，使我深受教益。我所钦佩的评论界前辈李健吾先生，生前曾在盛夏酷暑为我仔细地审读初稿，订正错误，并热情地写了序言。同时，张伯海、黄会林、董立甫、熊融、包维岳诸同志对本书的写作，经常给予鼓励和帮助，对书稿提出过许多中肯的批评和建议。浙江文艺出版社的编辑同志仔细地审读初稿并提出了许多宝贵的修改意见。这里，谨向他们一并表示我衷心的谢忱。

这本小书只是一次尝试，是很不成熟的，一定存在许多疏漏和错误，恳切期望广大读者和专家批评指正。

历史是现实的最好的老师。老一辈革命文艺家所开拓的道路，他们所获得的成就，是我们发展社会主义新文艺必须继承的、不可转让的遗产。从夏衍这位与本世纪同龄的革命作家一生奋斗的经历及他的作品里，从他对文艺问题的许多真知灼见和丰富的创作经验中，我们可以获得许多重要的启迪和亲切的教益。认真地研究、思考和总结这些经验，对我们新一代文艺工作者的健康成长，开创社会主义文艺事业的新局面是很有裨益的。

作　者

1982 年 10 月 30 日初稿

1983 年 8 月 10 日改毕

于杭州大学中文系

图书在版编目(CIP)数据

夏衍的生活和文学道路 / 陈坚著. —杭州：浙江大学出版社，2017.10

(乐水轩文存)

ISBN 978-7-308-17585-2

Ⅰ.①夏… Ⅱ.①陈… Ⅲ.①夏衍(1900 - 1995)—人物研究 ② 夏衍(1900 - 1995)—文学研究 Ⅳ.①K825.6 ②I206.7

中国版本图书馆 CIP 数据核字（2017）第 256144 号

夏衍的生活和文学道路

陈　坚　著

封面题字　任　平

责任编辑　宋旭华　姚逸超

责任校对　胡　畔　姚逸超

封面设计　刘依群

出版发行　浙江大学出版社

（杭州市天目山路 148 号　邮政编码 310007）

（网址：http://www.zjupress.com）

排　　版　杭州林智广告有限公司

印　　刷　嘉兴华源印刷厂

开　　本　889mm×1194mm　1/32

印　　张　17.75

插　　页　4

字　　数　338 千

版 印 次　2017 年 10 月第 1 版　2017 年 10 月第 1 次印刷

书　　号　ISBN 978-7-308-17585-2

定　　价　58.00 元

浙江大学出版社发行中心联系方式：(0571) 88925591;http://zjdxcbs.tmall.com